87 岁的李泽厚摄于北海公园 · 2017 年

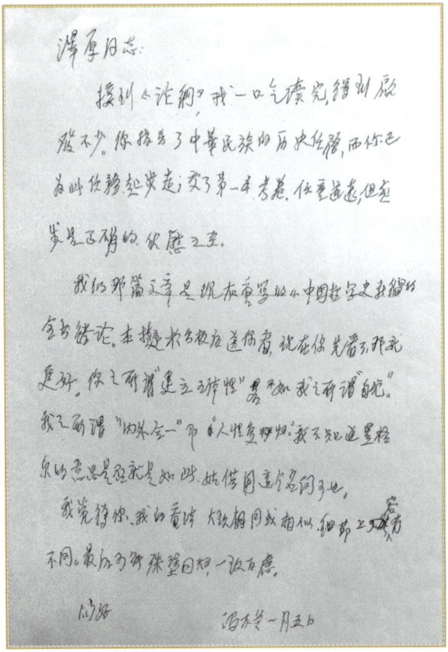

泽厚同志：

接到《论纲》，我一口气读完，得到启发不少。你提出了中华民族的历史任务，而你已为此任务起步走了；交了第一本考卷。任重道远，但起步是正确的。欣慰之至。

我的那篇文章是现在重写的《中国哲学史新编》的全书绪论。本拟打字校正送你看，现在你先看了，那就更好。你之所谓"建立主体性"，其如我之所谓"自觉"。我之所谓"内外合一"即"人性复归"。我不知道黑格尔的意思是否就是如此。姑借用这个名词可也。

我觉得你我的看法大致相同或相似，细节上容或有不同。最后可能殊途同归，一致百虑。

问好

冯友兰 一月五日

冯友兰读《康德哲学与建立主体性的哲学论纲》致信李泽厚

钱学森（中）来和平里九区一号院，左右为李氏夫妇，
摄影者为钱的随行人员 · 1984 年

上世纪 80 年代的李泽厚

82 岁的李泽厚（右）拜访 107 岁的周有光（左）· 2012 年

李泽厚（左）与自己的学生、中国社科院学部委员赵汀阳在饭桌上交谈

李泽厚 2003 年捐赠岳麓书院书籍，并以自己的母亲——陶懋柟女士的名字命名图书室

论语今读

◆定本◆

李泽厚／著

中国出版集团有限公司
世界图书出版公司
北京　广州　上海　西安

图书在版编目(CIP)数据

论语今读 / 李泽厚著. —北京：世界图书出版有限公司北京分公司，2023.4（2025.5 重印）
ISBN 978-7-5232-0246-3

Ⅰ. ①论… Ⅱ. ①李… Ⅲ. ①儒家 ②《论语》—译文 ③《论语》—注释 Ⅳ. ①B222.2

中国国家版本馆CIP数据核字（2023）第032458号

书　　名 论语今读
LUNYU JINDU

著　　者 李泽厚
责任编辑 王思惠
装帧设计 崔欣晔

出版发行 世界图书出版有限公司北京分公司
地　　址 北京市东城区朝内大街 137 号
邮　　编 100010
电　　话 010-64038355（发行） 64033507（总编室）
网　　址 http://www.wpcbj.com.cn
邮　　箱 wpcbjst@vip.163.com
销　　售 新华书店
印　　刷 北京中科印刷有限公司
开　　本 880 mm × 1230 mm　1/32
印　　张 17.25　插页 4
字　　数 380 千字
版　　次 2023 年 4 月第 1 版
印　　次 2025 年 5 月第 3 次印刷
国际书号 ISBN 978-7-5232-0246-3
定　　价 89.00 元

出版说明

《论语今读》“最新修订版”自 2019 年在我公司出版以来，先后印刷多次，广受学界的重视和广大读者的欢迎。后因新冠病毒疫情蔓延全球，作者李泽厚先生年事已高，沟通不便，版权续期一事就此搁置。

令人意外又悲痛的是，哲人其萎于 2021 年 11 月。我公司编辑部又与先生后人几经沟通，终获授权。

本次再版，修订主要有三：一是新增马群林先生撰写的《李泽厚学术年谱简编》作为附录二，以期让读者了解先生的思想发展脉络和一生的学术轨迹，能更好地了解先生的哲学思想。将原附录二幺峻洲先生所编的《论语索引》予以删除，索引本为便于读者检索，但在当前信息时代，电子检索更方便，经与先生后人沟通，获同意将本附录删除。“附录一《孔子再评价（1980）》”继续保留，因本书为作者“实际是继续做 20 世纪 80 年代《孔子再评价》一文的工作，即更具体地来阐释孔子”；二是再次编校，质量又有提升；三是优化版式，对全书的字号、字间距调整得更加疏朗美观，提升阅读的舒适感。

最后，我们谨以此书的再版向先生致敬！

世界图书出版有限公司北京分公司编辑部

2023 年 3 月

目　录

序

《论语今读》始属稿于1989年，成书于1994—1996年，1998年初版于香港天地图书公司，台北允晨、安徽文艺、天津社科、三联书店、江苏文艺相继先后出版并多次印行。各版正文前均冠有“初稿”字样，盖表不甚满意而拟作补改修订之意。岁月迁延，迄今廿载，心多旁骛，精力日衰，虽各版有二三补改之处，均零星偶发，不足提及，而原拟参阅《孔子集语》、《孔子家语》、出土简帛及近年出版之各种《论语》译注、研究，对《今读》全书特别是“译”作一较大修订之计划，已难履行，实成泡影。从而“初稿”字样此次新版便应撤除，虽又增一人生大憾，却无可如何也矣。

此次新版增两附录。一为摘用齐鲁书社2005年出版幺峻洲编《论语索引》之主要部分。这对查检《论语》任何话语出自何篇何章，举手可得，颇为方便，希望对读者、学者有所助益；二为1980年发表之拙文《孔子再评价》。三十五年前之旧作矣，似仍可读，收此文以不忘当年发表时所遇之阻力、艰难和波折，并志《今读》由来有自，即在不断反传统高潮中力求再证传统，而非赶今日“儒教”、“国学”之时髦也。

此外，新版增加若干黑体字样，为在繁忙快速之当代阅读中引人注意，亦广告术也，能起作用乎？不可知也。

岁将暮矣，人已残年，来日不多，盍胜警悚；读圣贤书，有何可学，修身立言，俯仰无怍。

2014 年冬日于异域波城

本书自 1998 年初版以来，曾多版多次印行，每次译文、译解常小有订正增删，此次亦然。各次屡计或有数十处所，虽颇零散，不无匡补，是以引用、阅读宜据新版为准。

2018 年 6 月又记

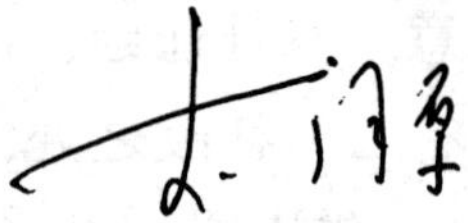

前　言

I　缘　起

我在《中国古代思想史论·后记》中说："……这本书讲了许多儒家，其实我的兴趣也许更在老庄玄禅；这本书都是提纲，其实我更想对其中一些问题例如宋明理学的发展行程做些细致的分析。"十年过去了，这两个"其实"，看来一生也做不成了。时日如驶，马齿徒增；岁云暮矣，能无慨然？但既然还有点时间，又仍不做自己想做的事，却来译、注、记这本已有多人译过、注过、记过的《论语》，为什么？这岂不是将冷饭一炒再炒，太没意思了吗？我似乎首先应该向自己提出，同时也向关心我的读者交待一下这个问题。

所以，写这个"缘起"。

我之选择做这项工作，着手于1989年秋冬，时断时续，于1994年春完成。这倒并非一时兴起，偶然为之；也非客观原因，借此躲避。实际恰好相反。尽管我远非钟爱此书，但它偏偏是有关中国文化的某种"心魂"所在。我至今以为，儒学(当然首先是孔子和《论语》一书)在塑建、构造汉民族文化心理结构的历史过程中，大概起了无可替代、首屈一指的严重作用。不但自汉至清的两千年的专制王朝以它作为做官求仕的入学初阶或必修课本，成了士大夫知识分子的言行思想的根本基础，而且通过各种层次的士大夫知识分子以及他们撰写编纂的《孝经》、《急就篇》(少数词句)一直到《三字经》、《千字文》、《增广贤文》以及各种“功过格”等等，当然更包括各种“家规”、“族训”、“乡约”、“里范”等等法规、条例，使儒学(又首先是孔子和《论语》一书)的好些基本观念在不同层次的理解和解释下，成了整个社会言行、公私生活、思想意识的指引规范。不管识字不识字，不管是皇帝宰相还是平民百姓，不管是自觉或不自觉，意识到或没有意识到，《论语》这本书所宣讲、所传布、所论证的那些“道理”、“规则”、主张、思想，已代代相传，长久地渗透在中国两千年来的政教体制、社会习俗、心理习惯和人们的行为、思想、言语、活动中了。所以，它不仅是“精英文化”、“大传统”，同时也与“民俗文化”、“小传统”紧密相联，并造成中国文化传统的一个重要特点：精英文化与民俗文化、大传统与小传统，通过儒学教义，经常相互渗透、联系。尽管其间有差异、距离甚至对立，但并不是巨大鸿沟。这样，儒学和孔子的《论语》倒有些像西方基督教的《圣经》一书了。

中国没有像基督教或伊斯兰教那样的宗教。对人格神，许多士大夫知识分子经常处于似信非信之间，采取的似乎仍然是孔老夫子“敬鬼神而远之”，“祭如在，祭神如神在”的态度。在民间，则表现为某种多元而浮浅的信仰和崇拜。其对象，可以是关公、妈祖、观音菩萨、玉皇大帝等等，不仅因人因地不同，常常改变；而且大都是为了求福避祸，祛灾治病，有着非常现实的世间目的。重要的是，即使在这种多元而浮浅的民间宗教中，奇迹宣讲也并不突出，主要的部分仍然是在倡导儒学的人伦秩序和道德理念。记得有一次我乘坐台北市的计程车(Taxi)，那位计程车司机向我津津乐道地宣讲他所信仰的佛祖，并特地给我看了他经常诵读的佛经读本。我仔细看了，发现其中绝大部分是地道的儒学教义，即孝顺父母，友爱兄弟，照顾亲族，和睦邻里，正直忠信，诚实做人，等等等等。真正佛家的东西并不太多。也是在台湾，我拜会了影响极大的证严法师。她曾赞赏病人死在有亲属在旁的家中，而不必死在医生、护士等陌生人手里。这也使我颇为吃惊，因为这里表现出的，似乎仍然是以亲子为核心的强烈的儒学人际关怀，而佛家本应是看破尘缘六亲不认的。这也使我想到，尽管中国历史上有过儒释道三教的激烈争辩，甚至发生"三武之祸"，但毕竟是少数事例；相反，"三教(儒、释、道)合一"倒一直是文化主流。孔子、老子、释迦牟尼三大神圣和平共存、友好相处，既出现在近千年前的宋代文人的画卷中，也仍然保存在今日民间的寺庙里。中国从来没有真正的宗教战争，便是世界文化史上一大奇迹。之所以能如此，我以为与儒学的包容性有很大关系。儒学不重奇迹、神秘，却并不排斥宗教信仰；在"三教合一"中，它不动声色地渗入其他宗教，化为它们的重要内容和实质成分。而儒学之所以能如此，其原因又在于它本身原来就远不止是"处世格言"、"普通常识"，而具有"终极关怀"的宗教品格。它执着地追求人生意义，有对超道德、伦理的"天地境界"的体认、追求和启悟。从而在现实生活中，儒学的这种品德和功能，可以成为人们(个体)安身立命、精神皈依的归宿。它是没有人格神、没有魔法奇迹的“半宗教”。

同时，它又是“半哲学”。儒学不重思辨体系和逻辑构造，孔子很少抽象思辨和“纯粹”论理。孔子讲“仁”讲“礼”，都非常具体。**这里很少有“什么是”(what is)的问题，所问特别是所答(孔子的回答)总是“如何做”(how to)。但这些似乎非常实用的回答和讲述，却仍然是一种深沉的理性思索，**是对理性和理性范畴的探求、论证和发现。例如，“汝安则为之”，是对伦理行为和传统礼制的皈依论证；“逝者如斯夫，不舍昼夜”，是对人生意义的执着和追求；“吾非斯人之徒与而谁与”，是对人类主体性的深刻肯定。而所有这些都并非柏拉图式的理式追求，也不是黑格尔式的逻辑建构，却同样充分具有哲学的理性品格，而且充满了诗意的情感内容。它是中国实用理性的哲学。

正因为是靠理性、哲学而不靠奇迹、信仰来指引人们，所以孔子毕竟不是耶稣，《论语》并非《圣经》。也正因为不是空中楼阁或纸上谈兵，而要求并已经在广大人们生活中直接起现实作用，所以孔子不是柏拉图，《论语》也不是《理想国》。

儒学、孔子和《论语》这种既非宗教又非哲学或者说是“半宗教半哲学”的特征，我认为是真正的关键和研究的起点所在，但在今日中国学术界却很少被注意或强调。由于孔子不能呼风唤雨、起死回生，既非教主，也不是上帝的儿子，于是现代大多数学者只强调他作为思想家、哲学家的意义。牟宗三虽然强调了儒学的宗教性，但由于忽视了宗教所应有的现实作用和通俗性能，便仍然将儒学的宗教性弄成了凡人难懂的书斋理论、玄奥思辨和高头讲章，与大众生活和现实社会完全脱节。这就恰恰失去了儒学所具有的宗教性的品格和功能。牟在哲学上大讲“超越而内在”，用西方两个世界的观念硬套在“一个人生(世界)”的中国传统上，已大失儒学本义，从而与将孔学和儒学说成是纯粹哲学的人并无区别。① 于是，孔子、《论语》和儒学近一个世纪以来便成了哲学史专家们的游戏对象：排列、组合、分析、综合其概念、范畴、论断，写出一本又一本或赞赏、或批判、或“批判地继承”的各种各样的大小著作，以为这样就处理好了孔子、《论语》和儒学。

于此，我有些疑惑。我觉得对孔子、《论语》和儒学，似乎还需要做另一种工作，这就是对这一“半宗教半哲学”的文化神髓既解构又重建的工作。

首先是解构。这解构有两个方面：现实(宗教)方面和理论(哲学)方面。当然，这两方面是非常复杂地交织在一起的。

譬如说，以董仲舒为代表的汉代儒学，构建了一整套阴阳五行、天人感应的“宗教、伦理、政治三合一”宇宙观图式。这是哲学，但又不只是哲学；这是宗教，但又不完全是宗教。它仍然欠缺一个到处活灵活现的人格神上帝来不断干预人世。但天人感应、阴阳五行，却又是统辖、主宰、支配、制约整个政教体制的观念体系和意识形态，从

① 令人难解的是，牟宗三抬孔子，认为高出一切，当然也远超康德。但只征引孔子一两句话而已，从未对《论语》一书作任何全面的阐释或研究，而宁肯花大气力去译康德，不知这是什么缘故。当然，我对此并无不满，这是个人的选择自由，只是颇感奇怪而已。

“官制象天”到医药占卜。后者到今天也还在影响人们的活动和心理。

又譬如说，以朱熹为代表的宋明理学，构建了以“天理人欲”为核心的心性本体论。这当然是哲学，但又不只是哲学。它否认人格神的上帝，本身却是以一种不可违抗的宗教、伦理、政治三合一的道德律令展示出来的后期传统社会的意识形态和法规秩序。它统辖、主宰、支配、制约人们的行为举止、思想观念，甚至直到今天。所以现代各方面所谓“反封建”的攻击对象都指向了宋明理学。

以阴阳五行为框架的秦汉儒学和以心性本体为框架的宋明理学，是继孔、孟、荀之后的两大儒学发展体系。它构成了儒学发展的第二期和第三期。它们影响至今，两者都有宗教性和哲学性的方面而需要加以解构。

正因为儒学的宗教性和哲学性是交融一起融合无间的，儒学的宗教性不是以人格神的上帝来管辖人的心灵，而主要是通过以伦理(人)=自然(天)秩序为根本支柱构成意识形态和政教体制，来管辖人的身心活动。其特征之一便是将宗教性道德与社会性道德融成一体，形成中国式的“政教合一”，并提升到宇宙论(阴阳五行)或本体论(心性)的哲理高度来作为信仰。“教”在这里既是人文教育(teaching，education)又是人生信仰(faith，religion)。因此解构方面首先应是，将伦理道德作为个体的内心信仰、修养和情感(宗教性私德)与作为社会的外在行为、准则和制度(社会性公德)区分开来。“自天子以至于庶人，壹是皆以修身为本”和“其身正，不令而行；其身不正，虽令不从”的伦理与政治的混同必须解构。情感信仰、理性思辨、制度设定等等各有不同的层面、位置和意义，应该从原典儒学(儒学第一期)开始定位和厘清，看看从孔子开始的儒学教义各个章句在哪个层面上具有或不具有价值。这样，对了解和消解传统以及今日中国的“政教合一”或称“政治宗教”，可能颇有好处。

例如，解构便要指出，原典儒学由于来自巫术礼仪，在这种远古礼仪中，对原始氏族首领的品质和人格的宗教要求与社会政治要求本就混在一起。其特征是在道德主义的命令话语下，宗教、政治、伦理三合一，三者交融混同。如前所说，其中，就有宗教性道德与社会性道德两种不同的成分。前者(宗教性道德)由孔、孟到宋儒发展为个体人生境界的儒道(释)互补的准宗教性的追求，而为理学所大力倡导，津津乐道。后者(社会性道德)则由孔子而荀子而与道家、法家和阴阳家合流互补，而成为一整套儒法互用的伦理—政治的规范、法则，支配了中国历史两千年。前者是“内圣”，后者是“外王”。这两方面都极重要。这二者一方面是分道扬镳，另方面又常纠缠一起。特别是宋明理学以及现代的革命伦理主义总将后者(社会性道德、公共政治)合并、纳入前者(宗教性道德、人格理想)，要求前者决定后者。于是“以理杀人”、“以革命杀人”，便惨剧重重，层出不已。同时，也培育了一大批“假道学”、“伪君子”和“马列主义老太太”。

今天应该把这两种因素、两个方面、两种道德从儒学中分解出来，把剪不断理还乱的宗教、政治、伦理三合一的这个传统尽可能分缕清楚，从而才可能在各种不同层面上来谈“批判的继承”和“转化性的创造”。**宗教性道德(“内圣”)可以经由转化性的创造，而成为个体对生活意义和人**

生境界的追求，它可以是宗教、哲学、诗、艺术。社会性道德（“外王”）可以经由转化性的创造，而成为现代政治体系的中国形式：将重视人际和谐、群体关系、社会理想以及情理统一、教育感化、协商解决等特色，融入现代政治的民主体制建构中，而开辟某种独创性的未来途路。

总之，儒学作为“教”（宗教）需要厘定澄清和“意识化”。儒学作为“学”（哲学）的方面，也需要从种种体系化的“阴阳五行”、“性理天命”、“道德的形而上学”中解放出来，使它恢复原典儒学例如在《论语》中所表现出来的那种真正活泼、具体的人间情趣，这也就是我所说的“情本体”（见后）。

第二，解构之后，再“重建”否？在“教”的方面，当然不必模仿基督教或伊斯兰教，再去塑建人格神的上帝。但是否可以考虑回到“天地国亲师”——那松散而灵活、没有人格神上帝的儒学的“宗教”传统呢？这个“宗教”所具有的含糊性和开放性，使它可以有一个广阔的自由的解释空间。“君子以为文，而百姓以为神”（《荀子》）。“天地国亲师”都不是“神”，却可以是尊敬、崇拜、献身的对象。对老百姓，它可以包容对人格神（上帝、佛菩萨、各种民间宗教）的崇拜礼仪；对君子们，它可以是某种心灵寄托、行为规范、生活归依。重要的是，“天地国亲师”不能复旧，它本身也需要一番解构和重建。例如需要把它从过去的政治宗教即“政教合一”的传统中解放出来，它不应再是“好皇帝”和“君师合一”的政治体制和幻想信仰，恰恰应该在这里强调改“君”为“国”的重要意义，这“国”不再指任何政府、政体、政制，而是指较含混而宽广地对历史—文化共同体的某种心理认同。它是Country，而不是State或Government。于是，**“天地国亲师”便可以成为中国人对宇宙自然、家园乡土、父母夫妻、兄弟朋友、师长同学以及文化传统的某种道德和超道德的情感认同和精神皈依**。它不再具有政治的和社会性道德的性质功能，却具有准宗教性的功能和内容。“天地君亲师”从内容和文字上可一直追溯到荀子，其根本精神当然来自孔子和《论语》。**《论语》这种准宗教性则有如程颐所说：“读《论语》，未读时是此等人，读了后又只是此等人，便是不曾读。”这就是说，读《论语》应使人“变化气质”，不只是获得知识而已**。钱穆强调读《论语》是学习“做人”，仍然是在遵循这个传统的说法。所有这些强调儒学宗教性功能，都可以成为今日重建儒学宗教性的很好资源。黑格尔曾嘲笑孔子的《论语》不过是“处世格言”而已，表面看来也像。但是**这些“处世格言”却有关乎人作为本体存在的价值体认**。有此体认，虽然“山还是山，水还是水”，为人处世却大不一样了。从而，这里的所谓“处世格言”便并非为个人生存的利害，而成为有准宗教性能的教诫和体认。从而，如果今天从《论语》到《菜根谭》到《三字经》等等再作出某种新的摘录编选，重要的是加以新的解说发挥，它们不也可以与《圣经》、佛经和其他宗教读物一样起着同样的慰安人际、稳定社会、健康身心的功能作用吗？这是否仍有可为呢？当然，决不能也不可能再回到传统的“功过格”之类迂腐伪善的“修养”，但是否可以有新形式的创造呢？当然，要注意的是，如何使它区别于当前颇为荒唐、混乱、庸俗的国粹主义和所谓“国学热”。

在“学”的方面，则似乎不必再去重建各种“气”本体、

“理”本体、“心性”本体的哲学体系了。“情本体”可以替代它们。因为“情本体”恰恰是无本体，“本体”即在真实的情感和情感的真实之中。它以把握、体认、领悟当下的和艺术中的真情和“天人交会”为依归，而完全不再去组建、构造某种“超越”来统治人们。它所展望的只是普通、平凡的人的身心健康、充分发展和由自己决定命运的可能性和必要性。儒学的哲学方面由于今日谈得很多，这里不想辞费(请参阅拙作《哲学探寻录》)。而这些，就是作《今读》的简单缘起。将在本读各“记”中不时加以点说。

Ⅱ 关于“译”

最使人感到惊异的是，公元前五百多年孔子讲的话，即当时的口头语言经文字记载后，今天大都能读懂，困难不多。这也可说是世界文化的一大奇迹。今天绝大多数人就无法读懂十一世纪的英文。这成为我一直坚决反对汉字拼音化、拉丁化的重要原因。汉字在培养中国人的智力(记忆力、理解力和思维能力)上，在统一方言，形成强大持久的经济政治局面上，在同化外来种族特别是形成华夏的文化心理结构上，起了无可估量的巨大作用。传说“仓颉造字”使“天雨粟，鬼夜哭”，民间也常有“敬惜字纸”的标语张贴，都展示出汉字的既神秘又神圣的地位。可惜至今对这一点仍然研究不多。看来，汉字的根源在于“记事”，而并非口头语言的记录，问题是这两者如何融合起来的。这点已越出《今读》范围，留待以后再说。

既然《论语》已如此好懂，又何必去译呢？而且，早已有了好些译本，为什么要重译呢？理由是：虽然好懂，但毕竟是几千年前的语言文字了，好些地方对生活正急剧变化的今天和明天的年轻读者，已不是那么容易理解。而且古代文字简练而含糊，需要用今天的语言明确或确定一下才好把握。当然，这样一来，也就损失了不少。因为原文的字、句，正因为含混，便经常包含着更多的意思。一翻译成现代语言，虽然更明确，但也可能更狭隘更固定了。幸亏《论语》还不是诗篇，有时毕竟还可趋向或做到“达诂”（准确解释）。《论语》的确已有许多译本，《今读》之所以重译，是因为不同译者对本文以及全书各有不同理解，从而翻译也就不大一样。我细读了我所知道的最晚出的两个译本：杨伯峻的《论语译注》（北京）和钱穆的《论语新解》（台北），都不满意。所以我才作这个新译，并加上自己的各种评论。

虽说好懂，但真正翻译起来，却问题很多，困难很大。其中突出的是，那些最常见也最重要的词汇、概念、范畴，偏偏最不好译，甚至不可能译。例如，“君子”、“小人”、“仁”、“义”、“道”、“敬”、“庄”……等等等等，几乎没有一个现代词汇能够代替它们。原因之一，是因为它们在原文的不同字句里具有相通却并不相同的内容、含义、意义，不可能用同一个现代词汇来通译。

如何办？左思右想，很少办法。只好：第一，在这个前言里先说明一下这个一般情况，让读者有思想准备。第二，再作以下一些具体说明：

1. “君子”、“小人”一律不译。理由：(1)这两个名词至今通用，大家熟悉，不必翻译。(2)它们在不同章、句中，含义不一样。“君子”、“小人”一般都作道德高下的标准，是一种价值区分，例如“小人”是贬义词，至今如此。但在孔子时或孔子以前，却不一定如此。《尚书·无逸》有“知稼穑艰难，乃逸，则知小人之依”，这个“小人”就是种田的平民百姓，并不含道德不好的贬义。俞樾《群经平议》说：“古书言君子小人大都以位言，汉世师说如此；后儒专以人品言君子小人，非古义也。”可见，“君子”本指“有位之人”即“士”（知识分子）和“大夫”（做了官的知识分子），“小人”则指平民百姓，即一般人的意思。《论语》有“硁硁然，小人哉”作为“士”的道德标准的一章。从而这两个词汇在当时也可以是一种社会地位的中性事实描述。但《论语》一书常常对“士大夫”提出道德规范或要求，而以“君子”、“小人”相对称，“君子”指有道德品格的人，“小人”指缺乏这些品德的人，于是这两个词汇也就具有价值含义。这种事实描述与价值判断的双重含义，在《论语》中经常合在一起，混而不分。总的看来，价值含义的比重大得多，却又不尽然。这就只能看当时讲话具体情景和具体问题、具体对象了。所以这两词不作通译。

与此类似但不如此突出的，还有“士”等词汇。它有时是作为事实讲，有时作为价值（“士”的标准、规范）讲。“士”一律译作“知识分子”；“大夫”译作“官员”、“官吏”，即“做了官的知识分子”。

2. 下面再就其他一些最基本也最重要的词汇说明如下：

A. 最重要、最常见和最难译的是“仁”、“仁者”。大多译作“仁德”、“仁爱”、“仁心”、“有仁心（或仁德）的人”等。这是因为《今读》一书强调心理情感本体，而“仁”在《论语》中也确有此层基本含义。朱熹便把“仁”释为“爱之理，心之德也”。它本义与“爱”紧密相关，应无问题。

B. “礼”一般译作“礼制”，因它主要指那一整套非成文的制度规范。

C. “义”一般译作“正义”或“理义”、“合理”、“适当”、“义务”等。

D. “道”字含义极广泛而模糊，一般根据上下文意，分别译作“规则”、“规矩”、“途径”、“真理”、“方向”、“事业”等等。“有道”译作“政治清明”。

E. “天下”不译，因为今天这词仍活着，仍是现代汉语。

F. “文”译作“礼仪”、“仪文”或“文采”等。

G. “敬”译作“恭敬”、“敬畏”、“认真”等。

H. “×君”、“×公”一律译作“×国君”。“邦”一般译作“国家”，实际指的是当时的氏族—部族联合体，所以“邦”、“家”常连在一起。国君之下的大夫世族则有时译作“家族”，有时译作“部族”，并无确定界限，如(鲁)“三家”译作“(鲁国的)三大家族(或部族)”。

关于译事，还有相关的几点，也须说明一下：

1. “子曰”都译作“孔子说”。孔子学生都统一用一个名称，如“子贡”、“子路”、“冉有”、“颜回”，避免一人多名如“赐”、“由”、“颜渊”等。“曾子”、“有子”则仍沿袭原文，保留“子”的尊称，以见《论语》多出于曾、有门人之手。孔子不用孔丘本名，因已约定俗成数千年，不必改动。“问仁”一律译作“问如何是仁”；“问政”一律译作“问如何搞(办)政治”。

2. 尽量不在译文增加原文没有的字句。如不在译文中加说明词语，如“某国的”国君、大夫，“孔子的学生”等等。非常必要时，只在“注”、“记”中指出。因为“译”就是“译”，不是“译解”。尽管“译”中有“解”，但尽量在译文中不附加解说，以尽可能保存原文的本来面目。又，《今读》不重《论语》章句的特殊的历史内容，虽然讲话均有其具体的历史背景、情境、条件、人事和对象，有些也许能考证明白，但大多数无法确定或讲不清楚，过去大量的注疏、争辩已说明这点。因此这些历史性的解说和考证对本读意义不大。本读重视的恰好是超一时一地的长久价值，这才是真正我所要强调的历史性(积淀性)。这是尽量不在译中加解的原因，亦贯彻不增字解经之古训。

3. 尽可能直译，包括原语法构造也如此。这也是为了尽可能保持原文的风格和面貌。但有时也有意识地采用了近几十年来流行的词汇，如“政策”、“干部”、“反映情况”等等，这是为了尽量接近现代语言。

4. 几千年前的记录，其中误听误记，定有不少。加上断简残编，因而文理不通、文意不明、文气不贯等等，所在难免。本读不扬高凿深，以求甚解；不刻板阐释，强作解人；仍以“知之为知之，不知为不知”为原则。我想，某些困难的地方，如将来地下有新的发现，当可迎刃而解。

《论语》篇章的各种对话并无一贯系统，甚至七零八碎，但读毕全书，却仍可有一相当完整的生动印象。在那里，孔子是普通活人，有说有笑，有情有欲，也发脾气，也干蠢事，也有缺点错误，并不像后儒注疏中所塑造的那样道貌岸然，一丝不苟，十全十美，毫无疵瑕。也并非《论语》

或“子曰”每章每句都一定具有微言大义、深刻思想，如后人所解释者。学生们也一样是活人，各有不同气质、个性、风貌、特长和缺点。这些在《论语》中相当具体而清晰，使人可以直接感受到。这个“圣哲”群体的形象特色似颇不同于包括《庄子》、《孟子》在内的经、子典籍，为以后典籍所少见。译文想尽可能模拟，以重现这个形象世界，但大概是很难做到了，勉力为之而已。

Ⅲ 关于“注”

《论语》注家据说有两千多。**《论语》二十篇，我分为五百章。**据说几乎每章都有不同解说。现代人程树德(1878—1944)的《论语集释》是最晚出、参考各种注家最多(约六百余家)而选择采录的综合成果。本书的“注”多取自此书，其中何晏《论语集解》据《十三经注疏》本核订。朱熹《论语集注》、刘宝楠《论语正义》、康有为《论语注》，则摘自原书的坊间版本。杨伯峻《论语译注》也摘了好些，因为毕竟是现代人写的，文字好懂。在各注疏论议中，朱熹的《集注》仍然简明精锐，极有深度，是本书摘录的重点。有的“注”是因为《今读》的“译”与许多译本有很大不同，为说明并非杜撰或独创而采录；少量则恰好相反，是表明除了本“译”的理解还有别的解释而采录。但所有这些，都只有认为必要时才选录，而非每章每句均如此。在浩如烟海的后代注疏中，《今读》不过抄录千万分之一而已。抄录过多，徒乱人意，反而糊涂。总之，“注”所采录的标准，在于有助于了解原文，或有利于自己的论记。对那些名物考证、史实讲疏、注家争辩等等，都一概不录。

各家注疏，大有异同，许多时候差异和对立很突出。《今读》当然只能断以己意，加以取舍。任何翻译、解释、阐述，必有先见或成见，现代解释学对此论之颇详，《今读》当然也不例外。但我自己也有一些可称为“注”的东西，为不与人混淆，便都放在“记”里。

孔子言行、思想当然远不限于《论语》一书。从《春秋》、《左传》、《礼记》、《大戴礼记》到诸子到《韩诗外传》、《说苑》、《新序》，以及好些所谓“伪书”（其实许多并不“伪”，现代考古资料将日益证实这一点）中还可找到许多记录和记载，包括《孔子集语》甚至《孔子家语》中所辑录，其中常谈政制，少讲心性，虽真伪参半或伪多真少，但去伪存真，仍有许多可以引录作为《论语》一书的补充、见证和说明、阐释。这个工作似乎比在历代注疏中去寻找，更有价值和意义。但只能留待以后去做了。

这里一个相关的问题，是**《论语》到底在多大程度的忠实性和可靠性上记录了、反映了孔子的言行，这也是极具争论的问题**。例如，主今文、重公羊的康有为就强调认为，由于《论语》一书多是曾子学派的弟子所辑录，所以只反映了孔子思想的一个并非主要的方面，这个主要的方面，毋宁其他学派特别是子张学派传承得更忠实一些（见本读8. 3章注）。在《论语》中，曾参的地位的确比除颜回外的其他许多人当然也比子张高许多；如曾参有尊称（“子”），子张没有，两人整个形象也有这样的差异。宋明理学家当然以曾参为孔门的嫡传。叶适稍有非议（见《习学记言》），偏离正统，便被“现代的宋明理学家”（现代新儒家）牟宗三大加斥责。其实，康有为从现代政治眼光出发，着重“外王”，于是重子张问政等等，认为这才是孔子思想的重心，未必错误。牟宗三从道德心性出发，重“内圣”，恪守理学传统，尊曾子，却未必正确。遗憾的是，不管《论语》主要作为曾参学派的传承，是否忠实记录了、反映了孔子，但它毕竟存在至今两千年了。因此，如崔述等人对第十五篇以下(除第十九篇记弟子言行认为当不误外)，以及前面好些章、段，颇表怀疑(参阅《崔东壁遗书》)等等，也只能如此处理，即今日求考证出哪些篇章、言行确乎属于孔子，哪些不是，已极为困难甚至不大可能(也许将来地下发现可有帮助)，**重要的是，自汉代《张侯论》以来，《论语》和孔子就以这样的面貌流传至今。**《论语》本就生存在解释学之中，只是人们未曾自觉罢了。所以，重要的已不在它与孔子的真实关系究竟如何，或孔子的“真实”面目究竟怎样，而在孔子就以这种面目在中国流传、影响着。所以，即使将来地下有新发现，证明今本《论语》及孔子形象不是本来面目，但也仍然不能夺去**今本《论语》及孔子在中国人的文化心理结构中已延续两千多年的重要的“原型”地位。今本《论语》中的孔子就是现实的孔子，即落实在人们心目中的孔子，这是无可奈何的历史事实。**也正因为此，在阐释评解中，就得注意如何尽可能弥补这一缺陷，使孔子的形象、思想基于《论语》，又不止于《论语》。

Ⅳ 关于“记”

“记”者，我的评论、札记和解说也。它们长短不一，品类不齐。或讲本文，或谈哲学；或发议论，或表牢骚；或就事论理，或借题发挥；并无定规，不一而足。可能这倒符合《论语》本身体例，也符合我反对建构哲学体系的主张。当然，所有这些札记，仍然围绕今日如何读《论语》这个中心来展开。“记”的一大毛病就是重复过多，翻来覆去讲那么点意思。这也没有办法，但愿读者们不嫌啰唆。

程树德《论语集释》评论朱注时说：“其注《论语》到处塞入理字。于仁则曰心之德，爱之理；于礼则曰天理之节文，如水银泻地，无孔不入。”（第一册第 80 页，中华书局版）又引《汉学商兑》所批判的“谵语”：“《论语》，孔门授受之书，不言及理。何独至于宋儒，乃把理学做个大布袋，精粗巨细，无不纳入其中。至于天，亦以为即理。性，亦以为即理。却于物物求其理而穷之。凡说不来者，则以为必有其理。凡见不及者，则以为断无是理。从此遂标至美之名曰理学。”（第四册第 1158 页，见《汉学商兑》万有文库本第 6 页注）这也就是我最近多次说过哲学家们用构建知识/权力体系来管制人们，统摄一切，最终造成“以理杀人”（戴震）和“不惟关其口，使不敢昌言；并乃锢其心，使不敢涉想”（谭嗣同）。

这当然不是《今读》所愿遵循的。本读只想随处点出，孔子作为活人，有与常人无异的行为、活动、意向和喜怒哀乐。所谓孔学，正是对人们日常生活、现实处境提出的各种意见、评论、主张和看法。它具体，并不虚玄；它普通，并无奥秘。但真要想到、做到，却又不容易。所以这些主张、意见等等便具有很高的理想性和一贯性。这就是所谓“极高明而道中庸”。《论语》一书道理高深但语言平易，记述平易(大都是日常普通事实)。“记”也想尽量仿效，决不作艰深玄奥语，但说理能否高深，则未必了。其中有三点似值得在此一说：

第一，**孔学特别重视人性情感的培育，重视动物性(欲)与社会性(理)的交融统一**。我以为这实际是以“情”作为人性和人生的基础、实体和本源。**它即是我所谓的“文化心理结构”的核心：“情理结构”**。人以这种“情理结构”区别于动物和机器。中国人的“情理结构”又有其重要特征。这特征与孔子、《论语》、儒学直接有关。这也就是十五年前我在《孔子再评价》一文提出“仁的结构”中的孔学的“心理原则”。孔子和儒学一直强调以“亲子之情”(“孝”)作为最后实在的伦常关系，以建立“人”——“仁”的根本，并由亲子、君臣、兄弟、夫妇、朋友“五伦”关系，辐射交织而组成和构建各种社会性—宗教性感情，作为“本体”所在。强调培植人性情感的教育，以之作为社会根本，这成为华夏文明的重要传统。

除“仁”之外，**《论语》和儒学中许多重要概念、词语、范畴，如诚、义、敬、庄、信、忠、恕等等，实际均具有程度不一的这种情感培育的功能或价值**。例如，“敬”、“庄”等概念、范畴本来自对鬼神、天地、祖先的巫术礼仪(Shamanism)，其中，情感因素浓厚而重要。《论语》和儒学虽把它们世俗化理性化了，却又仍然保存着宗教性传统的情感特征。从而，**今天如何从培育人性情感角度来探索、考虑、论证《论语》、孔学、儒家，便是值得研究的命题**。

在古今中外许多注疏、解说、研究中，我欣赏的是钱穆的下述见解，他一方面认为“孔子教义”具有“道地十足不折不扣的宗教精神”(《孔子与论语》第23页，台北联经版)，同时又突出强调“情”的特征：“宋儒说心统性情，毋宁可以说，在全部人生中，中国儒学思想，则更着重此心之情感部分，尤胜于其着重理知的部分。我们只能说，自理知来完成性情，不能说由性情来完成理知。情失于正，则流而为欲。中国儒家，极看重情欲之分异。人生应以情为主，但不能以欲为主。儒家论人生，主张节欲寡欲以至于无欲。但绝不许人寡情、绝情乃至于无情。”(《孔子与论语》第198页)我觉得这比现代新儒家们讲得远为准确和通俗。但由于钱是历史学家，他没有从哲学方面加以引申发挥，也未很好地贯彻在他的《论语新解》中。相反，《论语新解》倒塞满了好些似乎原封未动但早已陈旧迂腐的传统道德教义，实际并不符合上述说法。这也是我之所以要重新翻译并作新“记”的原因。

第二，孔学极重道德，如前所说，它将政治、伦理、宗教三者交融混合在道德之中。从而在后世使意识形态、宗教激情、专制政体、家族威权、个人修养融合混同，形成中国式的政教合一。虽经近代西学冲击洗刷，却并未能真正解体，而成为走进现代社会的某种障碍，引发出“打倒孔家店”的“五四”热潮以及今日的“信仰危机”、“道德危机”。如何从孔学教义中注意这一问题，并进而区分开宗教性私德与社会性公德，使之双水分流，各得其所，从而相反相成，范导建构，似为今日转化性创造的一大课题。从《论语》中分疏出曾子、子张“问仁”、“问政”即私德、公德两种倾向，实后世“内圣”、“外王”(汉代公羊学颇为重要，惜本读未及论述)两条线索的张本所在。我在《中国古代思想史论》中曾强调除孔(颜回、曾参)孟程朱陆王这条“内圣”线索外，儒学还有孔子(子贡、子夏)、荀子、董仲舒、何休、王通、陈亮、叶适、顾炎武、黄宗羲这条极为重要的“外王”线索。现在人们都喜欢大讲陈寅恪，却未注意陈早说过，中国哲学不及西方，而“二千年来华夏民族所受儒家学说之影响，最深最巨者实在制度法律公私生活之方面”(《冯友兰〈中国哲学史〉下册审查报告》)。孔学的这个方面或线索，常为治哲学史、思想史者所忽视或轻视(如“现代新儒家”)。但正是这条线索在更大程度上维系了中华民族和中国文化的生存延续。谈儒学谈《论语》，而不重视这一问题，乃研究中的一大偏差。这在前面讲《论语》多出于曾子学派已点出。当然，这涉及“内圣”与“外王”、宗教性道德与社会性道德种种复杂关系，当于“记”中有所展开。

第三，孔学强调“知命”、“立命”，即个性的自我建立，亦即个人主体性的探索追求。所谓“命”，我以为不应解释为“必然性”、“命定性”，如许多传统的解说那样。恰恰相反，应解释为偶然性，即每一个体要努力去了解和掌握专属自己的偶然性的生存和命运，从而建立自己，这就是“知命”和“立命”。这样才可能**使自己在这个偶然存在、生存的人生道路和生活境遇中，去实现自己的超感性的实存**；使自己这个感性生命不再是动物性的生存，同时也不是那玄奥而实枯槁的道德理性，而是真正融理欲于一炉的情感本体：即在日常生活中，在道德义务中，以及在大自然中，在艺术中，所可把握、体认到的人生境界，也就是人生的价值、意义和归宿所在。

恩格斯在总结近代哲学是“存在与思维的关系”的认识

论后认为，当各门科学独立之后，哲学将只剩下“辩证法和形式逻辑”。维特根斯坦认为哲学只是语言治疗。海德格尔反对一切形而上学后，认为哲学将化为思的诗。如今，认识论早成为认知科学，语言论乃技艺而已，辩证法则不过是科学方法论某种不像样的分支，而追寻一个本体世界的形而上学或本体论也早无意义。于是，哲学何处去？什么是哲学？真成了问题。里伽·洛蒂已喊出“哲学终结”。

康德在《纯粹理性批判》中说：“因为道德哲学具有高于理性所有一切其他职位的优越性，古人所谓‘哲学家’一词一向是指道德家而言。即在今日，我们也以某种类比称呼在理性指导下表现出自我克制的人是哲学家，并不管他的知识如何有限。”（参看蓝公武译本第 570 页，商务印书馆版）这不有些近似孔子和《论语》中的话语么？**哲学不是思辨的认识论或本体论，也不是语言治疗的技艺，而是在这个人生—世界中的“以实事程实功”的自我建立**。但这建立并不是康德的道德理性，而是包容量度更广的情感本体。这也就是不同于西方基督教“罪感文化”、日本大和魂“耻感文化”的华夏“实用理性”和“乐感文化”的实现。

以上三点是我所理解《论语》的一些基本精神。其详，则见各章的“记”中。总之，培育人性情感、了解和区分宗教性私德与社会性公德、重视和把握个体命运的偶然，我以为乃《论语今读》三重点。不知读者们以为如何？

这里还想说及一个有趣现象。《论语》原文我尽量翻译成现代白话，但我的札记则常常变成了通俗文言。“之乎者也”，也用了不少。这不是有意为之，而是信笔造成，并不十分自觉。为什么会这样？我也想了一下：除了由于行文惰性，文言比白话毕竟可以少写许多字之外，一个很大的可能是，自己在下意识地反抗时下某些青年理论家们那种弯弯曲曲、模模糊糊、拗口难懂、似通非通的流行文体。我称之为“堆新词”，如鸟语，构造语言迷宫以自迷迷人，可谓教授话语的“通货膨胀”。我以为如其那样，就不如干脆“恢复固有文化”，即使“之乎者也”，也比那些弯曲文句明白痛快，更接近日常语言。这当然有点冒天下之大不韪的味道。风头正健的青年理论家们或将群起而攻之？

《今读》之所以注明为“初稿”，并非故作谦虚，而是我确实很想以后再多作几番修改，包括这个写得很不顺畅的“前言”。这方面，我倒佩服古人。像朱熹，他不着意写自己的文章、大著，却以注好“四书”为一生任务，至死方休。这颇有些不现代化，但我现在宁肯保守些。如有可能，我还想做些这种译、注、记的工作，例如对《老子》、《周易》、《中庸》等。我以为，如果能使这些中华传统典籍真正成为今天和今后好读、好用的书，那比写我自己的文章、专著，便更有价值和意义。但这事极不容易，因此衷心希望读者对本读提供各种意见、批评和建议。特别是“译”，虽然几经推敲，字斟句酌，但一定有译得不好、不妥、不准确、不贴切甚至错误的地方，非常欢迎具体指出，即使是关于一个字也极好；关于“注”，还需要补充些什么，删掉些什么，也愿听取意见；关于“记”，更如此，欢迎尖锐批评，包括内容、形式，如太走题，或太简略，或太多重复（这点十分明显。原文原意也多重复。我以为重复有一定好处），等等等等。总之，抽象的、一般的、整体的印象、议论也好，具体的、个别的、细节的批评、意见更佳。我可以尽量考虑，及时采取，一步步地把这个译本和它的“注”、“记”处理得更完善一些。

最后还得提一下几年前轰动一时、洛阳纸贵的刘晓波先生批评我的大文。这大文批判我说：“他的理论大有复活孔子之势。”结语和警句是：“孔子死了。李泽厚老了。中国传统文化早该后继无人。”(《中国》1986 年第 10 期) 其斩钉截铁不容分说的风采确实惊人，但记得我当时看了，却高兴得跳了起来：居然把我和孔子直接拉在一起了，真是何幸如之。不过那时倒丝毫没想到我会写这本《今读》。我当时想到的只是，刘的结论未免太匆忙和太狂妄了；来日方长，我虽然老了，中国传统文化的承继者必大有人在。今天回想起来，宛如昨日事，而白云苍狗，世情多变，又真不免沧桑之痛，感慨系之了。

1994 年春 2 月癸酉岁暮于 Colo-Springs

论　语：孔子对话录

共二十篇，五百章

【记】 何谓《论语》，说法不一。据近人赵纪彬《论语新论导言》(见《中国哲学》第十辑，北京，三联书店，1983年)："'论'字有'整理'、'撰次'等义；'语'字谓'二人相等而说'，有'论难'、'答述'等义(陆德明《经典释文》卷二十四《论语音义》)；就字面直译，论语就是经过整理、撰次的对话，也就是'对话集'之义。班固云：'《论语》者，孔子应答弟子、时人及弟子相与言，而接闻于夫子之语也。当时弟子各有所记，夫子既卒，门人相与辑而论纂，故谓之'论语'(《汉书·艺文志》)。"本读从之。其实望文生义，"论语"者，译为"讨论的话语"，亦无不可也。赵文考证说"《论语》之书，在先秦本名《孔子》"，"《论语》乃《孔子》之残本"云云，亦可参考。而记录者多属曾参、有若之学生，则《前言》中已说。

学而第一

共十六章

1.1　子曰："学而时习之，不亦说乎？有朋自远方来，不亦乐乎？人不知，而不愠，不亦君子乎？"

【译】　孔子说："学习而经常实践，不是很愉快吗？有朋友从远方来相聚，不是很快乐吗？没有人了解自己，并不烦恼怨怒，这不才是君子吗？"

【注】　刘宝楠《论语正义》(下简称《正义》)邢疏云：自此至《尧曰》是《鲁论语》二十篇之名及第次也。……案：古人以漆书竹简约当一篇，即为编列，以韦束之。

程树德《论语集释》(下简称《集释》)马融曰：子者，男子之通称，谓孔子也。

朱熹《四书章句集注》(下简称《朱注》)：习，鸟数飞也。学之不已，如鸟数飞也。

【记】　作为《论语》首章，并不必具有深意。但由于首章突出的"悦"、"乐"二字，似可借此简略谈论《今读》的一个基本看法：即与西方"罪感文化"、日本"耻感文化"[从鲁思·本尼迪克特(Ruth Benedict)及某些日本学者说]相比较，以儒学为骨干的中国文化的精神是"乐感文化"。"乐感文化"的关键在于它的"一个世界"(即此世间)的设定，即不谈论、不构想超越此世间的形上世界（哲学）或天堂地狱（宗教）。它具体呈现为“实用理性”（思维方式或理论习惯）和“情感本体”（以此为生活真谛或人生归宿，或曰天地境界，即道德之上的准宗教体验）。“乐感文化”、“实用理性”乃华夏传统的精神核心。

作为儒学根本，首章揭示的“悦”、“乐”，就是此世间的快乐：它不离人世、不离感性而又超出它们。学习“为人”以及学习知识技能而实践之，当有益于人、于世、于己，于是心中悦之，一种有所收获的成长快乐。有朋友从远方来相聚会，旧注常说“朋”是同学（“同门曰朋”），因此是来研讨学问，切磋修养；在古希腊，“朋友”也是关于哲学、智慧的讨论者。其实，何必拘泥于此？来相见面，来相饮酒，来相聊天，不也愉快？特别又从远方来，一定是很久没有见面了，在古代，这就更不容易，当然更加快乐。这“乐”完全是世间性的，却又是很精神性的，是“我与你”的快乐，而且此“乐”还在“悦”之上（并见6. 11章）。“悦”仅关乎一己本人的实践，“乐”则是人世间也就是所谓“主体间性”的关系情感。那是真正友谊情感的快乐。这里愿抄引陶渊明思念朋友的诗：

霭霭停云，濛濛时雨。八表同昏，平陆伊阻。静寄东轩，春醪独抚。良朋悠邈，搔首延伫。

停云霭霭，时雨濛濛。八表同昏，平陆成江。有酒有酒，闲饮东窗。愿言怀人，舟车靡从。

东园之树，枝条载荣。竞朋新好，以招余情。人亦有言，日月于征。安得促席，说彼平生。……

情真意深，不必作各种穿凿解释。诗人通过写这首诗，读者通过读这首诗，岂不使自己情感更深沉？这就是说，人类的一些基本情感本是生物性的，动物也有友谊和友情，包括狗、马对主人的亲密依恋等等。但把情感保存、延续和提升到如此高级水平，触景生情，借景抒情，却正是文化的功绩。这首诗如同孔老夫子这句话一样，它们都在塑造人的情感心理。文化使情感人化。友谊、友情的快乐正是通过文化的积累又特别是文学艺术作品的直接塑造，而在人的心理中培育成长。这首陶诗便是一例。年轻时大概很难欣赏这首诗(以及整个陶诗)，但有了足够人生经历之后，便不同了。这就是我说的"积淀"。"积淀"是一种"文化—心理结构"(cultural-psychological forming)，亦即所谓"自然的人化"，亦即人之区别于动物的"人性"所在。

当然，"情"有好些不同的层次。在《美学四讲》中，我曾分出审美的悦耳悦目、悦心悦意、悦志悦神三层次。其中，"悦神"的层次，就接近或进入某种宗教境界或宗教体验。它以"天人交会"、"天人合一"为皈依或指归。"悦志"则充满了悲剧精神，特别是因为无人格神的设定信仰，人必须在自己的旅途中去建立归依、信仰，去设定"天行健"，并总是"知其不可而为之"，没有任何外在的拯救、希冀和依托，因此其内心之悲苦艰辛、经营惨淡、精神负担便更沉重于具有人格神格局的文化。中国实用理性之所以强调韧性精神、艰苦奋斗，其故在此。中国乐感文化之所以并不浮浅庸俗，其故在此。其中许多哲理近乎常识，却仍然深沉，其故在此；世俗中有高远，平凡中见伟大，这就是以孔子为代表的中国文化精神。这种文化精神以"即世间又超世间"的情感为根源、为基础、为实在、为"本体"。因人的生存意义即在此“生”的世间关系中，此道德责任所在，亦人生归依所在。儒学以此区别于其他宗教和哲学。

关于“人不知，而不愠”，将在以后章节中讨论，这里暂不多论。

本章开宗明义，概而言之：“学”者，学为人也。学为人而悦者，因人类即本体所在，认同本体，“悦”也。友朋来而乐，可见此本体乃群居而非个体独存也。“人不知，而不愠”，则虽群却不失个体之尊严、实在与价值也。此三层愈转愈深，乃“仁”说之根本，乐感文化、实用理性之枢纽，作为《论语》首章，不亦宜乎。

1.2 有子曰：“其为人也孝弟，而好犯上者，鲜矣；不好犯上，而好作乱者，未之有也。君子务本，本立而道生。孝弟也者，其为仁之本与！”

【译】 有子说：“做人孝敬父母，尊爱兄长，而喜欢冒犯上级官长的，少有。不喜欢冒犯上级而喜欢造反作乱的，从来没有。君子在根本上下工夫，根本建立好了，人道也就生发出来。孝敬父母、尊爱兄长，就是人的根本吧?!”

【注】 《集释》陈善《扪虱新语》：古人多假借用字。《论语》中如“孝弟也者，其为仁之本与”。又曰“观过，斯知仁矣”。又曰“井有仁焉”。窃谓此“仁”字皆当作“人”。王恕《石渠意见》：“为仁之仁，当作人，盖承上文‘其为人也孝弟’而言，孝弟乃是为人之本。”

【记】 “仁”是孔学的根本范畴，是人性结构的理想。由“礼”归“仁”，是孔子的创造性的理论贡献，我在《中国古代思想史论》中已经讲过了。孔子通由仁而开始塑造一个文化心理结构体，如说得耸人听闻一点，也就是在制造中国人的心灵。所以我才说，孔学(或儒学)半是宗教，半是哲学。因为它虽然没有人格神的上帝，但在塑造、形成、影响中国人的心灵上，与基督教在西方社会并不相上下。而儒学之所以不是某种抽象的哲学理论、学说、思想，其要点之一正在于它把思想直接诉诸情感，把某些基本理由、理论，建立在情感心理的根基上，总要求理知与情感交融，至今中国人仍然爱说“合乎情理”、“合情合理”，便是它的表现。本章即如此。今日来读，应该甩开那些什么“犯上作乱”等等过时的具体主张或要求，甩开那以为这样就能够使政治清明，天下太平的幻想(详后章)，而注意它的特征在于：把“人”或“仁”的根“本”建立在日常生活即与家庭成员的情感关系之上。好些动物也乳幼抚小，但幼小长大，便离“家”独立，不再复归，因此也很难说什么儿女对父母的感情。孔学儒家教义的特征之一，从所谓“三年之丧”，到孟子和王船山所说“人禽之别”，首先强调的正是这样一种“家庭”中子女对于父母的感情的自觉培育，以此作为“人性”的本根、秩序的来源和社会的基础；把“家庭价值”(family value)置放在人性情感的层次，来作为教育的根本内容。

如何维持社会的稳定、生存和延续，从孔老夫子到现代，一直是一大难题。当今自由主义(个人权利、公平竞争、优胜劣败：强凌弱)与民主主义(公众意志、人民民主、社会福利：众欺寡)的两难困境，尤尔根·哈贝马斯(Harbermas)想以“主体间性”的“商谈伦理学”来作调解。

中国儒学重人轻法，现在倒转过来以法治为主后，是否仍可吸收中国传统强调建构人性以稳定社会的想法，重情感、修养、家庭价值、主体间性以作出某种转化性的创造呢？似有许多具体课题值得深思。

1. 3 子曰："巧言令色，鲜矣仁！"

【译】 孔子说："花言巧语，虚颜假色，这是很少有仁爱的。"

【注】 《正义》包曰：巧言，好其言语；令色，善其颜色；皆欲令人说之。

【记】 上章从积极方面规定"仁"；这章从消极、否定的方面规定"仁"，即强调"仁"不是某种外在的华丽，指出外在的容色和语言都应该服从于内在心灵的塑造。过分的外在雕琢和装饰不但无益，而且有害于这种塑造。在原始巫术礼仪中，巧言令色而无真诚情愫，乃大罪恶而不可容许者。

"仁"的特征是"爱"。朱熹把"仁"说成"爱之理，心之德"，建构天理人欲的宇宙伦理秩序以统治人们（详见2. 8章）。近代谭嗣同、康有为则把"仁"拟之于"以太"、"电"，等同于宇宙的最后实在以贯通万事万物，来为其"自由、平等、博爱"的近代观念作哲学根本（见拙著《中国近代思想史论》）。今日如果重建以"仁"为"体"的哲学基础，那就是我所谓以心理—情感为本体。它将既非宇宙的"以太"，也非超越（不管是外在的超越或"内在的"超越）的"性"、"心"，当然更不是种种外在的华丽。

1．4　曾子曰：“吾日三省吾身——为人谋而不忠乎？与朋友交而不信乎？传不习乎？”

【译】　曾子说：“我每天反省自己：为别人谋划考虑，尽了心没有？交朋友，有没有不信实的地方？所传授给别人的东西，自己实践过吗？”

【注】　《荀子·劝学》：君子博学而参省乎己。《集释》宦懋庸《论语稽》：《说文》以阳之一，合阴之二，其数三。《史记·律书》：“数始作于一，终于十，成于三。”盖数至于三，阴阳极参错之变，将观其成。故古人于屡与多且久之数，皆以三言，如颜子三月不违，南容三复，季文子三思，太伯三让，柳下三黜，子文三仕三已，三年无改于父之道，三人行必有我师焉，三嗅而作，三年学，三月不知肉味，皆此意也。

郭翼《雪履斋笔记》：曾子三省，皆指施于人者言。传亦我传乎人。传而不习，则是以未尝躬试之事而误后学。

【记】　人处于“与他人共在”的“主体间性”之中。要使这“共在”的“主体间性”真有意义、价值和生命，从儒学角度看，便须先由自己做起。所以这不仅是交友处世的“君子”之道，而且也是稠密人际关系，并将这关系置放于很高地位的自我修养和自我意识。这章特点是反省自己对这种“主体间性”的忠诚度，具有浓厚的宗教情怀，即宗教性道德的追求色调：“主体间性”在这里即是上帝，对它的反省（自己的过失和不足）即是面对上帝的悔忏。曾子是儒学中宗教性道德的传人。但儒学（包括曾子）又毕竟不同基督教的悔罪，尽管兢兢业业，如临深渊，但中国仍然没有那种与生俱来罪孽深重的原罪观念，较少恐惧性的自我折磨和摧残。相反，以为宇宙的生存、自然的存在、人的生命都是好的，以一种肯定的、积极的情感色调来解述和规范它们，作为最高准则的“主体间性”乃是此岸的人际、人群和人生，亦即不是因为上帝叫你“爱人”因而去爱人，而是“爱人”本身乃上帝，这里的“三省”亦如是。“三”作“多”而非次数，以此区别于天主教每饭谢恩、伊斯兰日必五拜，以多次外在仪式巩固信仰之不同，亦佳。

最后一句今天无妨释作：自己所讲授所写作的东西，认真思索过、研究过或实践过吗？很好的自警语，今日之“谬种流传，误人子弟”，特别是言行不一，品学分离者，盖亦多矣。

1.5 子曰：“道千乘之国，敬事而信，节用而爱人，使民以时。”

【译】 孔子说：“治理有千辆兵车的国家，慎重、敬畏地处理政事，恪守信任，节省开支，爱护人民，差使老百姓选择农闲的时候。”

【注】 杨伯峻《论语译注》（下简称《杨注》）：古代以农业为主，“使民以时”即是《孟子·梁惠王上》的“不违农时”。

【记】 《论语》一书讲政治极多，大同小异，将在以后篇章继续评论。这里应首先提出的是，《论语》和孔子本人都有很多关于政治方面的讲述，并且放置在很重要的位置上，即使是曾参学派的记录传承，也仍可看出。所以儒学决不是专谈道德和心性。这也就是我所强调的“如何活”非常重要，它在“为什么活”（道德等等）之前的道理（参见拙作《哲学探寻录》）。宋明理学和现代新儒家对此重视、分疏极为不够。“敬”字多见于《论语》，乃一重要范畴。它既是一种外在态度，更是一种内在情感，源起于巫术礼仪中对上帝鬼神的尊敬畏惧，理性化后转为生活态度和情感要求，成为人性塑造的一个部分。

值得注意的是，由对鬼神的敬畏、敬重转化为对人事、伦常、政务的敬畏、敬重，再表现为对客观理则的敬重、敬畏。这一范畴（“敬”）可与康德（Kant）强调的“道德感情乃敬重”相比拟，即与喜悦、快乐无关，从而才能与一切功利主义彻底脱钩。但康德的绝对律令（categorical imperative）无上崇高，高踞感性世界之上，与儒学以“仁”为本，不离感性，亦可同等崇高，又仍是两个世界（天国/人世）与一个人生之分。而中国之所以是“一个世界”，盖因巫术世界观之直接理性化（通过三礼、《周易》），此乃中国古史及思想史之最大关键，亦梁漱溟所谓中国文化之“早熟”（《东西文化及其哲学》）。容后详论。

1. 6　子曰：“弟子，入则孝，出则弟，谨而信，泛爱众，而亲仁。行有余力，则以学文。”

【译】　孔子说：“年轻人在家里孝顺父母，在外面敬爱兄长，谨慎、信实，博爱群众，亲近有仁德的人。做了这些还有剩余力量，就学习文献知识。”

【注】　《杨注》：弟子一般有两种意义，（甲）年纪幼小的人；（乙）学生。这里用的是第一种意义。

【记】　这里并无什么“哲学”、“智慧”或“知识”，而仍然是“做人”的非常具体的规范，但又并不只是处世格言。

尊敬、爱戴兄长叫“悌”，指的是同家族、宗族、氏族的同辈而年长者，非仅现代小家庭的兄弟。“泛爱众”也指与本氏族的成员们普遍地友爱相处。

1.7 子夏曰：“贤贤易色；事父母，能竭其力；事君，能致其身；与朋友交，言而有信。虽曰未学，吾必谓之学矣。”

【译】 子夏说：“重视德行替代重视容貌，事奉父母能尽力量，事奉国君能献出自身，结交朋友能信守承诺。他虽说没学过，我一定说他已经学习过了。”

【注】 《正义》《广雅释言》：易，如也。王氏念孙疏证引之云：《论语》贤贤易色，易者，如也。犹言好德如好色也。

【记】 这两章都鲜明展示出孔学儒家的“学”，主要指现实的实践行为，而非书面的诵读研究。因此“学”在《论语》以及在儒学中有广狭两义。狭义才指“行有余力则以学文”的“学”，即指学习文献知识，相当于今天的“学”：读书、研究等等，孔门当然也非常重视。但整个讲来，孔门更强调的是广义的“学”，即德行优于知识，行为先于语言。关于道德（行为）与知识（语言）的关系，可与希腊哲学和苏格拉底相比较其异同，本读各章均将提及这一问题。这也就是我以前提过的是“太初有为（道）”还是“太初有言（字）”的问题，中西差异似可溯源于此。

所引注对“易”字的解释不同于译文。如按注，“贤贤易色”则应译为“爱好德行如同爱好容貌”。“易”亦有解作平易和悦者，即和颜悦色。“色”多释作女色，如以之作“夫妇之道”解，亦佳，符合原典儒学“造端于夫妇”，次父子，次君臣之三顺序。

1. 8 子曰：“君子不重，则不威；学则不固。主忠信。无友不如己者。过，则勿惮改。”

【译】 孔子说：“君子不严肃、自重，就没有权威，所学习的东西就不稳固。应该以忠诚信实为主。没有不如自己的朋友。有了过失，不怕去改正。”

【注】 《正义》《法言·修身篇》：或问何如斯谓之人？曰：取四重，去四轻。曰：何谓四重？曰：重言，重行，重貌，重好。言重则有法，行重则有德，貌重则有威，好重则有观。是言君子贵“重”也。

《集释》陆陇其《松阳讲义》：学必深沉而后能固，不重则浮。学必镇静而后能固，不重则躁。陈天祥《四书辨疑》东坡云：世之陋者乐以不己若者为友，则自足而日损，故以此戒之。如必胜己而后友，则胜己者亦不与吾友矣。

【记】 “不重则不威”，为什么？因为此“学”仍指实践，如果不严肃认真，那么他的行为、实践便不会真正牢固，便不能“一步一个脚印地”扎实前进，而别人也不会信任、尊敬他。所以这里的“威”不作外表容颜的庄重威严解。后世好些人装出一副威严面目，道貌岸然，煞有介事，其实内心猥琐，行为卑劣，所谓“假道学”是也。君不见，彼官场傀儡、“左派”先生，不皆如是？另有解“固”为“蔽”者（陈大齐《论语臆解》），亦可。

“无友不如己者”，作自己应看到朋友的长处解。即别人总有优于自己的地方，并非真正不去交结不如自己的朋友，或所交朋友都超过自己。如是后者，在现实上不可能，在逻辑上作为普遍原则，任何人将不可能有朋友。所以它只是一种劝勉之辞。

"忠"、"信"又是两个重要范畴，既关系乎情感，又塑造乎人格。但其位置仍次于"仁"、"孝"。中日文化之异途或在此处，容后再论。

1.9 曾子曰："慎终，追远，民德归厚矣。"

【译】 曾子说："虔诚地办理父母亲丧事，追怀、祭祀历代祖先，老百姓的品德就会忠实厚重。"

【注】 《尔雅·释诂》：慎，……诚也。《朱注》：慎终者，丧尽其礼。追远者，祭尽其诚。

【记】 丧礼极为重要，是远古先民氏族的共同特征。征之于世界人类学文献，俱然。现代人类学家说，当人知道埋葬死者，或给死者以某种丧葬形式(如山顶洞人撒红粉于死者身旁或身上)，即人的族类自觉的开始，亦即人的文化心理的开始。动物一般就没有。这即是说，丧葬礼仪给予混沌难分的原动物性的理知、情感诸心理因素以特定的社会族类的方向和意义，以确认自己属于此族类的存在，此即人的最早的"类"的"自我意识"。追怀死者的丧葬礼仪，都具有此种情感兼理知的重要功能(参阅《荀子》)。这即是最早的社会意识、人性心理、情感行为。孔子及其弟子承续这一历史遗俗的强大传统而加以理论化和理性化，把它转向内心，形成"仁—礼"结构。外在为"礼"(人文)，内在为"仁"(人性)，以此为人道之本。

"慎终"、"追远"都是首先要求上层和国君去做，而"民德归厚"则说明中国大、小传统或精英文化与民间文化之间由于上行下效，渗透交融，鸿沟不大，这也是中国传统一大特色。之所以能上行下效，在于儒学一开始就重视通过"教化"，使上下协同一致：上层的"慎终追远"能使下层追随团结，因为本来就由同一氏族而来。荀子说："祭者，志意思慕之情也。圣人明知之，士君子安行之，官人以为守，百姓以成俗。其在君子，以为人道也；其在百姓，以为鬼事也。"(《礼论》)

可见儒学的观念、范畴远不是只供个体思辨的理论，而主要是供群体实践的法则。

1.10 子禽问于子贡曰："夫子至于是邦也，必闻其政，求之与？抑与之与？"子贡曰："夫子温、良、恭、俭、让以得之。夫子之求之也，其诸异乎人之求之与？"

【译】 子禽问子贡说："孔老夫子每到一个国家，一定与闻政治，是他自己要求的呢？还是国君们要他过问的呢？"子贡回答说："先生以他的温和、善良、恭敬、俭朴、谦让而得到，他要求的方式大概不同于别人的方式吧。"

【注】 《集释》《吕氏春秋》：孔子周流海内，再干世主，所见八十余君。

【记】 学生恭维老师，强调老师如此美好的品德使国君倾慕，却并未否定还是"求之"的，即孔子是非常主动、积极地要求参与政治的。这也几乎是后世儒学、儒家、儒生所共同具有的积极参与政治和社会活动的特征，而不同于尽量丢弃或脱离人际关系的出家的和尚(释)、修行的道士(道)，也颇不同于后世许多理学家道学家专谈心性修养，轻视“通经致用”。当然，这并非说今日的知识分子都必须向孔老夫子学习，都成为古代的儒生。相反，今天你可以关心或参与政治、社会事务，也可以专攻业务，不问不闻；今天不但需要“为科学而科学、为艺术而艺术”的专门人才，也需要一批脱开政治、专攻行政的“官僚”阶层。因为毕竟已不是国难当头、全民御敌，“工农商学兵，一齐来救亡”的时候了，而是走向一个多元发展、各得其所的现代社会。

1.11 子曰：“父在，观其志；父没，观其行；三年无改于父之道，可谓孝矣。”

【译】 孔子说：“当父亲活着，观察他的愿望和志向；父亲死了，观察他的行为和活动。三年不改变父亲的途径、方向，这也就可说是孝了。”

【注】 《朱注》尹氏曰：如其道，虽终身无改可也。如其非道，何待三年？然则三年无改者，孝子之心有所不忍故也。游氏曰：三年无改，亦谓在所当改而可以未改者耳。

【记】 “其”指父抑子，有不同解说。本译从前说。所谓“不改”，是承继父业，不轻易改动，这是氏族传统的要求；即使改作，也得慢慢来，所以要“三年”即多年之后才动。某些注释(如前注)把它归结为心理的“不安”，虽然贯穿了孔子归“礼”(外在传统的习惯法规)于“仁”(内心情感)的精神，但从历史真实看，并非如此。保持本氏族的生存经验的重要性，才是“三年无改于父之道”这一传统的真正原因，这才是关键所在。后人多不注意，常纯从道德、情感讲，便讲不通。既然它只是远古氏族遗迹，在后世不必也不可能遵行，便很清楚。后世"丁忧"居丧三年是其最后的残存，标准的"形式主义"，原始意义不明久矣。从这里也可看出，自远古起，伦理(父子)与政治(君臣)是一回事，再与祭祀、崇拜祖先相一致，斯是之谓"伦理、政治、宗教三合一"，此即中国式的政教合一：思想观念、意识形态、社会体制的同一和合一。它在后世虽然具体形式多经变化，但这一传统却已根深蒂固。虽后有佛、道，各具组织、仪式、教义，但并未能取代或消除儒学这"三合一"的强大传统来统摄制度、法律、公私生活。牟宗三、杜维明强调儒学有道统政统之分，远非事实。

1. 12 有子曰："礼之用，和为贵。先王之道，斯为美；小大由之。有所不行，知和而和，不以礼节之，亦不可行也。"

【译】 有子说："礼的作用，以恰到好处为珍贵。前代圣王的规矩，这样算美；不管大小事情都如此。也有行不通的时候，即如果为恰当而恰当，不用礼来规范衡量，那也是行不通的。"

【注】 《朱注》：严而泰，和而节，此理之自然，礼也。毫厘有差，则失其中正。

【记】 这章多不同解释，大有异说。或断句"知和，而和不以礼节之"(崔适《论语余说》)亦可。许多注家释"和"为音乐的和，并说即使音乐的"和"也不是目的，而仍服务于“礼”。此说似亦可通。拙著《华夏美学》首章讲“礼乐”传统，对“礼”、“乐”的对立和互补讲得较多。实际上，在氏族社会和远古传统中，“礼”即人文，涵盖一切，包括“乐”在内。“礼”、“乐”虽并提，“乐”毕竟仍是礼制的一个方面，“乐”的“和”也仍是实现、辅助、从属和服从于“礼”的。

“礼治”不同于“刑政”，“人治”不同于“法治”，亦在于此，即非仅强调外在律令规范的客观性，而重视在血缘氏族基础上人际关系的“温情脉脉”的情感认同与和谐一致。如何在现代法治的政治社会体系中，尽可能保留一些这个方面的传统，如重协调少诉讼，多解释少判决等等，仍值得重视。这当然极难，且影响效率，然而却是值得努力为之的某种开创方向。也许，现在提这一方向还为时过早？

这章更重要的问题，是“恰到好处”即“恰当”。“恰当”为“和”、为“美”，这也就是“度”。我以为，“度”是中国哲学特别是中国辩证法的特点和主要范畴。所谓“过犹不及”，A≠A±，《左传》中的“直而不倨，曲而不屈”、“哀而不愁，乐而不荒”，《论语》中的“威而不猛”、“恭而安”等等，都是讲这一范畴。今日讲的“分寸感”，同此。艺术或任何成功的创造都有赖于掌握这个“度”——“分寸感”，这也就是美，“增之一分则太长，减之一分则太短”。这是行动中掌握火候的能耐，而大不同于仅供思辨的抽象（如“质”、“量”）。这是中国辩证思维的要点，也就是“中庸”：“中庸之为德也，其至矣乎！”（6. 29章）详后。

1. 13　有子曰：“信近于义，言可复也。恭近于礼，

远耻辱也。因不失其亲，亦可宗也。”

【译】 有子说：“讲信任符合理则，才能履行承诺；讲恭敬符合礼制，才能免遭耻辱；所依靠的不脱离自己的亲族，这就可以效法。”

【注】 《集释》何晏《论语集解》(下简称《集解》)：复，犹覆也。

【记】 古意盎然。说明“信”、“恭”等品德对个体之所以可能和必要，非常具体和实在。最后一句，异解甚多，不列举。本读因重视孔学的氏族血缘的历史根源，故作此译。

什么是“义”？或如何是“义”？一大问题。“义”可以译作“正义”、“适宜”、“合理”、“恰当”、“公理”、“规则”、“应当”等等。“义”与“仪”、“舞”相关，源出于饰羽毛(“羊”)之人首(“我”)舞蹈，乃巫术礼仪中之正确无误的合宜理则、规矩，此“仪”、“义”后理性化而为“礼”之具体言语、举止形式(“威仪三千”等)，再变而为抽象化之“合宜”、“适度”、“理则”、“应当”、“正义”等范畴，并具有某种外在强制性、权威性或客观性，再引申为“理”(合理、公理、理则等等)或“当”(正当、适当、应当等等)。就个体说，便成为行为的准则、规范、义务、责任。它基本上是某种供实用的理性原则或范畴。

“仁”因与内心情感直接关联而“义”则并不如是，于是从孟子时起，便有“义”在内抑在外的不同意见和争论，亦即具有某种普遍必然、个体应予绝对履行的客观行为准则(外)，如何同时又可能是个体自觉要求即道德自律(内)的问题。告子以为“仁内义外”，孟子认为“仁义”均内，董仲舒认为“仁外义内”，宋明理学强调回归孟子，如是等等。总之，与“仁”相对应，“义”作为行为准则规范，是儒学的道德伦理的最高范畴(“仁”则超道德)，它既是绝对律令(categorical imperative)又是自律要求(moral autonomy)。这有近乎康德处。只是康德将之归为超越外在，孟子说它是先验内在(并非“内在超越”)。但在整个儒学中，“仁”毕竟高于“义”。而中国之所以缺乏或难接受那种超验的形式原则如康德，则仍是一个人生—世界的缘故。前已说过(1. 5章)，今又提及，后将再论，因此乃一关键处也。

1. 14 子曰：“君子食无求饱，居无求安，敏于事而慎于言，就有道而正焉，可谓好学也已。”

【译】 孔子说：“君子不追求饮食的饱足，不追求居处的安逸；做事勤勉，说话慎重，接近有德行的人来匡正自己，这可说是喜好学习的了。”

【注】 《正义》《说文》：敏，疾也。敏于事谓疾勤于事，不懈倦也。焦氏循《论语补疏》：敏，审也。谓审当于事也。圣人教人，固不专以疾速为重。

【记】 吃饭是为了活，活却不是为了吃饭。吃好饭、居处安逸，并非“君子”活的目的。在儒学看来，人生是艰难而无可休息的。这就是“尽伦”或“尽人事”。《荀子》记载，子贡问于孔子：“赐倦于学矣，愿息事君。”孔子曰：“诗云：‘温恭朝夕，执事有恪。’事君难，事君焉可息哉。”“然则赐愿息事亲。”孔子曰：“诗云：‘孝子不匮，永锡尔类。’事亲焉可息哉。”“然则赐愿息于妻子。”孔子曰：“诗云：‘刑于寡妻，至于兄弟，以御于家邦。’妻子焉可息哉。”“然则赐愿息于朋友。”孔子曰：“诗云：‘朋友攸摄，摄以威仪。’朋友难，朋友焉可息哉。”“然则赐愿息耕。”孔子曰：“诗云：‘昼尔于茅，宵尔蒙绹，亟其乘屋，其始播百谷。’耕难，耕焉可息哉。”“然则赐无息者乎？”孔子曰：“望其圹，皋如也，嵮如也，鬲如也，此则知所息矣。”子贡曰：“大哉死乎！君子息焉，小人休焉。”(《大略》)只有“死”才可以有休息。这种崇高的人生责任感，便也是“生的意义”所在，这也就是孔门的所谓“学”，亦即宗教性的道德修养，这也是后世接受和改造大乘佛教，强调“普渡众生”、“我不入地狱谁入地狱”的思想基础。同时也可与以“拯救”为重心的基督教相比较，儒学的“拯救”也许更为“世俗”(如上述的伦常日用)更为现实(即此岸性、一个世界内)，但其“拯救”精神似并不亚于宗教徒。儒学的“朝闻道，夕死可矣”以及“成仁取义”、“视死如归”便不只有道德意义而已。它正是“未知生焉知死”的形上探询的大好注脚。详后。

1.15　子贡曰：“贫而无谄，富而无骄，何如？”子曰：“可也；未若贫而乐，富而好礼者也。”

子贡曰：“诗云：‘如切如磋，如琢如磨。’其斯之谓与？”子曰：“赐也，始可与言诗已矣，告诸往而知来者。”

【译】　子贡说：“贫穷而不逢迎谄媚，富裕而不骄矜傲慢，怎么样？”孔子说：“好。但不如虽贫穷但快乐，虽富裕却爱好礼制。”

子贡说：“《诗经》说：‘切割，锉刻，雕削，磨光。’是不是这个意思呢?”孔子说：“子贡呀，这样才可以和你讨论诗了。告诉你过去的，你便能用在未来上。”

【注】 《朱注》：子贡自以无谄无骄为至矣，闻夫子之言，又知义理之无穷，虽有得焉，而未可遽自足也。

【记】 古本“乐”后有“道”字(见皇侃《论语义疏补》)，意更明确。此非以贫为乐，乃虽贫仍乐也。子贡提这问题时大概已经发了大财了？所以才有“诗云”的讨论。这种解诗，当然不符原意。但中国实用理性的一个特征是不重逻辑推论，而重类比联想。由类比而得启发，范围宽广，直觉性强，便于由感受而引发创造。这可以是一种不同于逻辑推理的思维方法，可以“类比思维”名之。这种思维方式的创造性能及其在中国文化上的功能表现、优缺点，值得研究。《诗经》在古代不只是抒情的诗篇，而且更是类比的推论、联想的思维，用在公(如外交辞令)私(如上述的对谈)生活中。前章孔子引《诗经》教导子贡即一例。一般逻辑中有类比思维，但在中国此附庸蔚为大国，成了主流。

1. 16　子曰：“不患人之不己知，患不知人也。”

【译】 孔子说：“不要怕别人不知道自己，怕的是自己不知道别人。”

【注】 《集释》王夫之《四书训义》：患己知之不早，则屈学以阿世。

【记】 《论语》屡见此语，第一章即有“人不知而不愠”。中国知识分子从来就有这个“求名”的困扰。“老冉冉其将至兮，恐修名之不立。”因为“名”关系于“不朽”，是人生寄托所在。其实，亿万百姓勤劳一生，并无姓氏可传，虽无名焉，却并不与草木共朽。所以，“群众创造历史”实为石破天惊之说，我至今信奉之，虽责我以死守马克思主义，亦欣然接受也。为求名声而曲学阿世无所不用其极者，如注所言，固多见于今日也。

真正值得探讨的是今天和未来知识分子的社会功能和命运问题，是老扮演“天下兴亡，匹夫有责”的启蒙者“先知”或社会批判家的角色呢，还是作为市场经济的科技或科层附庸？还是能够逃脱这现实的两难伦理？我期望历史的前行将有此逃脱之客观可能。也只有这样，知识者才并不“特殊”，也不再需要“人不知而不愠”的教导、锻炼或修养。这正是我强调“道在伦常日用之中”，并以“情本体”作为拙作《哲学探寻录》归宿的一个原因。

但“不患人之不己知”的要义仍在把握个体的价值与尊严，即走自己的路，为自己所当为，做自己所当做，“毁誉无动于中，荣辱在所不计”，自身实在存于自我认识中而不在“人知”也。

为政第二

共二十四章

2. 1　子曰：“为政以德，譬如北辰，居其所而众星共之。”

【译】　孔子说：“以德行来治理国家，好像天上北极星：坐在那个位置上，群星围绕环抱着它。”

【注】　《正义》李氏允升《四书证疑》：既曰为政，非无为也。政皆本于德，有为如无为也。又曰：为政以德，则本仁以育万物，本义以正万民，本中和以制礼乐，亦实有宰制，非漠然无为也。

《集释》皇侃《论语义疏》(下简称《皇疏》)引郭象：万物皆得性谓之德。夫为政者奚事哉？得万物之性，故云德而已也。日本物茂乡《论语微》：秉政而用有德之人，不劳而治，故有北辰之喻。汉代和至今民间则喜言北斗。

【记】　这章有许多解释。道家用来解释“君道无为”，法家解释为“君逸而臣劳”。看来，“无为”是儒、道、法所共有的中国古代政治观念。《论语》中还有“舜何为哉，恭己正南面而已矣”等。“君”到底是“有为”还是“无为”？以后各章还要讨论，这里先不说。就此章言，孔子不过是强调应以习惯法规的“德”来治理政事，因此并非道家所说“道德”的“德”(自然)。但究竟什么是“德”？就社会说，我以为，大概是指博施恩惠、团结群体的氏族体制规则；就个人说，我以为，本源大概是远古巫师首领所具有的超自然的神秘魔法力量。这两者以后都转换为儒家所解释提倡的首领、君主应具备的人格道德，并强调以此力量来引导、支配、制约、规范，即领导氏族成员们的行为和生活。“礼”，前已多次说过，乃氏族习惯法规。《左传》有“凡侯伯，救患，分灾，讨罪，礼也”(僖公元年)，仍可见“德”、“礼”之间的这种本源联系，此亦可解“导之以德，齐之以礼”(2.3章)的关系，即均氏族统治规则也。这些习惯法规沿袭久远，本具有突出的宗教性能和内容，孔子和儒家将它们尽量理性化和道德化。如“内圣”本是具有神秘魔法与上天沟通的巫师，变而为德高望重的首领(君主)。远古的宗教、伦理、政治三合一，便演进为一种泛道德主义而成为思想主流，延续两千余年。泛道德主义将宗教性的人格追求、心灵完善与政治性的秩序规范、行为法则混同、融合、统一、组织在一个系统里。在这里，形式原理即是实质原理。从孔、孟开始，由汉儒到宋明理学，一直影响到今天。由于它已发展成非常复杂完备的制度规定、理论系统和心理习惯，从而，一方面它使中国没有独立的社会、政治的法规体系；另方面它也使中国无独立的宗教心理的追求意识；二者都融合在“伦常道德”之中，这就使一定社会时代的相对法规无法从“普遍、必然”的绝对律令中分化、区别开来。此所以“假道学”、“伪君子”、“马列主义老太太”永远以绝对律令的伦理主义(如“斗私批修”、“灵魂深处爆发革命”之类)而横行天下也。

2. 2　子曰："诗三百，一言以蔽之，曰'思无邪'。"

【译】　孔子说："《诗经》三百首，用一句话概括，那就是：不虚假。"

【注】　《朱注》程子曰：思无邪者，诚也。

《集释》郑浩《论语集注述要》：古义邪即徐也。……无虚徐，则心无他骛。……盖言诗三百篇，无论孝子、忠臣、怨男、愁女皆出于至情流溢，直写衷曲，毫无伪托虚徐之意。

【记】　讨论非常之多。"思无邪"本是《诗经·駉篇》咏马诗中的一句。"思"是语助词，不作"思想"解。"邪"也不作"邪恶"解。

2. 3　子曰："道之以政，齐之以刑，民免而无耻；道之以德，齐之以礼，有耻且格。"

【译】　孔子说："用政策来管理、领导，用刑罚来整治、规范，民众只求免于受罚，心中并无耻辱的感觉。用德行来管理、领导，用礼制来整治、规范，民众有耻辱感，内心认同而归依。"

【注】　《集释》郑注：格，来也。《杨注》《礼记·缁衣篇》："夫民，教之以德，齐之以礼，则民有格心；教之以政，齐之以刑，则民有遁心。"这话可以看作孔子此言的最早注释，较为可信。此处"格心"和"遁心"相对成文。"遁"字，即逃避的意思。逃避的反面应该是亲近、归服、向往。

【记】　"格"有多种解读。如2. 1章所已说明，这仍然是用远古氏族习惯法规（"德"、"礼"）来比较当时的行政法规（"刑"、"政"），强调的仍然是心理悦服的重要。

为什么“免而无耻”不好？因为只管外在行为、结果，而不及内心世界，此离原巫术礼仪所要求的身心同一内外均“诚”远矣。孔子之后，孟子由“性善”讲“四端”，发展了孔学内在心理面；荀子强调“礼乐刑政，其实一也”，则甩开了心理方面，重视建立制度规范。一个发展了宗教性道德而回归神秘经验，一个发展了社会性道德而走入政治—法律。以后道法家占了上风，抛弃了远古氏族的格局。但由于长期的农业小生产和血缘关系作为社会结构主要支柱的保存，汉代强调“孝”，伦理与政治在专制帝国的政治体制下，又以新形态混而不分。到宋明理学，更在理论上被推至顶峰，在实践中也如此。“大公无私”、“成仁取义”、“先天下之忧而忧，后天下之乐而乐”等等宗教性道德笼罩了包括政治在内的一切。正因为中国的“政教合一”的特征是这种泛道德主义，它比非理性的宗教信仰、教义更难与世俗性的政治事务相分离。

2. 4　子曰：“吾十有五而志于学，三十而立，四十而不惑，五十而知天命，六十而耳顺，七十而从心所欲，不逾矩。”

【译】 孔子说：“我十五岁下决心学习，三十岁建立起自我，四十岁不再迷惑，五十岁认同自己的命运，六十岁自然地容受各种批评，七十岁心想做什么便做什么，却不违反礼制规矩。”

【注】《正义》《毛诗序》云：志者，心之所之也。先兄五河君《经义说略》：谓志，识同，即默而识之也，亦通。焦氏循《论语补疏》：顺者，不违也。舍己从人，故言入于耳，隐其

恶，扬其善，无所违也。

【记】 这已是千古名言，至今沿用。由年岁来描述个体成熟的不同阶段及状态，是很有意思的。从而有各种解说。例如所“志”何学？“立”究竟是什么意思？是事业有成还是道德有得？“不惑”于什么？“耳顺”何解？能否“知天命”后一切便顺顺当当？如此等等。其实可以各自为解，不必刻板以求。例如，“三十而立”，有人强调与“立于礼”有关，是指人从六岁“习礼”到三十岁才算完全掌握熟练，但后世注疏多不拘泥于学礼，而泛指人格的成熟，更佳。最难解的是“知天命”，似可解释到五十岁，自己对这偶然性的一生，算是有了个来龙去脉的理解和认同，一方面明确了自己的有限性，另方面明确了自己的可能性。不再是青少年时代“独上高楼，望断天涯路”的前景茫茫，也不再是“天下事舍我其谁”那种不自量力的空洞抱负了。

为什么要把宗教性道德作为个体追求心灵完善的“绝对律令”？有神论认为此乃“天意”或上帝旨令。人类学历史本体论则认为这是个体对人类总体的责任和义务，所以才无可逃脱无可推卸。这个“无可”，又并非外在一定社会、时代、群体的他律或经验要求，而是普遍“必然”即所谓“先验”的自律命令，此即自由意志，即本体所在。它高于一切经验。但其根源却又仍在人际情感之中；根源于它，却可以超出它，因其中有理性之凝聚，而成为心理之形式结构故。从而，它虽纯属个体修养，却并非所有人都能做到，这才有圣贤与常人之别。只有这样，也才能在哲学上将伦理的绝对主义与相对主义、在实践上将宗教与政治、在道德上将宗教性私德与社会性公德区分开来，使各得其所，各安其分。

“天命”、“命”、“立命”、“正命”，孔、孟屡言及，如何解说，恐非易事。其中有多种含义。“莫之致而至者，命也”，即非人力所能主宰。但王船山说：“俗谚有云，一饮一啄莫非前定，凡举琐屑固然之事而皆言命，且以未死之生，未富贵之贫贱统付之命，必尽废人为而以人之可致者为莫之致，不亦舛乎？故士之贫贱，天无所夺；人之不死，国之不亡，天无所予，乃当致人力之地，不可归之于天。”(《读四书大全说》)这有点近乎荀子了。但确是包括孔孟在内的儒学共同精神，即人生活在无可计量的偶然性中，却绝不失其主宰。这才叫“知天命”。“夭寿不二，修身以俟之，所以立命”，“知命者不立乎岩墙之下；尽其道而死者，正命也”(《孟子·尽心上》)，这种“立命”、“知命”、“正命”都指人对自己命运的决定权和主宰性，而绝非听命、任命、宿命，这也才是“知天”。从而“知天命”、“畏天命”便不释为外在的律令或主宰，而可理解为谨慎敬畏地承担起一切外在的偶然，“不怨天不尤人”，在经历各种艰难险阻的生活行程中，建立起自己不失其主宰的必然，亦即认同一己的有限，却以此有限来抗阻，来承担，来建立，这也就是“立命”、“正命”和“知天命”。“五十而知天命”着意在这种承担和建立的完成，即一己对“命运”的彻底把握。这大概一般非五十岁左右难以实现。总之，认识并安宁于一己存在之有限性，仍强自建立，并不悲观、焦虑，或作徒劳之无限追求，此种中国式的“知命”、“顺命”的情感“超越”，似有异于西方。此意本读还将多次重复讨论。

2.5 孟懿子问孝。子曰："无违。"

樊迟御，子告之曰："孟孙问孝于我，我对曰，无违。"樊迟曰："何谓也？"子曰："生，事之以礼；死，葬之以礼，祭之以礼。"

【译】 孟懿子问如何是孝？孔子回答说："不要违背。"

樊迟替孔子赶车，孔子对他说："孟懿子问我如何是孝，我回答说不要违背。"樊迟问道："这是什么意思？"孔子说："父母亲活着，按照礼制来事奉；死了，按照礼制来安葬，按照礼制来祭祀。"

【注】 《杨注》：孟懿子，鲁国的大夫，三家之一。古代的礼仪有一定的差等，天子、诸侯、大夫、士、庶人各不相同。鲁国的三家是大夫，不但有时用鲁公（诸侯）之礼，甚至有时用天子之礼。这种行为当时叫作"僭"，是孔子所最痛心的。孔子这几句答词，或者是针对这一现象发出的。

【记】 用遵守礼制来解释"孝"，似与心理无关。这是针对具体人物（鲁国有权势的著名大夫）的具体情况（僭礼）而发。

"问孝"、"问仁"等，有译作"问什么是孝"、"问什么是仁"等。孔子回答总是如何去做（行为），才是"孝"、"仁"。因此，译作"如何是孝"、"如何是仁"等等更准确。中国从来少有"什么是"即少有 Being 和 Idea 的问题，而总是"How"（如何），这正是中国实用理性一大特征，它的视角、途径、问题、语言、思维方式颇不同于希腊。**在这一意义上，中国哲学传统倒是非本质主义的，是反形而上学**

的，重视的是存在的多元状态和功能，而非固有的实体或本质。儒、道、法、阴阳诸家均如此。佛教输入后有所改变，以致严重影响了宋明理学，产生走向两个世界之趋向。但佛教里生发出禅宗，却又是对本土传统的复归。其间关系复杂，不似今日许多哲学史家所描述者。

2.6 孟武伯问孝。子曰："父母唯其疾之忧。"

【译】 孟武子问如何是孝？孔子说："使父母亲只担心子女的疾病。"

【注】 《集释》《淮南子·说林》："忧父母之疾者子，治之者医。"《礼记·曲礼》："父母有疾，冠者不栉，行不翔，言不惰，琴瑟不御，食肉不至变味，饮酒不至变貌，笑不至矧，怒不至詈，疾止复故。"皆以人子忧父母之疾为孝。

【记】 这章又有不同解读。是指子女非常关心和担忧父母生病呢（如注）？还是指子女只使父母关心自己疾病而不担心别的事，即对别的方面都非常放心呢？后一解更深一层。孟武子谥"武"，可能一向勇猛，父母老怕他因此而惹是生非，遭难遇祸，所以孔子就这样回答他？！

上下数章，均孔子回答"如何是孝"，但答复都不同。正好像以后许多学生和其他人"问仁"、"问政"一样，孔子的回答因人因时而异。这一点非常重要，不但说明孔子完全根据具体情况（不同的人、事、境遇，不同的需要、缺点、问题）给予各不相同的回答；更重要的是，如果与柏拉图（Plato）的对话录相比较，后者所追求的是从各种具体事物和具体概念（如美的瓶罐、美的小姐等等）中抽升出一普遍必然以至超越的“理式”(如美的 idea),认为那才是真理之所在,并即以此抽象的思辨的“理式”作为标准或准则来规范具体世界。这里恰好相反,**孔门儒学确认“真理”总是具体和多元的,即在此各种各样的具体人物、事件、对象的活动、应用中,即“道在伦常日用之中”**。离此多元、具体而求普泛,正如离此人生而求超越,为儒学所不取。孔门儒学在信仰上不谈鬼神,思维上不重抽象,方法上不用逻辑,均此之故。此“实用理性”所在,亦“情感本体”而非理性本体所在,亦“一个世界(人生)”而非“两个世界”之特征所在也。前章(2. 5 章)已说。

在本读“前言”中提到“天地国亲师”是中国人尊奉崇拜的传统对象,其中,孝亲是核心。汉代出现《孝经》,唐法典规定人子有养老义务。“孝”,从而家庭始终是华夏文化的中心点,有时甚至宣传到令人厌恶的地步,如“二十四孝”。但在今日及未来,如何估计“家庭价值”,似乎仍值深思。以自然的血缘纽带为基础的亲子情,如加以现代性的有意培育,是否能成为某种稳定社会的健康因素?再加以扩展,扩展到兄弟、友朋、家园、乡土……让人们以情感为真实、为存在、为“本体”,是否能使社会走出一条新路?从中国经验看,墨家以“薄葬”、“非乐”来反情,道家以“逍遥”、“齐物”来非情,均不重视以亲子情为核心的人际情感关系,结果均失败于儒学。儒从忧而乐,忧乐相侵乃悟人生本体即在此情本身,而不必他求于彼岸,从而积极入世,自强不息,以人道配天地,使中国文化历经苦难摧残而未中断磨灭,是否也可以由此去考虑它的未来呢?

2. 7　<u>子游</u>问孝。子曰："今之孝者，是谓能养。至于犬马，皆能有养；不敬，何以别乎？"

【译】　子游问如何是孝？孔子说："今天所谓孝只讲能够养活父母。人也一样养活狗、马。不尊敬，那有什么区别？"

【注】　《正义》《盐铁论·孝养篇》：善养者，不必刍豢也。以己之所有，尽事其亲，孝之至也。故匹夫勤劳，犹足以顺礼，啜菽饮水，足以致敬。

【记】　"敬"可以有双解。一是对父母的尊敬、敬爱；一是对道德律令的敬重。后者即可释为康德所指的道德感情，是对绝对律令的畏惧和敬重。这当然极大地提高了伦理行为的形上高度，但恐非儒学本义。儒学本义的"敬"仍指前者，即人子对父母的敬爱，可与下章"色难"相呼应。在这里，儒学将社会性公德（"能养"）提高为"宗教性私德"（"不敬，何以别乎"），显示宗教性私德是以某种神圣情感为根基的（"敬"本源自祭神的畏惧感情）。康德设想的"道德的神学"之所以难能，恐亦由于缺乏这一情感根基而难于成为"神学"所致（因康德的道德感情乃对客观律令的敬重，而非对对象的情爱）。此系关键处，宜如熊十力圈点："吃紧，吃紧。"

2. 8　<u>子夏</u>问孝。子曰："色难。有事，弟子服其劳；有酒食，先生馔，曾是以为孝乎？"

【译】　子夏问如何是孝？孔子说："不给父母好脸色看。有事时，年轻人效劳服务；有酒饭，让年长的先吃，这难道就是孝吗？”

【注】 《杨注》《礼记·祭义篇》说：孝子之有深爱者必有和气，有和气者必有愉色，有愉色者必有婉容。

【记】 这两章再次说明，“孝”必须首先是一种心理情感的培养和展现。“敬”，上记和1.5章记中已谈，它本来自远古祭祖敬神的畏惧、尊敬、崇拜的感情，不只是某种仪式及外在姿态、行为的规定。所以重要的在于获得这种感情体验：这既不是外在他律的行为，也不是抽象超越的理念。宋明理学和现代新儒学最大问题之一，就在于没很好注意这一点。以“理”为“体”的程朱学派更为突出。朱熹注“孝弟也者，其为仁之本欤”说，“仁者，爱之理，心之德也”。“仁”成了“爱”、“心”感性情感的超越化思辨化的“理”、“德”。朱熹又说“为仁犹言行仁”。“仁”在这里竟成了某种外在的原则、规范、他律。程颐注“孝弟为仁之本”说：“‘或问孝弟为仁之本，此是由孝弟可以至仁否？’曰：‘非也，谓行仁自孝弟始，孝弟是仁之一事。谓之行仁之本则可，谓是仁之本则不可。盖仁是性也，孝弟是用也。性中只有个仁义礼智四者而已，曷尝有孝弟来？’”“论性，则以仁为孝弟之本。”这正是上述柏拉图式的方法、方向，即在具有具体情感的“孝”、“悌”中抽象出“仁”来作为“性”、“本”等形上实体。“孝”、“悌”等等具体情感心理反而成为这实体（“性”、“本”）的实施、显现了。程朱学派这一“理本体”为陆王特别是为现代新儒学牟宗三所激烈批评。但陆王学派以及牟宗三虽然以“心”为体，但由于强调“道心”、“人心”之别，以及“心统性情”中的“性”与“情”的对立区分，结果便仍然是道德形上学的“道心”、“性体”在主宰统治。如果说，程朱学派以“理”，那么陆王学派以及牟宗三便是以“心”、“性”为本体来建构知识/权力体系，仍然是脱开了与“人欲”紧相联系的具体情感的人心，从而与程朱学派相距并不遥远。程朱学派由于用“超越”的“理”、“性”作为管辖、统治具体人间情欲的主宰，于是戴震、谭嗣同等有“以理杀人”等浩叹。而陆王学派则由于有“心”不离“身”说，于是便可以走向以“欲”为“性”的自然人欲论，而彻底毁弃道德形上学。看来，只有解构这些“理本体”、“性本体”、“心本体”，回到理欲相融，以情为体，也许更接近孔、孟，这才是回归原典，重构儒学。孔子如何，后章还将细说。孟子的“四端”，便很难如新儒学所强调的是“先验”或“超越而内在”，因为它所讲的并不脱离感情，牟宗三强调“恻隐之心”是“不安不忍”的“灵明一点”，那不是感情，又是什么？当然这感情并非自然生理情绪，而是其中积淀有社会理性，这即是理欲相融的情。对犬马也可以有深厚的感情，犬马之于人亦然，但这种感情不是“敬”。可见“敬”虽然是感情，却清晰地融有社会理性在内。这就正是所谓“人性”。“恻隐之心”之所以是“人”的情感（“人皆有不忍人之心”），正由于其中有理性积淀故。

2.9　子曰：“吾与回言终日，不违，如愚。退而省其私，亦足以发，回也不愚。”

【译】　孔子说：“我与颜回讲话整天，他毫无不同意见，像个笨蛋。回头来看他的行为等等，却使我也受到启发，回是一点也不笨呀！”

【注】　《朱注》：私，谓燕居独处，非进见请问之时。

发，谓发明所言之理。

【记】 也有另种解释和翻译“发”，常解说为颜回“发挥”、“发明”了孔子。如上朱注，不从。11. 3章同此。颜回在《论语》中的形象总是这样“愚”、默、神秘。

2. 10 子曰：“视其所以，观其所由，察其所安。人焉廋哉？人焉廋哉？”

【译】 孔子说：“看他的所作所为，观察他的由来始末，了解他的心理寄托，他还能躲藏到哪里去呀！他还能躲藏到哪里去呀！”

【注】 《朱注》：以，为也。《集释》《集解》：由，经也，言观其所经从。《四书辨疑》：所由者，言其事迹来历从由也。所安者，言其本心所主定止之处也。

【记】 人总有意无意戴着各种假面具，生在世上，活在人群，于是有此“视”此“察”。“我与你”的世界总被“我与它”的世界阻挡。

2. 11 子曰：“温故而知新，可以为师矣。”

【译】 孔子说：“温习过去，以知道未来，这样便可以做老师了。”

【注】 《朱注》：言学能时习旧闻，而每有新得，则所学在我，而其应不穷……若夫记问之学，则无得于心，而所知有限。

【记】 中国极端重视历史经验，记录各种经验、教训，以为未来殷鉴，乃此文明一大特征。中国史书之多，举世无匹。从经验、事实、历史出发，温故以知新，不迷信奇迹，不空想思辨，此“实用理性”之具体呈现也。“实用理性”在某种意义上，便正是历史理性。思辨理性（认识）、实践理性（道德）均来源和服从于此“历史理性”。宜乎据称康德晚年有“历史理性批判”的著作想。

2.12 子曰：“君子不器。”

【译】 孔子说：“君子不是器具。”

【注】 《朱注》：器者，各适其用而不能相通。成德之士，礼无不具，故用无不周，非特为一才一艺而已。

【记】 这句话今天可以读作人非 robot（机器人），即人不要被异化，不要成为某种特定的工具和机械。人“活”着不是作为任何机器或机器（科技的、社会的、政治的）部件，不是作为某种自己创造出来而又压迫、占领、控制自己的“异己的”力量（从科技成果到权力意志到消费广告）的奴隶。人应使自己的潜在才能、个性获得全面发展和实现。这才叫作“活”，这是从哲学说。从社会学说，“君子不器”在中国传统社会里，是说明士大夫（以占有土地为经济来源）作为“社会脊梁”，不是也不可能和不应该是某种专业人员。他们读书、做官和做人（道德）是为了“治国平天下”，其职责是维系和指引整个社会的生存。到二十世纪，现代中国知识分子在内忧外患的特殊环境下，先后六代（见拙著《中国近代思想史论》）仍在扮演这种“脊梁”角色。他们为启蒙为救亡而呐喊而活动而革命，从进行文学艺术创作到科学、教育、文化工作，到领导农民革命，即使各有“专业”，也大都是“心忧天下”而“不器”的。但如果真正进入现代社会，情况便会有极大不同，不再是知识分子，而是广大中产阶级才是维系社会生存的骨架，知识分子只是作为某种分工很细的专业人员即专门家如医生、律师、工程师、经理、教师、教授、记者等等等等，成为这个社会的各种器官而已。在这个社会里，人都被“职业化”了。因此，“君子必器”(“君子”在这里当然只是借用词，并无所谓“小人”)。这是概而言之，实际情况当然更复杂。第一，专门家中也仍然有越出其专业范围，研究和发表对“全局”(世界、国家、人类、社会……)看法、意见的人，即“不器”的“君子”即今之所谓“公共知识分子”(public intellectuals)。第二，即使不发表，也不妨碍对其专业之外的许多问题有兴趣、有关怀。在这些意义上，又仍然可以说“君子不器”。对中国来说，现在正处在以“士大夫——知识分子”(即“君子”)为主导和骨架的传统社会转到以中产阶级为主导和骨架的现代社会的行程中。它们带来的种种现象和问题，包括如“使命感”的失落和专业化的加强，“思想家”的淡出和“学问家”的凸显等等，便正是这种由“君子不器”到“君子必器”的过程表现。这一过程还将加速和普泛化。但如何承继“君子不器”，张扬公共知识分子的职责，在专业化已成大势的今日，似更值得重视。

2. 13　子贡问君子。子曰：“先行其言而后从之。”

【译】 子贡问什么是君子？孔子说：“先履行所说的，然后再说。”

【注】《朱注》范氏曰：子贡之患，非文之艰而行之艰，故告之以此。

【记】 子贡极聪明而善言说，所以孔子这样回答他。这涉及语言是否根本、家园的问题，另章再论。

2.14 子曰："君子周而不比，小人比而不周。"

【译】 孔子说："君子周全而不偏私；小人偏私而不周全。"

【注】《朱注》：周，普遍也。比，偏党也。

【记】《论语》中常有这种对偶短句，言简意赅，表达是非、黑白、善恶、美丑的对立，颇便于传诵、记忆。中国文字的对偶美，但望在今日能有所保存、延续。

2.15 子曰："学而不思则罔，思而不学则殆。"

【译】 孔子说："学习而不思考，迷惘；思考而不学习，危险。"

【注】《朱注》：不求诸心，故昏而无得。不习其事，故危而不安。程子曰：博学、审问、慎思、明辨、笃行五者，废其一，非学也。

【记】 就认识论说，与康德所说"感性无知性则盲，知性无感性则空"，几乎同一思路。这一道理至今不过时。东海西海，此心相同，此理相同。叶适《习学记言》说："其祖习训故，浅陋相承者，不思之类也。其穿穴性命，空虚自喜者，不学之类也。士不越此二涂也。"汉学宋学，国粹西髦，古今同慨。

2. 16　子曰："攻乎异端，斯害也已。"

【译】　孔子说："攻击不同于你的异端学说，那反而是有危害的。"

【注】　《正义》焦氏循《论语补疏·韩诗外传》云：别殊类，使不相害；序异端，使不相悖。盖异端者，各为一端，彼此互异，惟执持不能通则悖，悖则害矣。

【记】　有三种解释，大多数解"攻"为"专攻"，即致力、学习，就是说学习异端邪说，是有害处的。十余年前出土的《论语》，"攻"作"功"，似更可证实此说。第二种解释说，攻剿异端邪说，于是它们就失去危害了，如杨译本。这似乎是毛时代斗争哲学的有趣反映。传统旧注中也有主此说的。我则选择第三说，认为这可以表现儒学的宽容精神：主张求同存异，不搞排斥异己。梁武帝至隋唐大崇佛教，把佛祖摆在孔子之上；现代崇拜马列，天安门挂洋人画像，中国人都不以为忤。孟子骂杨墨，却仍认"生之谓性"的告子作门徒。韩愈辟佛老，却以为"孔子必用墨子，墨子必用孔子"。苏轼以儒学而出入佛老，苏辙用《中庸》讲说老子，此后上层士大夫和下层民众都大搞"三教合一"。中国数千年没有炽热的宗教迷狂或教义偏执，而唯理是从，"谁有道理就听谁的"，包括近代中国较快地接受西方科技、文化、政法以至哲理，迅速改变千百年来的思想观念、服饰习惯以及生活方式等等，都与这种宽容性有关。而**这宽容又正是重实践、重经验、重"以实事程实功"的实用理性**

的表现。也正是实用理性的这种宽容性，才使儒学本身和中国文化能不断吸取和同化外来事物、思想而继续生存和发展。不吸收和同化道、法、阴阳，就不会有董仲舒为代表的汉代儒学。不吸收佛教，就不可能有宋明理学。不吸收西方自然科学观念，就不会有康有为、谭嗣同的近代儒学。“有容乃大”，于人，于学，于文化，于传统，何莫不然。

儒学这种宽容精神，也是建构今日的社会性公德的重要资源。今天的社会性公德，有两大特征，其一便是宽容精神，即承认、允许价值多元的世界存在，不干预个体选择的自由和权利。对个体的终极关怀、宗教信仰(或无信仰)、价值观念、生活态度等等应执中性立场。其二是共同准则，为了维系该社会生活的最低必要条件，个体成员应有遵循公共行为准则的道德自觉。这方面由于与经济、法律、政治密切关联而具有不同的时代、民族等内容，彼此也应宽容、协调。在共同准则上又有两个不同侧面，一是严格尊重个体的自由、自主和公平竞争，人是目的，而非工具。二是对处境不佳的社会成员如“老弱妇孺”和残疾等弱者甚至动物世界，应有特殊的关注。这是“民吾同胞，物吾与也”。可见，不仅宗教性私德，而且社会性公德，传统儒学也有需要革除的陋说(如“三纲”、“三从四德”等)和可供生发的资源(如此章及15.42章“相师之道”等等)。

2.17　子曰：“由！诲女知之乎！知之为知之，不知为不知，是知也。”

【译】　孔子说：“子路，我告诉你什么叫求知吧：知道就是知道，不知道就是不知道，这就是真正的‘知道’。”

【注】《集释》陈栎《四书发明》：强不知以为知，非惟人不我告，己亦不复求知。

【记】 这里强调求知的态度，仍然是实用理性的落实。建造庞大体系以概括一切，实际即以不知为知，强不知以为知，既是常人陋习，也是“教主”通病。孔子和儒学特征之一，正在否认自己是天才是教主，承认有不知道不懂得的东西。这里，认为“不知”也是一种“知”，说明“知”永远有限，正如人是有限的存在一样。只有不断积累，才能不断向那无限、永恒前进。孔子之所以罕言死生鬼神、人性天道，亦以此故。这似乎很平常，其实很深刻。它揭示人必须认同自己的有限性，才可能超脱；认识自己“不知”，才可能“知”。这才是智者。俗语云“人贵有自知之明”，“多见其不自量也”等等，均此意之实用。孔学之“极高明而道中庸”，于此可见一斑：它不只是高深道理，而且更是生活修养。这是儒学宗教性道德的方面，对个体追求人格完善，至今仍然有益。但它不必要求每个人都能学习或履行。因为它不构成社会性公德，而只关乎个体的终极关怀。对照《圣经》“是就说是，不是就说不是；否则你们将被审判”(《圣经新约·雅各书》5. 12)，孔学无此外力迫胁，似更佳。《论语》其实可与《新约》相比较，或同或异，或同异参半，其意义何在，大可研究，可惜本读尚无力做此工作。

2. 18 子张学干禄。子曰：“多闻阙疑，慎言其余，则寡尤；多见阙殆，慎行其余，则寡悔。言寡尤，行寡悔，禄在其中矣。”

【译】 子张问得官职、获薪俸的方法。孔子说："多听，保留有怀疑的地方，谨慎地说那可以肯定的部分，就会少犯过错；多看，不干危险的事情，谨慎地做那可以肯定的部分，就不会失误后悔。讲话少过错，行为少后悔，官职薪俸便自然会有了。"

【注】《集释》《史记·弟子传》：作问干禄。《读四书大全说》：干禄之学随世而改，于后世为征辟，为科举。《论语补疏》：圣人以事功为重，故不禁人干禄。

【记】"晚说，少说，敢说"是"文革"中某高干颇得意的经验谈。试释之："晚说"者，伺机而言，不妄言也。火候未到，虽说无用。且先观人言之失，可收后发之利。"少说"者，言多必失，要言不烦也；繁辞冗言，徒令人厌。"敢说"者，机不可失，看准就讲。这样自然获君心、得厚宠，大高升也。此可与韩非《说难》相承续。实用理性之用于权术也。

似乎该明确一点：学生们到孔子这里来学习，为了什么？大部分是"学干禄"，即学习六艺以做官也。"学而优则仕"是常规历程，并非为知识而知识，为道德而道德。只有到孔门之后，才了解宗教性道德本身具有重大意义，"学"就不再是为"干禄"了，这为颜、曾等门徒和学派所发展。孔学之所以比阴阳家、道家、法家更具有超世俗的宗教意味，孔孟之所以在后世和今日比他人更吸引人们，即在此涉及终极关怀、人生意义、心灵境界的追求故，即在此宗教性道德故。

2. 19 哀公问曰："何为则民服？"孔子对曰："举

直错诸枉，则民服；举枉错诸直，则民不服。”

【译】 哀公问：“怎么样才能使老百姓服从？”孔子回答说：“举用正直的人，废弃邪曲的人，老百姓便服从。举用邪曲的人，废弃正直的人，老百姓便不服从。”

【注】《集释》《集解》包曰：错，置也。举用正直之人，废置邪枉之人，则民服其上。《反身录》：诸葛武侯有云：“亲贤臣，远小人，此先汉所以兴隆也。亲小人，远贤臣，此后汉所以倾颓也。”言之痛切，可作此章翼注。

【记】 在近代民主制度之前，总有这个所谓“用人当否”的问题。老百姓至今对上层人事仍极关心，亦以此故，可叹亦可伤。如无制度保障，“举直错枉”亦又何益；如有制度保证制，“有治人”当更有意义。诚如黄梨洲所言，“有治法而后有治人”。黄此语极大地发展了儒学的社会性公德学说，是“外王”一线的重镇，岂可仅以宋明理学家看待之。

2.20 季康子问：“使民敬、忠以劝，如之何？”子曰：“临之以庄，则敬；孝慈，则忠；举善而教不能，则劝。”

【译】 季康子问：“要使老百姓尊敬、忠诚而勤勉，如何办？”孔子回答说：“严正地对待他们，老百姓就会尊敬；孝顺父母，慈爱幼小，老百姓就会忠诚；提举好人而教育那些无能的人，老百姓就会勤勉。”

【注】《正义》包曰：庄，严也。君临民以严，则民敬其上。《表记》曰：威庄而安，孝慈而敬，使民有父之尊，有母之亲。

《集释》《皇疏》引江熙：上孝慈，民亦孝慈。孝于其亲，乃能忠于君。求忠臣必于孝子之门也。

【记】 所谓“孝慈则忠”，是基于小农业血缘家庭作为社会细胞结构之上的生活规范，发展而为此儒家之伦理政治，其中所含之“温情脉脉”，今日只具有个体完善的宗教性私德的意义，而非以契约性和理性主义为特征的社会性公德所必需了。但前者对后者又仍可起某种“范导”（regulative）作用。拙著《中国古代思想史论》曾认为，云梦秦简《为吏之道》也有“慈下勿凌”、“恭敬多让，宽以治之”、“宽裕忠信，和平毋怨”等等词语，“似乎表明当年秦国的实际政治并不完全像韩非的理论和秦始皇的实践那样极端”（第139页），这倒可作陈寅恪以秦政乃儒学理想之实现说法的佐证，即秦汉政制及观念主要乃孔门儒学即荀子一线的发展开拓。今日思想史、哲学史似少留意及此，儒法表层似对立，实则互用，且仍以儒为主也。

2.21 或谓孔子曰：“子奚不为政？”子曰：“书云：‘孝乎惟孝，友于兄弟，施于有政。’是亦为政，奚其为为政？”

【译】 有人对孔子说：“你为什么不从事政治？”孔子说：“《尚书》说：‘孝呀，只有孝！又能友爱兄弟，就会作用于政治。’这就是政治，还要另搞什么政治？”

【注】 《正义》：为政之道，不外明伦，故但能明孝弟之义，即有政道。

【记】 **儒学的“修身、齐家、治国、平天下”，**如我以前再三强调，**有其真实的历史渊源：这种由家而国的“伦**

理”追求，即是“氏族—部落—部族—部族联盟”的政治秩序。在这里，伦理即政治，殷周时代以至春秋，所谓邦、国、“八百诸侯”等等即是这种氏族—部落—部族国家。因此父子、兄弟、夫妇并非只是个体家庭成员的“私人”关系，而是一种公共的政治体制和规范。以父子关系为核心和骨骼的父家长氏族为单位，氏族社会的首领当然要首先能够在本家族、本氏族、本部落、本部族中得到承认，树立权威和地位，然后才能进一步团结、联合其他氏族、部落、部族以“一统天下”。只有了解这一历史事实，才能了解为何孔门强调“孝”为政治的根本。在氏族社会里，传统、习惯和权威是长久形成，并代代相沿的，不能轻易改变它们。这些，上面章节中都已经讲过了。**正因为伦常（孝悌）即政治，而伦常又具有崇高的本体性质，情与理，宗教、伦理与政治混而不分，便根深蒂固了。**

2.22　子曰：“人而无信，不知其可也。大车无輗，小车无軏，其何以行之哉？”

【译】　孔子说：“人不守信？那怎么可以？大车小车没有驾车的横木木销，怎能行走？”

【注】　《朱注》：大车，谓平地任载之车。輗，辕端横木缚轭以驾牛者。小车，谓田车、兵车、乘车。軏，辕端上曲钩衡以驾马者。车无此二者，则不可以行。

【记】　“守信”为《论语》多次提到，正如康德将“不说谎”作为普遍道德律一样。守信大概是任何社会群体所必然要求个体遵行的普遍礼俗和“道德”法规，否则社会不能维系。它并非“先验”，而是为了人类总体的生存。这是它们宗教性道德的方面，但是对敌人说谎而不出卖同志，又是社会性道德(为某群体、国家、党派、集团的利益等等)之所在。这两种道德关系非常复杂，一追求绝对的普遍性，似由天而降，超乎经验；一只求相对的客观性，由一定的时代、环境所产生和决定。虽然两者经常重合，但也大有相互对立和尖锐冲突处，需要具体剖析。

2.23 子张问：“十世可知也？”子曰：“殷因于夏礼，所损益，可知也；周因于殷礼，所损益，可知也。其或继周者，虽百世，可知也。”

【译】 子张问：“今后十代可以知道吗？”孔子说：“殷代承继夏代的礼制，所增加、删削，是可以知道的。周代承继殷代的礼制，所增加、删削，是可以知道的。那也许继承周代的，虽然一百代，也是可以知道的。”

【注】 《正义》：三十年为一世。陈氏澧《东塾类稿》：十世者，言其极远也。

【记】 不出三百年，代周而起的秦汉体制已大不同于夏殷周。以后儒生虽屡欲“复三代之盛”，也完全不可能了。倒是秦始皇统一中国后所制定的政治体制，却两千年基本延续、沿袭下来。毛泽东说“百代皆沿秦政制”，并喜以秦始皇帝自况。但秦汉政制亦承继战国而来。“三礼”源出于远古，写定于汉代，似亦说明汉代政治仍与周礼有关，即虽行法家却仍强调“礼治”。这即是说，任何变革总有所因承接续，绝非一穷二白起高楼。即便是“汤武革命”，也仍是“殷因于夏礼”、“周因于殷礼”。如果标榜全新，常常反而全旧。“文化大革命”即为一例。可见，改良优于革命，继承高于批判。很有趣味的是康有为注《论语》抨击曾参，高抬子张。正因为子张注重的是有公共客观规范性的政治—社会性公德。这里问“十世”，也有这个意思，子张关注的是社会、政治的体制问题，而非个体道德修养，确乎不同于颜、曾。康有为盛赞子张，亦夫子自道也。据云孔子身后，儒分为八(《韩非子》)，其情不详。但至少可看出两种倾向，即以颜回、曾参为代表而于宋明理学达顶峰的心性修养的“内圣”之学，和以子贡、子张、子夏等为代表，由荀子、董仲舒以至后世许多政治家思想家讲礼制、讲事功、讲“春秋大义”(如“通三统、张三世”等等)的“外王”之学。前者是非历史甚或反历史的道德形而上学，后者是重历史重经验的社会政治思想；前者吸收了佛学禅宗，后者吸收了道家法家阴阳家，但均以儒门孔学为主。这才是儒学展开的全面图景。现代新儒家以“心性”论为儒学“神髓”、以孔孟程朱陆王为儒学“命脉”，其实片面。

数十年来因套用原始社会、奴隶社会、封建社会、资本主义社会模式说中国历史，削足适履，扞格难通，并引起古史分期、长期停滞诸假问题之大争论，似应重新考虑，改弦更张。中国新石器时期漫长发达，战争巨大频繁，氏族体制结构完备，极具韧性，难以瓦解，乃重大特点，因之社会—政治发展虽历经父家长制、早期宗法制、体系宗法制、地域国家、专制大一统国家、门阀贵族制、世俗地主皇权制以及近代趋向的出现等等阶段，包括秦汉、魏晋、隋唐、明清、近代各种重要历史转折，血缘家庭—家族作为社会细胞或支柱，却始终未变，主宰、影响了各个方面，虽“十世可知”。这才是中国历史特征或关键所在。如何了解这一特点而展望未来，实待深入研讨。因今日中国社会之最大发展即此支柱的瓦解崩溃而进入现代。

2. 24　子曰：“非其鬼而祭之，谄也。见义不为，无勇也。”

【译】　孔子说：“不是自己家族的鬼而去祭祀，这是谄媚。遇见正义的事情而不做，这是无勇气。”

【注】《康注》：盖上古淫祀之鬼甚多，孔子乃一扫而空之。观印度淫鬼之多，即知孔子扫除中国淫祀之力矣。……徐侍郎致靖曰：谄渎鬼神者，必不能勇于赴义；放弃义务者，必至迷信虚无，其事互为缘也。

《集释》《集解》：非其祖考而祭之者，是谄求福也。

【记】　前一半说明按原始礼制，只祭本氏族的祖先和成员。它的源起并非功利，是无条件的敬畏崇拜和情感依托。祭祀别的鬼神大都有求恩宠、祈福禄、避灾祸等功利目的。后一半说明“勇敢”在这里是心理的本质。这前后两者如何联系，似有似无，仍只能统一于情感塑造上。这里想重复前章所说，现代生活应把在传统中混融一体、同是遵守“礼制”的宗教性私德与社会性公德作一定区分。两者经常包含在同一行为、活动和心理之中，却有不同内涵，像本章的“谄”、“勇”。后者有关社会的正义、公平和合理，前者却塑造关于个体的情感、信仰和气质；后者具有一定的强制性、时代性、相对性，前者则主要是自觉性、历史积累性和绝对性。所以既非“仁”(宗教性)、“礼”(社会性)合一(古代),也非“礼”、“仁”对立(近代),今日应追求“礼”、“仁”分途。这分途当然又非截然斩断,宗教性道德、个人的终极关怀和情感依托对社会性道德仍然有范导的功能和地位,我曾拟之于康德的范导原则(regulative principle)和构建原则(constitutive principle)(见《哲学探寻录》)。回归原典,重探儒学,乃《今读》宗旨。它自不应同于以董仲舒为代表以天人感应图式为特征的汉代儒学,也不同于以朱熹、王阳明为代表以心性论为特征的宋明理学以及它的现代翻版的道德形而上学(现代新儒学)。与它们经营构造知识/权力体系统摄一切相反,原典儒学的新阐释将以情为体,强调多元化、个体人格和心理积淀,重宽容,不构建体系,从而也与排斥异己、好斗为性的其他宗教的原教旨主义相区别,这也是《今读》为何采用这种随兴而发、零散议论的原因。

八佾第三

共二十六章

3. 1　孔子谓季氏："八佾舞于庭，是可忍也，孰不可忍也？"

【译】 孔子评论季氏说："在自己的庭院居然表演天子享用的舞蹈。如果这可以容忍，那还有什么不能容忍？"

【注】《杨注》："佾"音"逸"，古代舞蹈奏乐，八个人为一行，这一行叫一佾。八佾是八行，八八六十四人，只有天子才能用。

【记】 作为人文，礼制有一定的规矩；乱用，则有害于人文的保持和稳固。

3. 2　三家者以雍彻。子曰："'相维辟公，天子穆穆'，奚取于三家之堂？"

【译】 三大氏族在祭礼完毕撤席时采用雍诗来赞唱。孔子说："'四方诸侯，都来助祭；天子仪容，美好静穆'。这如何能用在三个氏族的庙堂上？"

【注】《朱注》：三家，鲁大夫孟孙、季孙、叔孙之家也。雍，周颂篇名。彻，祭毕而收其俎也。天子宗庙之祭则歌

雍以彻。

【记】 前面曾说孔子和儒学的宽容性，这里是儒学的不宽容性：不能容忍违反礼制的行为。这似可读作“思想宽容，行为严肃”。思想、学说、言论、主张可以求同存异，但行为规范和社会制度必须一致遵行，否则各行其是，社会瓦解。任何社会都必须有共同遵守的秩序、规范、准则，这作为普遍原则，千古不灭。当然，用在音乐舞蹈上，未必如此。但当时好些音乐舞蹈是神圣的仪式，并不简单是为了观赏娱乐而已，应留意这种古今差异。不过，许多音乐舞蹈其实正不断从神圣的仪式、严肃的礼制中解放出来，而取得自己独立的欣赏意义，孔老夫子此论纯从政治着眼，该属于不合时宜之类吧。

3.3 子曰：“人而不仁，如礼何？人而不仁，如乐何？”

【译】 孔子说：“人如果没有仁爱，讲什么礼？人如果没有仁爱，讲什么乐？”

【注】 《朱注》游氏曰：人而不仁，则人心亡矣，其如礼乐何哉？

【记】 这是一篇大文章。说的是外在形式的礼乐，都应以内在心理情感为真正的凭依，否则只是空壳和仪表而已。某些音乐虽有曲调，甚或悦耳，但可感到里面是空的。**孔学的一个基本特征，在于塑造人性心理，**已如前所说。如果更具体一些，**这“人性心理”主要应是某种“情理结构”，即理性（理知、理解）与情感（情绪、情欲）的各种不同程度、**

不同关系、不同比例的交融结合，亦即建筑在自然性的动物生存的生理基础之上的“人化的情感”，亦即我在美学论著中所强调的“内在自然的人化”。从耳目愉悦到性爱快乐，从社交行为到礼制道德，均有此问题。这种特定的“情理结构”乃文化积淀而成的深层心理，我以为乃了解儒家孔学以及中华文化的关键之一。

3.4 林放问礼之本。子曰：“大哉问！礼，与其奢也，宁俭；丧，与其易也，宁戚。”

【译】 林放问礼的根本是什么？孔子说：“大问题。礼，与其铺陈奢华，不如简朴节俭；丧事，与其仪式隆重，不如真正悲伤。”

【注】 《朱注》：易，治也。范氏曰：夫祭，与其敬不足而礼有余也，不若礼不足而敬有余也。丧，与其哀不足而礼有余也，不若礼不足而哀有余也。礼失之奢，丧失之易，皆不能反本而随其末故也。礼奢而备，不若俭而不备之愈也。丧易而文，不如戚而不文之愈也。俭者物之质，戚者心之诚，故为礼之本。

《正义》《隋书·高祖纪下》：“丧与其易也，宁在于戚，则礼之本也。礼有其余，未若于哀，则情之实也。”并以“易”为礼有余。

《杨注》《礼记·檀弓上》云：“子路曰：‘吾闻诸夫子：丧礼，与其哀不足而礼有余也，不若礼不足而哀有余也。’”可以看作“与其易也，宁戚”的最早的解释。

【记】 “大哉问”也可译作“问得好”、“问得重要”。本章又一次具体强调心理情感(戚)是根本，比外在仪文重要。

远古巫史文化使中国未能发展出独立的宗教和独立的政治，而形成以具有神圣巫术—宗教品格性能的礼制（亦即氏族父家长制下的伦理血缘关系和秩序）为基础的伦理、宗教、政治三合一的上层建筑和意识形态。正因为此，伦常、政治均笼罩和渗透在神圣的宗教情感之下。**由畏（殷）而敬（周）而爱（孔子），这种培育着理性化的情感成为儒学的主要特征**。它不断发展并普泛化为宇宙规律（汉儒："仁，天心也"）和道德律令（宋儒："仁者，爱之理，心之德也"），情感（仁、爱）成了"天心"、"天理"的本体所在。无论是"儒道互补"或"儒法互用"，不管是"内圣"或"外王"，这一本体或特征始终是其内在的魂灵。所以，**不是天本体、气本体、理本体、心本体、性本体，而是情本体才是儒学要点所在，这就是《今读》所将反复申说的**。

3.5 子曰："夷狄之有君，不如诸夏之亡也。"

【译】 孔子说："野蛮部族虽有国君，还不如中国的没有。"

【注】《正义》：此篇专言礼乐之事，楚、吴虽迭主盟中夏，然暴强逾制，未能一秉周礼，故不如诸夏之亡君。

钱穆《论语新解》（下简称《钱解》）：本章有两解，一说：夷狄亦有君，不如诸夏竞于僭篡，并君而无之。另一说：夷狄纵有君，不如诸夏之无君。……晋之南渡，北方五胡之乱。其时学者门第鼎盛，蔑视王室，可谓有无君之意，但必严夷夏之防以自保，故多主后说。宋承晚唐五代藩镇割据之积弊，非唱尊王之义，则一统之局面难保，而夷狄之侵凌可虞，故多主前说。……《论语》言政治，必于人道之大，尊君亦所以尊道，断无视君位高出于道之意，故知后说为胜。

【记】 从钱穆说。“道”高于“君”，文明整体高于政治体制。中国传统更重“文化”概念，它高于“种族”以至政体。对古代氏族、部落来说，“种族”概念本极重要，所谓“非我族类，其心必异”便是。尽管春秋仍有“大复仇”之义（其实就是氏族之间“打冤家”的战争），但似乎自孔门儒学起，后世毕竟讲得和做得很少了。只有在抵御落后民族（又仍是以文化来定“先进”、“落后”）入侵时，才大张“夷夏之防”，剩下来便只是子报父仇的个别案例，较少有大规模的种族屠杀。这应视作中国历史和中国文化的一个重要现象。当然，中国历史上用暴力屠杀“剿灭”少数民族的事例也仍有出现，包括王阳明的“事功”和乾隆皇帝的“十全武功”等，但就总体说，自秦汉至清朝的两千余年，汉民族以其文化自然地而非暴力地同化少数民族，乃其主流。包括“五胡乱华”和“满族入主”，其结果均由被统治、被压迫的汉民族最终同化其统治者、压迫者，竟可以使后者失去其原有的文字、语言、文化等等，这一现象在世界史上值得重视。所以“中国人”、“中国的”实一文化概念，而非种族概念。今日中国人的血管中并不纯粹是汉“族”血液。与希特勒的纳粹观念理论正好相反。汉文化的历史事实即可驳倒各种种族主义。

3.6 季氏旅于泰山。子谓冉有曰：“女弗能救与？”对曰：“不能。”子曰：“呜呼！曾谓泰山不如林放乎？”

【译】 季氏要去祭祀泰山。孔子问学生冉有说：“你能挽回吗？”回答说：“不能。”孔子说：“唉，想不到泰山还不如林放！”

【注】《正义》包曰：神不享非礼，林放尚知问礼，泰山之神，反不如林放耶！

【记】 泰山只能由天子来祭，季氏僭礼。孔子问在季氏做官的学生冉有能否挽回这件事，回答不能。于是孔子大发感慨，慨叹接受祭祀的泰山还不如林放能注意问礼。泰山何知何灵？不过借词说季氏也。刘逢禄《论语述何》“举以厉冉有之诡随也”，即借林放严厉批评冉有追随季氏而不能纠正之。

3.7 子曰：“君子无所争。必也射乎！揖让而升，下而饮。其争也君子。”

【译】 孔子说：“君子没有什么争夺的事，除非是射箭比赛。相互作揖行礼，上堂比试，完毕后下来喝酒，这竞争是君子的竞争。”

【注】《集释》《松阳讲义》：……世间有一等人，惟知隐默自守，不与人争，而是非可否亦置不论；此朱子所谓谨厚之士，非君子也。有一等人，惟知阉然媚世，将是非可否故意含糊，自谓无争；此夫子所谓乡原，非君子也。又有一等人，激为高论，托于万物一体，谓在己在人，初无有异，无所容争。……亦非君子也。

【记】 射箭竞赛，来自远古遗风。在农耕社会以前，人靠狩猎为生，射箭是主要的（恐怕也是最早的）重要技能。它成为后世直到孔子时的“六艺”（礼、乐、射、御、书、数）之一，即由于此。

《集解》所引《松阳讲义》，很有意思，它强调不争并非君子，“君子”必要时非“争”不可，并具体地指责了三种貌似公允、圆熟和高远的“不争”的人，讲得很好。可见，虽然孔子讲无争，后世儒者仍可以有不同意见，这应是儒学内部宽容性：并非孔子讲的句句都是真理，孔子本人也允许学生与他讨论或争论。王充有《问孔》篇章，刘知几《史通》疑古、惑经篇中亦不满孔子，王阳明有“求于心而非也，虽其言出于孔子不敢以为是也”，李贽更有“不以孔子之是非为是非”的名句，这倒体现孔学儒门实用理性的真正精神，孔子和《论语》不应是僵化的神圣偶像和教义信条。宋明理学以及现代新儒学均有悖于此。

3.8 子夏问曰：“‘巧笑倩兮，美目盼兮，素以为绚兮。’何谓也？”子曰：“绘事后素。”

曰：“礼后乎？”子曰：“起予者商也！始可与言诗已矣。”

【译】 子夏问道：“‘美的笑容，酒窝微动；美的眼睛，黑白传神；洁白纸上，灿烂颜色。’这是什么意思？”孔子说：“先有白底子，而后才绘画。”

子夏说：“那么礼在后？”孔子说：“启发我的是你呀，这样才可以与你讲诗了。”

【注】 《朱注》：此逸诗也。倩，好口辅也。盼，目黑白分也。素，粉地，画之质也；绚烂彩色，画之饰也。

【记】 同3.3章。“礼”如是花朵，也需先有白绢（心理情感)作底子才能画出。总之，内心情感(仁)是外在体制(礼)的基础。荀子说："凡礼，事生饰欢也；送死饰哀也；祭礼饰敬也；师旅饰威也。""饰"字很有深度，值得琢磨；一方面"礼"是表示、传达情感，同时又是给情感以确定的形式而成为仪文典式。"仁内礼外"从而"仁先礼后"，似成定论。但此内在之"仁"又从何处得来？成了最大问题。孟子归之先验善端，却难离感性；朱子归之"天理"，又似成他律。反不如荀子舍仁谈礼，由外在规范而内在心性，倒更明白一贯。我以为，**礼乃人文，仁乃人性，二者实同时并进之历史成果，人性内容(仁)与人文仪式(礼)在源起上本不可分割：人性情感必须放置于特定形式中才可能铸成造就，无此形式即无此情感，无此"饰"即无此"欢"此"哀"此"敬"此"威"也**。"礼"之可说是艺术，亦在此。由此解说孔子和仁、礼，虽不中亦不远矣。荀子又岂可忽视也哉。

3. 9　子曰："夏礼，吾能言之，杞不足征也；殷礼，吾能言之，宋不足征也。文献不足故也。足，则吾能征之矣。"

【译】　孔子说："夏礼，我能讲，杞国已不够作印证。殷礼，我能讲，宋国已不够作印证。因为他们的文字材料和活材料太不充分了，如果充分，我就可以用它们作印证了。"

【注】　《朱注》：杞，夏之后；宋，殷之后。征，证也。文，典籍也。献，贤也。言二代之礼，我能言之，而二国不足取以为证，以其文献不足故也。文献若足，则我能取之以证吾言矣。

【记】 孔子讲的古礼，都无法印证。也许，正是这启发康有为大讲孔子“托古改制”，来为自己变法维新作旗号？自我作古，原意难寻，中国早有此解释学传统。君不见，中国传统正是通过不断的注、疏、解、说而一再更新么？董仲舒、朱熹、王阳明以及其他许多大儒小儒，不都是这样做的么？他们不必另张旗号，别作他说，“不破不立”；而完全可以拭旧如新、推陈出新，这也就是“转化性的创造”，至今似仍可作为中国式的某种前进道路。

3.10 子曰：“禘自既灌而往者，吾不欲观之矣。”

【杨译】

孔子说：“禘祭的礼，从第一次献酒之后，我就不想看了。”

【注】 《杨注》：禘——这一禘礼是指古代一种极为隆重的大祭之礼，只有天子才能举行。不过周成王曾因为周公旦对周朝有过莫大的功勋，特许他举行禘祭。以后鲁国之君都沿此惯例，“僭”用这一禘礼，因此孔子不想看。

《钱解》：时移世易，后世多有不能明其意义之所在者。如本章，后儒纷纷考证，莫衷一是。

【记】 本章历来难解，采杨译及杨注作为解释。

3.11 或问禘之说。子曰：“不知也；知其说者之于天下也，其如示诸斯乎！”指其掌。

【杨译】

有人向孔子请教关于禘祭的理论。孔子说：“我不知道；知道的人对于治理天下，会好像把东西摆在这里一样容易罢！”一面说，一面指着手掌。

【注】《杨注》：禘是天子之礼，鲁国举行，在孔子看来，是完全不应该的。但孔子又不想明白指出，只得说“不欲观”、“不知也”，甚至说：“如果有懂得的人，他对于治理天下是好像把东西放在手掌上一样的容易。”

【记】 为什么不译而采杨译，因为这两条有各种解说，都是讲这“礼”的具体内容及意义，但很不清楚，常常是强为之解。研究这两条是少数历史学者的任务，非一般读者所必须了解。值得研究的是：礼仪即人文，它本是任何远古民族都具有的神圣制度，通由它团结人群，巩固秩序，建立人性。它最早是巫术：一种象征性的精神生产，亦人类最早的上层建筑和意识形态。“以此，人类行为的整个领域，皆被纳入巫术性象征主义的罗网中”，“即使最轻微的背离……都将导致整个仪式无效”，“美洲印第安巫师在主持宗教舞蹈形式时，唱错曲子的人立即处死，以免神灵生气”［马克斯·韦伯(Max Weber)《经济与社会》第二部］。在中国，如何由远古这种巫术仪式逐渐演化推进为殷商礼制，即如何逐渐理性化和政治化(在中国，这两者是同一过程)，宗教性与政治性如何组织结构，乃上古思想史尚未解决的重要课题。如前所说，我以为中国巫史文化使原始巫术与伦理政治融同，形成“三合一”的礼制，它是伦理，又是政治，又是宗教。正是此种“三合一”，才形成了以情为本体的儒学和随后的“儒道互补”、“儒法互用”。“道”、“法”为形式，“儒”乃为心魂，其缘由正在于它由巫术型的文化传统而来，成为中国上古的“巫史文化”。巫的特征之一是人能主动地作用于神，重活动、操作，由此种种复杂的活动、操作，而与神交通，驱使神灵为自己服务，这与仅将神作乞求恩赐的祈祷对象，人完全处在被动祈祷的静观地位颇为不同。各原始民族都有巫术，今日现代生活中也仍有巫的痕迹。但中国巫术传统因与政治体制和祖先崇拜相交融混合，并向后者过渡而迅速理性化，就形成了一种独特传统：巫(宗教领袖)也就是王(政治领袖)，禹、汤、文王都是大巫师，死后更成为崇拜对象。**祖先成为祭祀的中心，经由巫术中介，人神连续(祖先原本是人)，合为一体，这正是中国"一个世界"的来由。**而祖先崇拜本来与民族血缘的伦理秩序连在一起，实际是建立在这关系秩序之上的。这一切，到周公"制礼作乐"，就完成了一套非常理性化、系统化的宗教、政治、伦理三合一的体制了。孔子以仁释礼，是为了挽救这早熟的理性化的礼仪体制的崩溃，而求助于原巫术传统的情的方面，但因已有强大理性在，此"情"便不再是那神秘的不可言说，而成为既世间又超世间的敬、畏、诚、仁等等。所有这些，都是极其复杂的历史和思想史过程。

3. 12　祭如在，祭神如神在。子曰："吾不与祭，如不祭。"

【译】　祭祀祖先的时候，好像祖先就在那里。祭祀鬼神的时候，好像鬼神就在那里。孔子说："如果我不亲自参加祭祀，就好像没祭一样。"

【注】　《朱注》程子曰：祭，祭先祖也。祭神，祭外神也。范氏曰：……有其诚则有其神，无其诚则无其神，可不谨

乎？吾不与祭，如不祭；诚为实，礼为虚也。

【记】 从社会历史说，古代“如在”本是“尸”，即以活人（“王”）代表祖先（王之父祖）接受祭祀，并可与祭祀者（其子孙）有交流。可见中国人神共在由来久远，此即巫术遗痕；至近现代，家庭的祖先牌位仍供奉在活人居住的房屋中。中国“一个世界”乃基本传统，充分表现在文化各方面，也决定了哲学面貌。不注意历史而奢谈哲学，误矣。

从文化心理结构说，两个“如”字，显示既未论证鬼神的存在，也未否证其存在。强调的是行祭礼的时候必须设想鬼神（祖先）是存在着，要求的仍**是一种心理情感的呈奉而不是理知的认识或论证**。所以才说，不亲自参加，没有这种心理情感的呈奉，便等于“不祭”。可见，对孔子，祭礼的重要不在仪文、形式，重要的是亲身参与以获得这种心理、情感和素质。《礼记·祭统》说：“夫祭者，非物自外至者也，自中出生于心也。”荀子说：“三年之丧何也，曰称情而立文。”（《礼论》）等等，都几乎是同一意思。整个《论语》谈到祭祀，强调的都是这种内心情感，以此而论证外在仪文和礼制的来由和必要。这虽然颠倒了历史真实，但足见注意心理结构即人性情感的塑造，是孔子所奠基的儒学特征。上帝鬼神作为情感呈奉、依托、归宿的对象，而不是理知论证、逻辑推演（如西方中世纪神学和哲学对上帝存在的各种证明）的对象，乃孔门“教义”。**但此种情感又仍有理性因素于其中，并非“正因为荒谬，所以我相信”的反理性的情绪态度**。巫术仪式本极容易导致非理性的情绪状态，以及这种狂热情绪的培育开展。至今民间某些“巫婆”、“神汉”仍如此。孔子远在两千年的这两个“如”字的分量和意义就在这里：它指向中华民族某种特定引理入情的心理塑建。各文化都培育情感，关键在于如何培育和培育何种情感即何种情理结构。

3.13 王孙贾问曰：“与其媚于奥，宁媚于灶，何谓也？”子曰：“不然；获罪于天，无所祷也。”

【译】 王孙贾说：“与其巴结天王爷，不如巴结灶王爷，这是什么意思？”孔子说：“不对。如果得罪了天王爷，再怎么巴结祈祷，也是没有用的。”

【注】 《朱注》：天，即理也；其尊无对，非奥灶之可比也。逆理，则获罪于天矣，岂媚于奥灶所能祷而免乎？言但当顺理，非特不当媚灶，亦不可媚于奥也。

【记】 这章异解甚多。王孙贾大概自比于灶王爷，要孔子附和他。朱注把这提升到“天理”远高于人世的“奥”、“灶”。由此又一次可引出“从道不从君”等等含义和问题。在儒学中，道统(可以“师”为代表，德尊)与治统(以“君”为代表，位尊)、皇帝与孔子也仍有相当紧张的关系。究竟谁为优先？此外，君臣(忠)与父子(孝)之间也有紧张关系的一面。孟子有舜负父逃亡的推论设想，宋代的“濮议”，明代世宗的“嗣统”，以及孔庙祭祀、封号的规格，等等，都是儒学大臣们与皇帝抗争得极为热烈甚至被“杖死”多人的著名事件。原典儒学来自氏族社会的民主遗风，在后世专制统治下如何适应，它们之间的矛盾以及其起伏升降，值得注意和研究。将儒学概括为专制帮凶(从谭嗣同讲“唯乡原工媚大盗”到今天的反传统激进思想）或民主战士［将“治统”（专制）与“道统”（民主）截然两分，强调其对立对抗，如今日的现代新儒家］均失之简单片面。

朱熹以“理”注“天”曾引起不少非议，有人指出**“祷于天”并不是“祷于理”**。由此倒可见出，“天”之所以不能等同于“理”，正在于仍保有情感性的因素在内；**它虽然已自然化、理性化、非人格化，但仍潜存着原始巫术中为人所敬畏崇拜的神的遗迹，它直接与人的情感相联系。**

3.14 子曰：“周监于二代，郁郁乎文哉！吾从周。”

【译】 孔子说：“周代借鉴了夏、殷两个朝代，礼乐制度多么完美文雅呀。我遵循周代。”

【注】 《朱注》：监，视也。二代，夏、商也。言其视二代之礼而损益之。

《康注》：监，视也。郁郁，文明貌。孔子改制，取三代之制度而斟酌损益之。

【记】 可见孔子既非复古，也非革命，乃积累进化论者。

3.15 子入太庙，每事问。或曰：“孰谓鄹人之子知礼乎？入太庙，每事问。”子闻之，曰：“是礼也。”

【译】 孔子走进太庙，每件事情都问。有人说：“谁说鄹县那个人的儿子懂得礼？他走进太庙，每件事都要问。”孔子听到后，说：“这正是礼。”

【注】《朱注》：鄹，鲁邑，孔子父叔梁纥尝为其邑大夫。孔子自少以知礼闻，故或人因此而讥之。

《正义》包曰：太庙，周公庙。夫子不知故问，然云每事，容亦有所已知者，今犹复问于人，故为慎也。

【记】 表述孔子谦虚而谨慎，既非假装不懂而故问，也非真正完全不懂得，而是问一遍以求确认，即实地印证自己所已知和未知。这不仍是很好的学习方法吗？

3. 16 子曰："射不主皮，为力不同科，古之道也。"

【译】 孔子说："射箭比赛不以穿透程度为标准，因为各人力气不同，这是古时的规矩。"

【注】《朱注》杨氏曰：中可以学而能，力不可以强而至。

【记】 射箭以击中目标，而不以穿透厚薄为标准。可能当时有人炫耀力量，所以孔子有此议论。

3. 17 子贡欲去告朔之饩羊。子曰："赐也！尔爱其羊，我爱其礼。"

【译】 子贡想免掉每月初一祭祀要宰杀的羊。孔子说："你爱惜那羊，我爱惜那礼。"

【注】《杨注》："告朔饩羊"，古代的一种制度。……每逢初一，便杀一只活羊祭于庙，然后回到朝廷听政。这祭庙叫作"告朔"，听政叫作"视朔"，或者"听朔"。到子贡的时候，

每月初一，鲁君不但不亲临祖庙，而且也不听政，只是杀一只活羊。

【记】 即使某种典礼仪文已失去其实用意义和具体内容，但其形式本身仍有某种价值在。它是远古文明的具体遗痕，在后世即以审美意味吸引着人们，培育塑造的是某种审美情感，许多古迹和某些失去使用价值的实用物件，今日均成为“艺术”或“艺术品”，即如此。仪文形式本身的神圣性、重要性，赫伯特·芬格莱特(Herbert Fingarette)论之甚详(参阅 *Confucius: The Secular as Sacred*)。本杰明·史华慈(Benjanmin Schwartz)所谓敬神仪式比敬神本身还重要，亦此意(*The World of Thought in Ancient China*)。古代的礼文仪典以可感知的“物态化”(舞蹈、咒语、音乐、雕塑、图画、建筑、文字等)形式，在当时凝聚和呈现了那神圣不可违抗的行为规范、思想观念、情感体验和群体秩序。人们通过这些仪文形式的不断实践和反复巩固，以获得理性的内化(认识)和理性的凝聚(道德)。其后，这仪文形式本身便成了审美的对象(理性的感性积淀)。详见拙美学论著。

3.18 子曰：“事君尽礼，人以为谄也。”

【译】 孔子说：“事奉国君，一切按照礼制，人却以为是谄媚。”

【注】 《正义》：当时君弱臣强，事君者多简傲无礼。

【记】 时移世变，春秋时代人们已不像传统那么尊敬国君了。于是按礼制行事，像《乡党篇》描述孔子的那些姿态言行，包括国君有命召见，就立即动身；因国君在场，便有那种种恭敬、惶恐的姿态，人们当然看不惯，便认为是“谄媚”了。孔子这里似乎是在为自己辩解，其实人们看不惯也有道理。孔子固守旧礼、不知时变的方面，是并不足效法的。

古代之所以有这种恐惧谨慎的礼制，是因为当时国君是“圣王”，即能与神明交通的大巫师兼政治首领。到春秋时期，“王”早已不“圣”了，失去其神的光环，也就和普通人一样，不须如此敬畏了。但到秦汉以后的专制皇帝，以其绝对权力，又使臣下的百姓敬畏不已。专制皇帝号称“天子”(天之子)，其中仍有宗教性服从因素，但毕竟已大不同于上古那种充满神秘性的敬畏。

3. 19 定公问：“君使臣，臣事君，如之何？”孔子对曰：“君使臣以礼，臣事君以忠。”

【译】 定公问道：“国君使用臣下，臣下事奉国君，应该怎样？”孔子说：“国君使用臣下，要合礼；臣下事奉国君，要忠诚。”

【注】 《集释》《皇疏》：……君若无礼，则臣亦不忠也。

【记】 这与汉儒接受法家影响，强调“君为臣纲”(从董仲舒到《白虎通》)以及后世“天王圣明，臣罪当诛”(韩愈)的专制政制下的君臣关系颇有不同。后世帝王对臣下、子民的欺侮凌辱，无所不至。臣下、子民必须无条件地绝对服从和接受，等等，并不符合孔子和原典儒学所主张的礼制。孔子毕竟是氏族制度的承袭拥护者，仍有氏族的原始民主和人道遗风。孟子也有“闻诛一夫纣矣”的话。包括强调君权的荀子仍有"从道不从君，从义不从父"的说法。"孔子曰……子从父，奚子孝？臣从君，奚臣贞(忠)？审其所以从之之谓孝、之谓贞。"(《荀子·子道》)"忠"、"孝"均非盲目的服从或情感，均是有理解融于情感之中的行动。在儒家，"道义"高于君父，与后世强调屈从"做螺丝钉"、"不理解也要执行"(这本来自军事行动中)等等颇为不同。儒家赞赏刺客鉏麑(《国语·晋语》)的自杀悲剧("忠于道"与"忠于君"的冲突)，具体地展示了这一特征。这与日本武士道一味言忠(忠于藩主)颇不相同。**儒家提倡忠孝却又反对愚忠愚孝，要求任何事情都要问个缘由或讲出道理，反对制度上(群体)和情感上(个体)的盲目信仰盲目服从，正是中国实用理性所在。**从这里为何没能发展出与近代观念相通的社会性道德，即君臣的某种契约关系，一方面恐系社会本身发展水平所限(明中叶以降，商品经济繁荣兴起，儒学不讳行商、言利、谈私，以此为基础，始有黄宗羲、唐甄等人的新政治思想)，另一方面，则仍是中国儒学的宗教、政治、伦理三合一的基本结构一直未能自觉解体的缘故。

3.20 子曰："关雎，乐而不淫，哀而不伤。"

【译】 孔子说："《关雎》诗篇，快乐而不过分，悲哀而不伤痛。"

【注】 《杨注》：古人凡过分以至于到失当的地步叫淫，如言"淫祀"(不应该祭祀而去祭祀的祭礼)、"淫雨"(过久的雨水)。

【记】“淫”、“伤”均作过分、过度解，是说诗表达的快乐和悲哀的情感都很恰当，绝不过分。过分就有伤于个体身心，有害于社会群体。拙著《华夏美学》指出中国没有“酒神精神”，没有那放纵的狂欢；相反，强调的是，**包括快乐，也要节制。节制当然需要依靠理知来进行**。希腊哲学也讲理知指导、控制情感。儒学的特征在于：**理知不只是指引、向导、控制情感，更重要的是，要求将理知引入、渗透、融化在情感之中，使情感本身例如快乐得到一种真正是人的而非动物本能性的宣泄。这就是对人性情感作心理结构的具体塑造**。在这里，理性不只是某种思维的能力、态度和过程，而是直接与人的行为、活动从而与情感、欲望有关的东西。它强调重视理性与情感的自然交融和相互渗透，使理欲调和，合为一体，这也是为什么礼乐并称，“乐从中出，礼自外作”、“致乐以治心”等等如此重视“治心”的道理。在人的心理从而行为活动中，情理关系是极为重要的部分。所谓“人性心理”，在基本意义上，指的也就是“情理结构”。“情”来自动物本能，常与各种欲望、本能和生理因素相关联结，它包含非理性。“理”来自群体意识，常与某种规范和社会因素相联结，它常常要求理性。两者的配合交错，是使人既不同于动物、又不同于机器之所在。它即是所谓人性，它们的不同比例组合和构造，可以形成不同的民族性和个性。中国(包括儒道)重的是二者的渗透交融，而非二者的对峙、控制、压倒或片面发展。这里应再强调一下“中”、“度”，即 $A \neq A\pm$(乐而不淫，哀而不伤)的问题。它是中国辩证法思维的特征之一，颇不同于仅仅遵守形式逻辑的同一律，也不同于黑格尔的辩证法。这种

“度”(“中”、“庸”、“过犹不及”)的辩证观念，来源于实践(用)理性，而非来自语言的辩论或思维的规律(如希腊)。

“乐”、“哀”均心理，非语言，家园何在？岂在语言！海德格尔(Heidegger)一大贡献是将生烦死畏的经验心理提升至Dasein(此在)的本体境界。但由于缺乏真正现世的具体内容，则此本体流入空洞，影响所及，容易流为悲情盲动的生命冲力。后期海氏皈依Being，认同自然，深沉愉悦，归宿语言。我认为倒丢失了其前期的悲情奋发的心理特色，不无损失。

3．21　哀公问社于宰我。宰我对曰：“夏后氏以松，殷人以柏，周人以栗，曰，使民战栗。”子闻之，曰：“成事不说，遂事不谏，既往不咎。”

【译】　哀公问宰我用木料作神主的事。宰我回答说：“夏代用松树，殷代用柏树，周代用栗树。栗树意思是使老百姓畏惧战栗。”孔子听到后，说：“陈年老账不要再去解说；实行了的事，不可能挽回；既然已经过去，就不要追究了。”

【注】　《朱注》：宰我又言周所以用栗之意如此。岂以古者戮人于社。故附会其说欤？

【记】　这说明孔子不赞成使人民畏惧的远古的宗教性恐怖统治。强调从“仁—孝”出发的氏族伦理政治，排斥恐怖和杀戮，非常重视保存人际关系的脉脉温情。原始部族均有血祭的牺牲仪典，全世界考古发现已证实此。由之亦可见周公—孔子这条理性化—人道化—重情感的进步路线。

“既往不咎”成为至今沿用的成语，实行在人们的行为活动甚至政治上。一方面重视历史经验，另方面着眼现在及未来，不深究个体活人的历史过失。这似乎很不“合理”，欠缺“公平”，其实正如中国的民事纠纷，传统总提倡“和为贵”、“和稀泥”、做“和事佬”、求调解以“不伤和气”，而不欣赏事事对簿公堂，求法院判个是非曲直以求“正义”一样。

3. 22　子曰：“管仲之器小哉！”

或曰：“管仲俭乎？”曰：“管氏有三归，官事不摄，焉得俭？”

“然则管仲知礼乎？”曰：“邦君树塞门，管氏亦树塞门。邦君为两君之好，有反坫，管氏亦有反坫。管氏而知礼，孰不知礼？”

【译】　孔子说：“管仲这个人，器量真小！”

有人说：“管仲节俭吗？”孔子说：“管仲收取大量的租税，专职人员很多，怎能算节俭？”

“那么管仲懂得礼制吗？”孔子说：“国君兴建宫殿照壁，管仲也兴建照壁；国君为外交国宴，有安放酒盅的特制设备，管仲也有。说管仲懂礼制，那谁不懂？”

【注】　《朱注》：器小，言其不知圣贤大学之道，故局量褊浅，规模卑狭，不能正身修德，以致主于王道。

【记】　孔子批评管仲不懂“礼”，却称许管仲“仁”（见14. 16，17章）。肯定大于否定，不仅可见“仁”高于“礼”，而且造福于民的功业大德高于某些行为细节和个人小德。这与宋明理学以来品评人物偏重个人私德的标准尺度很不一样。一些治世能臣、乱世“奸雄”，从桑弘羊、曹操，到李泌、杨炎、张居正等等，均因不符合理学“内圣”标准而遭宋明理学家讥评贬斥。是非不明，久矣。遗风至今未灭。这也正是中国式的“政教合一”的现象，上引朱注将“正身修德”与“王道”连在一起，便是如此。原典儒学来自氏族社会，“内圣外王”传统观念尚在，但已经出现扞格、矛盾，本应由此将政治与道德逐渐区别、分开，但一直未能，即在于以远古氏族为雄厚根基，以家庭血缘关系为社会实体成为既是宗教伦理(祖先崇拜)又是政治伦理(“迩之事父，远之事君”、“求忠臣于孝子之门”)的特质载体之故。它妨碍发展出独立的宗教和独立的政治。

3.23　子语鲁大师乐，曰：“乐其可知也：始作，翕如也；从之，纯如也，皦如也，绎如也，以成。”

【译】　孔子对鲁国音乐大师说：“音乐还是可以了解的。开始，兴奋而热烈；接着，和谐而纯静，清晰，连续，然后完成。”

【注】　《集释》《读四书大全说》：孟子七篇不言乐，自其不逮处，故大而未化。

【记】　我对音乐一窍不通，无法作记。王夫之指出孟子少讲音乐，应为重要发现，但至今未见人对此加以发挥。也许，这是引导孟子只讲养气的大丈夫和专注“心”、“性”，忽略“情”，从而极大影响了后世宋明理学(也只大讲“理”、“气”、“心”、“性”而少及“情”)的缘故？所谓“大而未化”，亦可解为虽极高明而不能道中庸，纯成外在律令，之所以如此，乏情少乐之故。

3.24 仪封人请见，曰：“君子之至于斯也，吾未尝不得见也。”从者见之。出曰：“二三子何患于丧乎？天下之无道也久矣，天将以夫子为木铎。”

【译】 开封市的某小官求见孔子，说：“到这里来的君子，我没有不得到接见的。”孔子的学生让他见了。他出来后说：“你们这些人害怕丧失什么呀？中国失去规范已经很久了，老天爷要让你们的老师来作导师啊。”

【注】《正义》：木铎为施政教时所设也。夫子不得位行政，退而删诗书，正礼乐，修春秋，是亦制作法度也。

【记】 “天将以夫子为木铎”，被现代学人引证作孔子持有神论解。其实，证据不足。第一，此出于“仪封人”而非孔子之口；第二不过是句一般赞叹的话，不可刻板解释。当然，与当时人们一样，孔子大概仍是相信上帝鬼神的，只是采取“存而不论”的态度，即不用理性（理知、理解）去解说神的存在，而是将某种理解例如对宇宙的存在及其规律性（“四时行焉”等）的领悟沉入情感中，造成某种心理的信仰情态。前面3.12章的两个“如”字也可说明这点。

3.25 子谓韶：“尽美矣，又尽善也。”谓武：“尽美矣，未尽善也。”

【译】 孔子评论韶乐说：“美极了，而且好极了。”谈到武乐说：“美极了，但还不够好。”

【注】《朱注》：韶，舜乐。武，武王乐。

《正义》：以征伐取天下，故未尽善。

《集释》《论语补疏》：武王未受命，未及制礼作乐，以致太平，不能不有待于后人，故云未尽善。

【记】 这是难讲的一章。“美”与“善”究竟是什么关系，不清楚。“美”而不够“善”，是否指音乐“多杀伐之声”而不够优美悦耳？或是指艺术还缺乏对道德修养有更明确、直接的促进作用？但如果真要求如此，则常常是“善”而不“美”，从而也就没法通由审美而“储善”(见拙作《我的哲学提纲》)了。后世许多“助人伦、美教化”的文艺作品，包括理学家们的诗文，宣扬道德，暗寓天人，却大都是失败之作。善则善矣，未必美也。

3.26 子曰：“居上不宽，为礼不敬，临丧不哀，吾何以观之哉？”

【译】 孔子说：“坐在上级的位置，待人不宽厚；执行礼制，不庄重认真；遇到丧事，不悲哀。这还有什么可以看的？”

【注】《朱注》：居上主于爱人，故以宽为本。为礼以敬为本，临丧以哀为本。既无其本，则以何者而观其所行之得失哉？

【记】 意思是说，这种人不足与为也。

里仁第四

共二十六章

4.1　子曰："里仁为美。择不处仁，焉得知？"

【译】　孔子说："居处在仁爱的邻居乡里中才是美。居处不选择仁，怎谈得上聪明智慧？"

【注】　《集释》郑曰：里者，民之所居也。居于仁者之里，是为善也。

【记】　非常具体。今日的居民委员会如能自觉向这个方向发展，更为扩展其调解、协商、和睦、关怀、帮助邻里的功能，岂不是一种很好的组织形式？它可以突破原子个人主义和机械型集体主义的弊病，而起着稠密人际关系和人道情感的功能。

正因为以情为体，儒家总肯定此世间生活即为美、为善，不必硬去追求来世、彼岸或天国的美善。《楚辞·招魂》描写天上地下四面各方都是可怕的猛兽妖魔，不可居处，还是回到这块人间故土上来吧，似深受儒学影响，**此乃"里仁为美"的深意**。我一直强调中国文化特征是"一个世界"，即这个充满人间情爱的现实世界，即以"里仁为美"也，**而与其他文化的两个世界（天国—人间）颇不相同。**

4.2 子曰："不仁者不可以久处约，不可以长处乐。仁者安仁，知者利仁。"

【译】 孔子说："不仁的人，不能长期坚持在困苦环境中，也不能长期居处在安乐环境中。仁爱的人自然地归属仁，聪明的人敏锐地追求仁。"

【注】 《朱注》：利，犹贪也，盖深知笃好而必欲得之也。

《集释》《皇疏》：约，犹贫困也。……乐，富贵也。……禀性自仁者则能安仁也。……智者，谓识照前境，而非性仁者也。利仁者，其见行仁者若于彼我皆利，则已行之。

【记】 这也就是孟子所讲"富贵不能淫，贫贱不能移，威武不能屈"。孔子说得委婉诚挚，孟子说得刚健高亢，时代有异，风格不同。"利仁"如参照《中庸》"或安而行之，或利而行之"等，可作"必先利其器"（15.10章）之"锐利"解，各注多作"利益"、"利用"解，今不从。

4.3 子曰："唯仁者能好人，能恶人。"

【译】 孔子说："只有仁爱的人才能喜欢人，憎恶人。"

【注】 《朱注》游氏曰：好善而恶恶，天下之同情，然人每失其正者，心有所系而不能自克也。惟仁者无私心，所以能好恶也。

【记】 谁不能喜恶？这里依然是说，虽喜恶也并非一任情感的自然，其中仍应有理知判断在内。《礼记·曲礼》所谓

“爱而知其恶，憎而知其善”，更表现出这一点。这样，喜恶才不只是情绪性、更不是生物性的反应，而只有“仁人”(真正具有人性的人)能做到这一点。可见，“仁”不能等同于理(包括“天理”)而是其中有理又有情，即仍是某种情理结构的展现。此情包括恶(不喜欢、憎恶)，亦足见仁者并非是非不分、义理不问的“好好先生”。但这种“是非之心”不只是理知判断，或服从某种先验的律令态度，它是融理于情的人生态度。这与西方讲的“是非”、康德讲的实践理性，仍大不同。中国的“是非”不是中性的事实陈述，而总或多或少含有价值判断和情感态度在内。钱穆《论语要略》：“仁者……以真情示人，故能自有好恶。……从来解此章者，……都不识得‘能’字。”“知当知识，仁当情感，勇当意志。而知情意三者之间，实以情为主。情感者，心理活动之中枢也。真情畅遂，一片天机。”梁漱溟说，“人在情感中，恒只见对方而忘了自己；反之，人在欲望中，却只知为我而不顾到对方”(《中国文化要义》)。均以重情感为中国文化特点所在。

4. 4　子曰：“苟志于仁矣，无恶也。”

【译】　孔子说：“真决心努力于仁，也就不会做坏事了。”

【注】《朱注》：苟，诚也。杨氏曰：苟志于仁，未必无过举也，然而为恶则无矣。

【记】　“仁”在这里几乎像“魔法”了。只要心向往之，也就可以从善如流或改恶从善。朱熹解“仁”为“爱之理，心之德”，从而把“仁”说成“天理”。殊不知如此一抽象，就失去了那活生生、活泼泼的人的具体感性情感内容而成为君临事物的外在律令，歪曲了“仁”不脱离情感（本体不离现象）的根本特点。不做坏事仅变成服从于外在律令，而非心理情感的塑建和改变。这是如何把握原典儒学的一大要点，前面已多次提到，这里再重复一遍。此章尚涉及“意向性”（志）问题，暂略。

4.5 子曰：“富与贵，是人之所欲也；不以其道得之，不处也。贫与贱，是人之所恶也；不以其道得之，不去也。君子去仁，恶乎成名？君子无终食之间违仁，造次必于是，颠沛必于是。”

【译】 孔子说：“发财和做官是人们所愿望的，不用正当的方法得到，不接受。贫穷和卑贱是人们所厌恶的，不用正当的方法摆脱，不去掉。君子失掉仁，还算什么君子？君子一刻也离不开仁，匆忙急促的时候是这样，困难奔波的时候也这样。”

【注】 《朱注》：言君子所以为君子，以其仁也。……终食者，一饭之顷。

《集释》《礼记·坊记》：君子辞贵不辞贱，辞富不辞贫。《荀子·性恶篇》：仁之所在无贫穷，仁之所亡无富贵。谢氏墉校注：此言仁之所在，虽贫穷甘之；仁之所亡，虽富贵去之。

【记】 “仁”之所以能贯穿一切行为、活动、态度、人生，并不是因为它是道德律令、“天理”、“性体”，而是一种经由自觉塑建的心理素质即情理结构的缘故。这也是今日如果要发展儒学，而需要与宋明理学以及现代宋明理学(以冯友兰、牟宗三为代表)相区别的要点所在。又：亦可断句为，“不以其道，得之不处也”，“不以其道，得之不去也”。

4.6 子曰：“我未见好仁者，恶不仁者。好仁者，无以尚之；恶不仁者，其为仁矣，不使不仁者加乎其身。有能一日用其力于仁矣乎？我未见力不足者。盖有之矣，我未之见也。”

【译】 孔子说：“我没有看见喜欢仁和厌恶不仁的人啊。喜欢仁的人，没得说了；厌恶不仁的人，他的仁就是使不仁不与自己沾边。有能够用一天工夫努力于仁的吗？我没有见过力量不够的。也许真有，但我没看见。”

【注】 《朱注》：此章言仁之成德，虽难其人，然学者苟能实用其力，则亦无不可至之理。

【记】 《论语》中有许多说法直接矛盾。例如，一方面是强调“仁”的稀少、罕有、难得、不易做到，最受称赞的颜回也只“三月不违仁”；另方面又强调大家都要做到，一刻也不能脱离；而且只要立志去做，仁是容易做到的，等等。所以这不能看作哲学思辨或逻辑论证，只能看作半宗教式的实践劝导。一方面是难得，一方面是易做；而只要做，也就可得救。中国思维方式中这种含混、模糊、未定、宽泛的特征，却又并不与近代接受西方严格思维训练相冲突、矛盾；中国人仍能很快地接受西方的科学、逻辑、哲理，这一现象值得研究。孟子是不讲逻辑的，他的论辩从逻辑讲是不通的(可参阅牟宗三《圆善论》，牟也论证了这一点)。荀子的逻辑性却很强，其学生韩非更如此，名家及墨辩更如此。可见中国人并非没有逻辑思维或严密推理的能力，却不依靠和发展它，而维持其民族的生存如此长久，为什么？如何可能的？均值深探。在这里，世俗的伦理行为，包括政治行为，均又罩上一层宗教性的神圣色彩，是我所谓“三合一”现象的另种表现。因此韦伯(Max Weber)所言宗教状态与日常状态的区别，在儒学中即不存在。儒学使世俗的日常行为、态度，具有神圣意义和性质，此即是“礼”和“道在伦常日用之中”的特点所在。宗教性融入世俗行为和政治伦理之中，使后两者均有情感内容，非理性所能独自主宰，这也是难以发展出独立个体的自由契约及“天赋人权”之类的观念、理论的原因。

4.7　子曰：“人之过也，各于其党。观过，斯知仁矣。”

【译】　孔子说：“人犯错误，各有种类。观察他的错误，就知道他是哪种人了。”

【注】　《正义》《皇疏》云：犹如耕夫不能耕，乃是其失。若不能书，则非耕夫之失也。此说“党”字义最明。《集释》陆采冶城客论曰，……仁是人字。

【记】　有趣。不是通过观察优点而是通过观察过错，便知道一个人的特点、爱好、倾向以至个性而分出类别。大概优点常普遍相同，而缺点、错误却可反映出个体人格特征？

4. 8　子曰：“朝闻道，夕死可矣。”

【译】 孔子说：“早晨体认了真理，当晚死了也行。”

【注】 《朱注》：道者，事物当然之理。苟得闻之，则生顺死安，无复遗恨矣。

【记】 这是非常著名的篇章，言“道”之不易“闻”，宜穷一生以求之也。宗教性特征极强，因为它连结生、死问题。用“真理”译“道”，只因“真理”已是今天日常用语，并非必指西方哲学的 truth 也。中国恐亦无西方那种纯客观的 truth。从而“真理”在此主要不作知晓解而作体验人生意义、宇宙价值解。《中庸》说“恐惧其所不闻”，即害怕浑浑噩噩过此一生而未能“闻道”，这就等于白活了一辈子，岂不严重也哉？“圣”(聖)字从耳，乃在于“闻道”知天命，即巫术“沟通天人”之理性化。可见中国的“闻道”与西方的“认识真理”，并不相同。后者发展为认识论，前者为纯“本体论”：它强调身体力行而归依，并不重对客体包括上帝作为认识对象的知晓。总而言之，生烦死畏，真理岂在知识中！生烦死畏，追求超越，此为宗教；生烦死畏，不如无生，此是佛家；生烦死畏，却顺事安宁，深情感慨，此乃儒学。

4. 9　子曰：“士志于道，而耻恶衣恶食者，未足与议也。”

【译】 孔子说：“知识分子有志于追求真理，但又以粗衣淡饭为羞耻，这种人不值得与他去讨论。”

【注】 《朱注》程子曰：志于道而心役乎外，何足与议也？

【记】 “士”译知识分子，似正合适。“士”不只是有知识有文化而已，而是所谓有“使命感”的人，正“知识分子”的本义。但今天生活中并不要求有知识、有文化的人都要有使命感，这正是传统社会与现代社会的不同处。而且，在今日商业化狂潮中，能以使命感而坐冷板凳，不耻粗衣淡饭，亦难矣哉。总之，不可苛求人均需具有使命感的宗教性道德。梁启超在二十世纪初曾作“私德”、“公德”的区分，大约相当于我所讲的“宗教性道德”与“社会性道德”。因此，“知识分子”今日亦可作主客观两解：客观解释即有一定文化、知识的人，主观解释则为负有上述使命感的知识者。此词颇为复杂，在其发源地本土，以撒·伯林(I. Berlin)便认为屠格涅夫等自由派可称知识分子，而托尔斯泰、陀思妥耶夫斯基等强调宗教、道德、反近代西方文化等等便不能算知识分子。这样，“知识分子”一词又有某种“现代倾向”或现代信仰、趣味、观念的时代特征了。

4．10　子曰：“君子之于天下也，无适也，无莫也，义之与比。”

【译】 孔子说：“君子对待天下各种事情，既不存心敌视，也不倾心羡慕，只以正当合理作为衡量标准。”

【注】 《正义》：敌当即仇敌之义。无敌无慕，义之与比，是言好恶得其正也。

《集释》毛奇龄《论语稽求篇》：适、莫与比皆指用情言。适者，厚也，亲也。莫者，薄也，漠然也。比者，密也，和也。当情为和，过情为密，此皆字义之有据者。陆德明《经典释文》(下简称《释文》)：适，郑本作“敌”。莫，郑音慕，无所贪慕也。

【记】 有多种解读。本译似于今日有点用处，仍然宣讲实用理性。因常见许多人对某些事物不是盲目排拒，便是盲目倾羡，或仅凭一己之爱憎好恶而排拒或倾羡，经常出于无知和缺乏理性。本章出现儒学另一重要概念“义”。它是孔子的中心思想吗？孔子的中心思想或观念究竟是什么？说者不一，有认“礼”(芬格莱特)，有认“仁”(史华慈)，有认“道、德、仁、义、礼”(陈大齐)，有认“道、德、仁、礼”(韦政通)，有强调“道”者(刘述先)，有强调“义”，认“义”比“仁”更重要者(刘殿爵)，等等。本读则**循旧说，以“礼”、“仁”为孔学核心，人文(礼)人性(仁)并重，后者为前者之成果(荀子)却又主宰前者(孟子)**。其他观念则均或派生，或次要。如“义”纯理性，“道”、“德”则超理性，甚至超人文、人性，均非孔门之关注焦点。

4.11 子曰：“君子怀德，小人怀土；君子怀刑，小人怀惠。”

【译】 孔子说：“君子关怀德政，小人关怀田土；君子关怀规范，小人关怀利益足够否。”

【注】 《朱注》：怀，思念也。怀德，谓存其固有之善。怀土，谓溺其所处之安。怀刑，谓畏法。怀惠，谓贪利。君子小人趣向不同，公私之间而已矣。《荀子·强国》：刑范正。王先谦《荀子集释》引郝懿行：刑与型同。

【记】 这里的君子和小人指的是国君、官吏和一般老百姓。老百姓只关怀自己的土地、生活，有何不可。所处地位不同，所关心、注意便不同，理所当然，此处不宜用道德高下来解君子、小人。

中国一大问题，是只有“刑”而无近代观念的“法”。《左传·昭公元年》：“夏有乱政而作禹刑，商有乱政而作汤刑，周有乱政而作九刑。”与“德”相联结的是“刑”，而非“法”，于是政治规范及社会性道德便只与“刑”(对不遵行礼制者实行惩处)相连，这都属于“治人者”的“君子”们所应关心的问题，而非一般老百姓所特别关心。中国古代只有氏族社会维系尊卑秩序的“礼”和随后发展出来的“刑”，缺乏基于老百姓权利基础上的“法”。所谓“法家”乃是公开为专制统治服务的刑名法术，可谓之“刑家”。

此节与“君子喻于义，小人喻于利”(4. 16章)同一意思。

4. 12 子曰：“放于利而行，多怨。”

【译】 孔子说：“只依据利益来行事，会招致很多的怨恨。”

【注】 《朱注》程子曰：欲利于己，必害于人，故多怨。

【记】 这仍是氏族社会解体的现象。由于金钱对一切事物的侵蚀冲击，传统体制开始瓦解，大家埋怨极多。今日何不然？然而在抱怨中，社会却发展、前进，此我所以老讲“历史主义与伦理主义二律背反”也。没有办法，社会便一直是悲剧地行进着的。怨虽无用，但也有好处，可以起某种制衡作用。本读前后多次指出，从汉代盐铁会议上，贤良文学对御史大夫“放于利而行”所进行的怨愤和抨击，到后代儒生的同样的思想、情态，在平衡专制皇权的过分聚敛中，起了重要作用。所以，在此二律背反中如何掌握处理好适当的“度”，正是推动社会发展的关键之一。中国儒家“外王”之学所以常是“儒法互用”，亦此之故。“儒法互用”(外王)与“儒道互补”(内圣)，我以为是儒学发展的两大方面。这两大方面又处在互补、互用的关系之中。这才构成一幅绚烂繁复的儒学全景。把儒学仅解释为道德形而上学，便太片面和太狭窄了。另，“放”有“依”、“纵”二义，均可用于此。

4．13 子曰：“能以礼让为国乎？何有？不能以礼让为国，如礼何？”

【译】 孔子说：“如能用礼制和谦让来治理国家，那会有什么问题？不能够用礼制、谦让来治理国家，又要礼制干什么？”

【注】 《正义》：让者，礼之实；礼者，让之文。先王虑民之有争也，故制为礼以治之。礼者，所整壹人之心志，而抑制其血气，使之咸就于中和也。

《集释》《左传·襄公十三年》：君子曰：让，礼之主也。世之治也，君子尚能而让其下，小人努力以事其上，是以上下有礼，而谗慝黜远，由不争也。谓之懿德。《管子·五辅篇》：夫人必知礼然后恭敬，恭敬然后尊让，尊让然后少长贵贱不相逾越，故乱不生而患不作。

【记】 “让”字很重要。这是“礼”的一个具体内容和重要关键。《左传·襄公十三年》：“让，礼之主也。”《左传·昭公二年》：“忠信，礼之器也；卑让，礼之宗也。”《左传·

昭公十年》："让，德之主也。"为什么？荀子说得很好："礼起于何也？曰：人生而有欲，欲而不得，则不能无求。求而无度量分界，则不能不争。争则乱，乱则穷。先王恶其乱也，故制礼义以分之。"(《礼论》)"夫禽兽有父子而无父子之亲，有牝牡而无男女之别，故人道莫不有辨。辨莫大于分，分莫大于礼。"(《非相》)"人何以能群？曰分。分何以能行？曰义。"(《王制》)用外在权威在群体中来执行礼制，就是"义"(正义、合理、公平)。它包括放逐(逐出本氏族、部落，这在当时是一种极严重的处置)、刑罚、杀戮来执行和坚持"各得其分"的礼制以止争保群。而"让"——谦让，就是从个体内外两方面(首先是"外"的行为而后才是"内"的修养教育)来培育"礼"、"义"。从内心讲，注意克制自己的情绪愿欲(例如从儿童控制食欲起)，发展爱人如己和自甘退让的胸怀情感；从外在讲，从行为活动、仪容姿态注意节制、退让、谦逊、彬彬有礼。**"分"、"让"、"义"等等本都是为了维护氏族体制的尊卑结构和社会秩序，但后来变成了中国人做人办事的个体道德，**要求从小就学。孔融让梨，千古佳话。而吹牛皮，自炫耀，逞英雄，凭勇敢，喜矜功，好表现，洋洋自得……则素为中国传统所不齿。因此"让"从内外两方面在塑造心理情感和人性文化上，成为一种重要因素和具体途径。其弊则流于虚伪做作，怯懦卑弱。特别在以竞争为动力的现代社会和历史浪潮中，如何既使自我充分实现而又能保存这种传统美德，是一问题。

4.14 子曰："不患无位，患所以立。不患莫己知，求为可知也。"

【译】 孔子说："不要愁没有职位，要愁的是如何才能在位置上尽职守。不要愁人家不知道自己，只要努力，别人就会知道的。"

【注】《朱注》：所以立，谓所以立乎其位者。

《正义》《荀子·非十二子篇》：君子能为可贵，不能使人必贵己；能为可信，不能使人必信己；能为可用，不能使人必用己。故君子耻不修，不耻见污；耻不信，不耻不见信；耻不能，不耻不见用。是以不诱于誉，不恐于诽，率道而行，端然正己，不为物倾侧，夫是之谓诚君子。

【记】 私德与公德仍然一体，未之分也。

4.15 子曰："参乎！吾道一以贯之。"曾子曰："唯。"

子出，门人问曰："何谓也？"曾子曰："夫子之道，忠恕而已矣。"

【译】 孔子说："曾参呀，我的思想行为是贯通一致的。"曾子说："是。"

孔子走出后，其他学生问："什么意思？"曾子说："老师所讲求的，不过是忠和恕罢了。"

【注】《集释》《阮研经室集》：《论语》"贯"字凡三见，曾子之"一贯"也，子贡之"一贯"也，闵子仍"旧贯"也。此三"贯"字，其训不应有异。按"贯"，行也，事也。焦循《雕菰楼集》：贯者，通也。所谓通神明之德，类万物之情也。

《钱解》曾子曰：夫子之道，忠恕而已矣。此后孟子曰：尧舜之道，孝弟而已矣。此正可以见学派。然谓一部《论语》，只讲孝弟忠恕，终有未是。

【记】 这章非常著名而异解甚多。有的且涉神秘。关键在于何谓“一以贯之”。有的解作禅宗顿悟，秘诀心传。有的讲为基本观念，一统万物（如王弼注）。本读解作实行、践履（朱注“尽己之谓忠，推己之谓恕”近之）。因为“忠”、“恕”并非观念的知识，而正是为人做事、对人对己的基本道理和原则，仍是实用理性的呈现。而“如心曰恕”、“中心曰忠”（《周礼·大司徒疏》），又都与心理情感有关。这明显是有关道德的行为准则和情感，绝对而普遍，所以能一以贯之，无往不适。或曰，一以贯之者，仁也。亦通。钱解豁达，是史学家眼光，这与叶适、康有为有近似处：不满意或不满足曾子、思孟学派和宋明理学仅讲孝弟忠恕的“内圣”，并以此来概括《论语》。

那么，是否可以把这个“一以贯之”的“忠”、“恕”分别释之为“宗教性私德”与“社会性公德”？前者作为个体对天地神祇以及君长父兄某种无条件的绝对律令的服从；后者则是维持社会群体处理人际关系的基本准则？“恕”字在《论语》中仅两见，另一即“其恕乎！己所不欲，勿施于人”（15.24章），正好可作“社会性公德”的基础规范。“忠”字《论语》十六见，远多于“恕”，盖其时宗教性私德与社会性公德常混然同体，去古未远，宗教性高于一切，且常与伦常与政治混在一起，为同一事物，从而一直是宗教性道德（私德）涵盖、包摄、吞并社会性道德（公德）。

回到语涉神秘问题。我以为，巫术理性化后存留在儒、道中有两大特征，一是强调人的力量和地位，从周易的“与天地参”到宋儒的“立人极”；一是神秘经验，主要在道家，儒家也有，如“诚”、“敬”等范畴，均非纯理性，而乃情理交融之神秘。其后接受佛教却创发出禅宗，同此。

4. 16　子曰：“君子喻于义，小人喻于利。”

【译】 孔子说：“君子了解礼义，小人了解利害。”

【注】 《正义》：喻，犹晓也。喻，明也。明、晓，义同。《集释》《雕菰楼集》：若民则无恒产因无恒心，小人喻于利也。惟小人喻于利，则治小人者必因民之所利而利之，故易以君子孚于小人为利。君子能孚于小人，而后小人乃化于君子。此教必本于富，驱而之善，必使仰足以事父母，俯足以畜妻子。儒者知义利之辨而舍利不言，可以守己而不可以治天下之小人。小人利而后可义，君子以利天下为义。

【记】 此章又是大文章，所谓“义利之辨乃人禽之别”是宋明理学一大核心。君子、小人便成了绝对对立的道德观念。“利”是人欲，必须“灭”掉，才能保存天理(礼义)。本读不从此解，而宁从上述焦循说。这样也才与孔子讲的“庶之，富之，教之”相吻合。孔子多讲仁、礼；孟子大讲仁、义，义即“仪”，原乃巫舞中之适度，后演绎为“礼”之抽象而普遍化之“宜”。但“礼”、“义”(宜)与“利”不能完全没有关系，正如“君子”、“小人”一样，“非小人无以养君子”(《孟子》)。所以孔子也并不讳言“利”，只是“罕言”(9. 1章)而已。

4. 17　子曰：“见贤思齐焉，见不贤而内自省也。”

【译】 孔子说：“看到好人，便想如何向他看齐；看到不好的人，便反省自己。”

【注】《正义》《荀子·修身篇》：见善，修然必以自存也；见不善，愀然必以自省也。即此章之义。

【记】 总是在无休息地“进德修业”，“三省吾身”，勤勤恳恳，战战兢兢，不断追求完善。此乃宗教性私德的自我修养也。但并不能要求任何人都能做到，它与社会制度、秩序也并无直接关系。

4.18 子曰：“事父母几谏，见志不从，又敬不违，劳而不怨。”

【译】 孔子说：“事奉父母，多次委婉劝告。如不听从，仍然尊敬而不背逆，虽然忧伤，却不埋怨。”

【注】《朱注》：几，微也。微谏，所谓“父母有过，下气怡色，柔声以谏”也。见志不从，又敬不违，所谓“谏若不入，起敬起孝，悦则复谏”也。

《正义》《经义述闻》：劳，忧也。

《集释》《檀弓》：事亲，隐而无犯。注：隐，谓不称扬其过失也。无犯，不犯颜而谏。《礼记·曲礼》：三谏而不听，则号泣而随之。

【记】 这在现代更难做到。在传统中国，父子一伦是基础，颇不同于其他关系。如何处理这一关系，培育亲子情的“孝”，是儒学首重的人道之始。其他一切社会秩序都由此生发。动物有母亲对子女的“爱”，中国的五伦的核心是父子而非母子，宣讲的是“父慈子孝”，强调的是儿女对父母(又特别是对父亲)的“爱”的情感。所以一方面坚持劝谏，另一方面强调不伤感情。上注中所谓“隐”、“不犯颜”，都是说父母亲犯了错误，你进行劝告时，也不要使他们在自己和家人面前丢面子，讲得非常具体而实在。这当然是氏族社会父家长制的某种心理内化。今日如何对待、理解和“转化性创造”它，是一问题，特别是面对基督教“人的仇敌就是自己家里的人”(《圣经新约·马太福音》10.36)，背叛父亲才能追随基督以及弗洛伊德(Freud)的仇父情结学说挑战之后。

4.19 子曰：“父母在，不远游，游必有方。”

【译】 孔子说：“父母活着的时候，不远走高飞。如果走，也要有一定的方向。”

【注】 《朱注》范氏曰：子能以父母之心为心，则孝矣。

【记】 今日有人以此语不再适用，有人以为仍然适用：因为有飞机、汽车等快速交通工具，虽远(地理位置)而不远(往返时间缩短了)。其实，重要的是，孔子讲仁、讲孝都非常之实际、具体。例如这里的重点，不在不要远游，而在于不使父母过分思念(飞高走远难以见面)和过分忧虑(无方向的到处游荡，使父母不放心)。这样具体地培育儿女对父母的爱心，即孝，即仁，**它是人性情感的具体培育**，不是什么“处世格言”。**它是情感的具体塑造而非抽象的理论概念**，重要的仍是作为人子的这种情感态度。中国年轻人能继续保存这种传统美德吗？

4.20 子曰：“三年无改于父之道，可谓孝矣。”

【译】 孔子说：“三年不改动父亲的事业作为，就可以说是孝了。”

【注】《正义》《释文》曰：此章与《学而篇》同，当是重出。

【记】 见1. 11章。

4. 21 子曰：“父母之年，不可不知也。一则以喜，一则以惧。”

【译】 孔子说：“父母亲的年龄，不可以不知道呀。一方面是欢喜，一方面是忧惧。”

【注】《朱注》：知，犹记忆也。常知父母之年，则既喜其寿，又惧其衰，而于爱日之诚，自有不能已者。

【记】 这里同样很具体。“喜”是因其虽年增而健在，“惧”是因其年增而衰老而近死亡。应该说，这是细致的心理情感的描述和培育。**父母多能记得子女年岁；“父母之年”，今天又有多少人能记得？**

4. 22 子曰：“古者言之不出，耻躬之不逮也。”

【译】 孔子说：“古人不轻易说话，是羞耻于自己做不到。”

【注】《朱注》范氏曰：人惟其不行也，是以轻言之，言之如其所行，行之如其所言，则出诸其口必不易矣。

【记】 朱注很有意思。今日大言不惭，言而不行，言行不一者，盖亦多矣。这都是“私德”（宗教性道德）问题。民主社会中，吹牛皮拉选票的政客，比比皆是。但“私德”

可以导引“公德”，尽管一切商业化、广告化，但人们最后仍然更信任较诚实的政治家和商业家。“私德”与“公德”本是可以相互渗透、重叠和彼此转化的。既应注意其区别，又应看到其联系。

4.23　子曰：“以约失之者鲜矣。”

【译】　孔子说：“因约束自己而犯过失，这是少有的。”

【注】《朱注》谢氏曰：不侈然以自放之谓约。尹氏曰：凡事约则鲜失，非止谓俭约也。

【记】　中国人却因此而太约束自己，曾造成对人性的巨大损害。当然，孔老夫子这句话从道理上讲，或一般地说，并无错误。

4.24　子曰：“君子欲讷于言而敏于行。”

【译】　孔子说：“君子要少说话，多做事。”

【注】《朱注》谢氏曰：放言易，故欲讷；力行难，故欲敏。

【记】　在《论语》中，孔子多次反对“佞”、“巧言”，欣赏“木讷”等等，似与今日西方哲学以语言为家园、为人的根本大异其趣。也许这就是“太初有言”(《圣经新约·约翰福音》1.1)与“**太初有为**(道)”的区别？“道”是道路。在儒学首先是行为、活动，并且是由人道而天道，前者出而后者明。歌德《浮士德》说，不是太初有言，亦非太初有力，也非太初有心，而是太初有为(act)，似颇合中国哲理，即有高于和超出语言的“东西”。这东西并非“言”、“心”、“力”，而是人的(在浮士德也许仍是天—上帝的)“行”：实践、行为、活动。《论语》全书贯穿着的正是行为优于语言的观点。这样才表里如一、言行一致而塑造出健康的人性，这便是儒学基本精神。正是它，才能不同于纯哲学。一般哲学并不如此要求，只有宗教才要求人的行为必须符合教义。在儒学，它发展为“工夫即本体”的深刻的哲学命题，宋明理学大家尚能时时警惕自己，使言行合一。但其末流以至今日的现代新儒家就未必如此。现代新儒家使儒学成为纯课堂的思辨哲学，已失去其本应有的准宗教品德了。

4.25　子曰：“德不孤，必有邻。”

【译】　孔子说：“有德的人不会孤单，定会有人来亲近。”

【注】　《朱注》：邻，犹亲也。德不孤立，必以类应。

【记】　不必有朋自远方来，近邻即有真理的同伴。这是情感的信念，也是现实的经验。可见**“德”之社会实践性**。

4.26　子游曰：“事君数，斯辱矣；朋友数，斯疏矣。”

【译】　子游说：“事奉国君，太烦琐，便会受到羞辱。对待朋友，太烦琐，便会遭到疏远。”

【注】　《朱注》程子曰：数，烦数也。胡氏曰：事君，谏不行则当去；导友，善不纳则当止。至于烦渎，则言者轻，听

者厌矣。是以求荣而反辱，求亲而反疏也。范氏曰：君臣朋友皆以义合，故其事同也。

《杨注》《颜渊篇第十二》："子贡问友。子曰：'忠告而善道之，不可则止，无自辱焉。'"也正是这个意思。

【记】 可见，据原典儒学，君臣有相近于朋友一伦的地方，即应有某种独立性。即使臣下对君上的善意忠告，也只能适可而止，不可勉强。这与后世所谓"忠臣不惮辱"、以死相谏等行为、观念颇不相同。这不同来自古代氏族社会与后世大一统专制帝国的不同。其实，连好朋友都不耐烦听你的意见，何况君主？尽管你一片好心，坚持仁义，徒然自取其辱。这种经验之谈，在黑格尔也许笑为处世格言，却有深刻的人生道理，即如何具体维系个体独立和人格尊严的重要。虽然儒学始终未能发展出如康德"人是目的"的哲学理论，却一开始就包含有这种思想的因素。它应可成为今日建构社会性公德的重要资源。12．23 章同。

公冶长第五

共二十八章

5.1 子谓公冶长："可妻也。虽在缧绁之中，非其罪也。"以其子妻之。

【译】 孔子说公冶长："可以嫁女儿给他。虽然被关在监狱里，并不是他的罪过。"把自己女儿嫁给了她。

【注】《朱注》：夫有罪无罪，在我而已，岂以自外至者为荣辱哉？

【记】 孔子不以一时之荣辱取人，虽在今日，亦属不易。

5.2 子谓南容："邦有道，不废；邦无道，免于刑戮。"以其兄之子妻之。

【译】 孔子说南容："国家政治好，他不会被废弃；国家政治不好，他不会被关杀。"把自己的侄女嫁给了他。

【注】《康注》：公冶长以才高好奇取祸，南宫以言行修谨保家，二子性行不同，孔子皆取之。

【记】 这比公冶长要更保险、更安全一些了，所以不是把女儿而是把侄女嫁给他。先人后己，是宗教性私德，亦“礼让”之意。可惜的是当时女儿们自己不能做主。

5. 3　子谓子贱：“君子哉若人！鲁无君子者，斯焉取斯？”

【译】　孔子评论子贱说：“君子呀，这个人！如果说鲁国没有君子，他怎么会得到这种品德呢？”

【注】　《朱注》苟氏曰：称人之善，必本其父兄师友。

【记】　这是说，美好品德的取得来自环境、教育。**一部《论语》，整个儒学，其核心均在重教育，树人性。**正因为“重教育，树人性”，也才有文化心理结构的问题。

5. 4　子贡问曰：“赐也何如？”子曰：“女，器也。”曰：“何器也？”曰：“瑚琏也。”

【译】　子贡问孔子：“我怎么样？”孔子说：“你是一种器皿。”

问：“什么器皿？”答：“敬神的玉器。”

【注】　《朱注》：器者，有用之成材。夏曰瑚，商曰琏，周曰簠簋，皆宗庙盛黍稷之器而饰以玉，器之贵重而华美者也。子贡见孔子以君子许子贱，故以己为问。

【记】　这既是贬，又是褒，又是开玩笑。贬者，才能发展尚不够全面也（见“君子不器”条）；褒者，才能之高雅贵厚也，均以玩笑言语出之。

5. 5　或曰：“雍也仁而不佞。”子曰：“焉用佞？御

人以口给，屡憎于人。不知其仁，焉用佞？”

【译】 有人说：“雍这个人有仁德却不会说话。”孔子说：“要会说话干什么？强辩滔滔，使人讨厌。我虽然不知道雍是否真有仁德，但为什么要会说话呢？”

【注】 《朱注》：佞人所以应答人者，但以口取辩而无情实，徒多为人所憎恶尔。

【记】 又一次讲孔子憎恶“佞”，即好说话、说好话。大概当时也是侃风一片，空话太多了吧？！

5.6 子使漆雕开仕。对曰：“吾斯之未能信。”子说。

【译】 孔子要漆雕开去做官，他答道：“我对此还没有信心。”孔子很高兴。

【注】 《康注》：漆雕子以未敢自信，不愿遽仕，则其学道极深，立志极大，不安于小成，不欲为速就。

【记】 喜其谦逊礼让也。康注有点夫子自道的味道。

5.7 子曰：“道不行，乘桴浮于海。从我者，其由与？”子路闻之喜。子曰：“由也好勇过我，无所取材。”

【译】 孔子说：“主张行不通了，坐木排到海上漂流去，跟随我的，大概是子路吧。”子路听到了，非常高兴。孔子说：“子路比我还勇敢哩，就是不知道如何剪裁自己。”

【注】 《朱注》程子曰：……夫子美其勇，而讥其不能裁度事理。

【记】 有从古训解释、翻译成“这就没有什么可取的”(杨译)或“没处去弄到这些木材”(钱译)。孔子对子路的许多次评论教导，都是责他粗犷，要他不应凭血气之勇，这也就是说要善于剪裁、约束自己。或译为“勇敢胜过我，可惜没机会来发挥”，变成全称肯定，似亦不符。子路亦可视作后世“侠”的先导，其个性特征似近之。

这是孔子和儒学的道家(退隐)一面。至苏东坡还有“小舟从此逝，江海寄余生”的著名词句。不过海上难居，多半退隐于山野、水边。后世诗文山水画中的渔樵与半角草堂中的儒生(读书人)常相映成趣。**他们与大自然(山水)似乎就代表着、象征着永恒。它们就是中国人的本体符号。**

5. 8 孟武伯问：“子路仁乎?”子曰：“不知也。”又问。子曰：“由也，千乘之国，可使治其赋也，不知其仁也。”

“求也何如?”子曰：“求也，千室之邑，百乘之家，可使为之宰也，不知其仁也。”

“赤也何如?”子曰：“赤也，束带立于朝，可使与宾客言也，不知其仁也。”

【译】 孟武伯问孔子：“子路仁吗?”孔子说：“不知道。”他又问。孔子说：“子路这个人，千辆军车的国家可以让他负责兵役、军政的工作。我不知道他是否仁。”

“冉有如何?”孔子说：“冉有这个人，千户人家的地域、百辆兵车的部族，可以让他负责民政总管，我不知道他是否仁。”

“公孙赤如何?”孔子说：“赤这个人，穿上大礼服，在朝廷服务，可以让他负责外交，我不知道他是否仁。”

【注】《康注》：三子之于仁，盖已甚深，但仁道至大，孔子犹言岂敢。一息之违，即已非仁，孔子不言三子非仁，而但言不知，盖许其深信者，而逊言其未纯至者欤？

【记】 这位孟武伯问这几位孔子的著名学生，大概是想挑选他们去做官。因为孔子素以“仁”为宣讲题目和做人标准，于是有此问。孔子答话表明，强调“仁”并非某些才能本领，强调将“仁”与才能、本领区别开来，于此可窥“仁”作为心理本体的真义。

5.9 子谓子贡曰：“女与回也孰愈？”对曰：“赐也何敢望回？回也闻一以知十，赐也闻一以知二。”子曰：“弗如也；吾与女弗如也。”

【译】 孔子对子贡说：“你与颜回，谁强？”子贡回答说：“我哪敢比颜回？他听到一件事，便推知十件事；我听了一件，才推知两件。”孔子说：“是不如他，我与你都不如他！”

【注】《朱注》：夫子以其自知之明，而又不难于自屈，故既然之，又重许之。

【记】 因推崇孔子，最后一句许多译解都释为“我允许（或同意）你不如他”。这岂不是多余的别扭话？其实，韩愈早就说过：“弟子不必不如师，师不必贤于弟子。”刘逢禄《论语述何》：“夫子亦自谓不如颜渊。”何况这正是孔子自谦、逊让的词呢？

“知”或“智”，本是“五德”（仁义礼智信）之一。“仁”、

"智"在《论语》中亦常并提，但后世哲学于"智"很少发展。直到近代，受西方影响，王韬、康有为、孙中山等才企图突破。孙中山强调"知难行易"，康有为也重智，王韬说"世以仁义礼智信为五德，吾以为德唯一而已，智而已"等等。其前，戴震拟从认识论来讲解儒学(《孟子字义疏证》)，但始终被压倒在以"仁"为体的伦理学传统之下。

5.10 宰予昼寝。子曰："朽木不可雕也，粪土之墙不可杇也；于予与何诛？"子曰："始吾于人也，听其言而信其行；今吾于人也，听其言而观其行。于予与改是。"

【译】 宰我白天睡大觉。孔子说："腐烂的木头没法雕刻，秽土的墙壁没法粉刷，对宰我，还有什么可责备的?!"孔子又说："开始我对人，是听他的语言而相信他的行为；如今我对人，是听他的语言而观察他的行为。是宰我使我改变了。"

【注】 《康注》：宰予能言，而行不逮，故孔子自言，于予之事而改观人之法，所以深警群弟子之谨言敏行也。昼寝小过，而圣人深责如此，可见圣门教规之严，《易》贵自强不息，盖昏沉为神明之大害，故圣人尤以垂戒也。

【记】 宰予即宰我，孔门著名大弟子，以会说话见称，所以孔子有后面那段话。看来，宰我是个聪明而不够勤奋、有才华而不重修养的学生，多次受到孔子的严厉责备。但孔子不但宽容收留他，而且还盛赞过他。不拘一格识人才，才可能是导师或领袖。

《论语》之后的许多著名典籍，或大讲道理（如孟），或夸张寓言（如庄），或玄妙（如老），或谨严（如荀、韩），或一任抒情（如屈）等等，似再少有从平凡的日常起居、生活中具体表述深刻道理者。后世之《世说新语》徒记风华，宋明《家训》又死矜迂腐；与《论语》比，不及远矣。

儒学一贯强调勤奋，坚决反对懒惰，《论语》中还屡有对"饱食终日，无所用心"等等的斥责，直到康有为仍把"禁懒惰"作为"四大禁"之首。对生活、人生采取积极、进取、奋斗不息的精神，已成为某种深层的文化心理结构，即韧性精神的情理结构，这正是使中华民族饱经困苦而能长期生存的重要原因，也是千万华侨在各地艰难创业、获有成就的文化因素，尽管他们并不一定意识到儒学或孔子。其实，白天睡觉算什么大错呢？热带好些人便白天大睡不已。所以王充为宰我抱不平，说孔子"责小过以大恶，安能服人"（《论衡·问孔》），是以又有人解作白天睡觉乃"不合天道"，并非小过，故遭孔子斥责。

5.11　子曰："吾未见刚者。"或对曰："申枨。"子曰："枨也欲，焉得刚？"

【译】　孔子说："我没有看见刚强的人。"有人说："申枨。"孔子说："他欲望多，如何能刚强？"

【注】　《朱注》程子曰：人有欲则无刚，刚则不屈于欲。谢氏曰：刚与欲正相反。能胜物之谓刚，故常伸于万物之上；为物掩之谓欲，故常屈于万物之下。

《康注》：一有嗜欲，气即馁败，神明消沮。故周子谓，圣人可学，在无欲。盖欲者纯魄，刚者纯魂，二者相反相成而日相争。若魂纯胜者，神明纯清，气自刚大；若魄纯胜者，嗜欲纯掩，气已奄奄；其魂魄互胜者，半欲半刚则为中人。其魂魄相胜分数之多寡，以为其欲刚之多寡，即为人之高下也。

【记】 “无欲则刚”，已成传统谚语，人常以此自勉勉人。此“刚”非血气之勇，乃内心力量而与道德意志攸关。前章所引孟子“富贵不能淫，贫贱不能移，威武不能屈”是也。如果有过多欲望或被欲望所引诱，便容易屈服而不刚了。“刚”者，不屈不挠，无坚不摧，无拒不胜也。可见，这里讲的是道德意志的构建。**道德意志及力量表现为感性的行为和实践，其内涵却在于这种“理性的凝聚”，即理性对感性(包括“欲”)的绝对主宰和支配，这是道德理性之所本**。不管说它是外在超越的绝对律令，或是内在心灵的“良知呈现”，其特征都在乎此“刚”。

5. 12 子贡曰：“我不欲人之加诸我也，吾亦欲无加诸人。”子曰：“赐也，非尔所及也。”

【译】 子贡说：“我不想别人强加什么东西给我，我也不想强加给别人。”孔子说：“子贡呀，这不是你所能办到的。”

【注】 《朱注》：此仁者之事，不待勉强，故夫子以为非子贡所及。

【记】 此章有好些不同解说。这应与“己所不欲，勿施于人”相通，似比较符合社会契约理论，在今日有很大的普遍性，可作为现代法律、政治之所本。“办不到”，今日看来，是由于当时宗教、伦理、政治三合一，公私不分，情理纠缠，没法理性化的缘故。值得重视的是，子贡等人要求的，是这种客观的公平和正义原则，即社会性公德；颇不同于颜回、曾参追求的个人主观修养和人生境界的宗教性私德。孔子对子贡问“有一言可以终身行之者乎”的答复，也是“其恕乎！己所不欲，勿施于人”，同此。朱注遵循传统，恰恰把应分开的这两种道德，又说成一起了，不可取。

5.13　子贡曰：“夫子之文章，可得而闻也；夫子之言性与天道，不可得而闻也。”

【译】　子贡说：“老师讲诗书礼乐、古代文献，我们是可以听到的。老师讲人性和天道，却是听不到的呀！”

【注】　《朱注》：文章，德之见乎外者，威仪文辞皆是也。……言夫子之文章，日见乎外，固学者所共闻；至于性与天道，则夫子罕言之，而学者有不得闻者。

【记】　此章解译甚多，向为疑难之处。其实可以很平易地讲解：孔子慎言大题目，少用大字眼(big words)。如前面所述，孔子强调从近处、从实际、从具体言行入手，因之学生发此赞叹。不是不讲，而是不直接讲。哲学家都爱谈高深的大题目，至今如此，大讲Being、“超越”、“本真存在”、“活泼泼的实存而有”，等等等等，而轻视经验性的日常生活。其实，**没有这个“非本真”的穿衣吃饭的日常生活，又哪能来那高深莫测的“本真”的“有”？**这也就是我常说的“如何活”在“活的意义”等等之前。孔子很少讲这些大题目，宁肯多讲各种具体的“仁”、“礼”，“道在伦常日用之中”，这也才是真正的“性与天命”。但后儒有误以为孔子及其得意门生中有某种秘诀心传、神秘体验者。据说，熊十力斥责冯友兰，一拍桌子说“良知”岂是假设；牟宗三在旁由是大悟，即颇有点道统心传的味道，即以个体的直接体验作为依据，否定语言论证，这极容易走向非理性的宗教。今日已非禅宗棒喝的时代。即使采用诗的语言甚至禅宗的棒喝公案，哲学总需要一种公共化的语言来作理性的启悟、暗示和传达，这大概正是儒学不同于宗教，也不同于西方式的哲学，也不同于诗文，仍有其哲学性的理知内容之所在吧。

5.14　子路有闻，未之能行，唯恐有闻。

【译】　子路知道一件道理，还没能去做，便生怕知道第二件。

【注】　《朱注》范氏曰：子路闻善，勇于必行。

【记】　生动表述了子路的急切正直、勇于实践的性格。《论语》中子路的急率勇敢，子贡的聪明灵活，曾参的谨慎迟缓，宰我的尖锐古怪，等等，似相当鲜明。所以本读“前言”中说，《论语》的形象性超过了其他许多著名典籍。

5.15　子贡问曰：“孔文子何以谓之‘文’也？”子曰：“敏而好学，不耻下问，是以谓之‘文’也。”

【译】　子贡问道：“孔文子凭什么封作‘文’呢？”孔子说：“他办事勤勉而欢喜学习，不羞耻到处询问、请教，所以封号叫‘文’。”

【注】　《朱注》：凡人性敏者多不好学，位高者多耻下

问。故谥法有以劝学好问为文者，盖亦人所难也。

【记】“下问”的“下”可以指地位、身份、知识不如自己的人。“不耻下问”一句已成成语，这也就是“不知为不知”的原则；不掩盖自己，不怕因丢面子丢身份而不问，这才是一种真正的文采，实乃一种美好的心理和习惯。像这种回答，至今仍然有用。

5. 16　子谓子产：“有君子之道四焉：其行己也恭，其事上也敬，其养民也惠，其使民也义。”

【译】孔子评论子产：“有四种君子的德行：他的行为态度谦逊、庄重；他事奉君长严肃、尊敬；他抚养老百姓有恩惠；他役使老百姓合理而适当。”

【注】《正义》：君子者，卿大夫之称。子产德能居位，合于道者有四，故夫子表之：行己恭，则能修身。事上敬，则能尽礼。养民惠，则田畴能殖，子弟能诲，故夫子称为惠人。惠者，仁也。仁者爱人，故人言古之遗爱也。使民义，则集注所云如都鄙有章，上下有服，田有封洫，庐井有伍之类，皆是。

【记】这既是“教”(宗教性私德)又是“政”(社会性公德)，“修身”与“治国”混融一体。其实两者并不必然相联，《论语》中的管仲就是一例。

5. 17　子曰：“晏平仲善与人交，久而敬之。”

【译】孔子说：“晏平仲很善于与人交朋友，虽然交往很久，仍旧保持恭敬。”

【注】《正义》郑注：敬故，不慢旧也。晏平仲久而敬之。据郑说，则久谓久故也。君子不遗故旧，则民不偷。

【记】交朋友而能长久保持友谊，并非易事。常见的是：因太亲近反而刹那间反目成仇，太疏远又逐渐关系全失。古话说“君子之交淡如水”，虽淡如水，却品之有味，也大概只有靠虽极友好，却长期相互尊重和恭敬才能做到。这远不只是交友之道，而是友谊这种人生情感本身的特征所在。友情与爱情的区别，也许正在前者悠淡而久长，后者热烈而易折；不同心理需要、不同心理情感。这里讲的是晏敬人还是人敬晏，注家有不同解说，均可。比较起来，以晏敬人从而善交友解为更贴切。

5. 18 子曰：“臧文仲居蔡，山节藻棁，何如其知也？”

【译】孔子说：“臧文仲养着一只大神龟，用祖庙的装饰来供奉它，这怎么能叫聪明？”

【注】《朱注》：居，犹藏也。蔡，大龟也。节，柱头斗拱也。藻，水草名。棁，梁上短柱也。盖为藏龟之室，而刻山于节，画藻于棁也。当时以文仲为智，孔子言其不务民义而谄黩鬼神如此，安得为智。

《杨注》：古代人把大乌龟叫作“蔡”。《淮南子·说山训》说：“大蔡神龟，出于沟壑。”高诱注说：“大蔡，元龟之所出地名，因名其龟为大蔡……”古代人迷信卜筮，卜卦用龟……用龟，认为越大越灵。

【记】迷信如此，一不智也；违反礼制，二不智也。

亦可见当时号称智者之不智。神龟，属巫术之列抑早期宗教？《书经·大诰》有“宁王遗我大宝龟”，彩陶中有龟形象。中国远古之巫术没走向对象崇拜的宗教(也许臧文仲这种供奉的行为，因走入这个方向而为孔子反对？)，却理性化地与历史、政治相结合，而形成“巫史文化”。它的成果即《周易》。《论衡·卜筮》：“子路问孔子曰，猪肩羊膊可以得兆，雚苇藁芼可以得数，何必以蓍龟？孔子曰，不然，盖取其名也。夫蓍之为言耆也，龟之为言归也，明狐疑之事，当问耆归也。”与解释“黄帝四面”、“三百年”(见后)一样，孔子理性化解释了卜筮为何用蓍龟，它们只是长者经验之符号而已。此外，如孔子赞许楚昭王“弗祭”，不从卜(《左传·哀公六年》)等等，同此。这一传统导致荀子明言“善为易者不占”。《易经》本卜筮之书，却蕴涵、讲说着好些历史史实和经验故事，功能又仍在使人去影响客体、作用对象，主观选择性能动性甚强，并不同于匍匐、祈祷、自甘受制于对象的宗教崇拜。这是了解中华文化的要点，也是我强调“一个世界”、“情本体”、“实用理性”、“乐感文化”的历史根源。臧文仲是春秋时非常著名的重要人物，惜史实湮没，其情不详。

5.19　子张问曰：“令尹子文三仕为令尹，无喜色；三已之，无愠色。旧令尹之政，必以告新令尹。何如？”子曰：“忠矣。”曰：“仁矣乎？”曰：“未知。焉得仁？”

“崔子弑齐君，陈文子有马十乘，弃而违之。至于他邦，则曰：‘犹吾大夫崔子也。’违之。之一邦，则又曰：

‘犹吾大夫崔子也。’违之。何如？”子曰：“清矣。”曰：“仁矣乎？”曰：“未知。焉得仁？”

【译】 子张问道：“大官子文多次当大官，没有喜悦的容色；多次被免职，没有怨怒的容色。前任所推行的政策，一定告诉新任，怎么样？”孔子说：“够忠诚了。”“算仁吗？”“不知道。这怎能算仁？”

子张又问：“崔杼杀了齐国国君。陈文子是有十辆马车的人物，抛弃了它们而离开了齐国；到了他国，说这里和我国崔杼差不多呀，又离开。又到另一国家，又说还是和我国崔杼差不多呀，又离开。如何？”孔子说：“够清白了。”“算仁吗？”“不知道。这怎么算仁？”

【注】 《朱注》愚闻之师曰：当理而无私心，则仁矣。今以是而观二子之事，虽其志行高若不可及，然皆未有以见其必当于理，而真无私心也。

【记】 这仍然是强调“仁”是内在情感本体，并非外在的某种行为、品德所能等同或替代。此“仁”非止于某种经验现象。休谟(Hume)、亚当·斯密(Adam Smith)等也均以“同情心”作为道德的动力或本源；其与儒学的不同即在于“同情心”只是某种经验心理，儒学的“仁”具有某种“与天地参”的“本体”性质。它来源于原始巫术。“仁”涵盖宇宙，贯通一切，能远能近，既易获取，又难得到，似颇神秘，即此之故。直到康有为、谭嗣同以“电”、“以太”释仁，既是本体，又是生命，又是情感，仍此传统。

5.20 季文子三思而后行。子闻之，曰：“再，斯

可矣。”

【译】 季文子想三次才行动。孔子听到后，说：“两次也就可以了。”

【注】 《集释》《论语稽》：其思之至三者，特以世故太深，过为谨慎。盖孝义节烈之士，虽天分学力兼而有之，而临时要必有百折不回之气，而后可成。古今来以一转念之误而抱恨终身者多矣。

【记】 这大概是指某一具体事件，孔子可能嫌他过于慎重或不免怯懦。就一般言，孔子总是强调慎重行事的。“三思而行”在后世人成了劝人慎重行事的成语，但“再，斯可矣”仍然更好：过多的考虑容易对利害估量太细，反而产生偏差，“古今来以一转念之误，而抱恨终身者多矣”，信然。因“三思”反更犹豫难决矣。多谋而善断，当断不断，反受其乱。这既非伦理学，也不是认识论，而只是日常生活经验之理性化，实用理性之呈现处也。

5. 21 子曰：“宁武子，邦有道，则知；邦无道，则愚。其知可及也，其愚不可及也。”

【译】 孔子说：“宁武子在政治清明时就聪明，政治黑暗时就笨拙。他那聪明是可以做到的，他那笨拙却很难做到啊。”

【注】 《朱注》程子曰：邦无道能沉晦以免患，故曰不可及也。亦有不当愚者，比干是也。

【记】 孔子固然有“知其不可而为之”的积极进取、坚持不懈的一面；同时又屡有洁身自好、保身全生的一面，如“乘桴浮于海”（5. 7章），“舍之则藏”（7. 11章），“可卷而怀之”（15. 7章）等等，这显然与道家相通。《庄子·内篇》屡称颜回，正是发挥和发展了孔子这一面而予以形上哲学化，是以大不同于包含兵家诡计和道法家“南面术”在内的《老子》。儒家与道家的结合有两个方面，一是儒家与老子和道法家的互相利用、补充、渗透、交融，终于形成历代的“阳儒阴法”的政治和权术，我称之为“儒法互用”；另一是儒家与庄子以至佛家的互补而造就个体人格的完成，我称之为“儒道互补”。后者已经讲得很多，前者解说还很不够，例如兵家、道家、法家三者的密切承续、交织关系，它们在促成远古巫术的理性化过程的重大意义等等，都是极其关键性的课题。之所以说“关键性”，是因为它们对中国古代文化的定型起了极为重要的作用。

5. 22　子在陈，曰：“归与！归与！吾党之小子狂简，斐然成章，不知所以裁之。”

【译】　孔子在陈国，说：“回去吧，回去吧。我家乡这批学生有志向、有能力、有条理、有文采，我真不知道该如何剪裁培育哩。”

【注】　《朱注》：夫子初心，欲行其道于天下，至是而知其终不用也。于是“始欲成就后学以传道于来世”。

【记】　孔子在陈受困，甚至没有饭吃，于是发此感慨，说还不如回去，回去大有事可干，何必在此受罪？“狂简”在此译解作有远大志向，有干练才能。

5.23　子曰："伯夷、叔齐不念旧恶，怨是用希。"

【译】　孔子说："伯夷、叔齐不记念过去的仇敌，所以怨恨也就稀少了。"

【注】　《集释》《论语稽》：旧恶，毛奇龄以为夙怨，义长，当从之。

【记】　"不念旧恶"，不算老账，不仅是流行成语，而且是中国人奉行的传统原则：主和解、重调停、和稀泥，既往不咎，不纠缠过去，避免冤冤相报，这很可能是总结千百年氏族社会打冤家灭族类的各种历史经验的结果。它也确有助于实际生活中的人际关系和族类生存。因之，中国的正义观，常着眼于"和"，而且着重它的实际效用和效果，而不在于一定要判断出是非曲直来而予以"公正"处罚。因为"公说公有理，婆说婆有理"，议论纷纭，判断不易；而严厉的惩罚也未必有长久效应。于是着重改恶从善，"改了就好"。**它由来久远，是从群体关系而非契约的个体出发。**如何将此精神与现代法治(以假想的独立个体间的契约为基础)融合起来，便是一项亟待探求的"西体中用"和"转化性的创造"。

叶适《习学记言》说："孔子之称夷齐者，其怨与常情同，其能自乐而无所怨，与常情异。"这是从个体(伯夷、叔齐)感情修养上来立论的。亦可采。

5.24　子曰："孰谓微生高直？或乞醯焉，乞诸其邻而与之。"

【译】　孔子说："谁说微生高这个人直爽？有人向他讨

点醋，他却向邻居讨来给人。”

【注】 《集释》张甄陶《四书翼注论文》：醯非人必不可少之物，有则与之，无则辞之，沾沾作此态，平日之得直名者可知矣。顾梦《四书说约》：古来只为周施世故之念，坏尽人品。如微生乞醯一事，何等委屈方便，却只是第二念，非当下本念。夫子有感而叹之，不在讥微生，指点要人不向转念去也。

【记】 对这个细微末节的评论也被记录下来，似乎孔老夫子的每一言论都很有道理。以这节来对比今日某些作伪的政客、“好人”，倒也有趣。

5. 25 子曰：“巧言、令色、足恭，左丘明耻之，丘亦耻之。匿怨而友其人，左丘明耻之，丘亦耻之。”

【译】 孔子说：“花言巧语，虚容假色，过分恭顺，左丘明以为可耻，我也以为可耻。藏起自己的怨恨，却与别人表面上交朋友，左丘明以为可耻，我也以为可耻。”

【注】 《朱注》谢氏曰：……使察乎此而立心以直也。

【记】 这又涉及伦理与政治的背反。“匿怨而友其人”，是政治家的常规作业，否则也就没政治可言了。中国“文化大革命”中有句名言：“搞政治无诚实可言。”

5. 26 颜渊季路侍。子曰：“盍各言尔志？”
子路曰：“愿车马衣轻裘与朋友共敝之而无憾。”
颜渊曰：“愿无伐善，无施劳。”
子路曰：“愿闻子之志。”
子曰：“老者安之，朋友信之，少者怀之。”

【译】 颜回、子路在孔子身旁，孔子说："你们何不谈谈自己的志愿？"

子路说："我愿意把自己的车、马、高贵皮衣和朋友们一同使用，即使用坏了，也没有什么遗憾。"

颜回说："我愿意不夸耀自己的长处，不表彰自己的功劳。"子路说："愿意听听老师的志愿。"

孔子说："使老一代安心，朋友一代信任，年轻一代关怀。"

【注】 《朱注》：老者养之以安，朋友与之以信，少者怀之以恩。一说：安之，安我也；信之，信我也；怀之，怀我也。亦通。

【记】 子路的回答再一次显示了那重然诺、讲义气、悲歌慷慨的侠勇气概。颜回的回答仍然是谦虚、谨慎、自我修养。孔子答语特别有名。"少者怀之"解作"关怀年轻一代"亦可。

5.27 子曰："已矣乎，吾未见能见其过而内自讼者也。"

【译】 孔子说："唉，算了吧！我看不到能认识自己的过错而内心自我责备的人呀！"

【注】 《朱注》：内自讼者，口不言而心自咎也。

【记】 结合曾参所说"吾日三省吾身"，大概可勉强算作儒家的"忏悔意识"了。但儒家讲的仍然是"反身而诚，乐莫大焉"，指明这种内心反省自责的结果是"乐"，即由"明"而"诚"（《中庸》），由"尽心"、"知性"而"知天"（《孟子》），而“与天地参”。这种内省自责的儒家哲学，仍然建立在积极情感的追寻塑造上，与向上帝忏悔的苦痛意识和深重罪感仍然不同。

“诚者，天之道也。诚之者，人之道也。”(《中庸》)这“诚”字素称难解。自宋明理学到现代新儒家都释为道德本性，所谓“天理”或“良知”。其实，它原本乃是一种巫术礼仪中的心理—情感状况，后被理性化地提升，所以应作情感本体解，其后，发展为我所谓“有情宇宙观”是也。它即仁、即爱。亦如前所反复申说，**赋天地宇宙和存在本体以肯定性的情感性质(“诚”、“仁”)，从而与人世相连结，**才可既超越日常经验而又内在于一己自身，从而构造起实用理性的乐感文化，即使“忏悔”，也不同于罪感或耻感。

5. 28　子曰：“十室之邑，必有忠信如丘者焉，不如丘之好学也。”

【译】　孔子说：“十户人家的小地方，一定也有像我这样忠实可靠的人，只是不像我这么喜欢学习罢了。”

【注】　《康注》：良材美质，随地皆有，成就与否，则视学与不学。……夫子自言，质之忠信与常人同，而好学异，所以勉后学者至矣。

【记】　又一次强调“学”。“学”当然包括学习文献、历史、知识以及各种技能，同时更指积极实践的人生态度和韧性精神。它始终是动态的，当然不止于静态的忠、信品德。

雍也第六

共三十章

6. 1　子曰："雍也可使南面。"

【译】 孔子说："冉雍这个人可以做官。"

【注】 《杨注》：无论天子、诸侯、卿大夫，当他作为长官出现的时候，总是南面而坐的。说见王引之《经义述闻》。

【记】 无话可说。

6. 2　仲弓问子桑伯子。子曰："可也简。"

仲弓曰："居敬而行简，以临其民，不亦可乎？居简而行简，无乃大简乎？"子曰："雍之言然。"

【译】 冉雍问子桑伯子这人如何？孔子说："可以，他简要。"

冉雍说："内心严肃，办事简要，这样来治理人民，是可以的。内心随便，办事简单，这不太简单了么？"孔子说："你的话很对。"

【注】 《朱注》：言自处以敬，则中有主而自治严，如是而行简以临民，则事不烦而民不扰，所以为可。若先自处以简，则中无主而自治疏矣。

【记】 朱熹还说："近来觉得敬之一字，真圣学始终主要。"(《朱子语类》卷十二)"敬"字如此重要，那它究竟是什么？朱熹说："敬只是一个畏字"(同上)，"小心畏谨便是敬"(同上，卷二十三)。就内心说，"敬者主一无适之谓"(《论语集注》)；"潜心以居，对越上帝"(《朱子文集》卷二十五《敬斋箴》)。就外在说，"正其衣冠，尊其瞻视。……足容必重，手容必恭"，"出门必实，承事如容"(同上)。礼以敬为尚。当然这是由内(心)统外(行为、容貌)。如本读一再认为，"敬"来自某种巫术仪式，是具有宗教性的情感态度。因此，它"只是一个畏字"，"畏"什么呢？朱熹上面说"对越上帝"，包括朱熹本人在内的中国思想家们虽并未肯定人格神的存在，却不排斥而且还积极地培育这种宗教性的感情和态度：**对天地万物、对人的本体有一种敬畏的宇宙情怀。这也就是儒学不是宗教却又能起宗教作用具有宗教功能之所在。**它当然仍来自巫术活动，敬、诚、庄、畏均同此来源。

6. 3 哀公问："弟子孰为好学？"孔子对曰："有颜回者好学，不迁怒，不贰过。不幸短命死矣，今也则亡，未闻好学者也。"

【译】 哀公问孔子："你的学生中哪个爱好学习？"孔子回答说："有个叫颜回的爱好学习。他不拿别人出气，不重犯同样的错误，却不幸早死。现在没有了，没有听见谁好学的了。"

【注】 《朱注》程子曰：……动而七情出焉，曰喜、怒、哀、惧、爱、恶、欲。情既炽而益荡，其性凿矣。故学者约其

情使合于中，正其心，养其性而已。

【记】 这里仍然可见“好学”指的是实践行为和心理修养。自己有过失，却归罪他人，大发脾气(迁怒)，是至今常见的现象。程、朱注释仍强调心性修养，并排斥情感，“七情六欲”成了心性修养的对立物，即所应克制甚至消灭的对象，这不正确。适当节制，使七情中节是应该的；但程朱以及整个宋明理学的主要倾向是将情性对立，灭情存性，此“性”也就空洞无物矣，这明显来自释氏。下面一段袁枚的话，似颇有意思：“朱子在南安闻寺钟声，悚然曰便觉此心把握不住。不知所把握者何心？所走失者又何心？孔子在齐闻韶，心随韶往至于三月不知肉味，乃真是把握不住矣。罗从彦教人认喜怒哀乐未发时气象。试问玉在石中，声在钟内，不扣不击，于何研求？孔子闻子游之弦歌而喜，遇馆人之丧而悲，其未喜未悲时，不闻圣人有所闻悟也。周茂叔不除窗外草，曰与自家生意一般；李沆不肯移药栏拆槛，曰岂以此动吾一念。须知洒扫乃弟子职，日新为汤盘之铭，揆之圣贤之道，草自当除，槛自当换，二者所说，皆释教也。”(《小仓山房尺牍》卷下)

6.4 子华使于齐，冉子为其母请粟。子曰：“与之釜。”

请益。曰：“与之庾。”

冉子与之粟五秉。

子曰：“赤之适齐也，乘肥马，衣轻裘。吾闻之也：君子周急不继富。”

【译】 子华出使齐国，冉有为子华的母亲请求小米，孔子说："给六斗。"冉求请加一点，孔子说："给十六斗。"

冉有却给了八十斗。

孔子说："子华到齐国去，坐着肥马驾的车子，穿着贵重的皮大衣。我听说过，君子救急不添富。"

【记】 关于"釜"、"庾"、"秉"到底是多少斤、斗，清人考证甚多，但并不重要，此处意译而已。用"只雪里送炭，不锦上添花"译"周急不继富"亦好。

6．5 原思为之宰，与之粟九百，辞。子曰："毋！以与尔邻里乡党乎！"

【译】 原思作地方官，给他小米九百斗，他不接受。孔子说："别这样，可以分给你的邻居和老乡嘛。"

【注】 《朱注》：有余自可推之以周贫乏，盖邻、里、乡、党有相周之义。

【记】 读者别生误会，以为是从孔子处拿粮食。这两章都是孔子对他的学生关于拿薪水的谈话。要点不在多少，而在原则。上章强调少拿，此章赞成多拿。

6．6 子谓仲弓，曰："犁牛之子骍且角，虽欲勿用，山川其舍诸？"

【译】 孔子谈及冉雍说："杂毛牛的儿子却长着金红色的毛、整齐的角。不用它，神灵答应吗？"

【注】 《朱注》：犁，杂文。骍，赤色。周人尚赤，牲用骍。角，角周正中，牺牲用，用以祭也。山川，山川之神也。

言人虽不用，神必不舍也。仲弓父贱，行恶，故夫子以此譬之，言父之恶，不能废其子之善，如仲弓之贤，自当见用于世也。

【记】 在世卿世袭的氏族贵族体制下，孔子主张不问出身，不问“家史”，唯贤是举，亦难得也。说明孔子并非事事墨守成规和旧礼。

6.7 子曰：“回也，其心三月不违仁，其余则日月至焉而已矣。”

【译】 孔子说：“颜回呀，内心可以长久不违反仁德，其他的不过一两天、一两月做到一下罢了。”

【注】 《康注》：三月，言其久也。不违仁，无纤毫佚虑私欲也。少有私欲佚虑，即间断矣，……《大学》开口言明明德，《中庸》开口言尊德性，可以互证而知所向往矣。

【记】 “仁”在这里似可指是某种具有神秘性的人生最高心理状态，这是不是即宋明儒学吸收释氏学说后所宣讲的“喜怒哀乐之未发”（“父母未生我时面貌”）的“孔颜乐处”？这种境界亦可谓“高峰体验”（peak experience）[马斯洛（A. Maslow）]，常是瞬间把握，稍纵即逝，难以长久保持，所以也如禅宗的瞬刻永恒感？宋明理学常以“颜子何好所学论”，来描述这一要旨：这“好”当然并非以贫困为乐，而是贫困等等不能改损他的这种心理境界。儒学之不以贫困本身有何可乐，这与某些宗教颇不相同。后者认为贫困、受难、痛苦体现上帝意旨，因以身受之而乐，从而去刻意寻求苦难，虐待自身，以此来获得拯救和超升。儒学无此，其最高境界即这种“天人合一”的神秘快乐。前面引袁枚批判理学，由于没有注意这种“乐”，便显得轻浅。但宋明理学将此“乐”与“喜怒哀乐”截然分开，又强调必须去此世俗情感(“七情”)才能获此“至乐”，因此将“性”与“情”、“已发”与“未发”分开，显然是佛学的宗教影响。今日任务似在于：**既承认有此具有神秘性、宗教性的高峰体验和心理状态或人生境界，但又不必与世俗情感截然对立和绝对区分。这就是关键处，**亦“七情之正”与“天人之乐”的关系问题。

6.8 季康子问：“仲由可使从政也与？”子曰：“由也果，于从政乎何有？”

曰：“赐也可使从政也与？”曰：“赐也达，于从政乎何有？”

曰：“求也可使从政也与？”曰：“求也艺，于从政乎何有？”

【译】 季康子问孔子：“子路可以搞政治吗？”孔子说：“子路果断，他搞政治有什么困难？”

“子贡可以搞政治吗？”孔子说：“子贡明达，他搞政治有什么困难？”

“冉有可以搞政治吗？”孔子说：“冉有多才多艺，他搞政治有什么困难？”

【注】 《朱注》程子曰：……非惟三子，人各有所长。能取其长，皆可用也。

【记】 可见搞政治，主要仍在才干、能力，而并不是心性修养或“内圣”。这是孔子不同于程朱处。

6.9 季氏使闵子骞为费宰。闵子骞曰：“善为我辞焉！如有复我者，则吾必在汶上矣。”

【译】 季氏要闵子骞作费地的官长。闵子骞说：“好生替我辞掉吧！如果再来找我，我就逃到国外去。”

【注】 《杨注》：汶上暗指齐国之地。

【记】 表示坚决不干也。

6.10 伯牛有疾，子问之，自牖执其手，曰：“亡之，命矣夫！斯人也而有斯疾也！斯人也而有斯疾也！”

【译】 伯牛有病，孔子去探问他，从窗外握着他的手，说：“没办法，真是命运啊！这样的人竟会生这样的病啊！这样的人竟会生这样的病啊！”

【注】 《康注》：言伯牛有德，不应有恶疾，而竟有之。

【记】 为什么“从窗外握手”而不入内看望，有各种说法，有说得了“恶病”(传染病?)，等等，均不重要。重要的是此章足见孔子远非教主或神仙，并不能使盲目明、病者起，而只能慨叹命运的无居，这本就是人生和生活。所以“尽人事而听天命”乃儒学义理。“命”者，偶然性也，既非宿命，也非神意。即使尽力而为，也总有各种不可抗御、不可预测的偶然，人生常如此，只有深深感慨而已。偶然性之不可测，才有“命”的慨叹，可见“命”非理也，它与“气”相连而使人难以解怀。出生，经历，此身存在，莫不偶然也。所谓“天不易知”、“命不可测”，只好奋力人事，知其不可而为之，仁学之悲怆情怀、苦难意识，乃乐感文化之不可缺欠之因素。

6.11 子曰：“贤哉，回也！一箪食，一瓢饮，在陋巷，人不堪其忧，回也不改其乐。贤哉，回也！”

【译】 孔子说：“真有贤德啊，颜回。一盒饭，一瓢水，住在破巷子里，别人经受不住那忧愁，颜回却不改变他的快乐。真有贤德啊，颜回。”

【注】 《朱注》程子曰：颜子之乐，非乐箪瓢陋巷也，不以贫窭累其心而改其所乐也，故夫子称其贤。又曰：箪瓢陋巷非可乐，盖自有其乐尔。其字当玩味，自有深意。又曰：昔受学于周茂叔，每令寻仲尼颜子乐处，所乐何事？愚按：程子之言，引而不发，盖欲学者深思而自得之。今亦不敢妄为之说。

【记】 前章已说明此“孔颜乐处”。马王堆帛书《五行篇》有：“君子无中心之忧则无中心之智，无中心之智则无中心之悦。无中心之悦则不安，不安则不乐，不乐则不德。”“乐”在这里虽然并不脱离感性，不脱离心理，仍是一种快乐；但**这快乐已经是一种经由道德而达到的超道德的稳定“境界”**(state of mind)。这里的“忧”，当然也并非一般的忧愁，但可释为海德格尔的“畏(死)”或“烦(生)”。但“畏”如只是对“死”的忧，在儒学看来，便过于空泛而无谓。“死”有多种，其共同性也许只在于生物性的终结，如只是“畏”此，乃一意识或超前意识之动物而已。因之“忧”、“畏”对儒学说，当有更多的具体内容。《韩诗外传》说：“君子有三忧，弗知，可无忧乎？知而不学，可无忧乎？学而不行，可无忧乎？”宋儒范仲淹说：“居庙堂之高，则忧其民；处江湖之远，则忧其君。是进亦忧，退亦忧。”可见，**忧、烦、畏于儒学均仍执着于此际人生，拥有具体内容。**从而“忧”而思，而学，也才有“智”，有“悦”（“学而时习之，不亦说乎”），而后达到“乐”的境界。亦“知之”（认识），“好之”（道德），“乐之”（审美）也。

6. 12　冉求曰：“非不说子之道，力不足也。”子曰：“力不足者，中道而废。今女画。”

【译】 冉有说：“不是不悦服你的思想学说，是我力量不够。”孔子说：“力量不够，走到半路才会停住。你现在是画定界限不上路。”

【注】 《朱注》：画者，如画地以自限也。

《正义》：凡人志道，皆必力学。人不可一日勿学，故于学自有不已之功。圣门弟子，若颜门大贤，犹言欲罢不能，既竭吾才，欲从末由，其于夫子之道，盖亦勉力以至。然循序渐进，自能入德，奚至以力不足自诿？《里仁篇》夫子云：有能用其力于仁矣乎？我未见力不足者。

【记】 以力量不够作懒惰托词，今日仍常见者。此盖言立志（“而志于学”）之重要。

6. 13　子谓子夏曰：“女为君子儒！无为小人儒！”

【译】 孔子对子夏说：“你要做士大夫的儒者，不要做老百姓的巫师。”

【注】 《集释》赵佑《温故录》：此小人当以“言必信，行必果，硁硁然，小人哉”语为之注脚。彼不失为士之次，

此言儒一也。子夏规模狭隘，盖未免过于拘谨，故圣人进之以远大。《钱解》：推孔子之所谓小人儒者，不出两义：一则溺情典籍，而心忘世道；一则专务章句训诂，而忽于义理。子夏之学，或谨密有余，而宏大不足，然终不免于小人儒之讥矣。

【记】 什么是“君子儒”，什么是“小人儒”，又是众说纷纭。拙意以为实“大传统”(巫史文化之理性化)和“小传统”(民间巫师)之区分。说见另文，此处不赘。

6. 14　子游为武城宰，子曰：“女得人焉耳乎？”曰：“有澹台灭明者，行不由径，非公事，未尝至于偃之室也。”

【译】 子游做武城地方的官长。孔子问：“你得到什么人才吗？”子游答道：“有个人叫澹台灭明的，做事不抄小路；不是公事，从来不到我的办公室来。”

【注】 《康注》：非公事不至，则陈民间利病而无干谒请托之私。

【记】 好像是对今天的“抄小路、走后门”而讲。两千年后犹有用，可见由来久矣。依靠个体的道德修养，维持社会正义，亦难矣哉。

6. 15　子曰：“孟之反不伐，奔而殿，将入门，策其马，曰：‘非敢后也，马不进也。’”

【译】 孔子说：“孟之反不夸耀自己。打败仗时大家奔走，他独自押后，将进城门时才用鞭子打马说：‘不是我敢于押后，而是马走不快。’”

【注】《朱注》：奔，败走也。军后曰殿。策，鞭也。战败而还，以后为功，反奔而殿，故以此言自掩其功也。

【记】 强调谦逊。也许过分了点？

6.16 子曰：“不有祝鮀之佞，而有宋朝之美，难乎免于今之世矣。”

【译】 孔子说：“没有祝鮀那样的尖嘴滑舌，没有宋朝那样的美丽容色，在今天这个社会里，恐怕是很难做事的了。”

【注】《集释》《皇疏》引范云：祝鮀以佞谄被宠于灵公，宋朝以美色见爱于南子。无道之世，并以取容。

【记】 孔子的感叹，亦今古同慨。孔子的牢骚，鲁迅的感慨，历久仍新，此所以书虽旧而耐读。“勉”应作勤勉效力解。参见《荀子》。

6.17 子曰：“谁能出不由户？何莫由斯道也？”

【译】 孔子说：“谁能外出而不通过大门？为什么不走这条路呢？”

【注】《朱注》洪氏曰：人知出必由户，而不知行必由道。非道远人，人自远尔。

【记】 大门当然开在大道而不会是开在小路上。这是想说明，儒学所讲由家而国、由内而外的学习教育是某种应该走、容易走的“当然”道理。

6.18 子曰："质胜文则野，文胜质则史。文质彬彬，然后君子。"

【译】 孔子说："质朴超过文采就粗野，文采超过质朴就死板。文采和质朴结合匀称，才是君子。"

【注】 《朱注》杨氏曰：……与其史也，宁野。

【记】 "文"在这里指各种礼节仪文。今日有的人豪放不羁，言词直爽流于粗野；有的人恭敬礼貌，谈吐严肃，却流于呆板。彬彬君子的外在风貌，也不容易；如何能内在地文质协调，就更难了。"文"也可以是某种"形式主义"、"文本主义"、条条框框、华丽装饰一大堆，似乎周全好看，其实空腐不堪。朱注有理，宁朴质粗放，有生命活力，毋迂腐死板或华而不实。为人、做事，似均如此。今日多反其道而行之，以"文胜"为尚。君不见当代各种时髦文字乎？

中国从巫术中脱魅途径不是将宗教(情感、信仰)与科学(思辨、理性)分离，而是融理于情、情理合一，从而既不是盲目的迷狂执着，也不是纯冷静的逻辑推理，终于形成了"实用理性"、"乐感文化"的传统而构成"一个世界(人生)"的宇宙观，亦可移在此处讲。"质"，情感也；"文"，理性也。"质胜文"近似动物，但有生命；"文胜质"如同机器，更为可怖。孔子以"礼"、"仁"作为中心范畴，其功至伟者，亦在此也：使人不作动物又非机器。

6.19 子曰："人之生也直，罔之生也幸而免。"

【译】 孔子说："人应该生活得正直，那些弯曲生活下来的人不过是侥幸免于灾祸罢了。"

【注】《康注》《中庸》：君子居易以俟命，小人行险以侥幸。……《晋语》：德不纯而福禄并至谓之幸，言非分而得可庆幸也。

【记】人生也短促，如何过此一生，值得思考。

6.20 子曰：“知之者不如好之者，好之者不如乐之者。”

【译】孔子说：“知道它的，不如喜欢它的；喜欢它的，不如快乐于它的。”

【注】《朱注》尹氏曰：知之者，知有此道也。好之者，好而未得也。乐之者，有所得而乐之也。……张敬夫曰：此古之学者，所以自强而不息者欤？

【记】朱注甚好。“兴于诗，立于礼，成于乐”与“知之，好之，乐之”可以作为交相映对的三层次。这层次都是就心理状态而言，都在指向所谓“乐”——既是音乐，又是快乐的最高层次、最高境界。这也就是所谓“天地境界”，即我称之为“悦神”的审美境界。此境界与宗教相关。因上帝存在并非认识论问题，也不止是伦理学问题，归根究底，应为情感性的美学问题。拙著以前曾提出“审美的形而上学”、“审美的神学”，均此之谓。孟子所说的“上下与天地同流”，庄子所说的“无乐之乐，是为天乐”，是也。这也就是前面再三讲到的儒学的宗教性之所在，儒家所说“古之学者为己”，亦此之谓。**它是某种体验性、情感性，而不是思辨性、知识性或意志性（知之、好之）**，所以非分析语言、概念，论证范畴、原理所能获得。此“情”此“乐”又并非低层次[如克尔凯郭尔(Kierkegaard)所认为]的审美感觉，而是融理知、意志于其中的本体感悟。此感悟之所以为“乐”，则是中华文化之特征。人生艰难，又无外力(上帝)依靠，纯赖自身努力，以参造化，合天人，由靠自身树立起乐观主义，来艰难奋斗、延续生存。现代学人常批评中国传统不及西方悲观主义之深刻，殊不知西方传统有全知全能之上帝作背景，人虽渺小，但有依靠。中国既无此背景，只好奋力向前，自我肯定，似乎极度夸张至“与天地参”，实则因其一无依傍，悲苦艰辛，更大有过于有依靠者。中国思想应从此处着眼入手，才知“乐感文化”之强颜欢笑、百倍悲情之深刻所在。

6.21 子曰：“中人以上，可以语上也；中人以下，不可以语上也。”

【译】 孔子说：“中等以上水平的人，可以与他讲上等。中等以下水平的人，便不可能与他讲上等了。”

【注】《朱注》：言教人者，当随其高下而告语之，则其言易入而无躐等之弊也。

【记】 循序渐进，教学方法；因材施教，不拘一端。

6.22 樊迟问知。子曰：“务民之义，敬鬼神而远之，可谓知矣。”

问仁。曰：“仁者先难而后获，可谓仁矣。”

【译】 樊迟问如何才智慧？孔子说：“尽力做对人民适宜合理的事情，尊敬鬼神却疏远它们，这就可以叫智慧了。”

又问如何是仁？孔子说：“困苦艰难在先而酬报、果实在后，这就可以叫仁了。”

【注】《朱注》程子曰：人多信鬼神，惑也。而不信者，又不能敬。能敬能远，可谓知矣。又曰：先难，克己也。以所难为先而不计所获，仁也。

【记】“敬鬼神而远之，可谓知矣。”前面已讲，这种对鬼神不肯定、不否定，甚至不去询问、怀疑和思考的态度，是中国的典型智慧。因为任何寻求、怀疑和思考，都需要运用理性思辨，而用思辨理性是很难证实或证伪上帝、鬼神的存在的。既然如此，又何必盲目信从上帝、鬼神或者依据科学而力加排斥？荀子说：“星坠木鸣，国人皆恐，曰是何也？曰无何也，是天地之变，阴阳之化，物之罕至者也。怪之，可也，而畏之，非也。”(《天论》)“物之罕至”，少见多怪，自属当然，但不必去畏惧它们而妨碍人事。现代学人都大讲荀子是无神论，其实乃实用理性的范例，与唯物唯心无关。亦见儒学之智、知，非止理解、认识，而乃行为、态度、境界。

这句话大概因为执政者常不顾人民死活而迷信于致敬鬼神，抑殷人尚鬼之遗俗？回答均就执政而言。

6. 23 子曰：“知者乐水，仁者乐山。知者动，仁者静。知者乐，仁者寿。”

【译】孔子说：“聪明的人喜欢水，仁爱的人喜欢山。聪明的人活动，仁爱的人安静。聪明的人常快乐，仁爱的人活久长。”

【注】《钱解》：道德本乎人性，人性出于自然，自然之美反映于人心，表而出之，则为艺术。故有道德者多知爱艺术，以此二者皆同本于自然也。《论语》中似此章富于艺术性之美者尚多，鸢飞戾天，鱼跃于渊，俯仰之间，而天人合一，亦合之于德性与艺术耳，此之谓善美合一。善美合一，此乃中国古人所倡天人合一之深旨。

【记】用山、水类比和描写仁、智，非常聪明和贴切。作为最高生活境界的“仁”，其可靠、稳定、巩固、长久有如山；作为学习、谋划、思考的智慧，其灵敏、快速、流动、变迁有如水。真正聪明的人之所以常快乐，不仅因为能够迎刃而解各种问题，而且因为了解人生的方向和意义而快乐。“仁”则似乎更高一层，已无谓快乐不快乐(见前)。他(她)的心境是如此平和宁静、无所变迁，成了无时间的时间：寿。“乐山”、“乐水”，是一种“人的自然化”。“人的自然化”有好几层意思。例如各种体育活动便有发展个体、肢体、身体的力量和能力，从社会异化中解脱出来(但今天的某些体育竞技活动却严重地被社会异化了)，得到因它本身获得实现而产生的享受和快乐。这种快乐不是社会性的如荣誉、成就等等的快乐，而是身体本身从而使心理也伴同的快乐。第二，即“乐山乐水”，回归自然，免除各种社会异化，拾回失落感。它既是一种心境，也是一种身体—心理状态。第三，即由气功、瑜伽等所达到的人与自然—宇宙节律的同构合拍。总之，“人的自然化”使人恢复和发展被社会或群体所扭曲、损伤的人的各种自然素质和能力，使自己的身体、心灵与整个自然融为一体，尽管有时它只可能是短时间的，但对体验生命本身极具意义。

流动不居(水)而又长在(山)。“纷纷开且落”，动亦静；“日长如小年”，静含动；生活情境如同山水，有此意象，合天人矣。此岂道德？乃审美也：主客同一，仁智并行，亦宗教，亦哲学。**中国非真理符合论(柏拉图)、非解蔽发现论(海德格尔)，体用一源，非本质主义，均以来源于“太初有为”故也。**

6.24 子曰：“齐一变，至于鲁；鲁一变，至于道。”

【译】 孔子说：“齐国一变化可达到鲁国，鲁国一变化可达到理想境地。”

【注】 《康注》：盖齐俗急功利，有霸政余习，纯为掳乱之治。鲁重礼教，有先王遗风，庶近小康。拨乱世虽变，仅至小康、升平；小康、升平能变，则可进至太平大同矣。

【记】 这是说：鲁高于齐，因为鲁是周公的后代，保留或潜存的周代礼制和风习更深。“变”者，复古之道也，这是要求开倒车的改革，所以终于行不通。孔子不但在鲁国没行通，“周游列国”，也没人听。不仅“内圣”早已开不出“外王”，而且孔子主张的“外王”，回到氏族传统体制也完全不可能了，孔子终于只是教育家、思想家，而不是政治家。但他这“教育”、“思想”对中华民族起了巨大作用，又远远高于任何政治和政治家。

6.25 子曰：“觚不觚，觚哉！觚哉！”

【译】 孔子说：“酒杯不像个酒杯。酒杯啊，酒杯啊！”

【注】《杨注》：觚，音孤……古代盛酒的器皿，腹部作四条棱角，足部也作四条棱角。

【记】 感时伤世之辞，后代文学中常见。这既是某种文学表达方式，也是中国传统的思维方式，以此喻彼，类比思维。《诗经》比兴之所以能作各种政治的解释和运用，从春秋到汉代，均凸显此种思维习惯及特征。它不是逻辑推理，而是以此类彼，孔子所谓“始可与言诗已矣”（3. 8章）、“不学诗，无以言”（16. 13章），均此种思维方式。这种类比思维，当然特殊性（依靠个体独特的感受、经验及直观）很重要，我在美学中讲的“以美启真”（以美感直观启悟理知认识），即与此种思维有关。人有这种思维方式才不致等同于可作逻辑推理的机器。

6. 26 宰我问曰：“仁者，虽告之曰：‘井有仁焉。’其从之也？”子曰：“何为其然也？君子可逝也，不可陷也；可欺也，不可罔也。”

【译】 宰我问道：“有仁德的人，如果告诉他说，井里掉下一个人了，他会不会下去救呢？”孔子说：“为什么会这样呢？可以让他走去看，不可能陷害他下井；可以欺骗他，不可能愚弄他。”

【注】《朱注》：此理甚明，人所易晓，仁者虽切于救人而不私其身，然不应如此之愚也。《集释》《皇疏》：逝，往也。

【记】 宰我总爱提奇怪而尖锐的问题，为难老师，甚为有趣，也显示确实聪明。孔子回答得也好，说明“仁人”并非笨蛋，可以随意欺侮陷害。因“仁”中本即有“智”，是为情理结构。可惜如今仁者多为老实人，而老实人总受人欺侮、戏弄和陷害。

6.27　子曰："君子博学于文，约之以礼，亦可以弗畔矣夫！"

【译】　孔子说："君子广泛学习文献、典籍，用礼制来驾驭统率，这样也就可以不违背道理了。"

【注】　《朱注》程子曰：博学于文而不约之以礼，必至于汗漫。博学矣，又能守礼而由于规矩，则亦可以不畔道矣。

【记】　"约之以礼"经常译作或释作"约束控制"，不从。释"统领"为佳。所谓"立于礼"，正在于以原则、规范来统率行为，以此为人、做事。此"礼"并非繁文缛节，不只是仪文形式而已。

6.28　子见南子，子路不说。夫子矢之曰："予所否者，天厌之！天厌之！"

【译】　孔子拜会了南子，子路不高兴。孔子发誓说："我如果做了坏事，老天会惩罚我！老天会惩罚我！"

【注】　《朱注》：子路以夫子见此淫乱之人为辱，故不悦。

【记】　孔子被逼得没办法的时候，也只好对天发誓以表白自己，和今天的人一样，神态可掬。《论语》中的孔子是生动活泼的活人，有脾气，有缺点。例如，虽然"即之也温"，但也常常骂学生，而且骂得很凶，"其言也厉"。但也经常开各种小玩笑，根本不像后世把他抬入神龛内的那副完美无瑕，却失去活人气息的木偶面目。今日哲学史家们常引此章以证孔子既指天发誓，当然是有神论者，但又与“天何言哉”出入甚至矛盾。其实纵观《论语》全书，如前所说，孔子于天、命、鬼神，均持一种既不肯定也不否定的实用理性态度。墨子批判儒家“以天为不明，以鬼为不神”，相当准确，它当然来自孔子。这章指天发誓不过情急之辞，并不足以证明或否定什么。

“南子”据说是一个“淫乱”的国君妾妇，是一个“不道德”的人，孔子却拜见而不避，甚至使亲近的学生怀疑而不高兴，可见孔子与后代假道学大不相同，并不装腔作势，而是有高度灵活性的。

6.29 子曰：“中庸之为德也，其至矣乎！民鲜久矣。”

【译】 孔子说：“中庸作为仁德，是最高的了。人们很久没拥有了。”

【注】 《朱注》：中者，无过无不及之名也。庸，平常也。……程子曰：不偏之谓中，不易之谓庸。

【记】 什么是“中庸”？这是儒学的核心范畴之一。“中”，另外再讲。“庸”，朱注“平常也”，并引程子曰“不易之谓庸”，“庸者，天下之定理”，一直为后世所沿用。何晏《集解》也作“庸，常也”。但为什么“平常”就是不能改变的“天下之定理”？为什么如此重要？陈淳《北溪字义》说：**“凡日用间人所常行而不可废者，便是正常道理。惟平常，**

故万古常行而不可废。如五谷之食，布帛之衣，万古常不可改易。"今人徐复观的解释更好："所谓庸是把'平常'和'用'连在一起，以形成新内容的。《说文》三下'用'部：'庸，用也。'……'庸'者指'平常的行为'。因此'平常的行为'实际是指'有普遍妥当性的行为'而言。所谓'平常地行为'，是指'随时随地，为每一个所应实践所能实现的行为'而言。……表明了孔子乃是在人人可以实践、应当实践的行为生活中，来显示人之所以为人的'人道'，这是孔子之教与一切宗教乃至形而上学断然分途的大关键。"(《中国人性论史》第113页，台北商务印书馆版)其实，此即我所谓之"实用理性"。庸，用也。"中庸"者，实用理性也，它着重在平常的生活实践中建立起人间正道和不朽理则，此"人道"，亦"天道"。虽平常，却乃"道"之所在。所以孔子才有"中庸之为德，至矣乎"的赞叹。这就是最高处所。此最高处所并不在另一世界或超越此世间。但为何"民鲜久矣"？可能是指当时人多好高骛远，而不重"道在伦常日用之中"这一根本道理。

今日中庸之道，也应求之于平民百姓的日常生活中，即现代化的社会存在中，而不必过分强调高玄理论、传统资源。我颇为赞同约翰·罗尔斯(John Rawls)的《政治自由主义》所提倡的重叠理论，我以为，这实际乃将现代法治—道德原理与任何一种文化传统脱钩，而建立在现代生活之上。**自由、民主、社会正义均可来自平民百姓的现代生活肌体之上，而不必溯根源于希腊传统、基督教等等。**这正与"西体中用"论相通："体"乃现代生活，文化传统只起次要作用。本读重视社会性公德与宗教性私德的分离化，认为后者最多只起范导性(regulative)而非建构性(constitutive)作用，亦此意也。

6.30 子贡曰：“如有博施于民而能济众，何如？可谓仁乎？”子曰：“何事于仁，必也圣乎！尧舜其犹病诸！夫仁者，己欲立而立人，己欲达而达人。能近取譬，可谓仁之方也已。”

【译】 子贡说：“如果广泛地给人民以好处，从而能够普遍救济群众，怎么样？可以说是仁吗？”孔子说：“这哪里只是仁，应该是圣了。连尧、舜都难做到。所谓仁，是说自己想站起来，就帮助别人站起来；自己想开拓发展，就帮助别人开拓发展。从近处做起，可以说是实行仁的方法。”

【注】 《朱注》：以己及人，仁者之心也。于此观之，可以见天理之周流而无间矣。状仁之体，莫切于此。

【记】 《论语》全书大都说“仁”大于、高于其他范畴，如大于、高于礼、义、忠、信、亲、庄、敬、恭等等。唯独此处提出更大更高的“圣”的范畴。这恰好说明，“仁”主要是指一种心理情感和精神境界，“圣”则因包括外在功业的整个客观成就，所以“大”于仁。由此亦可见孔子颇重“博施于民”的功业成就，并非专讲一己之成德，与受佛学影响的宋明理学不同。此外，也说明虽尧、舜也难以达到“博施于民”的完美理想。所以儒家的目标是“小康”，不作偏远乌托邦之思，典型地表现了实用理性，倒可用之以接近英国经验论的自由主义。所谓“天下大同，一家一人”的乌托邦社会，基本上是下层群众不满现实的墨家理想和上层士大夫嫉俗避世的道家理想，后来被改编在孔子和儒家的学说之中了。朱注解“己立立人”亦明“仁”乃心理本体。

述而第七

共三十八章

7.1　子曰："述而不作，信而好古，窃比于我老彭。"

【译】 孔子说："阐述而不创作，相信并喜爱古代，有人拿我和老彭相比。"

【注】《朱注》：老彭，商贤大夫，见《大戴礼》，盖信古而传述者也。

【记】"老彭"是什么人？众说纷纭，没有结论，有人说是老子。这都不重要。重要的是"述而不作"四个字。孔子梦周公，重礼制，信而好古，的确是古代氏族传统的顽强的承传人和护卫者，孔子对此是非常自觉的。但任何"述"中都有"作"，孔子以"仁"解"礼"，便是"作"。实际上孔子是"述而又作"。"述"者，"礼"也；"作"者，"仁"也。"作"是为了"述"，结果却超出了"述"。自孔子后，"仁"、"礼"两范畴便常处于关键处。一般说来，传统虽号称以仁释礼，实际是以礼辖仁，自《乐记》提"灭人欲"，宋明理学以"理"或"天理"代"礼"，此即天理人欲论，极度轻视、贬低了与"欲"相联的情爱，即"仁"的基本真核。现代则"仁"、"礼"对峙，以仁反礼，实际是以欲反理，此即自然人性论：自然性即人性。自李贽、戴震到康有为、谭嗣同，到达高峰。我主张的是仁礼区分、理欲交会的情感本体论，以回归孔子，而展开第四期儒学。

7.2 子曰："默而识之，学而不厌，诲人不倦，何有于我哉？"

【译】 孔子说："默记在心，学习而不满足，教导别人而不倦怠，我还有什么呢？"

【注】 《朱注》：识，记也。默识，谓不言而存诸心也。一说：识，知也，不言而心解也。

【记】 "默默记住"当然指的是各种知识、技能。后代接受佛学禅宗影响，在这"默"字上大作哲学文章。有的说，因为"本体无声无臭，故孔子始终唯默"（王夫之《读四书大全说》）。有的说"默而识之，非默于口也，默于心也。默于心者，言思路断，心行处灭，而豁然有契焉"（焦竑《笔乘》）；"谓沉潜自认识，得天命本体，自己真面目，即天然一念，不由人力安排，湛定澄寂，能为形体主宰者是也"（李中孚《四书反身录》）等等。自《中庸》提"喜怒哀乐之未发"，到宋儒重"静"、"寂"，"默"日渐成了超越感性的神秘，极大地改变和提升了孔语原意，而为"性"或"理"本体铺设道路。本读不从。本读认为，**从"逝者如斯夫"等处，可知儒学重视的是动、行、健、活、有，而非静、寂、默、空、无。如果说本体，则应是前者而决非后者，这才能与"生生之谓易"的"人活着"根本精神接头**。默、寂、静、空、无，只作为个体的某种体认境界和人生省悟来补充、丰富这个动、健、活的"本体"。这正是儒道（禅）互补。只因儒学并非思辨之学，非分析概念的认识论，才有此言意未尽之“默”。默者，体验也，虽言断意绝，而此心却存。

学为什么能“不厌”？因学非手段，乃目的自身，此学即修身也。所谓“活到老，学到老，改造到老”亦斯之谓乎？此外，此“学”也应包括为学而学，即为科学而科学之快乐，这在今日及今后甚为重要。

孔子说“吾与巫史同归而殊途者也”（马王堆帛书《要》），孔子乃巫史文化的传承人和理性化者。由巫而史而儒，构建起中国的实用理性与乐感文化，即以情感心理为核心的人生观和宇宙论，是以此处不应作倒退的神秘解。

7.3 子曰：“德之不修，学之不讲，闻义不能徙，不善不能改，是吾忧也。”

【译】 孔子说：“品德不培养，学习不探求，知道道理不去实行，不好的地方不能改正，这是我所忧虑的。”

【注】 《朱注》尹氏曰：德必修而后成，学必讲而后明，见善能徙，改过不吝，此四者日新之要也。

【记】 朱注甚好，日新之谓盛德，亦此之谓。勤奋不息，孜孜不倦，这才是具体落实儒学的人生观。

7.4 子之燕居，申申如也，夭夭如也。

【译】 孔子闲居时，舒坦而适意。

【注】 《朱注》：燕居，闲暇无事之时。杨氏曰：申申，其容舒也。夭夭，其色愉也。

【记】 并非整天“作古振今”，老是一副紧张面孔和“圣人气象”。后世“假道学”却往往如是，令人望而生厌。包括高明如程颢，见树木思造桥便自以为罪过，时时刻刻以此为念，实乃思想上的“假道学”。后世如刘蕺山著名的《人谱》，也如此。不信，你去读读。今天有人板出一副面孔来谴责中国缺少罪恶意识，以致法律不张，民主难行，也如此。中国人之乐天知命，俯仰不怍，申申夭夭，倒是值得肯定的生活境界。

7.5 子曰：“甚矣吾衰也！久矣吾不复梦见周公！”

【译】 孔子说：“我真是衰老了啊，很久没有梦见周公了。”

【注】 《朱注》：孔子盛时，志欲行周公之道，故梦寐之间，如或见之。至其老而不能行也，则无复是心，而亦无复是梦矣，故因此而自叹其衰之甚也。

【记】 又有两解，一是志衰不梦，已知复兴东周、恢复旧礼不可能了，所以不梦；一是志在身衰，因年老心余力不足了，所以不梦！后说差胜，因“猛志固常在”，奈“时不利兮”何。孔子感叹不已，亦可伤也。活着便应该有梦，孔颖达说：“庄子意在无为，欲令静寂无事，不有思虑，故云圣人无梦。但圣人虽异人者神明，同人者五情。五情既同，焉得无梦。”这说得好，五情才是人的根本，做梦亦然。去情无梦，无理想，无追求，如死人然。**人之为人，在生不在死，人既不能无生，又焉能无梦？**

7. 6 子曰："志于道，据于德，依于仁，游于艺。"

【译】 孔子说："志向于道，根据于德，依靠于仁，娴熟地掌握技艺。"

【注】 《朱注》：志者，心之所之之谓。……德者，得也，得其道于心而不失之谓也。……依者，不违之谓。……游者，玩物适情之谓。艺，则礼乐之文，射、御、书、数之法，皆至理所寓，而日用之不可阙者也。朝夕游焉以博其义理之趣。……

【记】 这大概是孔子教学总纲。"游"，朱熹注为"玩物适情之谓"（杨注"游憩"，同此），不够充分。而应是因熟练掌握礼、乐、射、御、书、数即六艺，有如鱼之在水，十分自由，即通过技艺之熟练掌握，获得自由，从而愉快也。就是一种"为科学而科学，为艺术而艺术"的快乐也。详见李泽厚、刘纲纪《中国美学史》卷一。

7. 7 子曰："自行束脩以上，吾未尝无诲焉。"

【译】 孔子说："凡十五岁以上，我没有不收教的。"

【注】 《集释》《后汉书·伏湛传》：杜诗荐湛自行束脩，讫无毁玷。注：自行束脩，谓年十五以上。《延笃传》曰，吾自束脩以来。注：束脩，谓束带修饰。郑玄注《论语》曰，谓年十五以上也。

【记】 "束脩"一般都解作"十条肉脯"，本译从汉代经师。而与孔子所讲"十有五而志于学"，书传"十五入小学"相应。亦有以服饰、行为"束带修饰"、"约束修饰"释"束脩"者（陈大齐《论语臆解》引李贤等）。从年岁看，孔门是高中、大学水平。看来孔子不教发蒙小学生。

7.8 子曰：“不愤不启，不悱不发。举一隅不以三隅反，则不复也。”

【译】 孔子说：“不刺激便不能启发，不疑虑便没有发现。指出桌子一个角，不知道还有另外三个角，我也就不再说了。”

【注】 《集释》钱怡《论语后录》：《说文解字》无“悱”字，郑康成言口悱悱，疑即怫字。怫，意不舒治也。义近《昭明文选·啸赋》注引字书曰：悱，心诵也。诵，疑作痛。

【记】 方桌四角是分析命题？孔子是嫌人没有基本的分析能力、综合能力还是没有最简单的直观能力呢？不知也矣。实用理性之思维重启发、暗示、点悟，极具具体情境性质，而不重抽象论证、详尽说明或推理过程。中国文化从诗文评点到教育方法，无不重“点到即止”，“不求说破”，一直到禅宗棒喝顿悟，无不以此为上乘法门，即让受教育者自启心灵，独得体会，生机活泼，得真智慧，而免于沦为公式化之机器心理。因逻辑论证亦不外演绎、归纳两种，真正之科学创造并非来自此种方法，而来于似乎无迹可求的“自由想象”、“自由直观”。今日动辄鄙夷传统而盛赞西法，文艺论评也玄奥弯曲，“说理”盈筐，却远不及古人之片言中的，其实何必如此之邯郸学步？真正的沟通(communication)与思考(thinking)，均在此“不愤不启”，而不在彼之“推理过程”。汉唐注疏，宋明语录，并不作长篇大论、逻辑推演，颇不合今日之所谓“学术规范”、“学术标准”，却依然可以启迪人心，给真智慧。千卷玄言不如片言折狱，此我宁作此种非学术之小记而不写长篇论文：只这么点意思，便讲这么点言语，不必硬学王婆娘之裹脚长布也。

或曰，此章并非讲知识，仍是讲德行，即道德应举一反三，以约控博，才是“一以贯之”，亦通。

7. 9　子食于有丧者之侧，未尝饱也。

【译】 孔子在死人亲属旁边吃饭的时候，总吃不饱。

【注】 《正义》：丧者哀戚，饱食于其侧，是无恻隐之心。

【记】 真实。

7. 10　子于是日哭，则不歌。

【译】 孔子在这一天哭过，便不再唱歌。

【注】 《朱注》：哭，谓吊哭。一日之内，余哀未忘，自不能歌也。《集释》《四书近指》：哀乐皆情也，圣人中节焉而已，然乐可以骤哀，哀不可以骤乐，故不能歌。

【记】 两章均描写必须以一定时间内的持久性所展示的真实和诚挚，才是人性情感。也只有这样，才能建立、培养人的情感。成人不能也不会像小孩那样才哭又笑，那是动物的情绪反应。只有“不思量，自难忘，千里孤坟，无处话凄凉。纵使相逢应不识，尘满面，鬓如霜”，才是真正的人性情感。其中因理知、记忆的渗入，情感变得凝重、细腻而长久。文艺在这方面起了重大作用。这正是文化—

心理的塑造。

7. 11　子谓颜渊曰："用之则行，舍之则藏，惟我与尔有是夫！"

子路曰："子行三军，则谁与？"

子曰："暴虎冯河，死而无悔者，吾不与也。必也临事而惧，好谋而成者也。"

【译】 孔子对颜回说："用，就干起来；不用，便收藏起来，只有我和你能这样吧。"

子路说："你如果率领部队，又和谁在一起呢？"

孔子说："凭双手打老虎，凭双脚过大河，死了也不后悔的，我决不和他在一起；一定要是面临任务谨慎恐惧，周密考虑而能干成事情的人。（我才和他在一起。）"

【注】 《集解》孔（汉孔安国）曰：暴虎，徒搏。冯河，徒涉。

【记】 问答都很有趣。子路嫉妒孔子盛赞颜回，从而夸耀自己的勇敢，跃然纸上。而孔子又一次挫折他，还是老话：光凭勇敢不行。

7. 12　子曰："富而可求也，虽执鞭之士，吾亦为之。如不可求，从吾所好。"

【译】 孔子说："如果发财可以追求到的话，就是做个市场的看门人，那我也干。如果并非如此，那还是干我愿意干的事情吧。"

【注】 《杨注》：执鞭之士，根据《周礼》，有两种人拿着

皮鞭，一种是古代天子以及诸侯出入之时，有二至八人拿着皮鞭使行路之人让道。一种是市场的守门人，手执皮鞭来维持秩序。

【记】 这也就是"死生有命，富贵在天"的意思。发财确有极大的偶然性，并非只要努力就能得到。不像读书、做人，只要努力，总可以有所成就。

7. 13 子之所慎：齐，战，疾。

【译】 孔子所慎重对待的：祭祀，战争，疾病。

【注】《朱注》：齐……诚之至与不至，神之飨，皆决于此。战，则众之死生、国之存亡系焉。疾，又吾身之所以死生存亡者，皆不可以不谨也。

【记】 可见孔老夫子还是很重视自己的身体的。参考《乡党篇》讲究饮食起居，便更清楚。当然这更是对执政者而言，"疾"当指民间的传染疾病。"齐"同"斋"。

7. 14 子在齐闻韶，三月不知肉味，曰："不图为乐之至于斯也。"

【译】 孔子在齐国听到演奏韶乐，很久尝不出肉的滋味，说："没想到音乐的快乐能达到这个地步。"

【注】《集释》蔡节《论语集说》：韶，舜乐也。三月，言其久也。《钱解》：此乃圣人一种艺术心情也。孔子曰：发愤忘食，乐以忘忧，此亦一种艺术心情也。艺术心情与道德交流合一，乃是圣人境界之高。

【记】 岂能“三月”之久？于是韩愈、程颐说“三月”原是“音”字。朱熹说是学习韶乐三个月。古语“三月”乃泛指久长，并非一定是三个月。如说颜回“三月”不违仁，也如此。不过夸张形容而已。钱解较好，指出这乃一种合道德、艺术于一体的人生境界。

《论语》多言乐，《孟子》少言。《论语》多载具体言行，《孟子》多逞豪言论辩。唯孔子能作“至圣先师”，明矣。“教”（education，teaching）远非仅传授知识，讲解义理，锻炼技艺，而在整体人性、人格的塑造，所以音乐（“乐教”）重要，乐无关知识、技艺，而直接作用心灵，陶冶情性。即使当时之礼制规矩，虽或失之琐碎，然正在此具体举止、态度、行为、言语的教导训练中，才能建立人的情理结构，“不以规矩不能成方圆”，“立于礼，成于乐”，均此之谓也。**具体礼乐之内容、细目均可随时代、社会而大有异同，但此教育学之文化心理的“形式原则”则永在常新，**即非人文（human cultural）不足以成人性（human nature）也。此所以**孔老夫子强调“克己复礼为仁”，不舍礼而讲仁。**宋儒于此有所失。

7. 15　冉有曰：“夫子为卫君乎？”子贡曰：“诺；吾将问之。”

入，曰：“伯夷、叔齐何人也？”曰：“古之贤人也。”曰：“怨乎？”曰：“求仁而得仁，又何怨？”

出，曰：“夫子不为也。”

【译】 冉有说：“老师会帮卫君吗？”子贡说：“好罢，我去问一下。”

进到孔子屋里，问：“伯夷、叔齐是什么样的人？”孔子说：“古代的圣人。”子贡说：“他们怨悔吗？”孔子说：“他们追求的是仁，得到了仁，有什么可怨悔的？”

子贡出来后说：“老师不会干。”

【注】《杨注》：卫君，指卫出公辄。辄是卫灵公之孙，太子蒯聩之子。太子蒯聩得罪了卫灵公的夫人南子，逃在晋国。灵公死，立辄为君。晋国的赵简子，又把蒯聩送回，藉以侵略卫国。卫国抵御晋兵，自然也拒绝了蒯聩的回国。从蒯聩和辄是父子关系的一点看来，似乎是两父子争夺卫君的位置，和伯夷、叔齐两兄弟的互相推让，终于都抛弃了君位相比，恰恰成一对照。因之下文子贡引以发问，藉以试探孔子对出公辄的态度。孔子赞美伯夷、叔齐，自然就是不赞成出公辄了。

【记】 这章不了解具体历史背景，便不知所云，故抄引杨注。

7. 16 子曰：**“饭疏食饮水，曲肱而枕之，乐亦在其中矣。不义而富且贵，于我如浮云。”**

【译】 孔子说：“吃粗粮，喝生水，弯着胳膊作枕头，快乐就在其中了。不正当的财富和官位，对我，就像浮游在天上的云彩一般。”

【注】《集释》《吕氏春秋·慎人篇》：古之得者，穷亦乐，达亦乐。所乐非穷、达也，道得于此，则穷、达一也。

【记】 天际浮云，与我无关也。“乐”什么？某种准宗教的心理情感状态也。前面已讲过它高于任何物质生活和境遇本身，超乎富贵贫贱之上。而此语的诗情画意，更使人流连不已，千古传诵。说它为审美境界，固宜。

问题在于“七情之正”与这种“天人之乐”的关系。理学将二者截然划开甚至对立，将前者视同仇敌。近代自然人性论相反，斥后者为神秘迂腐，片面发展前者。两皆失之。“孔颜乐处”固然指“天人之乐”，即孟子所谓“上下与天地同流”之乐，但并不贬低或排斥“七情之正”的世俗之乐，如孟子所谓“得天下英才而教育之”的“乐”、“独乐乐与众乐乐”之“乐”，等等。

7. 17 子曰：“加我数年，五十以学易，可以无大过矣。”

【译】 孔子说：“再给我数年时光，五十岁学好《易经》，也许可以没有大错误了。”

【注】 《朱注》：学易，则明乎吉凶消长之理、进退存亡之道，故可以无大过。

【记】 这章又有许多不同解释，主要是为什么是“五十”呢？朱熹说，“五十”是“卒”字之误。有人说是“吾”字之误。钱穆和另一些人说“易”是“亦”，是指“五十岁继续学习，也就可以没有大错误了”。本读根据“五十而知天命”、孔子晚年爱好《易经》和马王堆帛书《要》作“易”等而作是译。《易》本是远古卜卦算命的书（今天也还如此），涉及人生、世道、命运和哲理，它来自远古巫术，结合历史经验，走向理性化，它是某种宇宙观、人生论，并充满神秘色彩。**马王堆《易传》作“易有大恒”较今本“易有太极”远胜。恒者，常也，亦“天行健，君子以自强不息”之谓，**孔子晚年好易弥笃，良有以也。“极”则难解，误尽后儒，虽宋明理学大家，亦然，徒增许多“无极”、“太极”之无谓争辩。

7.18　子所雅言，诗、书、执礼，皆雅言也。

【译】 孔子常讲的是：《诗经》、《书经》和如何执守礼制。这些都是“文言”。

【注】 《朱注》：雅，常也。执，守也。诗以理情性，书以道政事，礼以谨节文，皆切于日用之实，故常言之。礼独言执者，以人所执守而言，非徒诵说而已也。

【记】 何谓“雅言”，说解虽多，仍不清楚。大多解说为文字(汉字)即书面语言。朱熹注为另一解说。本读以为这又是一个关键问题：中国一大特色是言(口头语言)文(书面语言)的殊途同归。我以为，中国的书面语言并非口头语言的记录或保存，它本身有独立的起源，大概源出于结绳记事。所以六书中应以“指事第一”为原则。它本为远古巫师→君主→贵族所掌握，神圣而神秘；其后由于传授经验、历史事实和祖先功业而与口头语言结合，但又始终和而不同，仍然保持其相对独立性格。中国书面语言对口头语言有支配、统率、范导功能，是文字(汉字)而不是语言(口头语言)成为组合社会和统一群体的重要工具，这是中华文化一大特征，它是“太初有为”(参看17.19章)的直接记录和表现，影响甚至决定了中国思想的基本面貌，极为重要。重形而不重音，极灵活而又有规范，中国语文之不可能拼音化，不可以西方语法强加于上，亦以此故。

7. 19　叶公问孔子于子路，子路不对。子曰："女奚不曰，其为人也，发愤忘食，乐以忘忧，不知老之将至云尔。"

【译】 叶公问子路：孔子是什么样的人？子路没回答。孔子说："你为什么不说，他这个人，用起功来便忘记吃饭，经常快乐而忘记忧愁，不知道自己快老了，如此等等。"

【注】 《朱注》：盖凡夫子之自言，类如此，学者宜致思焉。

【记】 子路没回答，很难回答，很难概括描述孔子；孔子自己的回答，则生动平易，短短几句话，**点出一个超脱世俗的人。这人已解决"畏"的问题，忘却"老之将至"，死之快来**。孔子多次讲到"乐"，称赞颜回"不改其乐"。后世阳明学派也说"学是学此乐"，此"乐"即"仁"，乃人生境界，亦人格精神。较之念念以死为怀，深知死之不可避免从而激情满怀，似可见高下。当然，所谓**"孔颜乐处"之原始根源仍在巫术神秘经验，即人与宇宙万物合为一体之销魂快乐。**

如前面篇章所再三说过，中国是"太初有为"、"太初有道(行走)"，因**"此道"而有"此情"：情况之情，情境之情，如《周易》所言"类万物之情"。由此客观的"情"、"境"而有主观的"情"(生活感情)、"境"(人生境界)。这就是中国"哲学"的主题脉络。**诗文中的各种情境，陶渊明诗(如本读开篇所引)即具体展示这种生活感情和人生境界。王国维讲"境界"也应从此解。从而，情境便不止于道德，实乃超道德，这才是“天人之际”。解“为天地立心”为道德之心，强天地以道德，似崇高，实枯槁，且不及佛学禅宗矣。实则“为天地立心”之“心”，非道德，非认知(理性)，乃审美：鸟飞鱼跃，生意盎然，其中深意存焉。年轻学人动辄引西方悲观主义指斥中国传统为浅薄，据云只有认上帝全知全能，人类必犯错误才深刻，并认为以“应然”作“实然”乃人类理知之狂妄，亦乌托邦所源起。其实，正因为无上帝信仰，中国传统才建此“乐生”的宇宙观，以为支持，以求奋进；日日新，又日新，以积极乐观之态度来对待生存、生命和认识，也**才将“应然”、“实然”相联结，以人能“参天地赞化育”来勉励，人之地位虽甚高大，但此种生命哲学之悲苦底蕴、艰辛情境，岂必亚于人应匍匐神殿下的教义**？而此生命哲学最终归结为“乐”的心理—生活—人生境界，“成人”、“立圣”即成此境界，所以我反对本世纪之反心理主义。

7.20 子曰：“我非生而知之者，好古，敏以求之者也。”

【译】 孔子说：“我不是生出来就有知识，而是爱好古代，努力探求得来的。”

【注】 《朱注》：敏，速也，谓汲汲也。

【记】 《论语》一书多次言“敏”，一般均作“敏捷”、“聪敏”、“疾速”解。因《说文》有“敏，疾也”。陈大齐《论语臆说》云，**不应作“疾速”而应作“黾勉”解**，“敏以求之是努力探索的意思”。可从。孔子再一次声明自己是后天努力学习的结果，**从不炫耀自己的聪明才智，更不宣讲奇迹神**

启，总是强调孜孜不倦地学习，这正是孔子和孔学要点之一，亦为中国人谦逊美德之所本。后来儒者把孔子抬到“天纵之圣”，大失真意。而所谓“好古”者，即重视、珍贵历史经验之积累、学习也。实用理性者，亦历史理性也。

7.21 子不语：怪，力，乱，神。

【译】 孔子不谈怪异、暴力、叛乱、鬼神。

【注】 《朱注》谢氏曰：圣人语常而不语怪，语德而不语力，语治而不语乱，语人而不语神。

【记】 怪异、鬼神，难以明白，无可谈也，故不谈。暴力、战乱，非正常好事，不足谈也，也不谈。其中前者几乎确定了儒学基本面目，不谈论、不信任各种神秘奇迹、超越魔力等等非理性东西。“宰我问于孔子曰：‘……黄帝三百年，请问黄帝人邪？抑非人邪？何以至于三百年乎？’孔子曰：‘予，禹、汤、文、武、成王、周公可胜观也。夫黄帝尚矣，女何以为？先生难言之。’宰我曰：‘……予之问也固矣。’孔子曰：‘黄帝……生而民得其利百年，死而民畏其神百年，亡而民用其教百年，故曰三百年。’”（《大戴礼记·五帝德》）先是避而不答，最后强作理性回答，否认人能活三百年。此外，如记载孔子解释“黄帝四面”（黄帝有四张面孔）为黄帝派四位大臣管理四个方面等等，都显示出这一特征。中国远古神话的阙如，至少一部分确是孔子、儒学有意删、改、不谈、不录和予以理性化解释的结果。这也正是引理入情，避开情感的非理性化的开拓方向。中国人爱讲合情合理、入情入理、情理交融，使情、理均无绝对独立性的发展，乃此文化之优点，亦缺点。

7．22　子曰：“三人行，必有我师焉：择其善者而从之，其不善者而改之。”

【译】　孔子说：“三个人一起走路，也定有值得我学习的老师。选择优点而学习，看到短处而改正自己。”

【注】　《朱注》：三人同行，其一我也。彼二人者，一善一恶，则我从其善而改其恶焉，是二人者皆我之师也。尹氏曰：见贤思齐，见不贤而内自省，则善恶皆我之师，进善其有穷乎？

【记】　谦虚好学至此，与今之目中无人者大异。为什么是“三人”？朱注与4．17章“见贤思齐焉，见不贤而内自省也”相通，但未免过于死板可笑。其实是说，即使只有两人同行，也仍然有可以学习的对象和事情。

7．23　子曰：“天生德于予，桓魋其如予何？”

【译】　孔子说：“上天给了我品德，桓魋能对我怎么样？”

【注】　《集释》《史记》：孔子过宋，与弟子习礼大树之下，桓魋伐其树，孔子去之。弟子曰：可以速矣。子曰：天生德于予，桓魋其如予何？遂之郑。

【记】　这章常被后人引为孔子负有某种神秘使命或具有某种神秘“圣性”，自有上天保护，因此不怕。其实这不过一句普通壮胆的话罢了。何必如此刻板解说，把孔子神化？由某种责任感而生的历史使命感，从而相信有某种客观法则规律在，即此种“壮胆的话”的由来，用以自勉自励，即孟子“虽千万人吾往矣”的大无畏气概也。

7.24 子曰：“二三子以我为隐乎？吾无隐乎尔。吾无行而不与二三子者，是丘也。”

【译】 孔子说：“你们这些学生以为我有什么隐瞒吗？我没有什么隐瞒的。我没有什么事情不对你们公开的。这就是孔某的为人。”

【注】 《朱注》：诸弟子以夫子之道高深不可几及，故疑其有隐，而不知圣人作、止、语、默，无非教也……吕氏曰：……常以示人，而人自不察。

【记】 已无法明白讲这句话的具体背景了。总之，孔子表明作为老师，自己的言行、思想都可以公开，自己的知识、学问、道德、文章，都可以向学生传授，没有什么可以隐瞒的。可能，在当时做老师似乎总有某种神方秘诀，使人好奇，于是孔门学生有这类问题，仍然可见古代巫师传统。即使今日，不也常见学生们向老师求“秘方”、“秘诀”的吗？

7.25 子以四教：文，行，忠，信。

【译】 孔子在四个方面教育学生：文献，行为，忠实，信任。

【注】 《集释》《论语集注考证》：文行忠信，此夫子教人先后浅深之序也。文者，诗书六艺之文，所以考圣贤之成法，

识事理之当然，盖先教以知之也。知而后能行，知之固将以行之也，故进之于行。既知之又能行之矣，然存心之未实，则知或务于夸博，而行或出于矫伪，故又进之以忠信。忠发于心而信周于外，程子谓发己自尽为忠，循物无违谓信。天下固有存心忠实，而于事物未能尽循而无违者，故又以信终之。至于信，则事事皆得其实而用无不当矣。此夫子教人先后浅深之序，有此四节也。

【记】 “德行”实应已包括“忠”、“信”在内，为什么又分开讲？古今诸儒解之者多，皆未免牵强。陈天祥《四书辨疑》以为“弟子不善记也”，“传写有差”。上引注以为学次第解之，由外及内，由认知至情志，颇费心而贴切。

7. 26 子曰：“圣人，吾不得而见之矣；得见君子者，斯可矣。”

子曰：“善人，吾不得而见之矣；得见有恒者，斯可矣。亡而为有，虚而为盈，约而为泰，难乎有恒矣。”

【译】 孔子说：“圣人，我是看不到的了；只要见到君子，就可以了。”

孔子说：“好人，我是看不到的了；只要见到能坚持的人就可以了。把无当有，以空虚作实在，以贫困充豪华，这是很难坚持下去的。”

【注】 《朱注》：圣人，神明不测之号。君子，才德出众之名。……申言有恒之义，其示人入德之门。

【记】 注疏家多把它作个人操守看，如结合“善人为邦百年”章看，似对执政者而言。执政者如果以无为有，以虚充实，虽贫困仍奢华，当然是坚持不下去的。其实《论语》所言，许多是对执政者提出的要求，后儒多把它们解释为对每个人的道德和修养解，于是难为也矣。亦有以语气不接，疑此章有错简者。

7. 27　子钓而不纲，弋不射宿。

【译】 孔子钓鱼，但不用绳网捕鱼。孔子射鸟，但不射栖宿巢中的鸟。

【注】 王引之《经义述闻》：纲乃网之误，谓不用网罟也。

【记】 旧注常以此来讲“取物以节”，不妄杀滥捕，乃理性经验，但这里着重的更是仁爱情感。

7. 28　子曰：“盖有不知而作之者，我无是也。多闻，择其善者而从之；多见而识之；知之次也。”

【译】 孔子说：“有那种无知而凭空造作的人，我没有这个。多听，选择其中好的而遵行；多看而记住，这就是知的次序、过程。”

【注】 《集释》《皇疏》：不知而作，谓妄作穿凿为异端也。时盖多有为此者。

【记】 “知之次也”有别的译法，如“这是次一级的知”（钱译），“是仅次于生而知之的”（杨译），不从。此章似可与“述而不作”等章同读，均表孔子重往昔经验，反凭空造作；重学习实践，反空谈玄理。

7. 29　互乡难与言，童子见，门人惑。子曰："与其进也，不与其退也，唯何甚？人洁己以进，与其洁也，不保其往也。"

【译】　互乡的人很难打交道，孔子却接见了那地方的某少年。学生们很疑惑。孔子说："应该容许进步，而不赞成退步。何必那么过分？人家把自己弄得干干净净要求进步，应该容许现在的干净，这并不是保护他的过去。"

【注】　《朱注》程子曰：圣人待物之洪如此。

【记】　应结合"有教无类"等章读。说明人都可教，错都可改。重视后天的学习、教育、建构、塑造，其中包括改正错误，此乃儒学根本精神，而所谓人性、人道、善行、善业均由此而获得。由此亦见孔子的宽容精神：常与人为善。

7. 30　子曰："仁远乎哉？我欲仁，斯仁至矣。"

【译】　孔子说："仁很遥远吗？哪个人如真想要它，它就会来的。"

【注】　《朱注》：仁者，心之德，非在外也。

【记】　有人将它作禅宗顿悟解，不妥。应结合"苟志于仁也，无恶矣"章，说明只要有志、有意于培育仁爱情感，它就是可以得到的。朱注以此讲心性，将道德作为人之本性、本心或本体，前面已指出其抽象化之嫌，也是牟宗三所大力抨击的"存有而不活动"。陆王心学将其深一层的内在化，强调仁德非外在神令，天理即在人心中，甚至"求之于心而非也，虽其言出于孔子，不敢以为是也”（《王阳明全集》卷二）。但此心究何指？有三条路，一是步入禅宗，重神秘经验；一是回归天理，仍程朱老路；一是与肉欲难分，趋向自然人性论。三条路均非出路，只有再释原典，创情理中庸说。

7．31　陈司败问：“昭公知礼乎？”孔子曰：“知礼。”

孔子退，揖巫马期而进之，曰：“吾闻君子不党，君子亦党乎？君取于吴，为同姓，谓之吴孟子。君而知礼，孰不知礼？”

巫马期以告。子曰：“丘也幸，苟有过，人必知之。”

【译】　陈司败问：“昭公懂礼吗？”孔子说：“懂礼。”

孔子走后，陈对巫马期作了个揖，走近一步，说：“我听说君子不偏袒，难道君子也偏袒吗？昭公在吴国娶亲，是同姓，叫她吴孟子。昭公懂礼，那谁不懂礼？”

巫马期告诉孔子。孔子说：“我真幸运。只要有过错，别人一定知道。”

【注】　《朱注》：孔子不可自谓讳君之恶，又不可以娶同姓为知礼，故受以为过而不辞。……然其受以为过也，亦不正言其所以过，初若不知孟子之事者，可以为万世之法矣。

【记】　古同姓不婚。昭公大失礼，孔子自然知道。朱注解说最妙，表明孔子很会说话，也很“狡猾”，始终不直说君主不知礼，形象生动。

7．32　子与人歌而善，必使反之，而后和之。

【译】 孔子请别人唱歌，唱得好，一定请他再唱一遍，然后自己又唱一遍。

【注】《史记·孔子世家》：使人歌，善，则使复之，然后知之。《康注》：宋贤执礼甚严，……付之于优伶狎客，庄士所不为。遂令中国废歌，失人道养生之宜，悖圣人乐生之道，日尊孔子而暗从墨氏。致人道大觳，天下不堪，此程朱之过也。

【记】 这是一种事实描述。为什么？其意义在于：**音乐乃塑造情感者，要唱几遍才能使之巩固，成为情感结构。**从古到今，音乐的节奏、旋律等不总有多次反复吗？这不只是为充分抒发情感，而更在于建造情感。康有为指斥程朱，颇有理。前已说自孟子即少谈音乐，程朱更甚。其实孔子当时讲究研习的正是"礼、乐"，而非"心、性"。在这方面，荀子倒更近孔子。

7.33 子曰："文，莫吾犹人也，躬行君子，则吾未之有得。"

【译】 孔子说："学习礼仪文献，我大概和别人差不多，努力实践做一个君子，我还没有达到。"

【注】《集释》《经义述闻》："莫"盖"其"之误，言文辞吾其犹人也。

【记】 仍然是特别强调实践。

7.34 子曰："若圣与仁，则吾岂敢？抑为之不厌，诲人不倦，则可谓云尔已矣。"公西华曰："正唯弟子不能

学也。”

【译】 孔子说：“至于说‘圣’与‘仁’，那我不敢当。不过是努力而不厌烦，教人而不厌倦，如此而已，而已。”公西华说：“这正是我们学生做不到的。”

【注】 《朱注》：此亦夫子之谦辞也。圣者，大而化之。仁，则从德之令而人道之备也。

【记】 “学而不厌，诲人不倦”已多次见于《论语》。杨注引《孟子·公孙丑上》载子贡对这事的看法说：“学不厌，智也；教不倦，仁也。仁且智，夫子既圣矣。”一方面，“我欲仁，斯仁至矣”，仁似乎如此容易得到。另方面，“若圣与仁，则吾岂敢”，仁又如此难得。这不是逻辑矛盾吗？可见，孔门仁学并非思辨哲学，追求逻辑一贯；它乃实用理性，着重行为、实践，旨在培育情性，强调自觉、坚持，是以亦难亦易。这里有意向性与现实性之分。孔子几度自称“不厌”、“不倦”，此即中华民族实践意向之韧性精神，虽百折不回，岁寒不凋，才有所成就；孔子固不同于各宗教主之天纵之圣，能不学而知，超绝人世。此外，“若圣与仁”的原意恐仍在巫术礼仪中之最高神秘体验、境界和人格，尽管已理性化，仍孔子所不敢自承者。此后，这层原始含义完全丢失了。

7．35 子疾病，子路请祷。子曰：“有诸？”子路对曰：“有之；诔曰：‘祷尔于上下神祇。’”子曰：“丘之祷久矣。”

【译】 孔子病了，子路要去祈祷。孔子说：“有依据吗?”子路说：“有。古代文献上说：‘为你向天地神灵祷告。’”孔子说：“我早就祷告过了。”

【注】 《朱注》：天曰神，地曰祇。……孔子之于子路，不直拒之，而但告以无所事祷之意。

【记】 孔子反对这样做。**孔子言“天”、言“命”而不言“祷”，颇不同于诸多宗教，**不去刻意请求上帝鬼神的特殊保护和帮助。尽伦尽责也就心安理得，即使功败垂成，也无可追悔怨恨。如前面已讲，儒学主张“尽人事而听天命”，**并不希冀偶然、神意、奇迹。**“天命”者，非人力所能控制、主宰。人虽然能“参天地赞化育”，但毕竟有一定限度；遇到极限而失败毁灭，也不求分外之恩宠神赐，这才真正保持了人的尊严。

7．36　子曰：“奢则不孙，俭则固。与其不孙也，宁固。”

【译】 孔子说：“奢侈的人不谦逊，节俭的人固执。与其不谦逊，宁肯固执。”

【注】 《集释》《皇疏》：二事乃俱为失。若不逊陵物，物必害之，顷覆之期，俄顷可待。若止复固陋，诚为不逮，而物所不侵。

【记】 上注仅就外在功过利害讲，也许更有兴味的是奢侈与骄傲（不逊）、特别是俭朴与固执之间的心理联系的问题。孔子这话似经验谈，在今日生活中也常可看到。奢侈与骄傲、傲慢常连在一起，而俭朴与固执也常莫相违。人性心理中的这种具体关联和联系，是《论语》中所提出而值得继续研究的问题。

7. 37　子曰："君子坦荡荡，小人长戚戚。"

【译】 孔子说："君子心怀宽广，小人老是烦恼。"

【注】 《集释》《皇疏》引江熙云：君子坦尔夷任，荡然无私。小人驰竞于荣利，耿介于得失，故长为愁府也。

【记】 "戚戚"或作"忧惧"、"愁闷"、"局促"解。"坦荡荡"多作"宽广"解。又是讲心理与为人的关系，并把为人、做事落在心理状态上，**作为一种生活境界，正本读所要讲的孔学。**

7. 38　子温而厉，威而不猛，恭而安。

【译】 孔子温和而严肃，有威仪而不凶猛，恭敬而安详。

【注】 《集释》李光地《论语札记》：喜怒哀乐，圣与人同。当其喜，则温之气形；当其怒，则威之气形；及乎喜怒未发，则恭之意常在也。

【记】 这仍然是 A≠A±("中庸")的"度"，即今日所谓善于掌握分寸。这当然难。但不仅为人、做事、制礼、作乐，而且整个中国文化(包括医、农、兵、艺等等)最讲究的，正是这个分寸感。它完全来自经验的历史积累，中国之所以重历史、重经验与强调这个"中庸"、适度攸关。此貌似玄秘，实仍极平实，只是难于掌握和达到罢了。实用理性之艰难，在此。

泰伯第八

共二十一章

8. 1 子曰："泰伯，其可谓至德也已矣。三以天下让，民无得而称焉。"

【译】 孔子说："泰伯，那可以说是最高德行了啊。三次让出国君位置。老百姓真不知如何来称赞他。"

【注】 《朱注》：泰伯，周太王之长子。

【记】 什么是这"三让"？为什么让？它有何价值和意义？历代考证虽多，但真相很难清楚，因此只能纯依字面解读为"让"。"让"本是"礼"的一个重要特征（见 4. 13 章），而能多次出让那"圣人之大宝曰位"的最高领导位置，当然极不容易，所以老百姓都不知道如何来说明、称赞他。其实，这不过是远古氏族制度的民主遗风的表现。中国古代文献中关于避开"皇位"逃跑躲藏的故事便有多起，都有其真实的历史背景，不像后代抢着要坐这"大宝"之位。因远古氏族首领勤奋辛苦，无任何特权，倒的确是"为人民服务"的公仆。这就是为什么对照后世现实，儒家把理想国、乌托邦放在"复三代之盛"上，反而具有了"民主"味道。

8. 2 子曰："恭而无礼则劳，慎而无礼则葸，勇

而无礼则乱，直而无礼则绞。君子笃于亲，则民兴于仁；故旧不遗，则民不偷。”

【译】 孔子说：“恭敬而不懂礼会疲劳；谨慎而不懂礼会懦弱；勇敢而不懂礼会动乱；直率而不懂礼会伤人。君子用深厚感情来对待亲族，老百姓就会走向于仁；不遗弃老朋友，平民百姓间的人情就不会淡薄。”

【注】 《集释》王闿运《论语训》：言治民在端本也。恭，供给敬事也，若课农桑兴水利之事，无礼节之，则劳民也。慎，谓卑约省事。“葸”一作“偲”，惊不附人也。勇于行则民亦好勇，故易乱。好直绳则民不堪，如束绳为绞也。

【记】 这章上下段，文意不连。如连在一起讲，则应如注，都作如何“为政”读。这里又大讲“礼”的重要性，任何人情、为政、做人，都“不以礼节之，亦不可行也”(1.12 章)。“礼”是各种执政行事的规矩准则，同时也是个体为人做事的尺度，否则就会“疲劳”、“懦弱”、“动乱”、“伤人”。前后的连接应为“礼”与“仁”的关系，即“笃于亲”应属于礼制，“兴于仁”则与情感有关。前面的礼制也正可以节制、规范各种含有情感的态度(恭、慎)、行为(勇、直)，因此“礼”作为人文、理性，正是规范、塑造、建立各种内心情感即人性所在的尺度，孔子之所以再三讲“立于礼”、“克己复礼为仁”，均应作此解。因之，礼制人伦不只在理性关系，而更在融理于情的人情味道上，中国传统以家庭成员间的关系为轴心的“人情味”和理性的社会关系是连在一起的。

8.3 曾子有疾，召门弟子曰："启予足！启予手！诗云：'战战兢兢，如临深渊，如履薄冰。'而今而后，吾知免夫！小子！"

【译】 曾子病重，把学生们叫来，说："摆正我的脚，摆正我的手。《诗经》说：'战战兢兢，好像面临无底的深渊，好像行走在薄冰之上。'从今而后，我知道可以不必如此了，学生们啊。"

【注】 《康注》：《论语》即辑自曾门，而曾子之学专主守约。观其临没郑重言君子之道，而乃仅在颜色容貌辞气之粗；乃启手足之时，亦不过战兢于守身免毁之戒。所辑曾子之言凡十八章，皆约身笃谨之言，与戴记曾子十篇相符合。宋叶水心以曾子未尝闻孔子之大道，殆非过也。……曾门弟子之宗旨学识狭隘如彼，而乃操采择辑纂之权，……其必谬陋粗略，不得其精尽，而遗其千万，不待言矣！但颜子、子贡、子木、子张、子思辑之，吾知其博大精深，必不止是也。又，假仲弓、子游、子夏辑之，吾知其微言大义之亦不止此也。……《论语》只为曾门后学辑纂，但传守约之绪言，少掩圣仁之大道，而孔教未宏矣。故夫《论语》之学实曾学也，不足以尽孔子之学也。

【记】 "战战兢兢"今日仍是口语，不必译，译了反失风味。"启"，开也，以意忖之，可能是叫学生们拿开从而摆正他的手脚。旧译多作"看我的脚，看我的手"，虽强为之说，实不知所云。文天祥"唯其义尽，所以仁至"，"而今而后，庶几无愧"，由责任感（义）而天地感（仁），战战兢兢，谨守无失，义也；吾知免夫，终于解脱，仁也。义尽而后仁至也。比曾子又更光大。

康有为的议论，前言已谈过，此处不重复。总之，颜、曾等人所传确在孔学的宗教性道德，宋明理学光大发扬之，形成孔孟程朱陆王之“道统”。今日现代新儒学以之为中国文化之“精髓”、“命脉”，过矣。

8.4　曾子有疾，孟敬之问之。曾子言曰：“鸟之将死，其鸣也哀；人之将死，其言也善。君子所贵乎道者三：动容貌，斯远暴慢矣；正颜色，斯近信矣；出辞气，斯远鄙倍矣。笾豆之事，则有司存。”

【译】 曾子病重，孟敬子去看望他。曾子说道：“鸟死时，叫声悲哀；人死时，说话善良。君子所珍贵的礼仪有三项：注重容貌，这样就避免了粗暴和懈怠；端正自己态度，这样就近乎信实可靠；注意谈吐，这样就避免了粗野和过失。至于那些祭祀细节，自有专人负责。”

【注】 《集释》邢昺《论语注疏》：人之相接，先见容貌，次观颜色，次交言语，故三者相次而言也。《礼记·冠义》云：礼义之始，在于正容体，齐颜色，顺辞令。容体正，颜色齐，辞令顺，而后礼义备。《表记》云：是故君子貌足畏也，色足惮也，言足信也。

《杨注》：“笾豆之事”系代表礼仪中一切具体细节。

【记】 “道”在这里即礼制，《何晏集解》：“郑曰，此道，谓礼也。”这都是对执政者讲的。

8.5　曾子曰：“以能问于不能，以多问于寡；有若无，实若虚，犯而不校；昔者吾友，尝从事于斯矣。”

【译】 曾子说："有能力向没有能力的人请教，知识丰富向知识不多的人请教；有像没有一样，充实像空虚一样；被侵犯了，不计较；从前我的一位朋友就是这样做的。"

【注】《正义》：友谓颜渊。

【记】 这有些近乎道家了，但仍不同。注家都说是指颜回。也难怪《庄子》屡屡称引颜回。

8.6 曾子曰："可以托六尺之孤，可以寄百里之命，临大节而不可夺也；君子人与？君子人也。"

【译】 曾子说："可以把幼小的国君委托给他，可以把国家的命运交付与他，面临重大危难的时节，也休想改变他。这是君子的为人吗？当然是君子的为人。"

【注】《康注》：昔尝编论语孔门诸子学案，曾子之言皆守身谨约之说，惟此章最有力，真孔子之学也。

《集释》《集解》孔曰：六尺之孤，幼少之君。

【记】 宗教性私德实现在社会政治上。私德之所以范导公德也。

8.7 曾子曰："士不可以不弘毅，任重而道远。仁以为己任，不亦重乎？死而后已，不亦远乎？"

【译】 曾子说："知识分子不可以不弘大而刚毅，因为责任重大，路途遥远。将仁作为自己的责任，这不是责任重大吗？到死才能终止，这不是路途遥远吗？"

【注】《朱注》：弘，宽广也。毅，强忍也。……程子

曰：弘而不毅，则无规矩而难立；毅而不弘，则隘陋而无以居之。

【记】 这几章连续记曾参。曾子唯唯诺诺，战战兢兢，突出是宗教性道德。似乎刻板、迟钝和笨拙；孔子也说“参也鲁”。但同时也有如此感人的充满情感的不朽语言，这正是宗教性特征。**宗教性的学派一方面强调严格要求、恪守小节，同时也要求在从小节做起的各种礼仪制度中，树立起刚强不屈的伟大人格。这伟大人格的建树以及各种道德行为的可能，并不是凭一时的勇敢、情绪、意气，而是从小处做起的长期锤炼的成果。**中国所谓“慷慨从仁易，从容就义难”，就是这个道理。所以它不是“引刀成一快，不负少年头”（汪精卫）一时的豪情侠气，而是“于人曰浩然，沛乎塞苍冥”（文天祥）那种死囚三年终不为屈的“视死如归”。这才是曾参讲的“士不可以不弘毅，任重而道远”，孟子讲的“我善养吾浩然之气”，孔子讲的“岁寒然后知松柏之后凋”的不屈不挠、坚持到底的韧性精神，这种人格精神具有宗教性质和宗教情感，值得提倡和发扬。连上述指斥曾子的康有为也赞叹“真孔子之学也”。

8.8 子曰：“兴于诗，立于礼，成于乐。”

【译】 孔子说：“诗篇使人启发，礼制使人成立，音乐使人完成。”

【注】 《集释》《论语集注述要》：兴之为义，因感发力之大，沁人于不自知，奋起于不自已之谓，是惟诗歌为最宜。《集解》包曰：礼者，所以立身也。乐所以成性。

【记】 这又是非常重要的一章。“立于礼”，许多章都讲到，并且讲得很具体。“礼”使人获得行为规范，具体培育人性，树立人格，取得作为氏族群体成员的资格。“诗”启迪性情，启发心智，使人开始走上人性之道。“乐”则使人得到人性的完成(参考6. 20章，并见拙作《华夏美学》)。可见，“成”、“成人”、“为己之学”等等都远非知性理解，而是情意培育即情感性、意向性的塑造成长，此非理性分析或概念认知可以达到，而必直接诉诸体会、体认、体验；融理于情，情中有理，才能有此人性情感及人生境界，所以说“成于乐”也。

“兴于诗”者，诗者，思也。却不止于概念之思，此思乃“言不尽意”之思，所以才可以感发兴起。诗非有思之外壳(语言、概念)不可，却使此外壳既封闭(有此思此意)又开放(非止于此思此意)，此即所谓“书不尽言，言不尽意”，由各人去扩展。“诗无达诂”亦此义也。而人生情境及艰难苦辛亦均在此言尽意未尽之语言—心理中。此为中国传统的思维—语言方式，亦生活—人生方式。所以中国思维之特征与“诗”有关。它之不重逻辑推论，不重演绎、归纳，不重文法句法(语言)，而重直观联想、类比关系，均与此相关。它本源于巫术[弗雷泽(Frezer)所谈之相似律、接触律]。此种类比既有情感因素，又有经验因素，故无固定秩序，而呈模糊多义状态；非线性相连，乃网状交叉，如“云从龙，风从虎”之类；固非纯理性，乃美学方式。我所谓“以美启真”(见拙著《我的哲学提纲》、《美学四讲》)，亦此之谓。直观、模糊、多义却简明、准确。此思维方式当然又与汉字特征有关。汉字以“指事”为根源，以“会意”(诉诸理解）、“象形”（视觉记忆）为方法，以“形声”与言语相连接，“转注”、“假借”则其发展之辅助手段。

8.9 子曰：“民可使由之，不可使知之。”

【译】 孔子说：“可以要老百姓跟着走，不一定要老百姓知道这是为什么。”

【注】 《集释》刘开《论语补注》：盘庚迁殷，民皆不欲，盘庚决意行之，诰谕再三，而民始勉强以从其后。子产治郑，都鄙有章，郑民始怨而后德之。故使之行其事，可也；而欲使明其事，则势有不能。

【记】 这两句当然为主张民主的现代人所大诟病。康有为改句读为“民可，使由之；（民）不可，使知之”，将孔子民主化。其实如所引注，这在古代并不奇怪。古代的“民主”正是“为民做主”，“民为贵”也只是这种意思，而并非人民做主的现代民主。所以这只是 for the people，不是 of the people 和 by the people。今天的“为人民服务”最多也不过是在“of the people”的名义下的“for the people”而已。古语亦有“民可与乐成，未可与虑始”，均同一经验，不足为怪，不足为病。时移世变，孔子之是非当然不是今日的是非。

8.10 子曰：“好勇疾贫，乱也。人而不仁，疾之已甚，乱也。”

【译】 孔子说：“喜爱勇敢而厌恶贫穷，会出乱子；对不仁的人憎恨过分，会出乱子。”

【注】 《朱注》：好勇而不安分，则必作乱。恶不仁之人

而使之无所容，则必致乱。

【记】 经验谈，亦辩证法，宽容之重要也。

8. 11 子曰：“如有周公之才之美，使骄且吝，其余不足观也已。”

【译】 孔子说：“如果有周公那样的美丽才华，假使骄傲而封闭，那也就没有什么值得看的了。”

【注】《正义》《韩诗外传》：成王封伯禽于鲁，周公诫之曰：“往矣！子其无以鲁国骄士。吾文王之子，武王之弟，成王之叔父也，又相天子，吾于天下亦不轻矣。然一沐三握发，一饭三吐哺，犹恐失天下之士。吾闻德行宽裕，守之以恭者，荣；土地广大，守之以俭者，安；禄位尊盛，守之以卑者，贵；人众兵强，守之以畏者，胜；聪明才智，守之以愚者，善；博闻强记，守之以浅者，智。夫此六者，皆谦德也。”

《集释》惠栋《九经古义》《周书·寤敬篇》：周公曰：不骄不怯，时乃无敌。此周公生平之学，所以裕制作之原也。

【记】 从所引注看，不骄傲是周公主要美德之一。孔子之所以再三强调谦虚逊让，正是为了继承周公的这种美德，把它看作“礼”的内容。“权力导致腐败，绝对权力绝对导致腐败”乃近世名言，周公有绝对权力而未致腐败者（据信如此），乃在于此谦逊美德也。而此德之不可企及，后世君王绝对不可做到，两千年来仅空留孔子之赞叹而已。有德者不必有位，有德者在位亦难保不失其德。有人归咎于人性恶，于是荀子化性起伪，追求制度化。其后董仲舒等人引入道法、阴阳，以天人反馈之宇宙论，和体制上的谏议、御史、宰相以牵制和分权，并以文官制度高于军事将领以保持中央集权及国家统一等等，维系了中华帝国两千年的延续，此一线索亦儒家“命脉”、“精髓”所在。总之，仅靠个人私德如周公者来保证政权不坠，或一味追求由“内圣”开“外王”，早成为空想神话。黄宗羲已知之，故曰“有治法而后有治人”，奈何今之学者犹沉溺如故，且曲为解说？

8.12 子曰：“三年学，不至于穀，不易得也。”

【译】 孔子说：“学了三年，还没有做官的打算，这很难得。”

【注】 《集释》《释文》引郑注：穀，禄也。《皇疏》孙绰：三年学足以通业，可以得禄。

【记】 “学而优则仕”是上古制度，“学”本来就是为了“仕”（“做官”），所以这里说难得。大概自孔子始，“学”具有了或开创了自身的独立性，即不是为“仕”而学。曾子学派的重大意义当在于此，这是康有为所没看到的。颜回、曾子均以“学”本身为乐。

8.13 子曰：“笃信，好学，守死，善道。危邦不入，乱邦不居。天下有道则见，无道则隐。邦有道，贫且贱焉，耻也；邦无道，富且贵焉，耻也。”

【译】 孔子说：“信仰坚定，喜爱学习，重视死亡，履行正道。不去危险的国家，离开动乱的国家。天下太平就出来工作，天下不太平就躲藏起来。国家好，贫贱是耻辱；

国家不好，富贵是耻辱。”

【注】《朱注》：世治而无可行之道，世乱而无能守之节，碌碌庸人，不足以为士矣，可耻之甚也。

【记】儒、道之区别在此。因为有道无道对道家已无意义，不管政治好坏与否都应“避逃”，并认为天下乌鸦一般黑，不可能有好的政治、国家或天下。儒家讲隐，讲藏，是为了韬晦保身，以便将来“达则兼济天下”，基调仍然是进取。但儒、道两家都很重视保全自己的生命，不主张胡乱去“献身”。“守死”即“死有重于泰山”(司马迁)之意。

8. 14 子曰：“不在其位，不谋其政。”

【译】孔子说：“不在那个职位上，便不去谋划那相关的政务。”

【注】《朱注》程子曰：不在其位，则不任其事也，若君大夫问而告者则有矣。

【记】为什么？一、徒劳无用。二、别嫌免祸。三、参考14. 26章。

8. 15 子曰：“师挚之始，关雎之乱，洋洋乎盈耳哉！”

【译】孔子说：“从音乐大师挚开始演奏，到以《关雎篇》合奏结尾，美妙的音乐充满耳朵啊！”

【注】《朱注》：师挚，鲁乐师名挚也。乱，乐之卒章也。

【记】“乱”字解说颇多，采“最后的合乐”为“乱”说。

8.16 子曰：“狂而不直，侗而不愿，悾悾而不信，吾不知之矣。”

【译】孔子说：“狂妄又不直爽，无知又不老实，无能力又不可信赖，我不知道该怎么办了。”

【注】《朱注》：侗，无知貌。愿，谨厚也。悾悾，无能貌。

【记】因后者或可补前者之失，二项皆失，不好办了。经验之谈，亦现象分析，今日似仍有效。

8.17 子曰：“学如不及，犹恐失之。”

【译】孔子说：“学习好像生怕赶不上，又怕丢失了。”

【注】《朱注》：言人之为学，既如有所不及矣，而其心犹竦然，惟恐其或失之，警学者当如是也。

【记】既急求新知，又恐失旧识，故瞻前顾后。学如逆水行舟，不进则退也。

8.18 子曰：“巍巍乎，舜禹之有天下也而不与焉！”

【译】孔子说：“崇高啊，舜和禹的得到天下，自己并没去追求。”

【注】《朱注》：不与，犹言不相关，言其不以位为乐也。

《正义》：美舜、禹也。言己不与求天下而得之。《魏志·明帝纪》注引《献帝传》云：仲尼盛称尧、舜巍巍荡荡之功者，以为禅代乃大圣之懿事也。

【记】 两注不同解。远古氏族首领本应选出，但事实上舜、禹或均夺取权力者。《竹书纪年》所载似可信。儒家为美化氏族民主乃有此言。朱注误。

8. 19 子曰："大哉尧之为君也！巍巍乎！唯天为大，唯尧则之。荡荡乎，民无能名焉。巍巍乎其有成功也，焕乎其有文章！"

【译】 孔子说："伟大啊！尧！崇高啊！天！只有尧能仿效！广大啊！老百姓简直不知道如何赞美他！崇高啊，他的成功！光明啊，他的礼制文采！"

【注】 《朱注》：焕，光明之貌。文章，礼乐法度也。

【记】 "唯尧则之"一句重要，它实指，尧为中介，沟通天人，且以天为范本而行政，亦"天何言哉，四时行焉，百物生焉"(17. 19章)之意。后世天人感应、官制象天、宇宙秩序与社会秩序(政治伦理秩序)的一致，等等，均此之发展发挥。《春秋繁露·王道通三》："三画而连其中，谓之王。三画者，天地与人也。而连其中者，通其道也。取天地与人之中，以为贯而参通之，非王者孰能当是？是故王者唯天之法，法其时而成。"终于构成此"一个世界(宇宙—社会—人生)"之巨大体系，其源仍出于能上天下地之巫师—君王之传统。禹、汤、文王均大巫，又何况乎尧、舜？因此尧则天，舜恭己，政如北辰，不均巫术之遗痕？南坐而依天文施法术也。人间治道(人道)即是天道，天人因巫术之施作而沟通而合一。“天人合一”，由来久远，应溯源于此。**天无言，四时行，百物生，孔门所谓无为而治，即顺天而行，虽荀子亦并未改此。“天”在周公、孔子手里不断解魅其人格神因素而渐与客观(自然)“规律”近，却又不全同，仍保有其“冥冥中主宰”的宗教性在，此即情感—信仰之所归依，固巫风之理性化，亦“极高明而道中庸”之所由来也。**

8.20 舜有臣五人而天下治。武王曰：“予有乱臣十人。”孔子曰：“才难，不其然乎？唐虞之际，于斯为盛。有妇人焉，九人而已。三分天下有其二，以服事殷。周之德，其可谓至德也已矣。”

【译】 舜有五位臣子，而天下太平。周武王说：“我有十位能人。”孔子说：“人才难得，不是这样吗？从尧、舜到这时是最为兴旺的了。十人之中，还有妇女，所以只算九人。得到三分之二的土地仍旧服从殷王朝，周的德行真可说是最高的了。”

【注】 《杨注》《说文》：“乱，治也。”《尔雅·释诂》同。《左传·昭公二十四年》引《大誓》说：“余有乱臣十人，同心同德。”则“乱臣”就是“治国之臣”。

【记】 上面几章，都说上古社会如何之好，圣君贤相如何之好。孔子是复古论者，这个“古”是氏族社会已有等级秩序的中晚期阶段，与道家、墨家等所崇的“古”乃氏族社会早期阶段甚或更早不同。孔子的“古”已有各种明确的礼乐行政体制，但主要还是习惯法(即礼俗)统治，社会简单，人心纯朴，秩序稳定，较少势利争夺，孔子美化之，就成了儒家的理想世界。

8. 21 子曰："禹，吾无间然矣。菲饮食而致孝乎鬼神，恶衣服而致美乎黻冕，卑宫室而尽力乎沟洫。禹，吾无间然矣。"

【译】 孔子说："禹，我是没话说的了：吃得很差，祭祀祖先却很丰盛；穿得很差，礼服的衣帽却很华美；住得很差，农田水利却尽力修好。禹，我是没话可说了。"

【注】 《集释》《论语札记》：致孝鬼神，与菲饮食对。致美黻冕，与恶衣服对。尽力沟洫，须知亦是与卑宫室对。

【记】 总之是不顾及自己而服务于人民，包括隆重地对待氏族祖先。"祭"一直是古代大事，它与维系本氏族、国家、人民的生存延续密切相关，实则通过这种对祖先的祭祀仪典以团结、巩固本氏族群体，此上古之遗风，亦巫术之由来。中华民族保持此种祖先祭祀传统最为强劲悠久，至今仍有影响。这才是所谓儒学"精髓"、"命脉"和"道统"所在，而不在清谈心性的宋明理学及现代宋明理学。当然这也是中国式的政教合一(即我所谓的伦理政治宗教三合一)的源头所在。如何解构及重构，乃今日重要课题。儒学之要务在此，而不在于如何承继宋明理学之心性论也。

子罕第九

共三十一章

9.1 子罕言利，与命，与仁。

【译】 孔子很少讲利，谈及命，赞许仁。

【注】 《集释》史绳祖《学斋占毕》：子罕言者，独利而已。当以此四字为句作一义。曰命曰仁，皆平日所深与，此当别作一义。与，如“吾与点也”、“吾不与也”等字之义。

【记】 就《论语》言，确极少讲“利”。但屡次讲“命”，讲“仁”最多，超过百次以上。但多数注疏均释作少讲利和命和仁，与原书不合。亦有解作少言“利”与“命”、“仁”之关系者。

“利”可泛作“功利”、“利益”、“利害”解，孔子虽未直言，却间接讲得并不少。后儒以此章排斥工商，讳言“私”、“利”，但孔子有对子贡“亿则屡中”的赞赏，而“庶之，富之”不也是某种“利”的延伸吗？这一点与孟子并不相同。

“命”很难讲。什么是“命”？一般都说是“命运”、“宿命”、“命中注定”，大有不可抗拒的“必然”含义在内。我前面已说，恰好相反，“命”是偶然性。正因为是“偶然性”，人才难以预测、把握、知晓、控制，于是才有无可奈何的感叹。如真是必然、规律、理势，人就可以去了解、掌握而无须感叹了。“命”之具有神秘性，正在于它是偶然、机遇，超乎人们的知识和想象。任何偶然和机遇都有原因，但不是必然性的理则，所以人们难以用理性的逻辑或经验去推知，而常常通过巫术、占卜等非理性等方式去希望了解它。

但由于人们总习惯于按现实生活的理性原则去观察认识一切，因此常常把偶然看作必然，把机遇看作宿命。把“命”说成“天意”，“命”便变成了“天命”。所谓“天命”，也就是“上天之命”，它变成了人的主宰，变成了统治、支配人们(包括群体和个体)生存和生活的某种力量、理势和信念。但它到底是什么，不把它归结为人格神的意志、力量，便解说为所谓“客观理势”。总之，它成为人们所畏惧、服从、敬仰、膜拜的对象。有人假借它而行动作为、发号施令；有人接受它而顺从匍匐、“安贫乐道”。从古代到今天，似乎一直如此。

因之，今日可以做的，似乎是应该去掉这一主宰人们的异己力量，将“命”不看作必然，而解作偶然。强调**应该努力尽可能地去了解、把握偶然，来建立自己的命运。从偶然中去建立必然，从机遇中去把握生活，从主动中去开辟未来，而不是等待、接受、认同种种偶然，**这就是自己把握命运，战胜所谓“宿命”。**这才是真正的“知命”、“立命”，这才是真正的主体性。对人类、群体或个体，均如此。**

个人出生，被扔在这个世界便是非常偶然的。人类的存在，世界的存在，也如此。因此硬要去问一个“什么是”、“为什么”，是没意义和难以回答的。实际这是一个

"假问题"，不如不问。**只问既有此世界，既有此生存，既有此人生，如何办？如何活？依据什么来活、来办？**如前面所说，孔子总以"如何做"来回答"什么是"。因此也就少谈"命"，多讲"仁"。"命"是什么，很难知晓；"仁"是什么，却可做到。如前所言，不是"what"而是"how"，才是儒学关注所在。

不独儒学，道家亦然。《老子》五千言不能从本体论、存在论去理解(可惜多数学者均如此)。《老子》原与兵家有关。它讲的"道"也是异常实用的"如何办"、"如何做"。**真是"运用之妙，存乎一心"；虽有理则，并无常规。所以"道可道，非常道"，如果能说道出来，也就不是"道"了。而"无欲"(无目的性)才可能客观地观看事理行走的微妙；"有欲"(有目的性)便可以主观地抓住事物的要害(微)，如此等等。都是实用理性的行动辩证法，并非静观的宇宙论或本体论。**

中国文化—哲学之所以重生成(becoming)大于重存在(being)，重功能(function)大于重实体(substance)，重人事大于重神意(神灵也完全服务于人事)，也可说都是这种"知命"精神。

9.2 达巷党人曰："大哉孔子！博学而无所成名。"子闻之，谓门弟子曰："吾何执？执御乎？执射乎？吾执御矣。"

【译】 达巷地方的人说："伟大的孔子，他博学，却没有成名的专长。"孔子听了，对学生们说："我干哪一行呢？赶车呢还是射箭？我赶车好了。"

【注】《朱注》：执，专执也。射、御皆一艺，而御为人仆，所执尤卑。言欲使我所执以成名乎？然则吾将执御矣。

【记】这章和上章一样，也不好理解。依传统注疏，勉强按字面译出。当“通人”还是当专家？哲学家、思想家大多不是专家，于是孔子感叹说：那我就当个最低级的专家吧。“六艺莫粗于射、御，而御又较射为粗”（李光地《论语札记》），说同朱注。如今在“思想告退而学问方滋”的当代中国，“执御乎执射乎”？还是不“成名”也罢。

9．3　子曰：“麻冕，礼也；今也纯，俭，吾从众。拜下，礼也；今拜乎上，泰也；虽违众，吾从下。”

【译】孔子说：“用麻来纺织帽子，这是礼制；今天用丝织，俭朴，我跟随大家。堂下作揖，这是礼制；今天改在堂上，傲慢，虽然违反大家，我还是坚持堂下。”

【注】《集释》《集解》：冕，缁布冠也。古者绩麻三十升布以为之。……纯，丝也。丝易成，……俭。

【记】孔子对传统礼制，有坚持有不坚持，即所谓“经”（原则性）与“权”（灵活性）。以此例看来，**涉及原则性而必须坚持的，大都属于直接联系内心情感的行为活动；可以不必坚持的，大多是纯外在的仪文规矩**。如“尔爱其羊，我爱其礼”，因废除祭祀仪式，直接关系孝的内心情感与行为，所以必坚持；而“礼与其奢也宁俭，丧与其易也宁戚”，则表明一般地说纯粹外在形式的仪文并不很重要。可见，孔学原以心理情感为根基。

9. 4　子绝四——毋意，毋必，毋固，毋我。

【译】 孔子断绝了四种毛病：不瞎猜，不独断，不固执，不自以为是。

【注】 《朱注》：意，私意也。必，期必也。固，执滞也。我，私己也。

《集释》：意，乃测度之义。朱子释为私意，以伸其天理流行之说，已属不合。陆王派直将“意”字解为“意念”之意，以无意为不起念，更为强经就我。

【记】 **什么是“我”？这是最大问题。活着的个体的“我”的“真实性”或“意义”何在？加缪(Camus)说自杀是哲学根本问题，即此之谓，即我活着的意义何在？**为什么我必须活？后现代的理论认为我已成为碎片，并没有一个完整的我，我即是此时此刻。于是追寻“什么是我”也就没有意义了。这样，人也就近乎动物，动物不需要有自我意识，不需要因果范畴，不需要想过去未来。当下的“存在”也即是无思虑、无理性的欲望、冲动、本能而已。人类由此反异化、反机器、反理性而最终走上动物之途？但是，**人就是动物吗？“我”就是碎片吗？值得再思虑。**孔子的“无我”与此距离太大了。“不自以为是”应包括不自以为真理在手和不以自己的得失、利益为原则或准绳。

9. 5　子畏于匡，曰：“文王既没，文不在兹乎？天之将丧斯文也，后死者不得与于斯文也；天之未丧斯文也，匡人其如予何？”

【译】 孔子被囚禁在匡地，说：“周文王已经死了，文化不就在我这里吗？如果上天真要消灭这文化，那么后人也就不会有这文化了。如果上天不愿消灭这文化，匡人又能把我怎么样？”

【注】 《集释》俞樾《群经平议》：畏于匡者，拘于匡也。《通典》引王肃注曰：“犯法狱死谓之畏。”是畏为拘囚之名，后人不达古义，曲为之说，盖皆失之。

【记】 “后死者”是指孔子本人呢？还是指孔子之后的人？从后说。孔子以传道即保存、传递“先王之道”自许，即今之所谓文化责任感、历史责任感是也。

有人以此章言“天”，释孔子为有神论者；因此章暗示上天将有意保存此文化，是以“天”为有意志有人格。其实孔子所言包括本章，于此仍相当含糊，并不明确，明确者似只赋予宇宙以温暖的肯定生命的情感色彩而已。从《周易》到董仲舒以至宋明理学之理不离气，良知不离感性，直到康有为、谭嗣同大讲电即仁，以太乃仁等等，均此传统：一种泛情感的人生观和宇宙观。程明道以医家言“麻木不仁之仁”来解孔学，与谭嗣同所言“仁等于通”几乎相同，均此泛情感哲学也。孔子将上古巫术狂热之“情”化为此哲学之理性之“情”，其中包含人道（济世救民）、人格（独立自主）、历史责任感（信义）等等，固远不止于认识矣。但又含认识于其内，故又有后世之知行合一、格物致知等等学说。

9.6 太宰问于子贡曰：“夫子圣者与？何其多能也？”子贡曰：“因天纵之将圣，又多能也。”

子闻之，曰：“太宰知我乎！吾少也贱，故多能鄙事。君子多乎哉？不多也。”

【译】 太宰问子贡说："你的老师是位圣人吧？为什么这么多才多艺？"子贡说："这是上天要他做圣人，而且使他多才多艺。"

孔子听到了，说："太宰知道吗？我年少时穷苦，所以学会了各种技艺。君子需要这么多的技术吗？不需要。"

【注】《朱注》：言由少贱故多能，而所能者鄙事尔，非以圣而无不通也。

【记】 最后一句也可译作："这些技艺对君子是太多了吧？不多。"强调的是才能由学习而得，并非"天纵之圣"，大不同于各种教主。

9.7 牢曰："子云：'吾不试，故艺。'"

【译】 牢说："老师说过，我因为没做官，所以才学得许多技术。"

【注】《集解》郑曰：牢，弟子子牢也。试，用也。言孔子自云，我不见用，故多技艺。

【记】 紧接上面，当合为一章，均讨论孔子的技术性的才艺问题。

9.8 子曰："吾有知乎哉？无知也。有鄙夫问于我，空空如也。我叩其两端而竭焉。"

【译】 孔子说："我有知识吗？没有。有一个乡下人问我问题，我一点也不知道，便就这个问题正反、头尾、本末考查，终于得到结果。"

【注】《朱注》：叩，发动也。两端，犹言两头。言终始、本末、上下、精粗。

【记】苏格拉底以提问而求真理，或与此近？朱注缺“正反”两端，应补入。“空空”，有作“诚实貌”解者。

9．9 子曰：“凤鸟不至，河不出图，吾已矣夫！”

【译】孔子说：“凤凰鸟不出飞，黄河里不现祥瑞图，我是没有办法的了。”

【注】《杨注》：古代传说，凤凰是一种神鸟，祥瑞的象征，出现就是表示天下太平。又说，圣人受命，黄河就出现图画。孔子说这几句话，不过藉此比喻当时天下无清明之望罢了。

【记】这不作相信某种神秘解，而应落实在最后一句上，即是内心情感的悲观感叹。《论语》中多次记载孔子的这种悲观情绪，这并不奇怪，人之常情。最后一句也可译为“我这一辈子是完了”。

9．10 子见齐衰者、冕衣裳者与瞽者，见之，虽少，必作；过之，必趋。

【译】孔子看见穿丧服的，戴着祭祀礼帽的和盲人，会见的时候，即使他们年轻，孔子也一定站立起来；经过他们的时候，一定轻步弯腰快走。

【注】《朱注》尹氏曰：此圣人之诚心，内外一者也。

【记】表示敬意也。仍重在感情态度，朱注所谓内外一，是也。社会有此人际关怀、人间情感作支援，甚为重要。所以虽个体态度却有社会功能，“民德归厚”亦赖于此。

9.11 颜渊喟然叹曰：“仰之弥高，钻之弥坚。瞻之在前，忽焉在后。夫子循循然善诱人，博我以文，约我以礼，欲罢不能。既竭吾才，如有所立卓尔。虽欲从之，末由也已。”

【译】 颜回深深感叹说：“越仰望，就越感到高大；越钻研，就愈感到坚固。看到它在前面，忽然又到了后面。老师善于一步步地引导，以广博的知识丰富我，以严肃的礼制规范我，使我想罢休都不可能。充分发掘了我的才能，好像能够高高地站立起来了；但想要继续跟着前进，又感到不知如何走了。”

【注】 《钱解》：推孔子之道，虽极高深，若为不可几及，亦不过在人性情之间，动容之际，饮食起居交接应酬之务，君臣父子夫妇兄弟之常，出处去就辞受取舍，以至政事之设施，礼乐文章之讲贯，细读《论语》，孔子之道，尽在其中矣，所谓无行而不与二三子者是丘也。非舍具体可见之外，别有一种不可测想推论之道，使人无从窥寻也。学者熟读《论语》，可见孔子之道，实平易而近人。而细玩此章，可知即在此平易近人之中，而自有其高深不可及处。虽以颜子之贤，而犹有此叹。

【记】 钱解甚好，“道在伦常日用之中”即此之谓。而颜回所说则是学生对老师的最高赞叹：老师那种神龙见首不见尾的风貌品德和自己虽追赶也不可企及的崇敬感。孔子对颜回、曾参的教导特征，远超出“学优则仕”的教育目的和范围，而成为完整人格和人生境界的追求企望。这便是孔学宗教性的道德方面。它起着拯救灵魂解除尘俗的准宗教功能。作为这种老师，孔子也才获得如此崇高而近乎神秘的形象描述。“欲罢不能”四字佳甚，展示学习之不断深入状态。

9.12　子疾病，子路使门人为臣。病间，曰：“久矣哉，由之行诈也！无臣而为有臣。吾谁欺？欺天乎！且予与其死于臣之手也，无宁死于二三子之手乎！且予纵不得大葬，予死于道路乎？”

【译】 孔子病重，子路要学生们挂上臣下事奉的名义。后来，孔子病减轻了些，说：“太久了，子路欺骗我！我没有资格有臣下，却居然有了；我骗谁呢？骗老天吗？而且我与其死在所谓臣下身边，不如死在你们学生们身边。我即使不能办大丧事，难道我会被扔在道路上吗？”

【注】《朱注》：夫子时已去位，无家臣。子路欲以家臣治其丧，其意实尊圣人。

《正义》曰：夫子仕鲁为司寇，是大夫也。今子路尊荣夫子，欲用大夫丧葬之礼，故使门人为臣助治之。有臣死于臣手，礼也。夫子愿死于弟子者，以弟子情益亲也。故《皇疏》云：在三事同，若以亲察而言，则臣不及弟子也。又云：臣礼就有养有方，有方则隔；弟子无方，无方则亲也。

【记】《正义》以弟子亲于家臣解说甚好。非只严遵礼制，且更重亲情。“天地国亲师”均情感崇拜敬爱对象，信然。

9.13 子贡曰："有美玉于斯，韫椟而藏诸？求善贾而沽诸？"子曰："沽之哉！沽之哉！我待贾者也。"

【译】 子贡说："这里有块美玉，是包裹好放在柜子里藏起来呢？还是找个识货的买主卖掉呢？"孔子说："卖掉吧，卖掉吧，我等着买主哩。"

【注】 《集释》《皇疏》王弼云：重言沽之哉，卖之不疑也。故孔子乃聘诸侯以急行其道也。

【记】 孔子念念不忘"外王"，自比如出售良货，绝不像宋明理学所解读的孔子。

9.14 子欲居九夷。或曰："陋，如之何？"子曰："君子居之，何陋之有？"

【译】 孔子想到未开化的地方去居住。有人说："那么落后怎么办？"孔子说："有君子去住，还会落后吗？"

【注】 《正义》《孟子·尽心篇》：君子所过者化，所存者神。故君子居之，则能变其旧俗，习以礼仪。

【记】 "陋"，一般解作"简陋"，钱穆解作"文化闭塞"，反正是不好，不文明，不舒适，不方便，等等，所以译为"落后"。孔子为何想去？大概由于周游列国，中原文明各国均不见用而大发牢骚吧？

9.15 子曰："吾自卫反鲁，然后乐正，雅颂各得其

所。”

【译】 孔子说：“我从卫国回到鲁国，把音乐整理出规范来。‘雅’、‘颂’都得到了各自的位置。”

【注】 《杨注》：“雅”和“颂”一方面是《诗经》内容分类的类名，一方面也是乐曲分类的类名。篇章内容的分类，可以由今日的《诗经》考见；乐曲的分类，因为古乐早已失传，便无可考证了。孔子的正“雅”、“颂”，究竟是正其篇章呢？还是正其乐曲呢？或者两者都正呢？《史记·孔子世家》和《汉书·礼乐志》则以为主要的是正其篇章。

【记】 仍然是注重音乐。本来，乐先于礼，是一切精神文化的源头，即远古先民的巫术歌舞也，其后才从中分化出礼制来。礼制系统出来后，“乐”倒成了“礼”的一个部分了。可参考拙作《华夏美学》第一章。孔子“删诗书，正礼乐”是一大工作。“雅”、“颂”是直接有关祭祀等重要仪典的“庙堂诗”，使它们得到正确的位置，就是表示承续了周公“制礼作乐”的事业，维护了传统的礼制。这当然是孔子所想做和必须做的。孔子作为教育家、思想家是与他把传统礼制作为准宗教性的精神事业来维护分不开的。结果“乐教”并没真正延续传承下来，其重要性也早丧失而渐沦为仪文性、娱乐性的了。这也属历史发展，无可避免，因逐渐脱离远古巫术仪式而日益理性化，社会自靠礼制规则来维系，而不再依靠原始歌舞音乐了。所以孔子谈礼制毕竟远多于谈音乐。

9.16 子曰：“出则事公卿，入则事父兄，丧事不

敢不勉，不为酒困，何有于我哉？”

【译】 孔子说：“出外事奉官长，回来事奉父兄，有丧事不敢不尽力，不嗜酒贪杯，我还有什么长处吗？”

【注】《正义》邢疏云：言出仕朝廷，则尽其忠顺以事公卿也。入居私门，则尽其孝悌以事父兄也。若有丧事，则不敢不勉力以从礼也，未尝为酒乱其性也。

【记】“不敢不勉”者，必须自我立法，勉力而为。道德总是理性对感性的制约、束缚和控导，常常是“理欲相斗”而以理胜。这种“斗”首先是自觉(不敢不勉)，然后逐渐做到“不自觉”。“理欲相斗”，“德”之始(道德)；“理欲相融”，“情”为终(审美)。

9.17 子在川上，曰：“逝者如斯夫！不舍昼夜。”

【译】 孔子站在河岸上说：“时光岁月就像它啊！不分日夜地向前奔流。”

【注】《康注》：天运而不已，水流而不息，物生而不穷，运乎昼夜未尝已也，往过来续无一息也。是以君子法之，自强不息。

【记】 这大概是全书中最重要的一句哲学话语。儒家哲学重实践重行动，以动为体，并及宇宙；“天行健”，“乾，元亨利贞”均是也，从而它与一切以“静”为体的哲学和宗教区分开来。宋儒是号称“动静一如”、“亦动亦静”，仍不免佛家以静为体的影响。现代熊十力的贡献正在于，他重新强调了这个“动”的本体。“逝者如斯夫”正在于

"动"。其中，特别涉及时间在情感中才能与本体相关涉。这是对时间的咏叹调，是人的内时间。以钟表为标志和标准的外在时间是一种客观社会性的产物，为人的实践活动、人的群体生存所需要，它是人活动的另一种空间，是一种工具性的、实用性的活动的外在形式，它产生于生产劳动的社会实践中，由使用工具的活动所造成(见拙作《批判哲学的批判》)，人类为了未来的谋划考虑，为了过去的经验总结，需要这种空间化的实践时间。康德所谓"内感觉"的时间也仍从属和服务于此，它只是认识的感知形式。这种形式是理性的内化。而"真正"的时间则只存在于个体的情感体验中。这种"时间"是没有规定性的某种独特绵延，它的长度是心理感受的长度。有如席勒(Schiller)所云，"我们不再在时间中，而是时间以其无穷的连续在我们的心中"(《审美书简》)。

作为时间现象的历史，只有在情感体验中才成为本体。这亦是情感本体不同于工具本体的所在：工具本体以历史进展的外在时间为尺度，因为工具本体由人类群体实践所创造、所规范、所制约。个体在此历史长河中诚有如黑格尔(Hegel)所言，常为理性狡计的牺牲品，而无自由可言。(在自由时间增多而使"自由王国"来临之前，这一点是真实的。)唯情感时间则不然，人能在这里找到"真实"，找到自由，找到永恒，找到家园，这即是人生本体所在，陶潜诗曰"众鸟欣有托，吾亦爱吾庐"是也。

人在对象化的情感客体即大自然或艺术作品中，观照自己，体验存在，肯定人生，此即家园，此即本体—人生和宇宙的终极意义。在这里，**过去、现在、未来才真正融**

为一体而难以区分。在这里，情感即时间，时间即情感。人面临死亡所感到的虚无（人生意义）在此才变为“有”。废墟、古物、艺术作品均因此由“无”（它本身毫无实用价值或意义）而成为“有”。**中国传统诗文中的“人生无常”感之所以是某种最高感受，正由于一切希望、忧愁、焦虑、恐怖、惊讶、失望、孤独、喜悦等等均在此“人生无常”感前自惭形秽。**对照之下，实用时间（即空间化的“现实”时间）的无意义无价值，便昭然若揭，即所谓江山常在而人事全非。李白诗曰“宫女如花春满殿，而今只有鹧鸪飞”是也。

可见，实用时间在这意义上即无时间，即“无”。只有在情感体验中，才“有”，时间才获得它的本根性质。然而这“本真”的时间又必须以此“非本真”的实用时间为基石，否则它不能存在。人之所以是一种历史性的生物存在，也只有在此情感时间中才能深深把握。“闲愁最苦”，“闲愁”即失去了实用时间。人完全失去生存的目的活动，也就等于什么都不存在。庄子以“无”诱导人们脱尘俗求逍遥；佛家以“空”教人断俗尘绝生念；然而人还得活，还得吃饭穿衣，于是只有在此情感的时间中来获得避难所和依居地。叔本华（Schopenhauer）曾以观照艺术消解求生之欲，亦此意也。因为只有在艺术中，时间才可逆，从而因艺术而重温历史，使一己求生之欲望虽消释而人性情感却丰富。“丰富”一词的含义，正是指由于接触到人类本体的成长历程，而使理性不再主宰、控制而是深深浸入和渗透情感本身之中。

情感与时间的各种关系，其中包括情理结构的比例等等，是一个复杂而颇待开发的巨大问题。二十世纪的各派哲学均以反历史、毁人性为特征，于是使人不沦为机器，便成为动物。如何才能走出这个厄运？此本读提倡情感本体论之来由。“情”属“已发”，所以情感本体论否认“未发”、“静”、“寂”，认为离开“动”、“已发”、“感”来谈“静”、“未发”、“寂”便是“二本”。“感不离寂，寂不离感。舍寂而缘感，谓之逐物；离感而守寂，谓之泥虚”(王龙溪《致知议辩》)。前者“逐物”乃自然人性论，已失去作为本体的情感意识；后者乃天理人欲论，也失去作为情感的本体，所以说是“泥虚”，即以虚无的“理”来杀人也。“理”、“性”为虚为无，自然界的循环如无人在，亦虚亦无。对实用时间消逝(“无”)之情感体验才“有”。**废墟、古物之意义正在于此：它活在人的情感中，而成为有。“人均有死”乃一抽象命题，每个人都还活着才具体而现实，对此活之情感体验才“有”。这才是“此在”之真义。**

9．18　子曰：“吾未见好德如好色者也。”

【译】 孔子说：“我没有看见喜爱道德能像喜爱女色那样的人啊。”

【注】 《钱解》：或说，好色出于诚，人之好德，每不如好色之诚也。又说，《史记》：孔子居卫，灵公与夫人同车，使孔子为次乘，招摇市过之，故有此言。今按：孔子此章所叹，古固如此，今亦同然，何必专于卫灵公而发之？读《论语》，贵亲从人生实事上体会，不贵多于其他书籍上牵说。

【记】 钱解甚好。好色之色亦可作宽泛解，不必止于女色，一切过度之华美文饰均是。

9.19 子曰："譬如为山，未成一篑，止，吾止也。譬如平地，虽覆一篑，进，吾往也。"

【译】 孔子说："譬如造山，只差一筐土，如果中断，我也就停止了。譬如在平地上，虽然只倒下一筐土，如果继续，我也就干下来了。"

【注】 《朱注》：盖学者自强不息，则积少成多；中道而止，则前功尽弃。

《正义》《大戴礼记·劝学》云：积土成山，风雨兴焉；积水成渊，蛟龙生焉；……故不积跬步，无以至千里；不积小流，无以成江河。骐骥一跃，不能十步；驽马十驾，功在不舍。锲而舍之，朽木不折；锲而不舍，金石可镂。

【记】 此即所谓"愚公移山"，强调韧性，自有成效。荀子《劝学》与上述《大戴礼记》同，此中华民族之根本精神与儒学有关，而无关乎道、法、阴阳也。儒学之为中华文化主干，固宜。

9.20 子曰："语之而不惰者，其回也与！"

【译】 孔子说："和他谈了，就不松懈怠惰的，大概是颜回吧。"

【注】 《朱注》：惰，懈怠也。

【记】 与上章相呼应，"不惰"即坚持也。

9.21 子谓颜渊曰："惜乎！吾见其进也，未见其止也。"

【译】 孔子评论颜回说："真可惜啊！我只见他不断前进，从没看他停止过。"

【注】 《朱注》：颜子既死而孔子惜之，言其方进而未已也。

【记】 与上章同。

9.22 子曰："苗而不秀者有矣夫！秀而不实者有矣夫！"

【译】 孔子说："禾苗存活了，却未能成长结穗，有的吧。成长结穗了，却未能凝浆结实，有的吧。"

【注】 《朱注》：谷之始生曰苗，吐华曰秀，成谷曰实。盖学而不至于成，有如此者，是以君子贵自勉也。

【记】 不韧性坚持，便常如此。常见年轻人稍有成就即沾沾自喜甚至骄傲自大，很快便不再长进，终于无成。无果实的花朵，绚烂惑人，一时而已。

用苗之秀实即生命之成长来喻人生、学问，甚好。**中国画论、文论、诗画亦常用骨、肉、血、气等身体词汇来描述论理，盖均与生命有关。中国重生命，重感性，这个生气盎然的"一个世界"观，几乎无处不在。**大小宇宙、医学、书画、人格、气节、审美、道德……均生命之体现。所以"神"、"气"、"韵"、"骨"概念到处可用，普及于文、史、哲、医家、术数，此固中国文化之特征。

9.23 子曰："后生可畏，焉知来者之不如今也？四十、五十而无闻焉，斯亦不足畏也已。"

【译】 孔子说："年轻人是可敬畏呀，怎么能认为后来的不如今天的人呢？一个人到了四十岁五十岁还不明白道理，那也就不值得敬畏了。"

【注】 《集释》林春溥《四书拾遗》王阳明曰：无闻是不闻道，非无声闻也。

【记】 可见轻视年轻人似由来久远，孔子反对。但孟子之"三达尊"，至今仍有影响。很多解释作"四十五十还没成名"，不从。采王阳明说，勉励进德修业、时不我待也。

9.24 子曰："法语之言，能无从乎？改之为贵。巽与之言，能无说乎？绎之为贵。说而不绎，从而不改，吾末如之何也已矣。"

【译】 孔子说："符合礼制规矩的话，怎么能不听从呢？改正错误才可贵。符合自己心意的话，怎么能不高兴呢？分析一番才可贵。盲目高兴，不加分析；表面接受，实际不改，那我也就没办法了。"

【注】 《集释》湛若水《四书训测困勉录引》：说而不绎，犹不说也，而甚于不说。从而不改，犹不从也，而甚于不从。何也？不说不从者，即锢蔽日甚，然此念一转，其奋发犹可望。亦从亦说，只是不绎不改，全是顽皮心性，如何着手？

【记】 爱听好话而难改过错，古今同病。孔子总讲具体问题，而不空谈性理，这才能真正塑建人性。

9.25 子曰："主忠信，毋友不如己者，过则勿惮改。"

【译】 孔子说："以忠诚信实为主，没有不如自己的朋友。有了过失，不怕去改正。"

【注】 《正义》：慎所主、友，有过务改，皆所以为益。

【记】 与1．8同。重出。

9．26 子曰："三军可夺帅也，匹夫不可夺志也。"

【译】 孔子说："可以剥夺三军主帅的权力，休想剥夺一个普通人的意志。"

【注】 《集释》《论语意原》：可夺者所主在人，不可夺者所主在我。

【记】 将道德人格的崇高表达无遗，至理名言。梁漱溟在"批孔"高潮中，以此句抵挡不可一世的帝王权势与群众狂潮，不愧为身体力行的孔学门徒，值得称赞。

9．27 子曰："衣敝缊袍，与衣狐貉者立，而不耻者，其由也与？'不忮不求，何用不臧？'"子路终身诵之。子曰："是道也，何足以臧？"

【译】 孔子说："穿着破旧的棉袍与穿着高贵皮衣的人站在一起，而不感到羞惭耻辱的，只有子路吧?！'不妒不贪，哪能不好?'"子路一生念这诗句，孔子说："仅仅如此，还不够好。"

【注】 《集释》《论语传注》：夫耻己之无而恨人之有则忮，耻己之无而羡人之有则求。

【记】 孔子对子路的教育方法是：当人们满足其学问、

道德时，便又猛击一掌，使之继续前行。所谓“天行健，君子以自强不息”也。中国共产党当年进行思想改造时强调“活到老，学到老，改造到老”(周恩来)，之所以被许多知识分子所衷心接受，大概也正因为有此传统心理积淀在起作用？

9.28　子曰：“岁寒，然后知松柏之后凋也。”

【译】　孔子说：“寒冷的冬天，才知道松树柏树不凋谢。”

【注】《正义》：诸说或以岁寒喻事难，喻乱世，喻势衰，义均得通。

《集释》李光地《论语札记》：旧业未谢而新枝已继。

【记】《庄子·让王》及《吕氏春秋》均记载：“孔子穷于陈蔡之间，七日不火食”、“颜色甚惫而弦歌于室”，门人有怨言，孔子曰：“天寒既至，霜露既降，吾是以知松柏之茂也。”此与“匹夫不可夺志”章同样意思。在冰雪严寒的恶劣环境中，才能真正显示具有韧性精神的意志崇高。“后凋”之“后”应训解为“不”，古人用“后”代“不”，措辞婉约也。以自然景物喻人事品德，乃充满情感特征的诗意语言(审美)，此中国文字及文化特征之一，亦前述类比联想之具体应用。在中国，松树至今犹多入诗入画。在这里，非苦难(岁寒)本身而是抵御和战胜苦难，才有此欢乐颂。这正是中国乐感文化不同于俄罗斯“苦难即得救，即欢娱”之所在。康德有所谓“道德的象征”，中国以松柏象征韧性精神，以肯定的情感态度来激励人们，并由此进入更深一层的超道德的审美的“本体”境界，即对本真存有的情感把握：人与以松柏为代表的宇宙—自然融合为一。可见，在日常生活中，如同在艺术中，同样可以体验、把握、领悟这一最高“本体”。“如何活”、“为什么活”与“活得怎样”在这里便混沌一体，难以分别了。

马克斯·韦伯(Max Weber)认为宗教状态正在于它的非日常性、非世俗性，中国以审美代宗教达到此最高本体，却可以在日常性、世俗性之中，其中包括对苦难的关注(“岁寒”)。“仁”、“敬”、“诚”、“庄”诸道德范畴均有审美情感，因此可信仰的不是那可畏惧的严厉上帝，而是具有情感的生命(“天地国亲师”)本身，亦即相信人类如同天地一样将延续永生而趋行于善(道)。所谓“以美储善”即松柏后凋之谓也。文天祥所云“惟其义尽，所以仁至”，“读圣贤书，所学何事”，极为精辟地概括了责任感(义)与天地感(仁)、道德(义)与情感(仁)的关系，文天祥以力行实践完成了这一关系，由至大至刚而至美至圣。中国古典传统的典范，如焉斯见。

9. 29　子曰：“知者不惑，仁者不忧，勇者不惧。”

【译】 孔子说：“聪明的人不迷惑，仁爱的人不忧愁，勇敢的人不畏惧。”

【注】 《朱注》：明足以烛理，故不惑；理足以胜私，故不忧；气足以配道义，故不惧。

《集释》《申鉴·杂言下》：君子乐天知命，故不忧；审物明辨，故不惑；定心致公，故不惧。

【记】 “仁者不忧”，即乐感文化也。其他两者，很好理解，几乎是同语反复，但又不是。因为后一词(不惧)描述的是心理状态。如以此二句类推，则“仁”自应是某种精神愉悦的胸怀心境。可见仅以“忧患意识”涵盖孔学及中国文化者，差以毫厘，失之千里矣。可见，一方面是“不忧”，另方面是多“忧”(《论语》屡见)。此 Concern 而非 Worry 也。“患”，亦同，不忧外在的利害荣辱，只忧自己的进德修业，宗教性私德也。《申鉴》所言对政治家甚合适，大公无私，夫复何惧。宗教性私德范导社会性公德也。

9. 30 子曰：“可与共学，未可与适道；可与适道，未可与立；可与立，未可与权。”

【译】 孔子说：“可以在一起学习，未必可以走同一条路；可以同走一条路，未必可以坚持同样的原则性；可以坚持同样的原则性，未必能有同样的灵活性。”

【注】 《朱注》洪氏曰：易九卦，终于巽以权。权者，圣人之大用。未能立而言权，犹人未能立而欲行，鲜不仆矣。

【记】 “经”与“权”是孔学一大问题，我以为译为“原则性”与“灵活性”最贴切，前章已谈。如何掌握此二者，就是所谓“领导的艺术”、“做人的艺术”，亦即根据具体情况掌握适当的“度”，这才是真正的“道”。“立”即树立、建立。如“立于礼”即关于原则立场，即“经”也。程颐却说“权只是经”，否认“权”(灵活性)的本身的价值和意义。宋明理学家多空谈性理原则，不识生活权变，死守教条，不知灵活，迂腐无能，不足成事者，多矣。而阴谋家、政治家却又只重权变，讲灵活，只问利害，不顾原则，以至无所不为，但常常操胜算，建事业，功垂后世。这正是伦理主义与历史主义矛盾的又一种显现。如何掌握“经”与“权”的关系，其中又有“经”与“权”矣。

“权”与个体性相关，它是个体的自由性、自主性的实践和显现。因即是灵活性，即非可普遍搬用之教条，“权者，反经而善者也”(《孟子赵岐注》)。“常谓之经，变谓之权，怀其常经而挟其变权，乃得为贤”(《韩诗外传》)。此个体掌握运用之灵活性如何“反”而不“反”(经)，即“度”的合适，掌握很难，这便是艺术。儒家不强调一成不变的绝对律令、形式规则，而重视“常”与“变”、“经”与“权”的结合。并以“权”比“经”更近于“道”，因“道”必须因“权”才能实现，仍重在实践和实行，此即“实用理性”。今日似更应注意此种重视个体性、灵活性亦即主动性的儒学方面，而与仅强调“经”(原则性的伦理规范)的宋明理学相区别。

9.31 “唐棣之华，偏其反而。岂不尔思？室是远而。”子曰：“未之思也，夫何远之有？”

【译】 “蔷薇花啊！摇来摆去；难道不想你？是住得太远了呀。”孔子说：“没有真想呀，远什么呢？”

【注】 《集释》《四书辨疑》：自汉魏以来，解《论语》者多矣，此章之说，皆莫能明。

【记】 这章素称难解，不如根据字面译出。前面四句是古诗，后面是孔子借诗发挥，摇来摆去，并未真正执着；否则“我欲仁，斯仁至矣”，又何必怕遥远呢？

乡党第十

共十六章

10. 1 **孔子于乡党，恂恂如也，似不能言者。其在宗庙朝廷，便便言，唯谨尔。**

朝，与下大夫言，侃侃如也；与上大夫言，訚訚如也。君在，踧踖如也，与与如也。

【译】 孔子在家乡，恭顺谦逊，好像不会说话。他在宗庙和朝廷，讲话雄辩，但很谨慎。

在朝廷中，他与同级说话，直率畅快；与上级说话，温和恭顺；国君在的时候，敬畏不安，态度严肃。

【注】 《朱注》：恂恂，信实之貌。似不能言者，谦卑逊顺，不以贤知先人也。乡党，父兄宗族之所在。侃侃，刚直也。訚訚，和悦而诤也。……踧踖，恭敬不宁之貌。与与，威仪中适之貌。……此一节，记孔子为君傧相之容。

《正义》：夫子仕鲁为小司空、小司寇，是下大夫。

《康注》：以视人之骄于乡里而讷于朝廷，何相反也。此记孔子在乡党、宗庙、朝廷言貌之不同。

【记】 这篇都是记述孔子的公私生活、饮食起居，就是没记性生活。希腊古代有各种性交图样，中国也有彭祖御女术，但儒家不传这些，看来是一大缺点。因为如果儒学能传讲这个方面，由于实用理性的制约，既可免去荒诞不经，又可排除后世的理学禁欲。之所以不传，是因为关于性技术等方面没有礼制的规定。本篇所记均孔子行为举止、态度容貌对礼的践履。其中字句涉及多种仪文制度，历代考据甚多，今日已无意义，均不讨论。

本章则记录孔子在不同人们中间的言语、态度。看来似可笑，为什么对不同等级的人讲话姿态都不同呢？这是因为它们均由各种巫术仪式演变而来，均 ritual、taboo 之类的理性化遗迹。其实虽今日对老板讲话和对同僚讲话，毕竟仍不大一样。只是在古代由巫术演化为规范化的礼制而孔子忠实履行之而已。今日官僚之谄上慢下，与康注同。叹之。

10. 2　君召使摈，色勃如也，足躩如也。揖所与立，左右手，衣前后，襜如也。趋进，翼如也。宾退，必复命曰："宾不顾矣。"

【译】　国君命他迎接外宾，面色马上变得庄重，起步快速。向站着的人们作揖行礼，或左或右，他的衣服前后飘动，都很整齐。很快地行走，像鸟展开翅膀一样。宾客走后，一定回来报告说："客人已经不回头了。"

【注】　《正义》郑曰：君召使摈者，有宾客使迎之。

【记】　这章记载孔子被任命接待外宾时的姿态。最后一句是说，一直等宾客走远不再回头作别时，自己才回来，以示慎重和礼貌。"宾"是古代重要礼制之一。本篇所记孔子忠实履行礼制之细节，即意义在于展示礼制乃日常生活中之神圣仪式也（从芬格莱特说，他举西方之握手礼仪为例，甚有趣）。正因为神圣，所以才如此严肃和严格。但芬氏未指出此礼制之所以如此神圣实来源于原始巫术仪典。

10. 3　入公门，鞠躬如也，如不容。

立不中门，行不履阈。

过位，色勃如也，足躩如也，其言似不足者。

摄齐升堂，鞠躬如也，屏气似不息者。

出，降一等，逞颜色，怡怡如也。

没阶，趋进，翼如也。

复其位，踧踖如也。

执圭，鞠躬如也，如不胜。上如揖，下如授。勃如战色，足蹜蹜如有循。

享礼，有容色。

私觌，愉愉如也。

【译】　孔子走进国君的大厅，弯着腰，好像容不下自己似的。

不站在大厅中间，行走不踩门槛。

走过国君的座位时，面色变得庄重，行步快速，话也好像没有了。

提着衣襟走上台阶，弯着腰，轻声呼吸而不喘气。

出来，走下一个台阶，就放松容貌，一种舒适、愉快的样子。

走完了台阶，快走前进，像鸟展翅。

回到原来的位置，一副敬畏不安的样子。

手拿着玉圭，弯着腰，好像负担不起。上举，像作揖；

下举，像交接。面容庄重，战战兢兢。用紧凑的小步行进，像一条直线一样。

献礼时，脸色凝正。

私下相见，则轻松愉快。

【注】 《集释》《皇疏》：位，君常所在外之位也。此位可尊，故臣行入，从位之边过，而色勃然，足躩为敬也。

《杨注》：圭，一种玉器，上圆，或者作剑头形，下方，举行典礼的时候，君臣都拿着……足蹜蹜如有循——“蹜”音“缩”。“蹜蹜”，举脚密而狭的样子。

【记】 “屏气似不息者”，一般应译为“憋着气好像不呼吸一样”，太过分了，又不是潜水游泳，何必如此？读此章，难怪青年人讨厌孔子。这副卑屈身貌，现代人看来很不雅观。这倒很有点像后世“侍君如侍虎”的描写，孔子时代不应有此。其实这是礼制（来自父系家长制所建立的对氏族首领即部落国君的敬畏礼仪），孔子忠实履行之，学生忠实记录之。

“足蹜蹜如有循”，是否即今天日本妇女还有的那种“紧凑的小步行进”呢？总之是一种表示恭顺、敬畏的礼仪举止。本篇记述孔子严格遵循周人礼制的动作、行为、语言、姿态，如此严肃认真，一丝不苟，并充满如此庄重敬畏的情感态度。之所以如此，仍由于礼出乎巫，即原始巫术礼仪的制度化理性化后之产物，其中保存和积淀了上述特征。礼者，履也，履巫步也。因此任何姿态、语言、动作均有严重的神圣性。如“执圭……如不胜”即对自己职位的敬畏尊重。

10. 4　君子不以绀緅饰，红紫不以为亵服。

当暑，袗絺绤，必表而出之。

缁衣，羔裘；素衣，麑裘；黄衣，狐裘。

亵裘长，短右袂。

必有寝衣，长一身有半。

狐貉之厚以居。

去丧，无所不佩。

非帷裳，必杀之。

羔裘玄冠不以吊。

吉月，以朝服而朝。

【译】 君子不用黑色作衣服领子、袖口的镶边，不用红色、紫色作便服。

夏天，穿单汗衫，一定加件外衣才出门。

黑衣配紫羊皮，白衣配鹿皮，黄衣配狐皮。

在家穿的皮衣长一些，但右袖短一些。

一定有小被子，长度是身长的一倍半。

用狐皮等厚毛作坐垫。

丧礼完毕以后，就没有什么不可以佩戴的了。

除了上朝祭祀的礼服，一定有连缝。

不穿紫羊皮、不戴黑帽去吊丧。

每月初一，一定穿着礼服去朝拜。

【注】 《朱注》：吉月，月朔也。苏氏曰：此孔氏遗书，杂记曲礼，非特孔子事也。

【记】 这章讲孔子穿衣服的礼制。中国以白吊丧，黑是好颜色。红、紫是君王用的贵重色彩，不能随便使用。

“礼”的特点是“分”，分别各种等级秩序，以表示上下左右、尊卑贵贱。于是连色彩也如此划分，自远古一直延续到二十世纪初，巨细无遗地统治了人们的举止行为甚至衣服穿戴，涉及社会生活的各种公私领域，太过于束缚了。似其他文化所少有，它仍源于上古巫术礼仪。所以在衣着方面的“造反”活动也可以算作一种现代思潮。晚明、晚清均有此。

10. 5　齐，必有明衣，布。

齐必变食，居必迁坐。

【译】　斋戒，一定有浴衣，布做的。

斋戒，一定改变饮食，改变住房。

【注】　《杨注》：迁坐，等于说改变卧室。……斋戒之时则居于“外寝”(也叫“正寝”)，和妻室不同房。唐朝的法律还规定着举行大祭在斋戒之时官吏不宿于正寝的，每一晚打五十竹板。这或者犹是古代风俗的残余。

【记】　斋戒时一定要洗澡，所以有浴衣。之所以必须是布做的，以及吃素、不性交，等等，都是为了节制自己的享受和快乐，以表示忠诚、崇敬和畏惧。此乃古代巫术仪式的残存。儒家的“敬”、“畏”一直保存这种宗教性的禁欲特征，发展为宋明理学的“灭人欲，存天理”的著名理论。

10. 6　食不厌精，脍不厌细。

食饐而餲，鱼馁而肉败，不食。色恶，不食。臭恶，不食。失饪，不食。不时，不食。割不正，不食。不得

其酱，不食。

肉虽多，不使胜食气。

唯酒无量，不及乱。

沽酒市脯，不食。

不撤姜食，不多食。

祭于公，不宿肉。祭肉不出三日。出三日，不食之矣。

食不语，寝不言。

虽疏食菜羹，瓜祭，必齐如也。

席不正，不坐。

【译】 饭食不嫌精，鱼肉不嫌切得细。

饭菜馊了，鱼肉腐烂了，不吃。变了颜色，不吃。发臭，不吃。没煮熟，不吃。季节未到，不吃。杀牲不对路，不吃。没有合式的调料，不吃。

肉虽然多，不超过饭菜。

酒虽然不限量，但不喝醉。

过夜的酒，街上卖的肉，不吃。

不离开吃姜，但不多吃。

参加公家的祭祀，祭肉不留到第二天。自家的祭肉不超过三天，超过三天就不吃了。

吃饭时不交谈，入睡时不讲话。

虽然是用粗饭蔬汤瓜果祭祀，也一定进行斋戒。

坐席摆得不正确，不坐。

【注】 《正义》：过三日，则肉不堪食。王氏鎏《正义》引任启运曰：当食时，心在于食，自不他及，日常如此，故记

之。若礼食相会，岂无应对辞让之文？孔曰：斋，严敬貌。三物虽薄，祭之必敬。《曲礼》云：主人跪正席，客跪抚席而辞。可知凡坐时，皆有正席之礼。

《康注》：酒以为人合欢，故不为量。所谓一斗亦醉，一石亦醉，但以醉为节不及乱耳。肺为气主，喉有气管而声出焉。寝食则气窒而不通，言语恐伤之也。古人饮食，每种各出少许，置之豆间之地，以祭先代始为饮食之人，不忘本也。今印度祭犹如此。齐，严敬貌。孔子虽薄物必祭，其祭必敬，圣人之诚也。

【记】 上章讲衣，这章讲食。记述孔子的饮食规矩，后儒解第1—2句有恰相反者，说孔子饮食不讲精细，释“厌”为“餍”(饱食)，即食不过饱，亦可。因《论语》多次有“饭疏食饮水”，“一箪食，一瓢饮”，“士耻恶衣恶食者未足与议”的话。全章均记述孔子很讲究饮食起居，这正是儒学重生的具体表现，它们也确乎大体符合现代卫生，有益于健康。“割不正”也有多解，均不大通，这里含糊译出，原文也许指生病的牲口，不可知矣。隔夜酒、市上肉不吃，大概和祭肉过了三天就不吃一样，是因为不清洁，吃了容易生病。老吃姜，可能为了抵御寒气和杀菌？此章最重要的是“唯酒无量，不及乱”一句，这似乎已成为中国传统特征：喝酒的人不少，喝醉的也不少，但很少酗酒闹事，街头醉汉不多，始终强调自我控制，不予放纵而以“微醺”境界为高。所以我称之为“非酒神型”(见《华夏美学》)的文化。

其他的礼制及孔子的行为，似均普通常识，如“食不语，寝不言”，免影响消化及睡眠，但并非绝对，如注所言，请客人吃饭岂有不交谈的？对孔子言行及《论语》全书，尽信书则不如无书矣。公家发给的祭肉，时日比自家的必更久，所以更须尽快处理，等等。“席不正，不坐”、瓜祭必斋戒，则均礼制。

10. 7　乡人饮酒，杖者出，斯出矣。乡人傩，朝服而立于阼阶。

【译】 与老乡饮酒吃饭时，等老人离开了，自己才离开。老乡们举行巫术仪式时，穿着礼服站在东面的台阶上。

【注】 《集释》《皇疏》：乡人饮酒，谓乡饮酒之礼也。礼，五十杖于家，六十杖于乡，故呼老人为杖者也。乡人饮酒者贵龄崇年，故出入以老人者为节也。

《杨注》：傩，古代的一种风俗，迎神以驱逐疫鬼……湖南，如果家中有病人，还有雇请巫师以驱逐疫鬼的迷信，叫作“冲傩”，可能是这种风俗的残余。

【记】 再记孔子在乡里时的举止态度。《礼记·乡饮酒礼》也记述了敬老的各种细节，可参读。

“傩”，今日湘、贵僻远地区仍存有此驱鬼迎神、去灾求福的巫术表演仪式，远古巫史文化之流落在小传统中者也。未说孔子相信此巫术，但表示尊重、尊敬乡人的态度，仍是“敬鬼神而远之”的原则。

10. 8　问人于他邦，再拜而送之。康子馈药，拜而受之。曰：“丘未达，不敢尝。”

【译】 托人问候别国的朋友，两次弯腰行礼而告别。

康子赠送药品，鞠躬接受。说：“我不懂药性，还不敢吃。”

【注】《集释》《四书释地》：拜而受之，如今之一揖折腰而已。再拜而送之，则两揖。今拜使者，如拜所问之人，此当时使命之通礼。《四书辨疑》以必告为直，圣人之直，恐不如此。……王滹南曰：当是退而谓人之辞。

【记】再拜，表托也、谢也。或曰，“未敢尝”，不乱吃药也。

10.9 厩焚。子退朝，曰：“伤人乎？”不问马。

【译】马厩失火。孔子从朝廷回来后说：“伤人了吗？”没有问马。

【注】《集释》《反身录》：伤人乎？不问马，盖仓卒之间，以人为急，偶未遑问马耳，非真贱畜，置马于度外，以为不足恤而不问也。

【记】有注家句读为：“伤人乎？不。问马。”即问伤人后，如没有，再问马。此解聪明。人说此乃佛家影响，未必然，儒家自可由人及物。

10.10 君赐食，必正席先尝之。君赐腥，必熟而荐之。君赐生，必畜之。

侍食于君，君祭，先饭。

疾，君视之，东首，加朝服，拖绅。

君命召，不俟驾行矣。

【译】国君送食品，一定摆正席位先尝一尝。国君送来生肉，一定煮熟了向祖先荐奉。国君送来牲口，一定饲养起来。

侍奉国君吃饭，国君祭祀，先供饭食。

病了，国君来探望，脑袋朝东，把礼服盖在身上，配着上朝的大带。

国君呼唤，不等车马驾好，便先走了。

【注】《朱注》：病卧不能着衣束带，又不可以亵服见君，故加朝服于身，又引大带于上也。

《正义》郑曰：急趋君命，出行而车驾随之。

《集释》《荀子》曰：诸侯召其臣，臣不俟驾，颠倒衣裳而走，礼也。《诗》云：颠之倒之，自公召之。

【记】 这章再次记述孔子对待国君的各种“臣礼”。如“不俟驾行矣”是说自己先走，让赶车的人把马驾好赶上来，总之，为迅速行动以表尊敬、畏惧君命，这是所谓“畏大人”的具体表现。“畏”也是一种“礼”。病了不能穿戴，也要把上朝礼服、绅带盖在身上以标明身份。“畏”不能简单理解为“害怕”、“恐惧”，而应理解为对某种巨大任务、事务、义务、“大人”(国君是它们的对象化、人格化的代表)的极度尊敬、敬重，因而“害怕”、“恐惧”自己不能负荷承担，即一己之有限性的展露也。这比清谈“有限性”之类远为具体而实在。

10. 11 入太庙，每事问。

【译】 孔子走进太庙，每件事情都问。

【注】《集释》：重出。

10. 12　朋友死，无所归，曰：“于我殡。”

朋友之馈，虽车马，非祭肉，不拜。

【译】 朋友死了，没有人收殓，便说：“由我来负责丧事。”

朋友送礼物，即使是车马，如果不是祭肉，不行拜礼。

【注】 《朱注》：朋友有通财之义，故虽车马之重不拜，祭肉则拜者，敬其祖考，同于己亲也。

《集释》：重朋友之恩。无所归，言无亲昵。

【记】 表孔子交友之道：重感情，讲原则。礼物重意义的重轻而非财物之厚薄；祭肉涉及祖先，礼重，故拜。

10. 13　寝不尸，居不客。

【译】 睡不仰卧，坐不盘腿。

【注】 《朱注》：尸，谓偃卧似死人也。

【记】 睡觉，侧卧，不挺尸。“居不客”，有多种解说，此译取不必像做客时的坐法，因古代“席地而坐”的正式姿态，常常盘腿打坐，做客可能即这种姿态，当然不够舒适。“居不客”多有作“居不容”者，较难解，未从。

10. 14　见齐衰者，虽狎，必变；见冕者与瞽者，虽亵，必以貌。

凶服者式之。式负版者。

有盛馔，必变色而作。

迅雷风烈必变。

【译】 看见穿孝服的，虽然平日很亲密，也一定改变容颜。看见戴着正式礼帽的人和盲人，虽然经常遇到，也一定表示礼貌。

遇到穿丧服的，在车上俯身表敬意，同样姿态对待拿着国家文件的人。

丰盛的宴席，一定改变面容以致意。

巨雷大风，一定变色（而起，坐）。

【注】 《朱注》：（盛馔）敬主人之礼，非以其馔也。迅，疾也；烈，猛也。必变者，所以敬天之怒。此一节，记孔子容貌之变。

【记】 都是“礼”。其中，“有盛馔，必变色而作”，很有意思。今天恐怕仍有遗迹。这也很自然：为表示谢意、礼貌而“变色”也。

10.15 升车，必正立，执绥。

车中，不内顾，不疾言，不亲指。

【译】 上车：一定端正站好，拉着扶手。

在车中：不回头内看，不大声讲话，不随意指点。

【注】 《康注》：古车无坐，故若此。

【记】 似为安全也，亦礼制欤?! 当时乘车乃重要事项，故须严肃对待。本篇意义在于说明孔子日常生活中严格遵行一整套礼制，本身具有宗教性道德的教育意义，表现了对生活、人生的严肃、认真及“敬畏”特征。

10.16 色斯举矣，翔而后集。曰：“山梁雌雉，时

哉时哉！”<u>子路</u>共之，三嗅而作。

【译】 鸟惊飞盘旋一阵后停落下来。[孔子(?)]说：“这山坡上的野鸡真得其时啊，真得其时啊?!”子路去捉它，它多次惊顾，又飞走了。

【注】 《正义》王引之《经传释词》：“色斯，犹色然，惊飞貌。”《尔雅》：“共，执也。”《尔雅》：“兽曰釁，人曰挢，鱼曰须，鸟曰狊。”并动走之名。

《正义》：“狊字从目从犬，《说文训》，‘犬视’亦惊顾之意，其字与‘臭’相似，故相伪曰‘臭’，唐石经‘臭’字左旁加口作‘嗅’，则后人所改，《五经文字》此字尚作‘臭’也。”刘氏逢禄《述何篇》：“孟子曰可以任则任，可以处则处，可以速则速，圣之时者也。《乡党篇》孔子言行皆准乎礼，而归之时中，礼以时为大也。”

【记】 这章素来难解或无解，杨注曾说：“这段文章很费解，自古以来就没有满意解释，很多人疑它有脱误。”这里勉强译出。但山雉的惊飞，孔子的感叹，仍是一幅上好图画。无解也许就是可供玩味捉摸的解?

先进第十一

共二十五章

11. 1 子曰："先进于礼乐，野人也；后进于礼乐，君子也。如用之，则吾从先进。"

【译】 孔子说："先实行礼乐制度的，是居于城外的殷民族。后来采用礼乐制度的，是今日住在城中的君子们。如果要实施，那我追随前者。"

【注】 《朱注》：野人，谓郊外之民。君子，谓古士大夫也。

【记】 这章义难明，有多种解说。一种说法是：讲的是"野人""制礼作乐"，虽"粗俗"，但在先。"君子"虽典雅，但在后。孔子崇古，当然从"先进"。春秋有国(城市)野(乡下)之分，非姬周贵族包括殷遗民居市外，即"野人"也。孔子一贯"从周"，盛赞周礼，为何此章说要从野人之先进呢？不得解，也许今日之君子所行礼乐已经变质？也许，结合现代情况，应将各不同文化渊源、传统暂且撇开，求一"合理的(reasonable)"共同公约作为社会政治体制、道德，先进者野人，必其最低公约数所在也。此解当然不合经典"原意"，然而今日似颇重要。也有释"先进后进"为"先后学生"而可与下章(11. 2章)相联结，"如用之"即如推荐的话，则孔子推荐子路等老学生，此说似更平实好懂。

11．2　子曰：“从我于陈、蔡者，皆不及门也。德行：颜渊，闵子骞，冉伯牛，仲弓。言语：宰我，子贡。政事：冉有，季路。文学：子游，子夏。”

【译】　孔子说：“跟随我在陈、蔡两地的学生，现在都不在这里了。德行好的：颜回、闵子骞、冉伯牛、仲弓；会办外交的：宰我、子贡；能办政务的：冉有、子路；熟悉礼仪文献的：子游、子夏。”

【注】　《朱注》：孔子尝厄于陈、蔡之间，弟子多从之者，此时皆不在门。故孔子思之，盖不忘其相从于患难之中也。

【记】　孔子在陈“绝粮”，在蔡受困，都是最困难、危险的时刻。孔子追思往昔，情不自胜。宰我被孔子多次严厉责骂，此处却怀念而称赞之。此章亦有别解，多分为两章，本读仍从朱熹说，合为一章读，以重感情、道名姓，“不忘其相从于患难之中”也。“文学”并非后世的“文章”，主要指有关礼仪制度的学问。

对时间的回顾，可使过去、现在、未来合成一体，古今交织，感慨良多，由此而可以励志，自强不息。“无情未必真豪杰，怜子如何不丈夫？知否兴风狂啸者，回眸时看小於菟”，此鲁迅爱子诗，抗世者仍重人伦情。

11．3　子曰：“回也非助我者也，于吾言无所不说。”

【译】　孔子说：“颜回不是对我有助益的人啊，他对我所讲的没有不悦服的。”

【注】《朱注》：助我，若子夏之起予，因疑问而有以相长也。颜子于圣人之言，默识心通无所疑问，故夫子云然。其辞若有憾焉，其实乃深喜之。

【记】诚如朱注，遗憾而又深喜之。王阳明也如是说。学问，学问，多问才教学相长，师生兼益。

11.4 子曰：“孝哉闵子骞！人不间于其父母昆弟之言。”

【译】孔子说：“闵子骞真是孝顺呀，别人没法不同意他的父母兄弟对他的谈论。”

【注】《正义》《艺文类聚·孝部》引《说苑》云：闵子骞兄弟二人，母死，其父更娶，复有二子。子骞为其父御车，失辔，父持其手，衣甚单。父则归呼其后母儿，持其手，衣甚厚温，即谓其妇曰：吾所以娶汝，乃为吾子，今汝欺我，去无留。子骞曰：母在一子单，母去四子寒。其父默然。故曰：孝哉闵子骞！……《韩诗外传》载此事云：母悔改之后，至均平，遂成慈母。

【记】上引故事，具体翔实。

11.5 南容三复白圭，孔子以其兄之子妻之。

【译】南容经常诵读白圭诗篇，孔子把侄女嫁给了他。

【注】《朱注》《诗·大雅·抑之篇》曰：白圭之玷，尚可磨也；斯言之玷，不可为也。南容一日三复此言，事见家语，

盖深有意于谨言也。……南容欲谨其言如此，则必能谨其行矣。

【记】 “三”，多次也。白圭诗篇见注，就是告诫说话要谨慎。俗谚亦有“祸从口出”、“一言既出，驷马难追”等。参考 5.2 章，足见南容谨言慎行，非常稳重，不会“出事”。

11.6 季康子问：“弟子孰为好学？”孔子对曰：“有颜回者，好学，不幸短命死矣，今也则亡。”

【译】 季康子问：“你的学生中谁爱学习？”孔子答道：“有一个叫颜回的，好学，不幸短命死了，今天没有了。”

【注】 《正义》《皇疏》：此与哀公问同。而答异者，旧有二说：一云缘哀公有迁怒贰过之事，故孔子因答以箴之也。康子无此事，故不烦言也。

【记】 译文几乎与原文雷同，无须翻译。中国文字竟能越两千年而可读懂，奇迹也矣。

11.7 颜渊死，颜路请子之车以为之椁。子曰：“才不才，亦各言其子也。鲤也死，有棺而无椁。吾不徒行以为之椁，以吾从大夫之后，不可徒行也。”

【译】 颜回死了，颜回的父亲颜路要求卖掉孔子的车来买外棺。孔子说：“不管有才能还是没才能，总是自己的儿子。我的儿子鲤死了，也只有内棺而没有外棺。我不能卖车步行来替他买外棺，因为我做过大夫职位，是不可以步行的呀。”

【注】《朱注》：夫君子之用财，视义之可否，岂独视有无而已哉？

【记】 大概也是“礼”制，做过官就不能“步行”了，恰如今日然，可叹。孔子坚持贵族立场、制度和身份，的确大不同于墨子、庄子等人。即使对其最喜欢的学生，也不肯丧失“原则性”。此“原则性”应视作当时的公共法规，即社会性道德（公德）所在，而一己之感情则私德也。

11.8 颜渊死。子曰：“噫！天丧予！天丧予！”

【译】 颜回死了，孔子说：“啊，天老爷毁灭我啊，天老爷毁灭我啊。”

【注】《集释》包曰：痛伤之声。何曰：天丧予者，若丧己也。再言之者，痛惜之甚也。

【记】 上章坚持理性（礼制）原则，这章表达个体深情，两者并不矛盾，不以情失理，亦不以理克情。

“仁者寿”。屡次被孔子赞赏的仁者颜回而竟早夭。这不仅是悼颜回，亦感伤于“仁”也，“天丧予”者，其斯之谓欤？

11.9 颜渊死，子哭之恸。从者曰：“子恸矣！”曰：“有恸乎？非夫人之为恸而谁为？”

【译】 颜回死了，孔子哭得过分伤心。跟随的人说：“您过分伤心了。”孔子说：“过分伤心了吗？不为这样的人过分伤心，还为谁呢？”

【注】《正义》：恸，哀过也。

【记】 同上。即使过分伤心有损健康，孔老夫子也不顾了，因这毕竟属于一己身心而非涉及社会礼制。

11．10 颜渊死，门人欲厚葬之。子曰：“不可。”

门人厚葬之。子曰：“回也视予犹父也，予不得视犹子也。非我也，夫二三子也。”

【译】 颜回死了，学生们要用厚礼埋葬他。孔子说：“不行。”

学生们仍然隆重地葬了他。孔子说：“颜回啊把我当父亲对待，我却未能把他当儿子对待呀。这不是我啊，是学生们啊。”

【注】《钱解》：每疑孔子之于颜渊，若情深而礼薄，此知博文之非难，而能约礼之为难也。

【记】 孔老夫子把个体的情感表达（如上两章）与社会礼制的遵守（此章及11．7章）分别得很清楚。个体毕竟不能等同于社会，**情感亦不能完全屈从于理性，否则人乃机器一架而已。所以一面纵情痛哭，过分伤心；另一面反对厚葬，坚持礼制。社会行为坚持原则，个人情感有灵活性。**是以鄙人一向主张文学艺术应与学术、政治分途并行。任何情感无论过分与否，无论正确、“反动”、中和、颓废、积极、消极……均可表现于文学艺术中、私人生活中，理性不应予以主宰、控制或压制；但在学术论著中、社会交往中、政治活动中等等，则未必然。此所以文艺乃最自由之园地也。因情感毕竟非理性原则所能完全掌握、绝对控制。奉行儒学原则的屈原却情不自胜，悲吟江畔，怨天尤人，卒以自沉，而仍为后世士大夫称道不已。可见儒学之情理均衡，理欲交融亦一种理想观念，在现实中则仍有各种并不甚均衡、交融的状况。而这恰又正是使整个人生、生活有情理交融，否则过于机械、单调。后世理学末流即如此，一板一眼，将人生、生活弄得枯槁之至。

11.11 季路问事鬼神。子曰："未能事人，焉能事鬼？"

曰："敢问死。"曰："未知生，焉知死？"

【译】 子路问如何事奉鬼神。孔子说："不能事奉人，怎能事奉鬼？"

"请问什么是死？"孔子说："不懂得生，怎懂得死？"

【注】 《集释》《集解》陈曰：鬼神及死事难明，语之无益，故不答。

【记】 此章极有名，解说丰硕。总之，足显中国之实用理性，不作无益、无用之思辨和讨论。所谓"无益、无用"指与人事关系而言。重在此人生此人世，即我所谓"一个世界"观是也。联系"不语怪力乱神"、"祭如在"、"敬鬼神而远之"等章节，孔子对超乎此世此生的问题、对象，采取颇为一贯的"存而不论"的实用态度，既不肯定，也未否定。

11.12 闵子侍侧，訚訚如也；子路，行行如也；冉有、子贡，侃侃如也。子乐。

【译】 闵子骞在孔子旁边，温和恭顺；子路刚强亢直；

冉有、子贡滔滔雄辩。孔子很快乐。

【注】《集释》《皇疏》：訚訚，中正也；……行行，刚强貌也；……侃侃，和乐也。……孔子见四子各极其性，无所隐情，故我亦欢乐也。

【记】 这也就是孟子讲的“得天下英才而教育之，三乐也”。在《论语》中，这些著名学生，以及师生间的对话相处，都描绘出不同的经历、个性、特征，颇为形象。其他著名经书、子籍，或以道理（包括孟、荀）、或以想象（如庄子）、或以故事（如韩非子）胜，却缺乏更可感触的现实氛围。

11．13 “若由也，不得其死然。”

【译】（孔子说：）“像子路呀，恐怕得不到好死啊！”

【注】《朱注》尹氏曰：子路刚强……其后子路卒死于卫孔悝之难。

【记】 根据《皇疏》等，别立一章。子路后来果然被杀死，孔子深深哀痛之。

11．14 鲁人为长府。闵子骞曰：“仍旧贯，如之何？何必改作？”子曰：“夫人不言，言必有中。”

【译】 鲁国人修建财库。闵子骞说：“老样子，又怎么样？何必改建呢？”孔子说：“这个人不讲话，一讲话就中肯。”

【注】《朱注》：长府，藏名，藏货财曰府。为，盖改作

之。仍，因也。贯，事也。王氏曰：改作劳民伤财。

【记】 是对具体问题所作的评议，后人以之为节俭的普遍原则，未必正确。

11. 15 子曰：“由之瑟奚为于丘之门？”门人不敬子路。子曰：“由也升堂矣，未入于室也。”

【译】 孔子说：“子路的琴为什么到我这里来弹？”学生们于是不尊敬子路。孔子说：“子路已经走进厅堂了，只是还没走进室内罢了。”

【注】 《朱注》《家语》云：子路鼓瑟，有北鄙杀伐之声，盖其气质刚勇而不足于中和，故其发声者如此。

《集释》《皇疏》：子路性刚，其鼓瑟亦有壮气。孔子知其必不得寿终，故每抑之。

【记】 “升堂入室”，已是成语，说明孔子批评后又加以鼓励，即是说很有水平了，但须进一步提高。

11. 16 子贡问：“师与商也孰贤？”子曰：“师也过，商也不及。”曰：“然则师愈与？”子曰：“过犹不及。”

【译】 子贡问：“子张和子夏，哪个强？”孔子说：“子张过头了，子夏没达到。”“那么子张更强一些了？”孔子说：“过了头等于没达到。”

【注】 《朱注》：子张才高意广，而好为苟难，故常过中。子夏笃信谨守而规模狭隘，故常不及。尹氏曰：……夫过与不及，均也。差之毫厘，谬以千里。故圣人之教，抑其过引

其不及，归于中道而已。

《集释》《皇疏》：过，谓子张性繁冗，为事好在避过而不止也。子夏性疏阔，行事好不及而止也。

【记】“过犹不及”，也是成语，至今广泛应用，以告诫过分、过头的人和事，即鼓励“度”的掌握。

11．17　季氏富于周公，而求也为之聚敛而附益之。子曰：“非吾徒也。小子鸣鼓而攻之，可也。”

【译】季氏比周公还阔，冉有替他搜刮，增加财富。孔子说：“不是我学生！你们可以大张旗鼓去反对嘛。”

【注】《杨注》：事实可参阅《左传》哀公十一年和十二年文。季氏要用田赋制度，增加赋税，使冉求征求孔子的意见，孔子则主张“施取其厚，事举其中，敛从其薄”。结果冉求仍旧听从季氏，实行田赋制度。聚敛，《礼记·大学》说：“百乘之家，不畜聚敛之臣。与其有聚敛之臣，宁有盗臣。”

【记】这与当时改田赋制度有关，可参阅《左传》哀公十一年和十二年有关材料。孔子是反对对贵族有利、对百姓有害的新财政制度的，所以才大发脾气。

反对强征暴敛，主张藏富于民（“庶之富之”），一直是儒家政治思想传统之一。它对政府过头的财政搜刮、苛征重赋，有时可起某种缓冲、制衡的作用。汉代盐铁会议上的争论（见《盐铁论》），代表“民间”的贤良文学（儒家）与代表当政的御史大夫（法家）的激烈辩难，典型地说明中国政治思想史中儒法互用的重要性能。儒家这种“仁政”思想永远处在看来次要实却主宰的重要调节位置。尽管“百代皆沿秦政制”(毛泽东)，政制和政策基本上是中央集权的绝对专制的皇权体系，以强制性的剥削、压迫为特征；但原氏族遗风的儒学的温情脉脉，强调“爱民如子”、“宽徭薄赋”等等，总作为这一体系的必要的补充、制衡、解毒而起着某种平衡作用，特别是呈现在思想、文化和观念、理想上。这构成儒家理想(“复三代之盛”)与法家规则的现实政治之间的tension(紧张)。

11．18　柴也愚，参也鲁，师也辟，由也喭。

子曰：“回也其庶乎，屡空。赐不受命，而货殖焉，亿则屡中。”

【译】　高柴愚笨，曾参迟钝，子张浮夸，子路卤莽。

孔子说：“只有颜回差不多，可又经常穷得丁当响。子贡呢，不接受‘命运’的安排，大做生意，却屡次都被他算中。”

【注】　《正义》：命，谓禄命也。古者四民，各习其业，未有兼为之者，凡其所业，以为命所受如此。子贡学于夫子，而又货殖，非不受命而何？

【记】　《论语》一书以子贡、子路的形象最为人(至少鄙人如此)喜爱欣赏，盖一以智一以勇，又均是平常活人也。相比之下，子贡更胜一筹，智胜于勇也。其他人如冉有、宰我等，也都很可爱，大不同于孔子和宋明理学家所称道不绝的颜回、曾参、闵子骞等一副枯槁死板模样。理学家复起，可能要大骂这种印象和评论。其实，孔学精髓在情感不在性理，在活人不在符号。

“不受命”另解为“不受天命”、“不受师(孔子)命”等。孔子对子贡此语并非贬词，毋宁有赞许意。颜回不接受官禄安排而安贫乐道，固然好；子贡不接受官禄安排而凭才智致富，也不坏。可见孔子并不反对做生意发财，只是没有正面提倡罢了。其实，命乃偶然性，前已说。因此所谓“不受命”，即不相信偶然性即必然性，而且与之奋斗，不信邪，不怕鬼，事在人为。

本读之所以再三申说孔门弟子之个性，其意乃在点出：一方面，人之所以为人，乃文化塑建而成，有其积淀之普遍性；另方面，人之所以为人，又在于他(她)乃个体存在，有其积淀之特殊性，是以在同一传统同一文化中的人，仍大有差异。可见作为个体，**人不仅身体、生理各不相同，心理、情理结构亦然。这才有个体的创造性、生命力，所谓“以美启真”、“以美储善”，即均强调个体精神之自由性，积淀论的这一方面常为人所忽视或无视，惜哉。**

11. 19　子张问善人之道。子曰：“不践迹，亦不入于室。”

【译】　子张问如何使人变好？孔子说：“不跟着脚步走，也就不能进入室内。”

【注】　《朱注》：善人，质美而未学者也。程子曰：践迹，如言循途守辙。

【记】　亦可译作“善人”行政的“道”是教人跟着圣人的脚步。如果“善”在此处干脆作动词用，岂不更简明扼要？不从朱注，因善人而未学，不知何所由来？《论语》中另处

"善人"亦无此意。翟灏《四书考异》云，"善人生质虽美，不由实践，则亦不能造于深奥"，强调"实践"，亦合孔子意。

11．20　子曰："论笃是与，君子者乎？色庄者乎？"

【译】　孔子说："被称赞为忠厚老实，问题是真君子呢，还是装出来的？"

【注】　《朱注》：言不可以容貌取人也。

《集释》《论语意原》：色庄者，不践履其实也。

【记】　装出来的太多了，今日则干脆不装。忠厚老实几成笑柄，呜呼。

11．21　子路问："闻斯行诸？"子曰："有父兄在，如之何其闻斯行之？"

冉有问："闻斯行诸？"子曰："闻斯行之。"

公西华曰："由也问闻斯行诸，子曰，'有父兄在'；求也问闻斯行诸，子曰，'闻斯行之'。赤也惑，敢问。"子曰："求也退，故进之；由也兼人，故退之。"

【译】　子路问："知道了就去做吗？"孔子说："有父亲、兄长活着，怎么可以知道了就去做？"

冉有问："知道了就去做吗？"孔子说："知道了就去做。"

公西华问："子路问知道了就去做吗？你说有父、兄活着。冉有问知道了就去做吗？你说知道了就去做。我很疑惑，请问。"孔子说："冉有行为退缩，所以我鼓励他前进。子路行动胜过别人，所以我要抑制他。"

【注】《朱注》：兼人，谓胜人……张敬夫曰：……子路有闻，未之能行，惟恐有闻。则于所当为，不患其不能为矣；特患为之之意或过，……圣人一进之，一退之，所以约之于义理之中。而使之无过不及之患也。

【记】 结合屡次讲子路勇敢、卤莽、爽直、刚强，这章很容易理解。因人施教，要子路不要勇猛过头而有生命危险，应该考虑还有年老的父、兄在。非常具体，通情达理。这就是孔子的教育，不只是空谈心性，而是结合具体心性而施教。这种“因材施教”的意义正在于对各不相同的人的个性心理特殊性的发掘和实现，**注重个体的独特性，这应被看作孔子思想的一大特色**。是以问仁问礼问政问孝，均有不同回答。这也就是苏格拉底、柏拉图的逻辑性、普遍性、实体性(what is)与孔老夫子的实用性、特殊性、功能性(how to do)之区分所在。后者认为“如何做”比“这是什么”优越。其实，审美比道德认识之优越性亦在此。我之不同意现代新儒学之道德形而上学，而以审美替代之，其理由亦在此。个体创造性的哲学即人类学历史本体论落实在个体身上的主体性，积淀的意义亦在此(参阅拙作《哲学答问录之二》)；使各不相同的个体心灵有自由之创造，而不能以“神圣的”道德律令(不管是“理”、是“道”、是“於穆天命”、是“绝对精神”……)或理性权威来主宰统治这真正活泼的人的感性生命。这也仍然是贯彻我讲的“一个世界”、“乐感文化”、“实用理性”的基本思路所在。重个体即重偶然、特殊、独创，所谓“以美启真”、“以美储善”是也。**我的哲学最终以审美为指归，意即在人类学历史本体论经由积淀成为个体创造性活动的哲学。**

11. 22　子畏于匡，颜渊后。子曰："吾以女为死矣。"曰："子在，回何敢死？"

【译】　孔子在匡地被围困，颜回后到。孔子说："我还以为你已经死了。"颜回说："你老师活着，我怎么能死？"

【注】　《正义》《曲礼》云：父母在，不许友以死。颜子事夫子犹父。

【记】　重要的这不是漂亮言词，而是某种忠挚态度。

11. 23　季子然问："仲由、冉求可谓大臣与？"子曰："吾以子为异之问，曾由与求之问。所谓大臣者，以道事君，不可则止。今由与求也，可谓具臣矣。"

曰："然则从之者与？"子曰："弑父与君，亦不从也。"

【译】　季子然问："子路、冉有可以说是'大臣'吗？"孔子说："我以为你问别的，原来是问子路、冉有。所谓'大臣'，是以道义事奉国君，如果行不通，就辞职不干。如今子路和冉有，只可以说具备做臣子的条件了。"

"那么是顺从的人吗？"孔子说："如果要杀父杀君，那也是不会顺从的。"

【注】　《正义》刘敞《春秋意林》：具臣者，其位下，其责薄；小从，可也；大从，罪也。大臣者，其任重，其责厚；小从，罪也；大从，恶也。

【记】　孔子答话大概具体有所指，今日难考。"不可则止"，"止，谓去位不值也"（《论语正义》）。"具臣"是具备臣子的条件、德行，其中之一是忠心服从国君，所以才有后一问。

11.24　子路使子羔为费宰。子曰："贼夫人之子。"

子路曰："有民人焉，有社稷焉，何必读书，然后为学？"

子曰："是故恶夫佞者。"

【译】　子路要子羔做费地方的官长。孔子说："害了人家孩子。"

子路说："有老百姓，有土地庄稼，何必一定读书，才算学问？"

孔子说："所以我讨厌狡辩的人。"

【注】　《朱注》：治民事神，固学者事，然必学之已成，然后可仕以行其学。……子路之言……理屈辞穷，而取辩于口以御人耳，故夫子不斥其非，而特恶其佞也。

【记】　因为孔子一贯重视实践，强调力行，书本知识次要。子路用这话塞孔子的口，以子之矛，刺子之盾。孔子似乎没话可说，只好如此回答，神态如见。是以未从朱注。

"民"与"人"究竟有区别否？有何区别？至今仍不甚清楚。赵纪彬《论语新解》视为阶级差别，安乐哲（Roger Ames）认为乃复单之异。后说近是，"民"乃包括多数，"人"常用于个体；故前者似为多数民众，后者常说君子修养，亦由此而误生赵说。

11.25　子路、曾皙、冉有、公西华侍坐。

子曰："以吾一日长乎尔，毋吾以也。居则曰：'不吾知也！'如或知尔，则何以哉？"

子路率尔而对曰："千乘之国，摄乎大国之间，加之以师旅，因之以饥馑；由也为之，比及三年，可使有勇，且知方也。"

夫子哂之。

"求！尔何如？"

对曰："方六七十，如五六十，求也为之，比及三年，可使足民。如其礼乐，以俟君子。"

"赤！尔何如？"

对曰："非曰能之，愿学焉。宗庙之事，如会同，端章甫，愿为小相焉。"

"点！尔何如？"

鼓瑟希，铿尔，舍瑟而作，对曰："异乎三子者之撰。"

子曰："何伤乎？亦各言其志也。"

曰："莫春者，春服既成，冠者五六人，童子六七人，浴乎沂，风乎舞雩，咏而归。"

夫子喟然叹曰："吾与点也！"

三子者出，曾皙后。曾皙曰："夫三子者之言何如？"

子曰："亦各言其志也已矣。"

曰："夫子何哂由也？"

曰："为国以礼，其言不让，是故哂之。"

"唯求则非邦也与？"

"安见方六七十如五六十非邦也者？"

"唯赤则非邦也与？"

“宗庙会同，非诸侯而何？赤也为之小，孰能为之大？”

【译】 子路、曾点、冉有、公孙赤陪孔子坐着。

孔子说：“我不过大你们几岁，不要顾虑我是老师。你们平常说，‘没有人了解我’，如果有人了解，想干什么事情呢？”

子路立即回答说：“千辆军车的国家，夹在大国的中间，外有别国军队的威胁，内有巨大的饥荒。要我来干，只要三年，就可以使老百姓勇敢无畏，而且明白道义。”

孔子微微一笑。

“冉有，你怎么样？”

回答说：“六七十里或五六十里的地方，我干的话，三年之后，可以使老百姓富足。至于推行礼乐，那就只有等待君子了。”

“公孙赤，你怎么样？”

回答说：“不是说能够，而是愿意学习：办祭祀或者接外宾，穿着礼服礼帽，我愿意做一个小小司仪。”

“曾点，你怎么样？”

他正在轻轻弹琴，铿锵一声停下来，丢开琴起来回答说：“不同于他们三个人所讲的。”

孔子说：“那有什么关系？不过是各人谈谈自己的志愿罢了。”

曾点说：“暮春季节，春装做好了，和五六个青年，六七个少年，在沂水边洗澡游泳，在舞雩台祭坛下乘凉，唱着歌回家。”

孔子叹口气说：“我与曾点一道去吧。”

那三个人出去了，曾点走在后面。曾点问道：“他们三个人讲得怎么样？”

孔子说：“不过是各人谈谈志愿罢了。”

曾点说：“老师为什么笑子路呢？”

孔子说：“治理国家，应讲礼让，他的话不谦逊，所以我笑了。”

“那冉有讲的并非治理国家吗？”

“哪有六七十里或五六十里而不是国家的？”

“那公孙赤讲的并非治理国家吗？”

“祭祀宗庙，会见外宾，不是国家的事是什么？公孙赤说只做小司仪，谁能做大的？”

【注】 《朱注》：曾点之学，盖有以见夫人欲尽处，天理流行，随处充满，无少欠缺。故其动静之际，从容如此。而其言志，则又不过即其所居之位，乐其日用之常，初无舍己为人之意。而其胸次悠然，直与天地万物上下同流，各得其所之妙，隐然自见于言外。

《集释》《集解》郑曰：宗庙之事，谓祭祀也。诸侯时见曰会。殷頫曰同。……衣玄端，冠章甫，诸侯日视朝服也。小相，谓相君礼者。以仲尼一生值乱时而君不用，三子不能相时，志在为政，唯曾皙独能知时，志在澡身浴德，咏怀乐道，故夫子与之也。《释文》：“撰”，郑作“僎”。《论语古训》：读“僎”为“诠”，非改字也。臧在东曰：异乎三子者之僎，言不能如三子之善。张履祥《备忘录》：四子侍坐，固各言其志，然于治道亦有次第。祸乱戡定，而后可施政教。初时师旅饥馑，子路之使有勇知方，所以戡定祸乱也。乱之既定，则宜阜俗，冉有之足民，所以阜俗也。俗之既阜，则宜继以教化，子华之宗庙会同，所以化民成俗也。化行俗美，民生和乐，熙熙然游于唐虞三代之世矣，曾皙之春风沂水，有其象矣。夫子志乎三代之矣，能不喟然兴叹?!

【记】 这是非常著名也非常重要的一章。从字句到内容，历来有各种解说。本读有的地方以意译出之，不然可惜了这篇好文章。从内容说，宋明理学受释、道影响，大讲曾点的“天地气象”，以此作为孔学准宗教的精神状态，所谓“胸次悠然，直与天地万物上下同流，各得其所之妙，隐然自见于言外”(朱注)，等等，但朱熹毕竟晚年意识这一点而后悔了，“易箦之前，悔不改浴沂注一章，留为后学病根”(《集释》)。本来，孔子只是一时赞叹，并没这层意思在内。这也正是解释学的功能：宋明理学确实发掘和发展了儒学宗教性的深度，使人对原典有了另外一层的更深体会。但孔子并不因此天地境界而像许多理学家那样轻视或贬低前三个学生的志向和事业。这点，原文(回答曾点提问)便很清楚。至于四者的关系，清代张履祥的札记非常牵强但有意思(故意理出一个次序来)，也录在注中。“浴沂风雩”，多有异解。如解“浴”乃“沿”之误，“风”乃“放”之误，“放”，至也(参阅俞樾《群经平议》)。依此，则应译为“沿着沂水漫步，走至舞雩祭坛(去参加祭祀)”。

颜渊第十二

共二十四章

12. 1 颜渊问仁。子曰："克己复礼为仁。一日克己复礼，天下归仁焉。为仁由己，而由人乎哉？"

颜渊曰："请问其目。"子曰："非礼勿视，非礼勿听，非礼勿言，非礼勿动。"

颜渊曰："回虽不敏，请事斯语矣。"

【译】 颜回问如何是仁？孔子说："约束自己以符合礼制就是仁。有一天都这样做，那中国就都回到'仁'了。这样做全靠自己，还能凭靠别人吗？"

颜回说："请问具体的途径。"孔子说："不符合礼制的事不看，不符合礼制的事不听，不符合礼制的事不说，不符合礼制的事不做。"

颜回说："我虽然不勤勉，但一定依据这些话去做。"

【注】 《正义》马曰：克己，约身。孔曰：复，反也。身能反礼，则为仁矣。

【记】 这又是《论语》中最重要的篇章之一。强调孔子中心思想是"礼"的，常引此为据。但什么是"克己复礼"？什么是"克己"？大有异说。此外，"克己复礼为仁"这句话是"古人所传，非仲尼所作"（王应麟《困学纪闻》）呢？还是孔子对“仁”的解释？也说法不一。大抵前说（“古之传言”）较确，符合“华夏礼制”的非酒神型的约束特征（见拙著《华夏美学》）。宋明理学则以“灭人欲”（克己）和“存天理”（复礼）对此作心性哲学解。所谓“心之全德莫非天理，而亦不能不坏于私欲……日月克己，不以为难，则私欲净尽，天理流行，而仁不可胜用矣”（朱注），将“礼”等同于“理”，将“己”读作“人欲”。此说又大为后人诟病。其实，整个问题的关键在于，“克己复礼”（有关行为）为什么是“仁”（有关心理）？理学直接把“克己复礼”归结为道德克胜私欲的心性问题，虽深入一层，却未免狭隘。视听言动，明明是有关行为举止，即礼的“仪文”实践，礼及理（理性）正是通过这种种仪文实践活动而非通过思辨、语言、心性追求而建立（就群体或个体言均如此）。

其次，这也说明孔子将实践外在礼制化作内心欲求，融理欲于一体而成为情（人性，即仁）的具体过程。“仁”不是自然人欲，也不是克制或消灭这“人欲”的“天理”，而是约束自己（克己），使一切视听言动都符合礼制（复礼），从而产生人性情感（仁）。**具体“约束”可以随时代社会环境而变化、增删、损益，但人性（仁）须经人文（礼）的培育，却普遍而必然。**拙著《批判哲学的批判》等书曾指出，儿童也以“不能做什么”来约束、规范自然人欲（如对食物的欲望），这其实就是人性教育的开始。所以，对成人来说，是“为仁由己”，由自己决定、主宰、生发出这约束自己的“四勿”（即道德自律），而通向和达到一种“归仁”的超道德的人生境界（对个人说）和社会境界（就群体说）。旧注把“归仁”解释作“称仁”（“大家都称许你是仁人了”），未免浅薄。“天下归仁”有社会回到美好的远古时代去的意思。远古“人心淳朴，世道清明”，正是孔子的社会政治理想。格尔茨(C. Geertz)说：“……为了从人类学方面去达到一个更为准确的人的形象，我想提出两点：(1)文化最好不要迄今为止的那样大体被看作是各种具体行为模式(风俗、习惯、传统等等)的组合体，而要看作是一组统辖行为的‘控制机制’(规划、规范、指令等，如计算机工程师所说的程序)。(2)人就正是这种全靠超遗传的、外在于自己身体的‘控制机制’来主宰行为的动物。”(《文化的解释》第二章)又说：“成为一个人就是成为个体。我们就是在给于我们生活的形式、命令、观点、方向的历史地形成的意义系统的文化模式的指引下，成为个体的。”(同上)这似乎很好地说明了“礼”作为文化心理结构的两个方面：一方面它是历史地形成的一组“控制机制”，统辖、主宰着人的行为；另方面它又是落实在于人各不同的个体身心，而使人成为真正的个体。如我以前所讲，一方面是理性的内化(认识形式)、凝聚(道德意志)、积淀(审美感受)三种文化心理结构；另方面又是这三结构中的自由直观、自由意志和自由感受的个体三“自由”(见拙著《诸主体性论纲》及《美学四讲》)。也如我的下述答问以现代方式说明“克己复礼”和“为仁由己”这两个方面，既是人类历史成果，又是个体心理结构；既是文化的“控制机制”(人文)，又有个体的心理自由(人性)：

“问(高健平)：您讲‘文化心理结构’，重点落在心理上。然而，既然您又说这种结构是以‘文化’，以‘广义的教育’为媒介，而非以遗传基因来实现代与代之间的传递的，那么，对于每个个人来说，都有一个从文化到心理的过程。

文化则比心理更为根本。它与其说是一种心理结构，不如说是一种文化结构。这种结构存在于文化之中，不断地对人的心理产生影响。因此，您的‘文化心理结构’，能不能说成是‘心理文化结构’？

“答(李泽厚)：不能倒过来，倒过来便变成死东西。我说它是心理结构(结构应译为 formation，不译 structure)，是强调人的个体性。文化对心理产生影响，但**人不是一切社会关系的总和。人作为感性的个体，在接受围绕着他的文化作用的同时，具有主动性。个人是在与这围绕着他的文化的互动中形成自己的心理的，其中仍包括非理性的成分和方面。这就是说，心理既有文化模式、社会规格的方面，又有个体独特经验和感性冲动的方面。因此这‘结构’并非稳定不变，它恰恰是在动态状况中。所以我说它是** forming。”(《与高健平的对谈》)

这里还要提出的是，在孔子时代，承继氏族社会传统，个体的心理建构和人性塑造(仁)与社会秩序、政治体制(礼)是相连接而混同，也充分表现在这一章里。因而在今天就不能适用了，而应予以分疏、解构。作为外在社会政治体制的“礼”，只能规范、管辖人们的行为，它所要求的是一种公共奉行的社会性的道德，如公正；在现代便以所谓奉公守法为基本底线和标志。作为内在心性修养和人性境界的“仁”，涉及的是人性情感的培育塑造，它是一种个体追求的宗教性的道德。前者(“礼”，社会性道德)具有强制的力量，后者(“仁”，宗教性道德)纯系个体自愿的选择。一个将军被打败了或被围困，可以投降，在现代并非不道德，它符合现代“礼制”；但他选择自杀，使人颇为景仰，则纯属他个人的宗教性道德的决定，即所谓“杀身成仁”。这两者（社会性道德与宗教性道德）当然关系复杂，联系甚多，但在今天中国，似首先应予以区分，将作为公共规范、群体要求的社会性道德（“礼”，这随时代、社会、民族、阶级、集团而各有不同）与作为人生境界、人性追求的宗教性道德（“仁”，这似乎更具绝对性，但又偏偏不能普遍要求）分疏区别开来，才能真正除去政教合一、法律与伦理的观念混同。宋明理学倡导“高标准，严要求”的心性理论，反而造就大批“假道学”、“伪君子”和“以理杀人”。“礼”、“仁”分疏，区别于“礼”、“仁”合一或“礼”、“仁”对抗，似乎才是出路。困难在于，此“四勿”既可以是作为自我修养的宗教性的道德，也可以是作为群体规范的社会性的道德，二者经常同一，正是中国式的“政教合一”的传统所在。正因为此，如前所说，如何分解二者，使各得其所，各有充分的发展前景，便是今日关键所在。即是说，宗教性道德（“教”、私德）应可通由重教育而光大之，社会性道德（“政”、公德）则通由法律而明确规范之。使人的内（心理）外（行为）均获得真正理性的成长和约束，这就是我所谓的“礼”（社会性道德、法律、行为）、“仁”（宗教性道德、心理、情感）分疏。但不管是内在人性的陶冶塑造（仁），还是外在行为的规范秩序（礼），一定的自我约束（“克己”）总是必要条件。本读多讲“仁”、“礼”分疏，也常讲宗教性道德对社会性道德的范导功能，这里也应强调一下，社会性道德对宗教性道德的积累、形成和改变上所起的重大作用。因为即使就根源说，“仁”（人性）本生于“礼”（人文），而后才主宰“礼”也。

12. 2　仲弓问仁。子曰："出门如见大宾，使民如承大祭。己所不欲，勿施于人。在邦无怨，在家无怨。"

仲弓曰："雍虽不敏，请事斯语矣。"

【译】　冉雍问如何是仁？孔子说："出去工作如同会见重要外宾，治理百姓好像承担重大祭典。自己所不想要的，便不要强加于人。在国家工作中没有怨恨，在家族生活中没有怨恨。"

冉雍说："我虽然不够勤勉，但一定照这话去做。"

【注】　《正义》《左·僖三十三年传》晋臼季曰："臣闻之，出门如宾，承事如祭，仁之则也。"亦古有此语。

【记】　又是对"仁"的另一种具体回答，都有关具体实践行为。《论语》中学生问仁甚多，可见"仁"乃孔子之重点和新说。所答各不相同，大都涉及实在。"己所不欲，勿施于人"至今仍为习用成语，与《圣经》"己所欲，施于人"，交相对映。《圣经》乃情爱的宗教观，主动、热情、舍己救人，而较难做到。《论语》乃实用理性的人性观，节制、冷静，而较易遵循。可惜以前只将它作为个人修养用，其实它正可作为现代社会某种公共道德的传统资源，即个体均生活在一个平等、独立、以契约关系为原则的群体环境中，尊重别人即尊重自己，这甚至可以无关个人的修养，而直是一种社会规约，此即社会性道德之由来。

为什么"承事如祭"？谨慎敬畏，对待百姓的事务有如对待神灵的事务。宗教性道德转向社会，亦理性化之途径，宗教、政治合而为一，使政治具有宗教之神圣、严重义也。

12. 3 司马牛问仁。子曰："仁者，其言也讱。"曰："其言也讱，斯谓之仁已乎？"子曰："为之难，言之得无讱乎？"

【译】 司马牛问如何是仁？孔子说："一个有仁德的人，他讲话缓慢谨慎。"

"难道说话懂慎缓慢就是仁吗？"孔子说："做起来很难，说起来怎能不慢？"

【注】 《杨注》《史记·仲尼弟子列传》云："司马耕，字子牛。牛多言而躁，问仁于孔子。孔子曰：'仁者其言也讱。'"根据司马迁的这一说法，孔子的答语是针对问者"多言而躁"的缺点而说的。

【记】 上注说因为司马牛"多言而躁"，所以孔子特别针对这一缺点而言。但"君子欲讷于言"、"刚毅木讷，近仁"是孔子的一贯主张。

言在儒门即是行动本身，所以《论语》一书多次强调慎言、讷于言等等。**而语言之所以即是行动，在于它直接引起严重后果，它之所以具有此种严重性甚至神圣性，其源又仍出于巫术。**巫术之咒语(word-magic)即如是也。否则较难解释为何如此重语言。它与西方语言只是描述或引发行动，并非行动本身，颇不相同。此点葛瑞汉(A. C. Graham)、陈汉生(Chad Hansen)、安乐哲(Roger Ames)等人言之甚详，参见安乐哲等(David Hall & Roger Ames)的 *Thinking through Confucius*、*Anticipating China* 等著作。

12. 4 司马牛问君子。子曰："君子不忧不惧。"

曰："不忧不惧，斯谓之君子已乎？"子曰："内省不疚，夫何忧何惧？"

【译】 司马牛问怎么才是君子？孔子说："君子不忧愁、不恐惧。"

"不忧愁、不恐惧就是君子吗？"孔子说："问心无愧，有什么可忧愁、恐惧的呢？"

【注】《正义》孔曰：（司马）牛兄桓魋将为乱，牛自宋来学，常忧惧，故孔子解之。

【记】 如甩开司马牛的具体情境讲，"惧"此处或应作海德格尔的"畏"解。指的并非对某种具体事物的害怕，而是对人生之"畏"，即对那无定而必然的现实性个体死亡的恐惧。如果问心无愧，没有内疚，则证明如此一生和当下存在（"当下"也是历史性的情感把握），都属于自己，不欠"天理"（道德），不欠别人，在情感上超然自立，深感自己的生命富有，而"不忧不惧"。包咸注："疚，病也。自省无罪，当然无须忧惧。"中国古人也居然用上了"无罪"字眼，内省无罪当然无须忧惧，这就是宗教性的人性追求和人生境界，与上章社会性的道德要求颇有不同。只是这种宗教性是缺乏原罪观念的宗教性境界的追求罢了。

12．5 司马牛忧曰："人皆有兄弟，我独亡。"子夏曰："商闻之矣：死生有命，富贵在天。君子敬而无失，与人恭而有礼。四海之内，皆兄弟也——君子何患乎无兄弟也？"

【译】 司马牛忧愁地说："别人都有兄弟，只我没有。”子夏说：“我听说过，‘死生有命，富贵在天’。做一个君子，严谨而不放纵，对待别人恭敬而合乎礼制，到处都可以是兄弟。君子又何愁没有兄弟呢？”

【注】《朱注》：命禀于有生之初，非今所能移；天莫之为而为，非我所能必，但当顺受而已。

【记】“听说过”，注者多注听老师孔子说过。“失”应作“佚”。“四海之内”，古以为中国之外就是没人居住的环绕着的四个海。“死生有命，富贵在天”，则至今仍为中国人的口头语，但“命”常作“命中注定”即宿命解。本读强调“命”是偶然性，前面已讲，只是由于难以知晓，不能掌握，而归之于上天所赐、所定，即所谓“天”和“天命”。这样，“命”和“天命”就由难以知晓、不可掌握的偶然性变而为主宰、控制甚至统治自己的必然性、规律性等等了。人在它面前由于束手无策从而服从、屈从、认同甚至心甘情愿地归依于它(如朱注)。尼采的强者、“超人”是反上帝，中国现代强者、“超人”便应该反天命。这似乎与孔子“教义”恰好相反了。于是徐复观将“命”与“天命”区分开来，认为“命”是宿命，“天命”不是。徐强调反宿命，强调孔子和儒学的根本精神是自强不息，并不任命运摆布(见徐著《中国人性论史》，前面已讲)。古代的“畏天命”是由于当时落后的生产、科技难以抵御天灾人祸(如战争)以至全体毁灭，所以告诫人们“畏天命”和“敬德修业”以“俟天命”，即尽量努力以求得到“天佑”、“天福”和好的命运。据说周就是如此，既是小国，又受强邻殷王朝的欺辱，却终于经过人为努力而能“受命”有天下。这也就是孔子讲的“畏天命”的意思。但孔子很少讲“命”，因为“命”不好讲，只能讲“仁”。

讲"仁"也就是讲人的努力。前面已讲。

自《中庸》"天命之谓性"起,"命"与"性"(人性)被连在一起。"命"成了先验的(即普遍必然的)准则,这也就是现代新儒家特别是牟宗三所爱讲的"既超越又内在"的道德的形上学。就是说,道德秩序即宇宙秩序,宇宙秩序即道德秩序。"命"("天")与"性"("人")相联系而承续。从而道德律令在天为"命",在人为"性"。我虽赞成"人性善"来自"天行健",但第一,我认为这是儒家泛情感化的一种设定,并非宇宙或道德自身即如此,那样就会走上"道德的神学"。我不赞成"道德的神学",那仍是西方基督教"两个世界"的深远背景,而非中国"一个人生、一个世界"的设定。第二,"天行健"并不等于"命",也不要把"命"与"天命"完全混同起来。**对个体对社会来说,都没有被"天"规定好了的"命运"(或称"历史必然性"),只有难以预测的偶然性。它诚可畏惧,但不是对"天命"或"必然性"的屈从或退让。而事在人为,可和"命运"搏斗,虽败犹荣。**所谓"谋事在人,成事在天","尽人事以听天命","知其不可而为之"等等,**既强调人的主观努力,同时也尊重偶然性的存在,**我认为这才是真正的儒学精神和对孔子"畏天命"的真正解释。

"四海之内,皆兄弟也",本劝慰之词,后儒引申为"民吾同胞"的情爱,亦解释学也。

12.6 <u>子张</u>问明。子曰:"浸润之谮,肤受之愬,不行焉,可谓明也已矣。浸润之谮,肤受之愬,不行焉,可谓远也已矣。"

【译】 子张问如何是"明白"?孔子说:"积累浸润的

谗言，切肤之痛的诬告都行不通，这可以叫‘明白’了。积累浸润的谗言，切肤之痛的诬告都行不通，这可以叫有远见了。”

【注】《钱解》浸润之谮：谮者之言，如水渐渍，初若不觉，久自润湿也。肤受之愬：一说，如皮肤尘垢，当时不觉，久乃睹其不净。一说，如肌肤亲受，急切迫身，骤听之，易于动信也。

【记】 这主要是对当政者或国君来说，但也有普遍性。历代君主甚至所谓“明君”受浸润之谮，拒直言，杀忠良，误大事者，多矣。绝对权力难保不受谮言而腐败也。

12. 7 子贡问政。子曰：“足食，足兵，民信之矣。”

子贡曰：“必不得已而去，于斯三者何先？”曰：“去兵。”

子贡曰：“必不得已而去，于斯二者何先？”曰：“去食。自古皆有死，民无信不立。”

【译】 子贡问如何办政治？孔子说：“粮食充足，军备充分，人民信任。”

子贡问：“如果不得已，要去掉一项，先去哪个？”“去掉军备。”

子贡又问：“如果不得已，还要去掉一个，去哪一个？”“去掉粮食。自古以来，人都要死。如果没有人民的信任，政府便维持不住。”

【注】《集释》《皇疏》：朝闻道夕死，孔子之所贵。舍生取义，孟轲之所尚。自古有不亡之道，而无有不死之人。故有

杀身非丧己，苟存非不亡己也。《反身录》：人心一失，余何足恃？虽有粟，乌得而食诸？兵虽多，适足以阶乱。隋洛口仓、唐琼林库，财货充盈，米积如山，战将林立，甲骑云屯，不免国亡家破者，人心不属故也。善为政者，尚念之哉！

【记】 好些注解都作个体修养讲，但原文明明是回答如何搞政治。但这并非说对政府来说，老百姓吃饭问题不重要，而在强调政治如不守信任，就不能维持，就失去存在的根据。实际上，信任乃由缺乏明确秩序的人类群体组建规范以至成立国家的基本原则和必要条件。它也符合近代契约论。《反身录》可作参考。从无政府主义到后现代主义片面强调个体自由，否定一切秩序、规则、信任，这样社会、国家均不可能存在，个体生存亦毫无保障，实际无法生存。高调诚可爱，无如实用难。

12.8 棘子成曰："君子质而已矣，何以文为？"子贡曰："惜乎，夫子之说君子也！驷不及舌。文犹质也，质犹文也。虎豹之鞟犹犬羊之鞟。"

【译】 棘子成说："君子只要质朴就行了，要那些礼仪文采干什么？"子贡说："可惜呀，你这样来解释君子。一言既出，驷马难追。如果文采就是质朴，质朴就是文采，那么虎、豹的皮便同于狗、羊的皮了。"

【注】 《集解》孔曰：皮去毛曰鞟。虎豹与犬羊别者，正以毛文异耳。今使文质同者，何以别虎豹于犬羊耶？

【记】 这也属于难解的一章。"夫子"此处指问者，不是指孔夫子。最后一句是说如果毫不重视仪表文采，那么虎豹犬羊的皮便都一样了，因为都是皮。鞟是去了毛的皮。这即是说，必须各有不同礼仪文采等外在形式，来确定和表达尊卑长幼等等不同的身份、地位、等级、位置、秩序，才能维系社会的存在，这也就是礼制，所以“礼”与“仪”不可分，尽管“礼”并不等于“仪”，但无“仪”，“礼”也无法体现。

12.9 哀公问于有若曰：“年饥，用不足，如之何？”

有若对曰：“盍彻乎？”

曰：“二，吾犹不足，如之何其彻也？”

对曰：“百姓足，君孰与不足？百姓不足，君孰与足？”

【译】 哀公问有若说：“荒年收成不好，钱不够，怎么办？”

有若回答说：“实行‘彻’的税法怎么样？”

“百分之二十我还不够，怎么可能百分之十呢？”

回答说：“如果老百姓不够，您怎么能足够？如果老百姓足够，您怎会不够？”

【注】 《朱注》：民富，则君不至独贫；民贫，则君不能独富。有若深言君民一体之意，以止公之厚敛，为人上者所宜深念也。

【记】 关于什么是“彻”，又有一大堆考证，均略。有若主张的是氏族社会的藏富于民的旧观念，这也是儒家的原始人道主义的具体内容之一。儒家这些思想从来没被采用过，但后世经常引来反专制政府和官员们的强征暴敛、大肆搜括，起了一种批判现实的解毒剂的作用，前面已多次说过了。这是儒学的重要政治功能之一，所谓“儒法互用”，牵制法家，亦此之谓也。

12. 10　子张问崇德辨惑。子曰：“主忠信，徙义，崇德也。爱之欲其生，恶之欲其死。既欲其生，又欲其死，是惑也。‘诚不以富，亦只以异。’”

【译】　子张问怎样才能推崇道德，辨识迷惑？孔子说：“以忠诚信任为主干，行为符合礼制，这就是推崇道德；喜爱时望他活，厌恶时盼他死；既要他活，又要他死，这就是迷惑了。”

【注】　《集释》刘台拱《论语骈枝》：爱之欲其生，恶之欲其死，言爱恶反复无常。

《钱解》：“诚不以富，亦只以异”，《诗·小雅·我行其野》之词。当是错简，应在第十篇《齐景公有马千驷》章，因下章亦有“齐景公”字而误。

【记】　大概也是针对具体事物而发。仁中有智（理知），不能等同于非理性的、盲目的爱。爱恶无常，既不稳定，又走极端，均非理性，乃凭自然，不是理欲相融的“仁”的情理结构。所以说是种“迷惑”。最后两句，好些注家都认为是“错简”：放错了地方。不译，也不作解释了。

12. 11　齐景公问政于孔子。孔子对曰：“君君，臣臣，父父，子子。”公曰：“善哉！信如君不君，臣不臣，父不父，子不子，虽有粟，吾得而食诸？”

【译】 齐景公问孔子如何搞政治？孔子回答说：“国君是国君，臣下是臣下；父亲是父亲，儿子是儿子。”景公说：“说得好极了。如果国君不遵守国君的规矩，臣下不遵守臣下的规矩，父亲不守父亲的规矩，儿子不守儿子的规矩，即使有粮食，我能吃得到吗？”

【注】《朱注》：景公善孔子之言而不能用，其后果以继嗣不定，启陈氏弑君篡国之祸。

【记】 这是视为经典的著名篇章。以前常被用来维护传统伦常。今日意义则在其抽象性，即强调社会群体必须有结构秩序，人毕竟生活在群体中，任何个体均以这种群体秩序为生存前提和条件。原子式的个体“绝对自由”，永远是幻想。因之，除了精神自由，以及不完全束缚在狭窄的家庭伦常、国家政治、民族义务、行政管理（随着历史，这些束缚将逐渐减少）之外，一定的规范、辨别、区分的结构秩序，始终是人类和个体所必需的，只有这样，大家才可能有饭吃，而不是混战一团。荀子早就说过：“（人）力不若牛，走不若马，而牛马为用，何也？曰人能群，彼不得群也。人何以能群？曰分。分何以能行？曰义。故义以分则和。和则一，一则多力，多力则强，强则胜物。”（《王制》）人类以使用、制造工具为基础，有一定分工协作的社会结构和组织，是人（族类和个体）赖以生存、延续的原因。儒家的“礼义”即由此出：将社会历史转化为理论意识。《论语》及整个儒家多着重谈“父父”、“子子”，即父亲对子女的抚爱和子女对父母的孝敬，即人类社会的秩序，这亦即是“正名”。“名”之如此重要，因为它们即是礼制的现实载体。“名”在这里是规范，是义务，是行为，是活动。参见陈汉生

(Chad Hansen: "Language in the Heart-mind", *Under-standing the Chinese Mind*)。孔子之正名，即"君君臣臣父父子子"也。

12. 12 子曰："片言可以折狱者，其由也与?"子路无宿诺。

【译】 孔子说："一两句话就可以对官司作出决断，大概是子路了。"子路答应办的事，从不拖延过夜。

【注】 《康注》：天下狱情至变伪，虽有圣者，不能不听两造之词，子路虽贤，无是理也。

《集释》《大戴礼·五帝德篇》：言宰我无宿问，总是不迟滞意。

【记】 片言，许多注释均解作"片面(一造)之词"，如上康注；唯朱注解作"片言，半言；折，断也。子路忠信明决，故言出而人信服之，不待其辞之毕也"，有理。此章再次以具体的行为特征展示了子路的性急、直率和果断。后一段应另作一章，与这章并无直接的联系，但同样表现了子路的个性特征。宰我爱问，可惜没流传下来。

12. 13 子曰："听讼，吾犹人也。必也使无讼乎!"

【译】 孔子说："处理诉讼，我和别人差不多。重要的是如何能没有诉讼。"

【注】 《朱注》范氏曰：听讼者，治其末，塞其流也。正其本，清其源，则无讼矣。

【记】 这当然只是某种理想或空想。但至今中国人一般不喜打官司、上法庭、公堂对簿，宁愿协调、商量而“和解”、“私了”。在今天进入法律日增、诉讼也将多如牛毛的现代生活中，这似乎倒是可以注意保存的传统。法庭判决应为基本原则和标准，但不必事事都上法庭。目前的“居民委员会”等等，去掉其政治性质，便是可起这种良好社会功能即大可发展的公共空间和“商谈伦理”。孔子这种“必也使无讼乎”似乎贯穿了数千年的中国传统社会，才产生(亦即积淀成)这种文化—心理结构。这也就是我所谓的“儒法互用，以儒为主”的结果。自秦汉专制帝国形成后，法律体例及实施中，贯穿的仍然是儒家的重道德、重孝慈、重人情(所谓“合情合理”)的基本精神及教义，即所谓“援礼入法，融法于俗”的礼法传统。今后中国法律一方面应现代化，与建筑在现代经济(大工业、近代财产关系等)和政治(社会契约、自由民主等)基础上的社会性道德相衔接吻合；另方面这种传统的宗教性道德能否仍然起某种范导作用，即转化性地创造出前述中国式的“商谈伦理”、“人际和谐”，便是值得重视的重要课题。

12. 14　子张问政。子曰：“居之无倦，行之以忠。”

【译】　子张问如何搞政治？孔子说：“在职位上不疲倦，忠诚地执行政务。”

【注】　《朱注》：居，谓存诸心。无倦，则始终如一。行，谓发于事。以忠，则表里如一。程子曰：子张少仁。无诚心爱民，则必倦而不尽心，故告之以此。

《正义》：言为政之道，居之于身，无得懈倦；行之于民，必以忠信。

【记】 这仍然是从个人品行、行为、修养立论。“居”，今译未从上注。

12. 15 子曰：“博学于文，约之以礼，亦可以弗畔矣夫！”

【译】 孔子说：“广泛学习文献典籍，用礼来约束控制，这样也就可以不违背(真理)了。”

【注】 《康注》：此章重出。盖弟子各记所闻，分见各篇不及删者。

【记】 后人常以“博”与“约”讲学问之道。胡适名言“学问要如金字塔，既能博大又能高”。但谈何容易？博而寡要，汗漫无所归宿，乃常见现象；美之曰“百宝箱”、“活字典”；丑之曰“垃圾堆”、“旧仓库”；虽或有用，在计算机时代，也不足夸耀了。“专”则只攻一点，不及其余，其他不知，世事莫晓，乃今日艳称之“专家”，虽或有用，实乃异化之人，亦不足栖居于二十一世纪。“博而寡要，劳而少功”是司马谈《六家要指》中对儒学的批评。**严复对中国“旧学”(主要亦儒学)的批评是“中国夸多识而西人尊新知”**。看来，关键并不在“博”或“约”谁优谁劣，而在二者之间可以有各种不同的比例和关系。今日不可能也不必要再有百科全书式的“通人”，但也不能一味赞美只知一点的“专家”。

12. 16 子曰：“君子成人之美，不成人之恶。小人反是。”

【译】 孔子说：“君子成全人家的好事，不帮助别人做坏事。小人相反。”

【注】《集释》《穀梁·隐公元年传》曰：《春秋》成人之美，不成人之恶。……按：此古人成语。

【记】 这一格言，今日犹在。

12. 17 季康子问政于孔子。孔子对曰：“政者，正也。子帅以正，孰敢不正？”

【译】 季康子问孔子如何搞政治？孔子说：“政治就是端正。你率先端正自己，谁敢不端正？”

【注】《集释》：盖亦古之成语。此篇中，举成语甚多。

【记】 这又一次重复伦理即政治，即“壹是以修身为本”的氏族政治：氏族首领以自身行为为表率才能获取信任，进行管理和统治。这与后代政治已毫不相干，却仍为儒家所坚持和强调，并影响至今。字源学显示“政”源于“正”，“正”源于“征”，其意是加刑罚于人，这与荀子讲的“礼乐刑政”倒相接近，而不同于此处。

12. 18 季康子患盗，问于孔子。孔子对曰：“苟子之不欲，虽赏之不窃。”

【译】 季康子苦于盗贼，问孔子如何办？孔子回答说：“假如你不贪财，就是鼓励偷窃，也没人干！”

【注】《朱注》：言子不贪欲，则虽赏民使之为盗，民亦知耻而不窃。

【记】 理同上。今日未必然也，个人为官清廉并不能保证经济案件消失。

12. 19　季康子问政于孔子曰：“如杀无道，以就有道，何如？”孔子对曰：“子为政，焉用杀？子欲善而民善矣。君子之德风，小人之德草。草上之风，必偃。”

【译】　季康子问如何搞政治，对孔子说：“如果杀掉坏蛋，亲近好人，怎么样？”孔子说：“你搞政治，为什么要杀人？你如果做好人，老百姓也就会跟着好起来。君子的道德像风，老百姓的道德像草，草随风倒。”

【注】　《正义》《说苑·政理篇》：王者尚其德而布其刑，霸者刑德并凑，强国先刑而后德。

【记】　同上。氏族社会的统治对本族群总要“温情脉脉”，因政治是建立在血缘关系的伦常秩序上。这是儒家政治观念总离不开“仁”、“德”等等的根本历史原因。它对后世专制政治毕竟有所制约，即所谓“阳儒阴法”、“儒法互用”，至少在表面上要维持“德政”的样子。其实也并不只是表面，如历代的谏官、“清流”、士大夫等等，都是以儒家这种仁爱观念的伦理政治作为标准，来反对皇帝和政府杀人、开战等政治活动，也的确起了某些钳制、约束作用。

12. 20　子张问：“士何如斯可谓之达矣？”子曰：“何哉，尔所谓达者？”子张对曰：“在邦必闻，在家必闻。”子曰：“是闻也，非达也。夫达也者，质直而好义，察言而观色，虑以下人。在邦必达，在家必达。夫闻也者，色取仁而行违，居之不疑。在邦必闻，在家必闻。”

【译】 子张问知识分子如何才可以做到“达”？孔子说：“你所谓‘达’是什么意思？”子张回答说：“在国家中有名气，在宗族中有名气。”孔子说：“那是名气，并不是‘达’。所谓‘达’，是正直而讲信义，注意别人的言语、容色，总考虑如何退让。这在国内一定普遍受敬重，在族内一定普遍受敬重。好名的人，表面仁爱而行为并不符合，自以为很成功。这在国内有名气，在家族中有名气。”

【注】《朱注》程子曰：学者须是务实，不要近名。有意近名，大本已失。更学何事？为名而学，则是伪也。今之学者，大抵为名。

【记】 另说“察言而观色，虑以下人”乃小人，非君子，疑辞句有脱误。此乃后世谬种相传，其实原意本在注意和尊重别人，先人后己。“达”依“五达尊”(《孟子》)、“五达道”、“三达德”(《中庸》)作普遍受尊敬、敬重译解。朱注有趣，为名而学，自古已然，如今更烈矣。

12. 21 樊迟从游于舞雩之下，曰：“敢问崇德，修慝，辨惑。”子曰：“善哉问！先事后得，非崇德与？攻其恶，无攻人之恶，非修慝与？一朝之忿，忘其身，以及其亲，非惑与？”

【译】 樊迟跟随孔子在舞雩台下游逛，问孔子：“请问如何尊道德，去恶念，辨是非？”孔子说：“问得好！先努力而后收获，这不就是尊道德吗？纠正自己的缺点错误，而不去攻击别人的，这不就是去恶念吗？一时愤怒就忘了自己，甚至忘记了父母亲，这不就是迷惑吗？”

【注】《朱注》：惑之甚者必起于细微，能辨之于早，则不至于大惑矣。

【记】“德者，得也”，但应是付出艰难劳力的“得”，才是“德”。不劳而获，捷径而取，过于计算，患得患失等等均非“崇德”。“樊迟勇而志于学，质朴而狭隘，意其为人，必预事而计得，恕己而严人，忿而不思难者也”(《论语稽》)，所以孔子这么回答，均有所指而言。这里的“是非”、“迷惑”就都不是从认识论上讲，而是从伦理学和心理学上讲的。

12.22　樊迟问仁。子曰：“爱人。”问知。子曰：“知人。”

樊迟未达。子曰：“举直错诸枉，能使枉者直。”

樊迟退，见子夏曰：“乡也吾见于夫子而问知，子曰，‘举直错诸枉，能使枉者直’，何谓也？”

子夏曰：“富哉言乎！舜有天下，选于众，举皋陶，不仁者远矣。汤有天下，选于众，举伊尹，不仁者远矣。”

【译】樊迟问如何是“仁”？孔子说：“爱人。”樊迟问如何是“知”？孔子说：“了解别人。”

樊迟没弄明白。孔子说：“提拔正直的人放在歪邪的人上面，便能够使歪邪的人也改正过来。”

樊迟走出来见到子夏说：“刚才我见了老师问他什么是‘知’，老师说：‘提拔正直的人放在歪邪的人上面，便能够使歪邪的人也改正过来’，这是什么意思？”

子夏说：“这话内容多么丰富啊。舜治理中国，在许多人中挑选，选拔了皋陶，不好的人便走远了。汤治理中国，在许多人中间挑选，选拔了伊尹，不好的人便走远了。”

【记】 关于樊迟“未达”(没有弄懂)的是“仁”、“知”二者，还只是“知”，后世各有不同解说。我倾向于樊不懂为什么“知”就是“知人”？“智慧”本比政治上“知人善任”要大得多呀！结合孔子对樊迟问学稼学圃的批评，结合子夏的一番历史学解释，看来这位樊先生不像孔子及其他学生那样把兴趣集中在政治上，大概有点“非政治倾向”或者倾向于农家的乌托邦政治，即大家都来耕田种菜，无须区分等级秩序、治者被治者等等，所以孔子老要“匡正”他。

12.23 子贡问友。子曰：“忠告而善道之，不可则止，毋自辱焉。”

【译】 子贡问如何交朋友？孔子说：“忠心劝告和善意引导他，如果不听从，也就算了。不要自找侮辱。”

【注】 《朱注》：友所以辅仁，故尽其心而告之，善其说以道之。然以义合者也，故不可则止。若以数而见疏，则自辱矣。

【记】 朋友之道，平等独立，不宜强加于人。即使忠言善告，也应适可而止；如不被接受，也就算了，否则自讨没趣。这种“处世之道”，至今有用。但它之所以不仅是“处世之道”，因为它显现了作为本体的某种人际关系的具体的情理刻度。过此刻度则此关系不再维系。孔学中朋友之道最宜于现代的社会性公德，即以独立、自主、平等的个体之间的关系为基础也。难怪谭嗣同认为“四伦”可废，只须保留朋友一伦，现代化思潮也。

12.24 曾子曰："君子以文会友，以友辅仁。"

【译】 曾子说："君子通过学问、文章来聚会朋友，通过朋友来帮助仁德的成长。"

【注】《康注》：人情孤独则懒惰，易观摩则奋厉生。置诸众正友之中，则寡失德；置诸多闻人之中，则不寡陋。故辅仁之功，取友为大。

【记】 为什么要"以文"才会友？注家又有各种讨论，如"文者，礼乐法度刑政纲纪之文"，"布帛菽粟之文，非古文之文、时文之文，雕虫藻丽之文，会友以收摄身心，此学人第一切务"(《反身录》)，仍"壹是以修身为本"。今天则是以学术之"文"(世界一年多少学术会议、多少学术论文！)来会朋友，以切磋琢磨，发言讨论，而所辅者并非"仁"，而是"知"了。

子路第十三

共三十章

13.1 子路问政。子曰："先之，劳之。"请益。曰："无倦。"

【译】 子路问如何搞政治？孔子说："自己带头，大家努力。"子路要求多讲一些，孔子说："不懈怠。"

【注】 《朱注》：无，古本作"毋"。吴氏曰：勇者喜于有为而不能持久，故以此告之。

《正义》：政贵身先行之，所谓其身正，不令而行是也。劳之者，勤勉民使率教，不用刑趋势迫也。

《集释》《群经平议》：先之劳之，谓先民而任其劳也。天子亲耕，后亲蚕之类，皆其事矣。

【记】 "劳之"是自己劳还是百姓劳？有不同解说，译则采两者均劳意。仍是"政者正也"的思路，混伦理、政治于一体也。

13.2 仲弓为季氏宰，问政。子曰："先有司，赦小过，举贤才。"

曰："焉知贤才而举之？"子曰："举尔所知；尔所不知，人其舍诸？"

【译】 冉雍做了季氏部族总管，问孔子如何办政治？孔子说：“首先注意干部，不计较小过错，提拔优秀人才。”

冉雍说：“怎样才知道谁是优秀人才而提拔呢？”孔子说：“提拔你所知道的。你不知道的，别人就会舍弃而不提出吗？”

【注】《集释》《陆敬舆奏议》：知人之难，圣哲所病。听其言则未保其行，求其行则或遗其才。校劳考则巧伪繁兴，而贞方之人罕观；殉声华则趋竞弥长，而沈退之士莫升。是必素与交亲，备详本末，探其志行，阅其器能，然后守道藏器者可得而知，沽名饰貌者不容其伪。是以前代有乡举里选之法，长吏辟举之制，所以明历试、广旁求、敦行能、息驰骛也。

【记】“人才难得”，千古同调，其实不然。只要有好的制度，何愁不出人才。陆宣公提出的是古代制度，现代的经济、政治制度更能使“人尽其才”。苟无完备制度，纯靠“伯乐”识“千里马”和孔子这种办法，则危乎殆矣。惜执政者至今多不悟此。“赦小过”者，人无完人，孰能无过？战争时期，人才易出，也不重小德。和平年月则反是，于是贤才大能被扼杀、封禁在所谓“德才兼备”、实则以拘拘小节求全责备的“原则”下而抱恨终身者，多矣。

13．3 子路曰：“卫君待子而为政，子将奚先？”

子曰：“必也正名乎！”

子路曰：“有是哉，子之迂也！奚其正？”

子曰：“野哉，由也！君子于其所不知，盖阙如也。名不正，则言不顺；言不顺，则事不成；事不成，则礼乐不兴；礼乐不兴，则刑罚不中；刑罚不中，则民无所

措手足。故君子名之必可言也，言之必可行也。君子于其言，无所苟而已矣。”

【译】 子路说：“卫国国君等您去搞政治，您先做哪件事？”

孔子说：“那一定是订正各种名分了。”

子路说：“真是这样吗？您太迂腐了。干什么去订正名分？”

孔子说：“真粗鲁呀，子路！君子对于自己所不知道的，就应保持沉默。如果名不正，说话就不顺当；说话不顺当，就搞不成事情；搞不成事情，礼乐就复兴不起来；礼乐不复兴，刑罚就不会恰当；刑罚不恰当，老百姓就不知道应该如何行为、活动。所以，君子订正了名分就一定能够说话，说的话就一定能够执行。君子对于自己所说的话，不能有一点随便马虎。”

【注】 《正义》马曰：正百事之名。晋时鲁胜注《墨辩》一书，深论名理，谓名者，所以列同异，明是非，道义之门，政化之准绳也。而凡百事为，莫非是名。

【记】 如前所指出，这大概就是儒家的语言学，极为重视语言的实用意义和实用价值，指出它在支配人的行为活动上的重要作用。其所以如此，“名”(能指，书面语言)来自符号(指事)，表示的是一种秩序、规范、法则，这也就是“实”(所指)。至今人们批评某人行为、活动时，用的是“不像话”。可见，“话”(语言)在中国从来具有严重的神圣性。语言不只是散发在空气中的声音而已，它不仅代表而且本身即是人的行为、活动，所谓“一言既出，驷马难追”，亦此意。语言文字这种原始巨大功能，保存在孔子以及后世高度重视语言的态度上。所以中国古代的名学，并不是逻辑学，它研讨的核心仍然是语言和语词的实际应用和可能出现的现实悖论。稍有独立性格和逻辑分析的思辨方式如公孙龙、惠施、墨辩则为儒家(如荀子)所排斥，为后世所忘记。直到近代，西方以其科技证实这种逻辑思辨的实效性、有用性之后，中国人才乐于接受。严复当年开讲逻辑学，为中国士大夫知识分子闻所未闻而大受欢迎。中国人不是没有这方面的能力，而是没发展这方面的兴趣。金岳霖写《论道》、《认识论》与冯友兰写《贞元六书》大体同时而思想相近，冯影响甚大而金甚小，亦以此故。韩非的论议，逻辑性也非常强，但不可能发展为抽象的逻辑学。韩非恰恰强调纯粹思辨或“真理”本身的无用，如《说难》篇。《韩非子》之所以能“益人神智”，乃以其冷静的理知告诉人们许多残酷的生活真实，并非其议论的逻辑形式本身；读《韩非子》，正有助于了解中国的“逻辑”。**儒学以“情”为体，于逻辑当然有所扞格；《孟子》好些辩论就直接违反形式逻辑。**

如此重“正名”，即后来法家“以名责实，循名求实”的政治统治张本，在一定意义上，法家也从孔学发展而来，孔子不说“君君臣臣父父子子”吗？这就是名实——正名问题。**“名”是社会秩序、规范、礼制的具体法则，谨守不失，即可“无为”而治。儒、道、法均讲“无为而治”，均讲“名”，此“名”非语言、逻辑，乃实用政治。**顾立雅(H. Creel)曾认申不害之“无为”来自《论语》(见其 *What is Taoism*)，有据。陈汉生(Chad Hansen)认为“名”(name)关乎

“礼”，即辨等差，make distinction，有理。谭嗣同猛烈抨击“名教”(礼教)“以名为教”，此“名”即确定社会等差级别之秩序所在，关系乎维系传统之伦理—政治。**孔子要求“正名”，“君君臣臣父父子子”，即在于这样才能指导人们去正确行动(实践)，此即儒家之认识论。中国价值(value)与事实(fact)不分，理论(认识)与实践不分，名与实不分，有其语言学的根基：**(A)文字(书面语言)并非口头语言之记录，乃历史经验(“指事”)之记录；(B)从而文字有直接驱使人行动的重要功能，这又与巫术渊源有关，因“历史经验”之记录与巫术仪式本有纠葛。中国汉字因来自指事即记录历史经验，故重单字、名词，而无需复数、冠词、性别之类，它的作用在于以历史经验指导人们行动、生活，而不在指示、描述、复写客观事物或记录口头语言。这些均“实用理性”之重要构成方面和要素，大不同于希腊—希伯来之西方传统。

13.4 樊迟请学稼。子曰：“吾不如老农。”请学为圃。曰：“吾不如老圃。”

樊迟出。子曰：“小人哉，樊迟也！上好礼，则民莫敢不敬；上好义，则民莫敢不服；上好信，则民莫敢不用情。夫如是，则四方之民襁负其子而至矣，焉用稼？”

【译】 樊迟问种庄稼的学问，孔子说：“我不如老农民。”樊迟问种菜的学问，孔子说：“我不如老菜农。”

樊迟走了出来。孔子说：“樊迟真是小人呀。领导者讲求礼制，老百姓就没有不尊敬的；领导者讲求合理适当，老百姓就没有不服从的；领导者讲求信任，老百姓就没有不把情况讲出来的。如果这样，四面八方的老百姓就会背负小孩来投奔。干吗要去种庄稼？"

【注】《正义》《周书·无逸》云：知稼穑艰难，则知小人之依。又云：旧为小人，爰暨小人。是小人即老农、老圃之称。《孟子·滕文公篇》：有大人之事，有小人之事，与此同也。古者四民各有恒业。

【记】 可见小人即老百姓，非道德贬义。从春秋战国起，中国崛起"士"阶层。"学而优则仕"一直是"士"的生活道路。汉代有察举，考试则为隋唐以来的政治体制。"士"的职责是"致君泽民"，"安邦定国"，管理政事，成为社会结构中的骨架和脊梁。在民主政治和现代官僚体制出现之前，中国文官体制是最完备和最有效的，其基本观念可说来自此处。孟子有"劳心者治人，劳力者治于人"这种明确表述。与此相反，从农家、墨家到毛泽东，中国思想史上一直又有废除劳心劳力区分、由生产者直接管理政务的乌托邦观念。樊迟大概也可算作其中的一位。老师不老说要复古吗？那么干脆回到帝王亲自耕织的"太平"时代去，岂不更好？于是问学稼学圃。但孔子不以为然。

什么是"情"？非情感也，乃事实、真实、情况。葛瑞汉（A. C. Graham）论之颇详，其说谓前汉时期"情"指实质，非情感（见所著 *Studies in Chinese Philosophy and Philosophical Literature*），盖有所据。但由"实体"、"本质"、"真理"、"情况"之"情"转而为"情感"、"感受"、"感情"之"情"，意义更大。此二者有某种重要连接。《荀子·正名》："性之好恶喜怒哀乐谓之情。"《礼记·礼运》："何谓人情，喜怒哀惧爱恶欲。"此"情"即此二者（实质与情感）之某种交会与转换：情感乃人的本质、实体、真实，所谓人性，即在此。所以儒家重视陶情养性，成就人生。

13. 5 子曰：“诵诗三百，授之以政，不达；使于四方，不能专对；虽多，亦奚以为？”

【译】 孔子说：“熟读《诗经》三百首，交他政治不会搞；走出国门办外交，不能独立作应对。读得虽多，又有什么用？”

【注】 《康注》：诗，言国政，著风俗，本人情，该物理，长于风谕，故诵之者必达于政而能言也。……盖诗出辅轩之采，如今日之报。孔子选十五国之报精者，加以改制口说，以为功课书。故通其学者皆为政治家、言语家之才。

【记】 《诗经》当时远非供审美的文艺作品，它有非常重要的实际用途。《诗经》常被用来作为外交辞令，以展示所依据的权威和规范。可参见《左传》。

13. 6 子曰：“其身正，不令而行；其身不正，虽令不从。”

【译】 孔子说：“自己行为正当，不发命令也办得通；自己行为不正当，发命令也没人听从。”

【注】 《集释》《后汉书·第五伦传》：引作虽令不行。

【记】 依然是上面多次说过的伦理政治即氏族首领的“领导艺术”的理论遗迹，后来就成了传统格言。

13. 7 子曰：“鲁卫之政，兄弟也。”

【译】 孔子说：“鲁国的政治和卫国的政治，有如兄弟一般。”

【注】 《朱注》：鲁，周公之后；卫，康叔之后。本兄弟之国，而是时衰乱，政亦相似，故夫子叹之。

【记】 什么意思？是说两国政治过去曾差不多一样好呢？还是现在差不多同样糟糕呢？还是说两国的政治应该像兄弟般的和谐合作呢？有多种解说，上朱注乃一种。

13. 8 子谓卫公子荆，“善居室。始有，曰：‘苟合矣。’少有，曰：‘苟完矣。’富有，曰：‘苟美矣。’”

【译】 孔子说：“卫国公子荆会处理家务。刚有一点财产，便说‘真足够了’。稍许多一点，便说‘真齐备了’。更增加时，便说‘真完美极了’。”

【注】 《正义》：善居室者。《皇疏》：居其家能治不为奢侈，故曰善也。有者，有财也；苟者，诚也，信也。

《集释》《反身录》：居室不求华美，其居心平淡可知，真翩翩浊世之佳公子也。世有甫入仕而宅舍一新，宦游归而土木未已。……人无百年不坏之身，世无数百年不坏之屋，转盼成空，究竟何有？昔之画阁楼台，今为荒丘砾墟者何限？当其金碧辉煌，未尝不左顾右盼，畅然自快，而今竟安在哉?! 千古如斯，良足慨矣。……近世一显宦，致仕家居，大兴土木，躬自督工，椎基砌壁，务极其坚，一椎工未力，即震呵不已。其工且椎且对曰：邑中某宦所修某宅，皆小人充役。当时只嫌不坚，今虽坚完如故，而宅已三易其主，虽坚亦徒然耳。某宦闻之，心灰意沮。

【记】 原文和注都可见中国人的生活态度。“居室”亦可译作营造房屋、宫室。这也是一个有趣问题，**许多远古文明都留有大规模的石建筑遗迹，独中国无（长城亦主要是填土筑墙）。为什么？似至今无答。**我以为原因可能仍在具有原始人道和原始民主的中国远古氏族、部落，并无足够强大的专制力量去奴役百姓大兴石建筑。等到秦始皇有此力量时，土木建筑却已是久远传统而不易改变了。此处赞赏居室不求完美，表达了中国传统思想：人生易老，世事难长；生活应别有追求，非徒华美居室、物质享受而已。

13.9 子适卫，冉有仆。子曰：“庶矣哉！”冉有曰：“既庶矣，又何加焉？”曰：“富之。”曰：“既富矣，又何加焉？”曰：“教之。”

【译】 孔子到卫国，冉有赶车。孔子说：“人口真多呀。”

冉有问：“人口够多了，下步该怎么办？”“富裕他们。”

“已经富裕了，又怎么办？”“教育他们。”

【注】 《康注》：孔子虽重教化，而以富民为先。管子所谓治国之道，必先富民。此与宋儒徒陈高义，但言饿死事小，失节事大者，亦异矣。宋后之治法，薄为俸禄，而责吏之廉；未尝养民，而期俗之善。……盖未富而言教，悖乎公理，紊乎行序也。

【记】 孔子主张“富之，教之”，并且是先“富”后“教”。孟子说：“乐岁终身苦，凶年不免于死亡，此惟救死而恐不赡，奚暇治礼义哉。”(《孟子·梁惠王上》)管子有“凡治国之道，必先富民”，“仓廪实而知礼节，衣食足而知荣辱”。这种似乎是常识性的政治观念，却常常为后世真假道德主义所忽略或轻视，反而把人们弄糊涂了。从宋明理学强调“大学之道在明明德、在新民、在止于至善”而忘记“庶之，富之”的前提起，一直到“人是要有一点精神的”，“宁要社会主义的草，不要资本主义的苗”，岂不都如此？**以生产工具(科技)为核心的经济发展和以培育人性(心理)为核心的教育发展，本应是人类生存和发展的真正的硬软两手**，对今日和未来尤其如此。中国近百年来对此两手都不重视，而集中精力、才智于军事、政治，这当然有主客观许多复杂原因。至今始有扭转，开始经济挂帅，但教育之仍不受重视，依然如故。今后或可改变。

“庶之，富之”，仍然是居第一、二位。宋明理学高谈心性，大讲“生生之谓易”，“天地之大德曰生”以及周敦颐不除庭草以存天意等等，都停留在精神、道德层面上，而不知**“生生”首先就是“人活着”**的问题。我这个“吃饭哲学”一方面被那些奉阶级斗争为圭臬的左派马克思主义所抨击，另一方面也被奉道德形上学为圭臬的新儒家所反对，斥责我是“庸俗化”了马克思和孔夫子。其实无论是马克思或孔夫子，都很重视人必须吃饭才能生存(即活)这个简单事实，庸俗云乎哉！

13.10 子曰：“苟有用我者，期月而已可也，三年有成。”

【译】 孔子说：“如果有用我的人，一年便可以搞得差不多，三年就会很有成绩。”

【注】《朱注》：期月，谓周一岁之月也。

【记】 看来孔老夫子并非谦谦君子，假作谦让者。有时仍作广告，自介绍，岂不同于今日之竞选政治？有人怀疑此章非孔子言。其实《论语》全书五百章，其中从思想到风格大有出入差异者甚多。不出于孔子者恐不少，但如《前言》所云，既已归属孔子名下两千年，逐一甄别，不甚必要，亦不大可能。

13．11 子曰：“‘善人为邦百年，亦可以胜残去杀矣。’诚哉是言也！”

【译】 孔子说：“‘好人管理国事一百年，就可以消除各种暴行，去掉死刑。’这话不错呀。”

【注】《朱注》：为邦百年，言相继而久也。胜残，化残暴之人，使不为恶也。去杀，谓民化于善，可以不用刑杀也。盖古有是言，而夫子称之。程子曰：汉自高惠至于文景，黎民醇厚，几致刑措，庶乎其近之矣。

【记】 可见均须渐进，暴力不能立即消除，死刑更不可立即废止，即使“善人”、“圣王”为之，也需时间，这是一个漫长的进步过程。

13．12 子曰：“如有王者，必世而后仁。”

【译】 孔子说：“如果有圣王兴起，也一定要三十年才能使人都有仁心。”

【注】《朱注》：王者，谓圣人受命而兴也。三十年为一世。

【记】仁是“仁心”还是“仁政”？似应为前者。但均不可能一蹴即就。特别是使人均有仁心，端赖教育，虽“圣王”，也至少需要三十年。

13.13 子曰：“苟正其身矣，于从政乎何有？不能正其身，如正人何？”

【译】孔子说：“如果端正了自己，搞政治有什么困难？如果不能够端正自己，又怎么能够去端正别人？”

【注】《正义》：政者，正也。言为政当先正其身也。

【记】还是那个伦理政治。如此多次地反复申说，正是助成后代道德主义的重要张本。程颐劝宋哲宗莫折柳枝“以伤天意”，刘宗周以“陛下心安则天下安矣”答明思宗如何退贼救国，均为千古笑谈，未始不来自此也。大皇帝根本不是小氏族首领了，伦理与政治早已分途，“己身正”如何会使天下人“正”呢？“孔孟之道”当时就行不通，更何况后世？根本原因就在这里。但前人很少从历史社会背景指明这一点。当然，这又并不是说执政者“己身正”不重要。有“治法”也仍需有“治人”。何况乎尚有个体对宗教性私德的追求。

13.14 冉子退朝。子曰：“何晏也？”对曰：“有政。”子曰：“其事也。如有政，虽不吾以，吾其与闻之。”

【译】冉有从朝廷回来，孔子说：“为什么这么晚？”

回答说："有政务。"孔子说："那不过是事务罢了。如有重大政务，虽然与我无关，我也会知道和参与的。"

【注】《朱注》：礼，大夫虽不治事，犹得与闻国政。

【记】这里是将事务性工作与真正的政治性工作区分开来?! 当时大概具体有所指，不可知矣。

13.15 定公问："一言而可以兴邦，有诸?"

孔子对曰："言不可以若是其几也。人之言曰：'为君难，为臣不易。'如知为君之难也，不几乎一言而兴邦乎?"

曰："一言而丧邦，有诸?"

孔子对曰："言不可以若是其几也。人之言曰：'予无乐乎为君，唯其言而莫予违也。'如其善而莫之违也，不亦善乎? 如不善而莫之违也，不几乎一言而丧邦乎?"

【译】定公问："一句话便可以振兴国家，有这样的事吗?"

孔子回答说："不可以这样去期待语言呀。人们说：'做国君艰难，做臣下也不容易。'如果知道做国君的艰难，不几乎这一句话就可以振兴国家吗?"

"一句话可以丧失国家，有吗?"

孔子回答说："不可以这样去期待语言呀。人们说：'我做国君并不快乐，只是没人敢违抗我讲话罢了。'如果讲得好，没人敢违抗，那不很好吗? 如果讲得不好，也没人敢违抗，那不就是一句话便可以丧失国家吗?"

【注】《朱注》：几，期也。范氏曰：言不善而莫之违，

则忠言不至于耳。君日骄而臣日谄，未有不丧邦者也。谢氏曰：……惟其言而莫予违，则谗谄面谀之人至矣。邦未必遽兴丧也，而兴丧之源分于此。

【记】 专制政治一人作主，万众齐喑，真是皇帝的金口玉牙，没人违抗。于是一言“丧邦”者，大有人在。“一句顶一万句”，便害死许多人也。定公原想走捷径，希望一句话就能解决问题。孔子却说，要知道做君王做臣下都不容易，这回答也只是一句话，很巧妙。一言丧邦的回答，亦然，比朱注强多矣。

13．16 叶公问政。子曰：“近者说，远者来。”

【译】 叶公问如何办政治？孔子说：“近处的人民多欢乐，远处的人民来归依。”

【注】《康注》：《墨子·耕柱篇》引作“远者近之，旧者新之”，当是齐论原本。盖民患于隔远而不通，则疾苦不知，情形不悉，如血气滞塞则为疾。故不善为政者，堂上远于万里；善为政者，万里缩若咫尺。若今之铁路、电线、汽船，缩地如掌，呼吸可通，交通进益，所谓远者近之也。器莫若旧，政莫若新。盖旧则塞滞，新则疏通；旧则腐坏，新则鲜明；旧则颓败，新则整饬；旧则散漫，新则团结；旧则窳落，新则发扬；旧则形式徒存，人心不乐，新则精神振作，人情共趋。伊尹曰：用其新，去其陈，病乃不存。故去病全在去旧更新。

【记】 康注借古说今，古为今用，为现代化鼓噪，亦近代中国之解释学特征，又仍“日日新，又日新”之传统精神也。

13. 17　子夏为莒父宰，问政。子曰："无欲速，无见小利。欲速，则不达；见小利，则大事不成。"

【译】　子夏做了莒父地方的官长，问如何搞政治？孔子说："不要图快，不要顾小利益。图快，反而达不到目的；顾小利，便办不成大事情。"

【注】　《集释》《反身录》：为政欲速非善政，为学欲速非善学。……如果有心求治，不妨从容料理。斫轮老人谓不疾不徐之间，有妙存焉。岂惟读书宜然，为政亦然。若求治太急，兴利除害，为之不以其渐，不是忙中多错，便是操切偾事。

【记】　不独政治如此，也是生活的经验及智慧。近代中国求速而不达之经验固惨痛矣。所谓"一万年太久，只争朝夕"即如此。今日激进青年虽模式不同，学说亦异，却仍不脱此轨，可伤。

13. 18　叶公语孔子曰："吾党有直躬者，其父攘羊，而子证之。"孔子曰："吾党之直者异于是：父为子隐，子为父隐，直在其中矣。"

【译】　叶公对孔子说："我们那里有正直的人，他父亲偷羊，儿子出来揭发。"孔子说："我们这里正直的人不这样，父亲替儿子隐瞒，儿子替父亲隐瞒，正直也就在其中了。"

【注】　《朱注》：父子相隐，天理人情之至也。故不求为直，而直在其中。

《集释》程氏瑶田《论学小记》：无他，爱之必不能无差等，而仁之不能一视也，此之谓公也，非一公无私之谓也。……子为父隐，父为子隐，直在其中，皆言以私行其公。是天理人情之至，自然之施为、等级、界限，无意必固我于其中者也。如其不私，则所谓公者，必不出于其心之诚然。不诚，则私焉而已矣。

《杨注》《说文》云："证，告也。"

【记】 这是一个值得研究的大问题。孔孟坚持的氏族政治，家为重，"孝慈"居首。孟子有父亲杀人，儿子(舜)可携父逃亡的说法。后世情况变了，儒家也有"大义灭亲"、"忠孝不能两全"等提法。在现代社会，这当然违反法治，构成伪证罪；却又是人情，在现实中仍可看到。这涉及社会学、心理学好些问题。中国传统法律允许家人一定程度内的隐瞒。从社会学说，这是重视家庭作为社会基础的巩固；从心理学说，这是重培植情感高于其他。因此所谓"直"、"正直"在这里并不是法律是非、社会正义的含义，凸显了社会性公德与宗教性私德的差异及其冲突。"直"——正直、公正，在《论语》中与情感的真诚性有关，各章的"直"如"人之生也直"(6. 19 章)、"孰谓微生高直"(5. 24 章)等亦然。

13. 19 樊迟问仁。子曰："居处恭，执事敬，与人忠。虽之夷狄，不可弃也。"

【译】 樊迟问如何是"仁"？孔子说："生活起居庄重谨慎，处理事务严肃认真，与人交往忠诚信实，即使到野蛮地区也不丢掉、改变。"

【注】 《康注》：公理既备，则不徒在礼义文明之邦，人

皆尊信，即在夷狄野蛮之国，而公理不可废，亦必不见弃也。仁本为公理。

【记】“中国”与“夷狄”的区分，从孔子起，便是文化概念，而非种族概念。虽说“非我族类，其心必异”，但只要接受了中原文化，也就可说是“同类”了。儒学文明不但“教化”老百姓，而且“教化”各“夷狄”。汉、唐毫不害怕给“外国人”高职高官，掌握大权，而不问其种族、“国籍”。中国的民族自信建立在对自己文化信心的基础之上，其结果是用文化同化了即使占据统治地位的各种族。从五胡十六国到满清，不都如此?！只有对自己文化丧失信心，才那么害怕“外国的舶来品”。从晚清官僚到今日老“左”，不都如此?！

13.20 子贡问曰：“何如斯可谓之士矣?”子曰：“行己有耻，使于四方，不辱君命，可谓士矣。”

曰：“敢问其次。”曰：“宗族称孝焉，乡党称弟焉。”

曰：“敢问其次。”曰：“言必信，行必果，硁硁然，小人哉！抑亦可以为次矣。”

曰：“今之从政者何如?”子曰：“噫！斗筲之人，何足算也?”

【译】子贡问道：“怎样才可以叫作知识分子?”孔子说：“对自己的行为、活动保持羞耻意识，出使国外不辜负国君的使命，这可以叫知识分子了。”

子贡说：“请问次一等的。”孔子说：“宗族中都称赞他孝顺父母，乡里中都称赞他尊敬长者。”

子贡说：“请问再次一等的。”孔子说：“说话守信用，行为很实在。像嘣嘣响的石头子，像一般老百姓啊，但这也可以算作次一等的。”

子贡说：“今天那些搞政治的人怎么样？”孔子说：“咳！这班度量狭小、见识短浅的人，算得上什么？！”

【注】 《朱注》：斗，量名，容十升。筲，竹器，容斗二升。斗筲之人，言鄙细也。

【记】 《荀子·哀公》：“孔子曰：君之所问，圣君之问也。丘，小人也，何足以知之。”此“小人”即“普通老百姓”之谓。可见，“小人”并不是道德不好的人，只是一般普通人而已。而且还能“言必信，行必果”，也不容易。比起博雅君子来，当然差一等，但比“今之从政者”，还远远高出一筹。所谓“行己有耻”的“耻”，广于今日用语的“羞耻”含义，包括总感到自己有不够的地方的意思。知识分子并非具有知识而已，而必须体现在行为、活动中，今日亦应如是也。徒有知识而毫无国家民族的历史责任感，甚至学问博雅而行为卑鄙者，能算知识分子？儒家孔学之所以不止是哲学，不止于高头讲章者，固在此矣。这才是所谓“吃紧处”。其次序是有德、誉于国、家（家族）及个体。“今之从政者”则连一般老百姓的品操也没有，所以何足道哉。

13.21　子曰：“不得中行而与之，必也狂狷乎！狂者进取，狷者有所不为也。”

【译】 孔子说：“得不到与合乎中庸的人在一起，那么就与狂士和洁者吧。狂士积极进取，洁者有所不为。”

【注】 《朱注》：行，道也。狂者，志极高而行不掩。狷

者，知未及而守有余。

【记】“中”、“中行”、“中道”、“中庸”，同一意思，指进退有度。**“狂”是积极进取，“狷”是消极抵抗。**“进取”、“有所不为”均好懂而不必翻译。**“狂”、“狷”也有不合流俗、不守常规的特征。**可见，孔子并不喜欢后世之“谦谦君子”。曾参一派的“三省吾身”搞功过格似与“狂”、“狷”有点格格不入？或许，那也可算另一种“狷”？孔子以“有所不为”释“狷”，比朱注强多了。我常讲在中国前数十年来的现实情况下，“进取”或“有所为”很难，甚至不可能；但“有所不为”即不同流合污、随波逐流，还是在各种不同程度上可以做到的。陈寅恪即一例。

13.22 子曰：“南人有言曰：‘人而无恒，不可以作巫医。’善夫！”“不恒其德，或承之羞。”子曰：“不占而已矣。”

【译】孔子说：“南方人有句话说，人没有恒心，不可卜卦行医，这句话很好。”“不能坚持，便招羞辱。”孔子说：“那也就不去做好了。”

【注】《康注》：巫所以交鬼神，医所以治疾病，非久于其道，则不能精，故记曰：医不三世，不服其药，欲其久也。太古重巫医，故巫医之权最大，埃及、犹太、印度、波斯皆然。犹太先知即巫也。耶氏则兼巫医而为大教主矣。盖巫言魂而通灵，医言体则近于人，其关系最重，故孔子重之，欲其有恒而致精也。二三其德，则无可成之事，故执德者亦在有恒而已。

【记】 这章难解，旧说甚多，姑译之而已。但中心意思在于强调恒心，坚持韧性精神，还是很明白的。巫医古时也是卜卦者。卜卦在远古是非常烦琐复杂的事情，可能是世传，需要极大的耐心和毅力。“不恒其德，或承之羞”，是古卦辞。意思大致是，不坚持下去，便会失败而招来羞辱。我认为中国文化来自巫史（巫的理性化），已见他注。“恒”在远古巫术卜辞中有“神秘久远”意。

13. 23 子曰：“君子和而不同，小人同而不和。”

【译】 孔子说：“君子和谐却不同一，小人同一却不和谐。”

【注】 《集释》《郑语》史伯曰：夫和实生物，同则不继。先王以土与金、木、水、火杂，以成百物。是以和五味以调口，刚四支以卫体，和六律以聪耳……聘后于异性，求财于有方，择臣取谏工而讲以多物，务和同也。声一无听，物一无文，味一无果，物一不讲。……晏子……对曰：和如羹焉。……先王之济五味和五声也，以平其心，成其政也。声亦如味，一气、二体、三类、四物、五声、六律、七音、八风、九歌，以相成也；清浊、小大、疾徐、哀乐、刚柔、迟速、高下、出入、周疏，以相济也。君子听之，以平其心，心平德和。

《杨注》：“和”与“同”是春秋时代的两个常用术语，《左传·昭公二十年》所载晏子对齐景公批评梁丘据的话，和《国语·郑语》所载史伯的话都解说得非常详细。“和”如五味的调和、八音的和谐，一定要有水、火、酱、醋各种不同的材料才能调和滋味；一定要有高下、长短、疾徐各种不同的声调才能使乐曲和谐。晏子说："君臣亦然。君所谓可，而有否焉，臣献其否以成其可；君所谓否，而有可焉，臣献其可以去其否。"因此史伯也说："以他平他谓之和。""同"就不如此，用晏子的话说："君所谓可，据亦曰可；君所谓否，据亦曰否；若以水济水，谁能食之？若琴瑟之专一，谁能听之？'同'之不可也如是。"

【记】 与"君子群而不党"、"周而不比"等章同义，**即保持个体的特殊性和独立性才有社会和人际的和谐。**虽政治，亦然。"同"、"比"、"党"就容易失去或要求消灭这种独立性和差异性。这话今天还很有意思，强求"一致"、"一律"、"一心"，总没有好结果，"多极"、"多元"、"多样化"才能发展。从注中可看出，**"和"的前提是承认、赞成、允许彼此有差异、有区别、有分歧，**然后使这些差异、区别、分歧调整、配置、处理到某种适当的地位、情况、结构中，于是各得其所，而后整体便有"和"——和谐或发展。中国哲学一直**强调"和"，也即是强调"度"**（处理各种差异、多元的适度），强调"过犹不及"和"中庸"，其道理是一致的，此即所谓"吾道一以贯之"。这就是中国的辩证法（中庸、和、度、过犹不及）。

13．24 子贡问曰："乡人皆好之，何如？"子曰："未可也。"

"乡人皆恶之，何如？"子曰："未可也；不如乡人之善者好之，其不善者恶之。"

【译】 子贡问道："满村的人都喜欢他，怎么样？"孔子说："不行。"

子贡又问："满村的人都厌恶他，怎么样？"孔子说："不行。不如村里的好人喜欢他，坏人厌恶他。"

【注】《康注》：圣人之论人，不采诸众誉，而并察诸众毁，盖不为恶人之所毁，亦必无可信者也。后世仅知采众好，则所得皆媚世合污之人，所由不入于尧舜之道也。若行议会之选举，先选一次举乡望之善者，乃由众善者复选之，庶几得人。

【记】与"众恶之，必察焉；众好之，必察焉"（15.28章）同一意思。孔子并不喜欢"好好先生"和"乡愿"，但"好好先生"总是生活中的优胜者、幸运儿、富贵人，或高官厚禄，或平稳一生；古今皆然，随处都是，亦可叹也。

13. 25 子曰："君子易事而难说也。说之不以道，不说也；及其使人也，器之。小人难事而易说也。说之虽不以道，说也；及其使人也，求备焉。"

【译】孔子说："在君子手下容易做事，讨他的喜欢却困难。不用正当方式去讨他喜欢，他是不会喜欢的。等他分配任务给人的时候，却按照各人专长来使用。在小人手下做事困难，但讨喜欢却容易，不用正当方式去讨他喜欢，他也会喜欢。但等他分配任务时，却求全责备。"

【注】《正义》孔曰：不责备于一人，故易事。

【记】两千年前的生活经验，犹栩栩如生于今日。

13. 26 子曰："君子泰而不骄，小人骄而不泰。"

【译】 孔子说：“君子庄严而不骄傲，小人骄傲而不庄严。”

【注】 《康注》：泰，安坦也。骄，放肆也。

【记】 有另解、另译。本译仍取 A≠A±解，即强调无过无不及的“度”。这是孔学的一贯思想。

13．27 子曰：“刚、毅、木、讷，近仁。”

【译】 孔子说：“刚强，坚韧，朴实，寡言，接近于仁了。”

【注】 《朱注》杨氏曰：刚毅则不屈于物欲，木讷则不至于外驰，故近仁。

《康注》：刚者无欲，毅者果敢，木者朴行，讷者谨言。四者皆能力行，与巧言令色相反者，故近仁。盖圣人爱质重之人，而恶浮华佻伪如此，盖华者不实也。《汉书》称周勃木强敦厚、尹齐木强少文。惟厚重质朴者，乃可任道。

【记】 再一次突出少言语。与摩登时代一任语言夸巧、主宰一切恰是两种境界。

13．28 子路问曰：“何如斯可谓之士矣？”子曰：“切切偲偲，怡怡如也，可谓士矣。朋友切切偲偲，兄弟怡怡。”

【译】 子路问道：“怎么样便可以叫作知识分子？”孔子说：“相互督促帮助，和睦愉快相处，可以叫知识分子了。朋友之间要督促，兄弟之间重和睦。”

【注】《朱注》胡氏曰：切切，恳到也。偲偲，详勉也。怡怡，和悦也。……兄弟有贼恩之祸，朋友有善柔之损，故又别而言之。

【记】“士”如何表现在日常生活的伦理关系中？为何只提兄弟、朋友两伦？可能因为其他三伦（君臣、父子、夫妇）为所有人所应遵守，而“兄弟”、“朋友”二伦中，个体独立性和自主性较强，可能才更显示“士”之不同于常人所在。朋友之所以更重批评督促，因为朋友经常是由于气味相投而成交，便容易或言不及义，或阿私偏袒，或纯酒肉交；兄弟之所以更重和睦，因为自然血缘，关系亲密，言行直率，反易因细小事故而吵架成仇。均经验谈。可见孔门讲述人伦秩序，不只重外在的社会关系或生活位置，更重与责任感相关联的内在情感—心理的形成。朋友与兄弟，便有彼此不可替代的不同的情感关系或情理结构。

13．29　子曰：“善人教民七年，亦可以即戎矣。”

【译】孔子说：“好人教导老百姓七年，也就可以去应付战争了。”

【注】《正义》包曰：即，就也。戎，兵也。

13．30　子曰：“以不教民战，是谓弃之。”

【译】孔子说：“不对人民进行军事训练，叫作抛弃他们。”

【注】《正义》马曰：言用不习之民，使之攻战，必破败，是谓弃之。

【记】 上注解作“用未经训练的人民去作战”，不从。总之，这两章都讲练兵习武之必要。孔夫子并非书呆子，只讲修养、文化之类，大不同于后世腐儒。

宪问第十四

共四十四章

14. 1 宪问耻。子曰："邦有道，穀；邦无道，穀，耻也。"

"克、伐、怨、欲不行焉，可以为仁矣？"子曰："可以为难矣，仁则吾不知也。"

【译】 原宪问什么是耻辱？孔子说："政治清明，领薪水；政治不清明，领薪水，这就是耻辱。"

"好胜、自夸、怨恨、贪欲没有了，可以是'仁'吧？"孔子说："可以说是难能可贵了。若说是'仁'，那我不知道。"

【注】 《集释》《集解》马(融)曰：克，好胜人。伐，自伐其功。怨，忌小怨。欲，贪欲也。阮元《论仁篇》：此但能无损于人，不能有益于人，未能立人达人，所以孔子不许为仁。《反身录》：昔罗近溪先生见颜山农，自述遘危病，生死得失能不动心。颜不许，曰：是制欲，非体仁也。先生曰：非制欲，安能体仁？颜曰：子不观孟子之论四端乎？知皆扩而充之，如火之始燃，泉之始达，如此体仁，何等直截！

【记】 这章应分两节。第一节为今日犹然的"不倒翁"或"政治娼妓"写照：左右逢源，看风使舵，永远居高官、食厚禄，真可谓恬不知耻者矣，又何其多也。第二节仍然是将“仁”与任何其他的美德、善行区别开来，显示了“仁”的积极性、主动性的情感方面，不只是克制、化解消极面而已。

14.2　子曰：“士而怀居，不足以为士矣。”

【译】 孔子说：“知识分子留恋安逸的生活，那也就不配是知识分子了。”

【注】 《集释》《反身录》：士若在身心上打点，世道上留心，自不屑区区耽怀于居处。一有系恋，则心为所累。

【记】 所谓“以天下为己任”，“匈奴未灭，何以家为”（虽出自武夫之口）等等，亦即萨特（Sartre）所谓知识分子非仅有知识之谓，前面已说。这即是儒家的宗教性道德，而在当时却是社会性道德。

14.3　子曰：“邦有道，危言危行；邦无道，危行言孙。”

【译】 孔子说：“政治清明，言语正直，行为正直。政治黑暗，行为正直，言语谨慎。”

【注】 《集释》《广雅》：危，正也。汪烜《四书诠义》：言孙非畏祸也，贾祸而无益，则君子不为矣。知进退存亡而不失其正，亦时中之道也。《论语稽》：邦无道，则当留有用之身匡济时变，故举动虽不可苟，而要不宜高谈以招祸也。

【记】 这也就是“处乱世保身全生”意，与道家相同。**可见孔子虽然主张“知其不可而为之”，却不认为在任何时**

地都必须赤膊上阵，蛮干一场。青年多不悟此，以为此即软弱、怯懦，而不知“峣峣者易折”，那种逞一时意气的“刚强”者，常不足以持久。所以**关键在于韧性斗争。鲁迅常言及此，惜乎不为青年注意，而一再失误**。所谓“危行”，即有所不为，不同流合污、共搞大批判也。

14.4 子曰：“有德者必有言，有言者不必有德。仁者必有勇，勇者不必有仁。”

【译】 孔子说：“有道德的人，必然有好言语；有好言语的人，不一定有道德。仁爱的人一定勇敢，勇敢的人不一定仁爱。”

【注】 《朱注》：有德者和顺积中，英华发外，能言者或便佞口给而已。仁者心无私累，见义勇为；勇者或血气之强而已。

【记】 这仍是内(仁、德)外(勇、言)的关系。有得于内，无待乎外，而必有外。

14.5 南宫适问于孔子曰：“羿善射，奡荡舟，俱不得其死然。禹稷躬稼而有天下。”夫子不答。

南宫适出，子曰：“君子哉若人！尚德哉若人！”

【译】 南宫适问孔子说：“羿擅长射箭，奡力大可翻船，都没得好死。夏禹和后稷亲身耕种，却得了天下。”孔子没有回答。

南宫适出来后，孔子说：“这个人真是君子呀，这个人真是尊重德行呀。”

【注】《康注》：盖德与力，自古分疆，而有力者终不如有德。嬴政、亚力山大、成吉斯汗、拿破仑之闻，必不如孔子及佛与耶稣也，此为万古德力之判案也。

【记】羿、奡均传说中的氏族部落的著名首领和英雄。这里仍然是强调领导者的“德行”，逞力量者，穷兵黩武，常自食其果，南宫此说自然大合孔子心意。

14. 6 子曰：“君子而不仁者有矣夫，未有小人而仁者也。”

【译】孔子说：“君子也有没仁德的时候，没有小人而有仁德的。”

【注】《朱注》谢氏曰：君子志于仁矣，然毫忽之间，心不在焉，则未免为不仁也。

【记】这里的“君子”、“小人”如指客观的社会地位，即士大夫和老百姓，则与孔子其他一些说法，如“小人”也可以是“士”、人都可以“为仁”等等相矛盾。如指道德高下，则似同语反复。但这里说“君子”也有不“仁”的时候以见此“仁”之难，连颜回不也只能“三月不违”吗？于是，“仁”作为全德(perfect virtue)也好，作为高峰体验(peak experience)也好，这里只好解作某种具有神秘性的经验了。如前所一再点出，《论语》篇章常见矛盾、冲突，是孔子自身矛盾抑所传述者矛盾，已难究明，不必强解。

14. 7 子曰：“爱之，能勿劳乎？忠焉，能勿诲乎？”

【译】孔子说：“爱他们，能够不加以勉励吗？忠于他们，能够不进行教导吗？”

【注】《正义》王氏引之《经义述闻》解此文云：《吕氏春秋》高注：劳，勉也。勉与诲义相近，故劳、诲并称。高诱注并云：劳，忧也。又《里仁篇》劳而不怨，即忧而不怨。忧者，勤思之也。

【记】这里既可作政治学的解说，也可以作教育学的解说；既可以是政府对老百姓的政策，也可以是家长、老师对儿女学生的方针。在远古，这二者是统一的。首领对氏族成员就是大家长对待儿女，所以君父、君师合一。“劳”另高注作“忧”解，即既爱之而又担心，不如王解。“劳”多有作“劳苦”、“劳动”、“勤劳”解者。“诲”或作“谋”字解，则与《学而篇》“为人谋而不忠乎”同义。

14.8　子曰：“为命，裨谌草创之，世叔讨论之，行人子羽修饰之，东里子产润色之。”

【译】孔子说：“发命令，裨谌打草稿，世叔加以研讨，专职官子羽增删修改，东里子产作文字润饰。”

【注】《朱注》：裨谌以下四人皆郑大夫。草，略也。创，造也。谓造为草稿也。……讨，寻究也。论，讲议也。行人，掌使之官，修饰，谓增损之。润色，谓加以文采也。

【记】分工合作，人尽其才。

14.9　或问子产。子曰：“惠人也。”

问子西。曰：“彼哉！彼哉！”

问管仲。曰：“人也。夺伯氏骈邑三百，饭疏食，没

齿无怨言。”

【译】 有人问子产是什么样的人？孔子说：“施恩惠的人。”

问子西，孔子说：“他呀，他呀。”

问管仲，孔子说：“是个人物！他剥夺了伯氏三百户的土地。伯氏吃粗粮，但一直到死，也没有怨恨的话。”

【注】 《康注》：孔子极重事功，累称管仲，极词赞叹。……宋儒不知，而轻鄙功利，致人才恭尔，中国不振。

【记】 “他呀，他呀”，不足道也。今日犹有此口头语。“没齿无怨言”，大概是即使处理如此严厉，但因为公正，所以没话可说。世传诸葛亮秉公办事，也有此效。这就是所谓法家精神。因此可见，**儒学从一开始，就可以容纳法家**。（管仲、诸葛亮也一向被视作法家。）孔子多次称道管仲，正是后世政治上儒法互用、阳儒阴法的张本。可见，儒法从一开端便有联结，如同儒道一样，**都可以在孔子及《论语》中找到其后“儒法互用”、“儒道互补”的线索。**

14.10 子曰：“贫而无怨难，富而无骄易。”

【译】 孔子说：“贫穷而无怨恨，很难；富裕而不骄傲，较易。”

【注】 《朱注》：处贫难，处富易，人之常情。

【记】 今日各种“暴发户”宜三诵之，因为也并不太容易做到。富者骄横使贫者更怨，于是乎斗争哲学起。

14．11　子曰："孟公绰为赵魏老则优，不可以为滕薛大夫。"

【译】　孔子说："孟公绰做大国的首长，绰有裕余；却当不了小国的管家。"

【注】　《朱注》：老，家臣之长。大家势重而无诸侯之事，家老望尊而无官守之责。……大夫，任国政者。滕、薛国小政烦，大夫位高责重，然则公绰盖廉静寡欲而短于才者也。

【记】　人才之特殊也。能做大官（赵、魏，大国也）也未必能办具体事，何况大官还有各种各样，有的是以他的"道德"高、资历深，专门用作摆设，什么实际事不干，也干不了。孟公绰可能就属于这类。

14．12　子路问成人。子曰："若臧武仲之知，公绰之不欲，卞庄子之勇，冉求之艺，文之以礼乐，亦可以为成人矣。"曰："今之成人者何必然？见利思义，见危授命，久要不忘平生之言，亦可以为成人矣。"

【译】　子路问什么才是完全的人？孔子说："聪明有如臧武仲，欲望少如孟公绰，勇敢如卞庄子，才艺如冉有。再以礼乐文采表现出来，也就可以是完全的人了。"又说："今天完全的人哪里一定要这样？看到利益能考虑合理与否，遇到危险肯付出生命，长久处于贫困却并不忘记人生的承诺，也就可以是完全的人了。"

【注】　《集注》：成人，犹言全。……言兼此四子之长，则知足以穷理，廉足以养心，勇足以力行，艺足以泛应，而又节之以礼，和之以乐，使德成于内，而文见乎外。则材全

德备。

【记】 高标准是“文质彬彬”，进退有据；不得已而求其次，也必须正直(“见利思义”)、勇敢(“见危授命”)和诚信(“久要不忘平生之言”)。虽也很不容易，但还是切实可行，能够做到的。

有注疏认为后面一段(“又说”)是子路的话，即子路关于“完全的人”的标准，也说得通，并符合子路一贯的言行、个性。

14．13 子问公叔文子于公明贾曰：“信乎，夫子不言，不笑，不取乎？”

公明贾对曰：“以告者过也。夫子时然后言，人不厌其言；乐然后笑，人不厌其笑；义然后取，人不厌其取。”

子曰：“其然？岂其然乎？”

【译】 孔子向公明贾问到公叔文子说：“是真的吗？他老先生不讲话，不笑，不索取吗？”

公明贾回答说：“这是告诉你的人讲错了。他老先生到时候才说话，大家不讨厌他的话；真快乐的时候才笑，大家不讨厌他笑；合理的才去索取，大家不讨厌他索取。”

孔子说：“是这样吗？真是这样吗？”

【注】 《朱注》：文子虽贤，疑未及此，但君子与人为善，不欲正言其非也。故曰：其然，岂其然乎？盖疑之也。

【记】 大概表示孔子怀疑如此吧。这章没有什么特殊意思，《论语》中这种无意义的章节有好些，不必句句认真，章章强解。

14．14　子曰：“臧武仲以防求为后于鲁。虽曰不要君，吾不信也。”

【译】　孔子说：“臧武仲凭据防城，要求在鲁国给自己子孙以位置，尽管说不是要挟国君，我不相信。”

【注】　《朱注》杨氏曰：武仲卑辞请后，其迹非要君者，而意实要之。

【记】　史迹难考，众说纷纭，不必强作解。

14．15　子曰：“晋文公谲而不正，齐桓公正而不谲。”

【译】　孔子说：“晋文公诡诈，不正派；齐桓公正派，不诡诈。”

【注】　《集释》《集解》郑曰：谲，诈也；谓召天子而使诸侯朝之。仲尼曰：以臣召君，不可以训。故《书》曰：天子狩于河阳，是谲而不正也。马曰：伐楚以公义，责包茅之贡不入，问昭王南征不还，是正而不谲也。

【记】　虽都是赫赫霸主，孔子多次赞齐桓公而不提晋文公，是何道理，注家虽各有说，仍不很清楚。上注虽有提示，仍难知必如此解。

14．16　子路曰：“桓公杀公子纠，召忽死之，管仲不死。”曰：“未仁乎？”子曰：“桓公九合诸侯，不以兵车，管仲之力也。如其仁，如其仁。”

【译】 “齐桓公杀了公子纠。召忽自杀，管仲却不死。”子路说，“这是没仁德吧？”孔子说：“齐桓公多次联合、统一了诸侯们，并不凭借战争，这是管仲的功力。这是仁呀，这是仁呀。”

【注】 《集释》黄式三《论语后案》：如，犹乃也。《诗》“如震如怒”，杨子《法言·学行篇》“如其富，如其富”，《吾子篇》“如其智，如其智”。

《杨注》：齐桓公纠合诸侯共计十一次，这一“九”字是虚数，不过表示其多罢了。

【记】 公子纠是齐桓公的哥哥，召忽和管仲都是公子纠的臣子，于是后世成了老大难问题。管仲不死君难，当是不忠；而且有“三归”等等，也“不知礼”，颇不合儒家标准。孟子就痛斥而藐视管仲。特别谨守内圣开外王说的后代理学家们更是如此。但孔子却如此盛赞，如何解释？又是众说纷纭。拙意以为孔子是从为民造福的客观巨大功业出发来肯定管仲的，正如将“博施于民而能济众”的“圣”放在“仁”之上一样。**“内圣”并非目的本身，因之大不同于受佛家影响的宋明理学**。孔子之后，儒学也有讲究“外王”而不同于宋明理学的派别和“路线”。例如，荀子讲礼近法，董仲舒的“仁外义内”，陈亮、叶适的强调事功，均此另一“路线”。**中国传统的特点是心灵上儒道互补，政治上儒法互用。这两个互补互用中均以儒为主**。为什么？原因很多，其中之一就是这“互补”、“互用”本来就建筑在儒学内部的因素发展之上。儒学有为孔子喜爱的颜回、曾点的一面，可以与道家接轨。儒学也有孔子盛赞管仲的一面，有称许子贡、子路的一面，从而与法家接轨也不困难。从董仲舒以《春秋》决狱，到张居正居丧夺情，中国传统中许多“名臣”、“贤相”在公私生活中既儒法互用又儒道互补。而他们却都自觉认同儒学和儒家。

14. 17 子贡曰：“管仲非仁者与？桓公杀公子纠，不能死，又相之。”子曰：“管仲相桓公，霸诸侯，一匡天下，民到于今受其赐。微管仲，吾其被发左衽矣。岂若匹夫匹妇之为谅也，自经于沟渎而莫之知也？”

【译】 子贡说：“管仲是没有仁德的人吧？齐桓公杀公子纠，他不能以身殉难，反而作了桓公的宰相。”孔子说：“管仲辅助桓公，称霸诸侯，统一和匡正了天下，老百姓至今还得到这好处。没有管仲，我恐怕要披头散发穿左开襟衣了。他怎能像小百姓那样守着小信任，自杀在溪沟里，谁也不知道呢？”

【注】 《集释》顾炎武《日知录》：君臣之分，所系者在一身。华夷之防，所系者在天下。故夫子之于管仲，略其不死子纠之罪，而取其一匡九合之功，盖权衡大小之间，而以天下为心也。

《钱解》：本章舍小节，论大功，孔子之意至显。宋儒嫌其偏袒功利，乃强言桓公是兄子纠是弟，欲以轻减管仲不死之罪。不知孔子之意，尤有超乎君兄弟臣之上者。言仁道之易，孔子有“我欲仁，斯仁至”之说。论仁道之大，则此章见其一例。要之，孔门言仁，决不拒外功业而专指一心言，斯可知也。又按：前章以“正”许齐桓，此两章以“仁”许管仲，此皆孔子论仁论道大着眼处。自孟子始言仲尼之徒无道桓文之事者。又云：管仲，曾西之所不为。后儒多本孟子，轻此两人。

并《论语》此三章亦多置疑，此诚不可不辨。

【记】“被发左衽”是说中国文化灭亡，沦为落后的少数民族的奴隶。这又是一个如何掌握原则性(“经”)与灵活性(“权”)的大问题，大意是说，要从全局看。这是历史主义。但当时(公子纠死时)管仲的功勋未建，业绩未显，又怎能即丢下伦理主义？孟子轻鄙管仲，因当时已无落后民族入主中原的问题，面对的是中原各文明国家争霸，与儒学王道不合。宋明儒则高谈性理，只重伦常，钱穆批评甚为透彻痛快。不知仍倡内圣开外王的现代新儒学于此如何置说。

14.18　公叔文子之臣大夫僎，与文子同升诸公。子闻之，曰：“可以为‘文’矣。”

【译】公叔文子的下级官员僎与文子晋升到同等的官职。孔子听到说：“这真可叫作‘文’了。”

【注】《朱注》：文者，顺理而成章之谓。

【记】自己的下级由自己推荐与自己同时晋升至同等地位，在等级森严的传统社会中(甚至在今日中国)颇不容易，难怪孔子赞美之。嫉贤妒能，古今同病，文子之不愧为“文”，至少是落落大方，文雅得体。但在近现代社会，此乃常规。应依靠制度去改变习俗及心理。

14.19　子言卫灵公之无道也，康子曰：“夫如是，奚而不丧？”孔子曰：“仲叔圉治宾客，祝鮀治宗庙，王孙贾治军旅。夫如是，奚其丧？”

【译】 孔子讲卫灵公的腐败。康子说：“既然如此，为什么不灭亡？”孔子说：“他有仲叔圉办理外交，祝鮀管理祭祀，王孙贾统率军队。像这样，又怎会灭亡？”

【注】《集释》《读四书丛说》：夫子平日语此三人皆所不许，而此章之言乃若此，可见圣人不以其所短弃其所长。

【记】“无道”一词太广泛，暂译为“腐败”。此谓有贤臣，虽昏君也暂可不败亡，可见人才重要。但总有一天，这些人才被逐被杀；但如有制度保障，便没关系了；制度之重要也。上注有趣，可见孔子并不求全责备，总取人之所长，执政者更该如此了。

14. 20 子曰：“其言之不怍，则为之也难。”

【译】 孔子说：“大言不惭，做起来就难了。”

【注】《集释》《集解》马曰：怍，惭也。

【记】 好些时髦青年却常如此，不守信，不诚实，自以为真理在握，绝对高明，于是夸夸其谈，文章满纸，却经不起时间推移，实际考验。

14. 21 陈成子弑简公。孔子沐浴而朝，告于哀公曰：“陈恒弑其君，请讨之。”公曰：“告夫三子！”

孔子曰：“以吾从大夫之后，不敢不告也。君曰‘告夫三子’者！”

之三子告，不可。孔子曰：“以吾从大夫之后，不敢不告也。”

【译】 陈成子杀了齐简公。孔子吃素洗澡后去见鲁哀公说："陈恒杀了国君，请出兵讨伐。"哀公说："你去告诉那三大家族。"

孔子退了出来说："因为我曾经担任过官职，不能不来报告；国君却要我去告诉那三个人。"

孔子去向三人报告，没得到同意。孔子说："因为我曾经担任过官职，不能不来报告。"

【注】《朱注》胡氏曰：《春秋》之法，弑君之贼，人得而讨之。

【记】 这就是孔夫子的"迂"劲；因为当个官，依据礼制，"应当"(ought to)过问国事。虽知白说，也要去说。这也是一种"知其不可而为之"的精神?! 哀公之所以要孔子"告夫三子"，因为实权在他们手里。"沐浴"实古巫仪(沐浴之后才能主持巫仪)之沿承，《礼记·儒行》"儒有澡身而浴德，陈言而伏"，乃传统之礼仪制度。据徐中舒《甲骨文中所见的儒》，"儒"乃"需"，即沐浴后主持巫祝仪式者。

14. 22 子路问事君。子曰："勿欺也，而犯之。"

【译】 子路问如何事奉国君？孔子说："不要欺骗他，可以触犯他。"

【注】《朱注》：犯，谓犯颜谏争。

【记】 如今刚好相反。报喜不报忧，阿谀逢迎，无所不至。"大跃进"的欺骗导致数千万人的死亡。中国自汉有御史、谏官制度，亦可谓将此语体制化，实开世界先河。此儒学外王之优良传统可继承而与现代政治相接轨者。

14.23 子曰："君子上达，小人下达。"

【译】 孔子说："君子向上走，小人向下走。"

【注】 《康注》：君子尊鬼神，由清明而进至于穷理尽性以合天。小人用体魄，由昏浊而日污，下至于纵欲作孽而速戾。

《集释》《皇疏》：上达者，达于仁义也。下达，谓达于财利。

《焦氏笔乘》：问：上达下达。曰：形而上者谓之道，形而下者谓之器，非二物也。君子见性，故不得有，但见其道，而不见其器。小人执相，故不得无，但见其器，而不见其道。

《论语稽》：人天生而为君子者，亦天生而为小人者，譬之一路，行而上为君子，行而下为小人。

【记】 注疏解说甚多，大都以为所谓"上"、"下"者，即义、利也。与"君子喻于义，小人喻于利"（4.16章）同，亦可参考14.35章。"达"有译作"成功"，即"君子大处成功，小人小处成功"。

14.24 子曰："古之学者为己，今之学者为人。"

【译】 孔子说："古时的学者是为了改进自己，今天的学者是为了教训别人。"

【注】 《正义》孔曰：为己，履而行之；为人，徒能言之。《荀子·劝学篇》：君子之学也，入乎耳，著乎心，布乎四体，形乎动静，端而言，蠕而动，一可以为法则。小人之学也，入乎耳，出乎口。口、耳之间则四寸耳，曷足以美七尺之身哉？

【记】 又是难题一个，众说纷纭。宋明儒学对此扬高凿深，无非宣扬“内圣”高于“外王”等等，本译干脆结合今日实际，平易解之。君不见，好些风头正健、时髦十足的青年学人(其实也未必都年轻)专以践踏他人炫耀自己为学问志业乎？

到底何谓“为己之学”？专作道德讲，似仍有未达处；即使宋明理学倡导之“半日读书半日静坐”，此“半日静坐”者也不只道德反省，其所追求者也是超道德之天人交会的神秘境界。所以我认为，**“为”(道)—“情”—“境”(人生境界)之体验、寻求，才是中国哲学重心所在，而不在性理、心、气等范畴之干枯讨论。**

14. 25 蘧伯玉使人于孔子。孔子与之坐而问焉，曰：“夫子何为？”对曰：“夫子欲寡其过而未能也。”

使者出。子曰：“使乎！使乎！”

【译】 蘧伯玉派一位使者看望孔子。孔子请他坐而问道：“他老先生在干些什么呢？”使者回答说：“他老先生想减少自己的过失，还做不到哩。”

使者出去后，孔子说：“好一位使者，好一位使者！”

【注】 《朱注》：使者之言愈自卑约，而其主之贤益彰，亦可谓深知君子之心，而善于辞令者矣。……按庄周称伯玉行年五十而知四十九年之非。

【记】 这倒是孔子的真精神。“温良恭俭让”，**从不以为自己是天才，是超人，掌握了绝对真理。个人如是，民族国家亦应如是。中华文化之所以源远流长，正是因为保**

持了这种不断努力、从不懈怠、永不自满的精神，即使在虚骄气盛、顽固自大的时刻，也总有勇士出来批判自己。猛击“国粹”，毫不留情的鲁迅而以“民族魂”盖棺论定，便是这样。这与那些以为自己乃天才，别人皆蠢货，从而故作惊人语的“时髦青年”、“冒牌学者”，实大不相同。三章拙记中屡提此点，盖近年深有体会。

14.26　子曰：“不在其位，不谋其政。”

曾子曰：“君子思不出其位。”

【译】 孔子说：“不在那个位置上，便不去谋划他的政治事务。”

曾子说：“君子的思想考虑，不越出职务范围。”

【注】《康注》：位者，职守之名，各有权限，不能出权限之外。……如兵官专司兵事，农官专司农事，不得及它，乃能致精也。若士人无位，则天地之大，万物之夥，皆宜穷极其理。……盖学人与有位正相反也，学者慎勿误会。

【记】 孔子的话，可以有多种原因和解释。曾参的话就太保守。“思不出其位”本来自《易经》，但在那里又是别的意思，并非规范、要求。康注有意思，颇符合现代民主精神，难怪他要改孔子“天下有道则庶民不议”为“天下有道则庶民议”，即人均有议政之权利，这当然完全不同于曾子。因此“不谋其政”，不过是不应干预专家的专业知识领域而已。

14.27　子曰：“君子耻其言而过其行。”

【译】 孔子说："君子羞耻于他所讲超过他所做的。"

【注】 《正义》：此与《里仁篇》"古者言之不出，耻躬之不逮"，语意正同。《礼记·杂记》云：有其言而无其行，君子耻之。《表记》云：君子耻有其辞而无其德，有其德而无其行。

【记】 **又一次提出语言与行为的关系**。语言不只是个交流问题，而是有实际效用的问题。因此也才有要求言行一致和必须信守承诺等等道德。

14.28 子曰："君子道者三，我无能焉：仁者不忧，知者不惑，勇者不惧。"子贡曰："夫子自道也。"

【译】 孔子说："君子的道德有三项，我还不行。仁爱的人不忧愁，智慧的人不迷惑，勇敢的人不畏惧。"子贡说："这正是老师讲自己啊。"

【注】 《朱注》：自责以勉人也。

【记】 名言。智、仁、勇，是所谓"三达德"；既是道德，又是心理，即文化积淀为心理也。

14.29 子贡方人。子曰："赐也贤乎哉？夫我则不暇。"

【译】 子贡常讥评人物。孔子说："子贡，你就那么好吗？我却没有这闲工夫。"

【注】 《集释》《潘氏集笺》：古文"谤"作"方"。

【记】 子贡大概是《论语》中让人感觉最聪明的学生，喜欢讥评人物，也属自然。孔子予以委婉批评，并不像对冉有、宰我那么厉害。“方”另作“比”解，即喜欢拿自己和别人比较，这也常常是聪明人喜欢做的，从比较中可知自己的优长与弱点。

14.30 子曰：“不患人之不己知，患其不能也。”

【译】 孔子说：“不愁人家不知道自己，只愁自己没才能。”

【注】 《钱解》：《论语》有两章文字全同者，当是一章重出。有文字小异而章义全同者，当是孔子屡言之，而闻者各自为记也。如本章凡四见，文各有异，是必孔子之叮咛反复而屡言常道之也。

【记】 总之，仍然是修内功重要。今之人常反是，生怕埋没了自己。我常对文学家们说，作品不怕埋没。好作品，死后也会被人发掘出来；一般的作品，你还没死，就被人忘记了。既然如此，又何必赶时髦、作修改、急于出版，生怕别人不知道自己呢？从而，人生价值究何在呢？君不见，颇有人焉，生时显赫一世，桂冠高耸；死后顿时沉寂，被骂倡优。自己知道一生价值所在就可以了，何必外求。

14.31 子曰：“不逆诈，不亿不信，抑亦先觉者，是贤乎！”

【译】 孔子说：“不事先怀疑别人欺诈，不预先估计别人对我不信任，但临事却能感觉到，这不就是有贤德吗？”

【注】 《朱注》：逆，未至而迎之也。亿，未见而意之

也。诈，谓人欺己。不信，谓人疑己。……杨氏曰：君子于诚而已，然未有诚而不明者。故虽不逆诈，不亿不信，而常先觉也。

【记】 这大概就是“仁者”自然有智慧吧？

14.32 微生亩谓孔子曰：“丘何为是栖栖者与？无乃为佞乎？”孔子曰：“非敢为佞也，疾固也。”

【译】 微生亩对孔子说：“孔丘，为什么老这样忙忙碌碌到处奔波？这岂不是想凭口舌取胜吗？”孔子说：“我不是敢逞口舌，而是恨顽固不化。”

【注】 《朱注》：微生，……名夫子而辞甚倨，盖有齿德而隐者。……圣人之于达尊，礼恭而言直如此。

【记】 从口气看，微生亩大概是个老顽固的前辈，但孔子仍针锋相对地回答了他，没有让步。

14.33 子曰：“骥不称其力，称其德也。”

【译】 孔子说：“千里马不是称呼它的气力，而是称呼它的品质。”

【注】 《正义》郑曰：德者，调良之谓。……骥马调良，能有其德，故为善马。

【记】 何谓“调良”？是否指训练呢？千里马也须调教训练，并非全凭自然气质。

14.34 或曰：“以德报怨，何如？”子曰：“何以报

德？以直报怨，以德报德。”

【译】 有人说：“用恩德来回报仇怨，怎么样？”孔子说：“那又如何回报恩德？该用公正来回报怨恨，用恩德回报恩德。”

【注】 《康注》：孔子之道不远人，因人情之至，顺人理之公，令人人可行而已……孔子非不能为高言也，藉有高深，亦不过一二人能行之，而非人能共行，亦必不能为大道，孔子即不言之矣。耶氏过仁，亦以德报怨，或以此尊之，然实不能行。

【记】 这是重要的孔门思想，是儒学不同于那种“报怨以德”（老子）、“舍身饲虎”（佛经）、“爱敌如友”、“右脸被打，送上左脸”（《圣经》）等教义所在。也正是实用理性的充分表现。**既不滥施感情，泛说博爱（这很难做到），也不否认人情，一切以利害为准则（如法家），而是理性渗入情感中，情感以理性为原则。**在这里，儒家的社会性公德（正义、公平）与宗教性私德（济世救人）又是合在一起的。

14. 35 子曰：“莫我知也夫！”子贡曰：“何为其莫知子也？”

子曰：“不怨天，不尤人，下学而上达。知我者其天乎！”

【译】 孔子说：“没有人会理解我了！”子贡说：“为什么会没人理解你？”

孔子说：“不埋怨老天，不怪罪别人，下学人事而上达真理。知道我的，只有天了。”

【注】 《集释》《皇疏》：下学，学人事。上达，达天命。……朱柏庐《毋欺录》：下学而上达，上达即在下学中，所以圣贤立教，只就下学说，才以上达立教，便误后学，便是害道病根。

【记】 孔子也有不知道(即不使用)自己的埋怨，与前面所讲岂不矛盾？这正好描述出一个真实的孔子面目。怀才不遇而抑郁感叹，乃人之常情，虽孔子亦何能免？孔子虽然没有怨天尤人，但也确乎满腹牢骚，在《论语》中可以多次看到。足见孔子乃普通人一个，并非宋明理学家所描绘的那种超凡入圣、修养“到家”的“至圣”傀儡。

14.36 公伯寮愬子路于季孙。子服景伯以告，曰：“夫子固有惑志于公伯寮，吾力犹能肆诸市朝。”

子曰：“道之将行也与，命也；道之将废也与，命也。公伯寮其如命何！”

【译】 公伯寮向季孙毁谤子路。子服景伯告诉说：“季孙他老人家已被公伯寮迷惑了，但我还有力量把这个坏蛋干掉。”

孔子说：“道义能够实现，是命运；不能实现，也是命运。公伯寮又能把命运怎么样？”

【注】 《朱注》：肆，陈尸也，言欲诛寮。

《集释》《蒿庵闲话》：贫富、贵贱、得失、死生之有所制而不可强也，君子与小人一也。命不可知，……小人智力争命，故其心多怨。众人之于命，亦有安之矣，大约皆知其无可奈何而后安之者也。圣人之于命，安之矣，实不以命为准也，而以义为准。

【记】 具体的历史情节已经完全不清楚了，因此只能凭字面含义来了解孔子所采取的“无为”态度：反对用暴力去清除反对自己的人。但“命也”是个大问题。今天许多人仍然信“命”，认为另有主宰在支配自己的生活和前途，于是求神问卜，希求福佑。但本读已再三说明，“命”不过是偶然性罢了，要重视、尊重甚至崇敬这偶然，但不必去膜拜、屈从于它。相反，要努力从种种偶然中去“建立”起必然，这就是“立命”，即主宰命运。因为整个人生均偶然，如不由自己作主去立志、立命，一切归于“天意”、“运气”，无所作为，完全失去主体性，就毫无出息了，这常是弱者的选择。

14.37 子曰：“贤者辟世，其次辟地，其次辟色，其次辟言。”

子曰：“作者七人矣。”

【译】 孔子说：“有道德的人避开社会，其次避开地方，再次避开不好的脸色，再次，避开不好的言语。”

孔子说：“这样做的已经有七个人了。”

【注】 《朱注》程子曰：四者虽以大小次第言之，然非有优劣也，所遇不同耳。

【记】 当时“礼崩乐坏”，因乱世而作的各种躲避。

14.38 子路宿于石门。晨门曰：“奚自？”子路曰：

“自孔氏。”曰：“是知其不可而为之者与？”

【译】 子路在石门过夜。早上守城门的人说：“你从哪里来？”子路说：“从孔子那里来。”守门人说：“是那个知道不可能还要去做的人吗？”

【注】《康注》：晨门知世之不可而不为者。孔子斯人，是与万物一体，饥溺犹己，悲悯为怀，……仁人之心，不忍若是，恝此所以为圣人也。知不可而为，晨门乃真知圣人者，不然齐景、卫灵公之昏庸，佛肸、公山之反叛，陈蔡之微弱衰乱，此庸人之所讥，圣人岂不深知？而恋恋徘徊，其愚何为若是哉？

【记】 从这两章均可看出儒学与道家（避世）并非全不相容，但儒学骨干仍然是“知其不可而为之”，可称悲壮。此语之流传千古，岂不因是。

14. 39 子击磬于卫，有荷蒉而过孔氏之门者，曰：“有心哉，击磬乎！”既而曰：“鄙哉，硁硁乎！莫己知也，斯己而已矣。深则厉，浅则揭。”

子曰：“果哉！末之难矣。”

【译】 孔子在卫国敲磬，有一个背着草筐经过孔子门口的人说：“有心思哩！在敲磬！”一会儿又说：“何必硁硁作响！既然没人知道，自己知道就行了。水深的时候，穿着衣裳过河；水浅的时候，撩起衣襟过河。”

孔子说：“真坚决呀！我可没话反驳他了。”

【注】《朱注》：果哉，叹其果于忘世也。

【记】 水深水浅，指应按情况、环境办事。这几章都描述那些反对孔子的观点和谈话。“鄙哉”无确解，此处意译。“厉”另注作“桥”，即水深，从桥上过；水浅，揭衣襟从水中走过。最后一句，也可如是译：“果然如此吗？那也就不难了。”

14.40 子张曰：“书云：‘高宗谅阴，三年不言。’何谓也？”子曰：“何必高宗，古之人皆然。君薨，百家总己以听于冢宰，三年。”

【译】 子张问道：“《书经》上说，殷高宗守丧，三年不讲话，什么意思？”孔子说：“何必一定是高宗，古人都这样。老国君死了，一切官员坚守自己的岗位，听大宰相的命令，三年。”

【注】 《朱注》：百官听于冢宰，故君得以三年不言也。

《集释》《皇疏》：百官皆束己职，三年听冢宰。

《钱解》：高宗，商王武丁。“谅阴”字又作“梁闇”，天子居丧之庐。一梁支脊而无楹柱，茅垂于地，从旁出入。

【记】 三年之丧，如本读第一篇所记，本是史家一大公案，是否存在，争论甚多。我以为，它源自原始礼仪，历代沿袭，从氏族首领到一般成员都必须守此礼制。在中国，直到清末仍有“丁忧三年”不做官的规定。中国远古氏族传习之顽强久固，值得注意。听冢宰三年，我以为其原意是新“君”初立，不谙政事，所以必须不乱讲话（发号施令），而由有经验的冢宰代理政务，处理事情。所谓伊尹、周公，不都如此？实来源于远古氏族规则。前已说。

14.41 子曰："上好礼，则民易使也。"

【译】 孔子说："领导者喜欢礼制，老百姓便容易使唤。"

【注】 《朱注》谢氏曰：礼达而分定，故民易使。

【记】 与"风行草偃"同义，前面已讲。因为"礼"在远古乃习惯法，历代相沿，所以"易使"。与成文法强迫人们履行不同。但时移世变，"上好礼"而民未必听从。孔学道穷而法家代兴，乃时代趋势。法家兴后而又消融归儒，成为儒法互用，所谓礼法是也。自汉代以来，礼法且入民俗，始终重诱导、规劝而轻强制、服从，均"风行草偃"、"则民易使"的遗迹。

14.42 子路问君子。子曰："修己以敬。"

曰："如斯而已乎？"曰："修己以安人。"

曰："如斯而已乎？"曰："修己以安百姓。修己以安百姓，尧舜其犹病诸？"

【译】 子路问如何是君子？孔子说："修养自己，严肃认真地对待政务。"

子路说："就这样吗？"孔子说："修养自己，使别人安乐。"

子路说："就这样吗？"孔子说："修养自己而使百姓安乐。修养自己而使百姓安乐，尧、舜也还不易做到哩。"

【注】 《朱注》：人者，对己而言。百姓，则尽乎人矣。

【记】 可见，尧、舜圣王也还有做不到的事。使百姓安乐，谈何容易？内圣外王，谈何容易？岂如后世理学家所言！

14.43　原壤夷俟。子曰："幼而不孙弟，长而无述焉，老而不死，是为贼。"以杖叩其胫。

【译】　原壤踞着双腿，接待孔子。孔子说："小时候不谦逊，长大了无作为，老了还不死，这叫作祸害。"用拐杖敲他的小腿。

【注】　《朱注》：夷，蹲踞也。……孔子既责之，而因以所曳之杖，微击其胫，若使勿蹲踞然。

《正义》马曰：原壤，鲁人，孔子故旧。

【记】　原壤据说是孔子的老朋友，对孔子不很礼貌，孔子对他也不客气，但因熟悉，故开玩笑，声貌如见。

14.44　阙党童子将命。或问之曰："益者与？"子曰："吾见其居于位也，见其与先生并行也。非求益者也，欲速成者也。"

【译】　阙里的一个少年向孔子传达使命。有人问："这小孩是求上进的吗？"孔子说："我见他占据大人的席位，见他与老师并肩而行。这不是求上进的，而是急于成名的。"

【注】　《朱注》：礼，童子当隅坐随行。

【记】　今天学生如是者亦有之矣。刚进门已想独立门户，适登堂便与老师平起坐，未入室便自认远胜老师。"执弟子礼甚恭"者少见。中国本有尊师传统，"天地国亲师"，师成为其中之一的崇拜对象，为其他文化所少见。今日之所以如此者，恐与前数十年斯文扫地，名列第九，毛泽东一再号召批判老师宿儒（“资产阶级”专家学者）以致发展至“文革”中“考教授”之恶作剧等等不无关系。年轻一代在此种环境及其遗风“旧”俗中不自觉受感染，迄今如此。可叹。

卫灵公第十五

共四十二章

15. 1　卫灵公问陈于孔子。孔子对曰：“俎豆之事，则尝闻之矣；军旅之事，未之学也。”明日遂行。

【译】　卫灵公问军队部署。孔子回答说：“礼仪的事情，我还知道一些。军队的事情，我没有学过。”第二天就离开卫国。

【注】　《朱注》：陈，谓军师行伍之列。俎豆，礼器。

【记】　孔子说过“以不教民战，是谓弃之”等(13．29、30章)，所以这里并不是不重视军事，之所以采取这种态度，当有具体原因。也许前一方面只是为了防备，后一方面表现反对侵略？后世除某些腐儒外，一般士大夫总是既反对对外用兵，又坚持抗战到底。岳飞、文天祥，总是英雄，“开边无已”则遭谴责。也许这就是“忠孝仁爱信义和平”那最后两字?!一般都说中国人爱好和平，只毛泽东说否。但毛也未主动侵略他国。自汉代董仲舒建制起，“儒法互用”极为明显，文臣地位高于武将，而宰相、御史又相互牵制，并以荐举、学校作为“进贤”制度；既不复是穷兵黩武、只重耕战的先秦法家，也不再是亲亲尊尊、纯讲仁义的原典儒学。

15.2 在陈绝粮，从者病，莫能兴。子路愠见曰：“君子亦有穷乎？”子曰：“君子固穷，小人穷斯滥矣。”

【译】 孔子在陈国断绝了粮食，跟随的人都病了，爬不起来。子路很生气地来见孔子说：“君子也有毫无办法的时候？”孔子说：“君子在没办法的时候，仍然坚持着，小人没办法就胡来了。”

【注】《朱注》何氏曰：滥，溢也。言君子固有穷时，不若小人穷则放溢为非。程子曰：固穷者，固守其穷。亦通。

【记】 子路性格又可见。可见在孔子面前，学生可以大不满意于老师，可以直述己见，不必假装顺从，更不当面“足恭”，背后诽谤。“穷”不仅指贫穷，指包括贫穷在内的“没有办法”。《集释》《张杨园备忘录》：“……到穷之难忍，平生操履不觉渐渐放松，始焉始滥一二分，既而三四分矣，又既而五六分矣，到此便将无所不至。”今日老干部变大贪污，不即如是？慎之在始，明矣，如此读《论语》始有用。

15.3 子曰：“赐也，女以予为多学而识之者与？”对曰：“然。非与？”曰：“非也，予一以贯之。”

【译】 孔子说：“子贡，你以为我是多学多记的人吗？”子贡回答说：“对。不是这样吗？”孔子说：“不对。我是用一个基本看法来贯穿它们。”

【注】《朱注》：子贡之学，多而能识矣。夫子欲其知所本也，故问以发之。

【记】 这又是难题之一，说解甚多。什么是和如何才

"一以贯之"？颇有神秘味道。汉儒以"驾行"解"一贯"，强调"行"比"知"高，用行为来贯穿一切知识。宋儒则以"忠恕"解"一贯"，说法更多，莫衷一是。民间有"一贯道"，乃道教末流，但"一贯"之名或来自此？其实不如就字面释义，即知识不过是些材料，更重要的是统率贯穿这些知识的基本观念和结构。无这基本观念、结构，尽管博闻强记，学问仍如一地散钱而已。所谓大学问家者，不也有如此的么？但如联系对曾子说(4. 15 章)，则"一贯"仍应指行为、道德言，即不离"忠"(宗教性私德)、"恕"(社会性公德)而已，非支离破碎之道德小节也。

15. 4　子曰："由！知德者鲜矣。"

【译】 孔子说："子路，懂德行的人，很少了。"

【注】 《朱注》：德，谓义理之得于己者。

【记】 什么是"德"？《老子》说："失道而后德，失德而后仁。""德"在"仁"之上。孔子如何处理这二者，不很明确。"德"者，得也。看来，它是某种"仁"的成果和行为的最高品位？拙著曾认为"德"乃远古氏族有关重大行为的习惯法规(见《中国古代思想史论》)，后才解作"直心为德"的内在品质，再演而为道德规范或标准。即朱注所云"义理之得于己者"。而此"习惯法规"又起源于原始巫术礼仪所要求之内外规范。

15. 5　子曰："无为而治者，其舜也与？夫何为哉？恭己正南面而已矣。"

【译】 孔子说："什么也不做，就能使天下太平的，大概只有舜皇帝吧。他做了什么呢？自己恭敬地坐在那位子上就是了。"

【注】 《集释》《集解》：言任官得其人，故无为而治。

《杨注》《大戴礼·主言篇》云："昔者舜左禹而右皋陶，不下席而天下治。"《新序·杂事三》云："故王者劳于求人，佚于得贤。舜举众贤在位，垂衣裳恭己无为而天下治。"赵岐《孟子注》也说："言任官得其人，故无为而治。"

【记】 "无为而治"，似道家言，《论语》中却多次提及（如2. 1章）。《史记》称孔子问"礼"于老聃，当系事实。无为而无不为，则法家所讲：保持其无限的潜在可能性，天子才能长久维系其最高权位，此乃权术。其后儒法互用，"圣君"必有"贤相"。君不见，"圣君"可以优游岁月，漫读诗书，让"贤相"日理万机，鞠躬尽瘁。此乃治术，儒法同用，源起于道，由道生法。儒法互用正来自儒道互补。但其最初源起仍巫术：依天象南坐（"譬如北辰"）静默以作法术，中国远古天文学之发达即与巫术有关。巫史之直接理性化产生了道家与儒家。可见，一部中国哲学史应从巫史说起。

15. 6　子张问行。子曰："言忠信，行笃敬，虽蛮貊之邦，行矣。言不忠信，行不笃敬，虽州里，行乎哉？立则见其参于前也，在舆则见其倚于衡也，夫然后行。"子张书诸绅。

【译】 子张问如何才能行得通？孔子说："讲话忠诚信

实，行为恭敬实在，即使到野蛮地区，也会行得通。讲话不忠诚信实，行为不恭敬实在，就是在本乡本土，能行得通吗？站起来就看见它们在前面，在车厢里就看见它们在车前木板上，这样就行得通。”子张把它写记在腰带上。

【注】《朱注》：犹问达之意也。

【记】所谓野蛮地区也行得通，仍是强调“文化”的力量。本章与前之“闻”、“达”章，意思差不多。子张偏重外在事务，与曾参侧重内在修养确不一样，所以康有为表彰子张而批评曾参。所谓“参于前”，“倚于衡”，“书诸绅”，是为随时提醒自己不要忘记。

15.7 子曰：“直哉史鱼！邦有道，如矢；邦无道，如矢。君子哉蘧伯玉！邦有道，则仕；邦无道，则可卷而怀之。”

【译】孔子说：“正直呀，史鱼！国家太平，他像箭那样正直；国家危乱黑暗，他也像箭那样正直。君子呀，蘧伯玉！国家太平，就做官；国家危乱黑暗，就把自己收藏起来。”

【注】《集释》《集解》包曰：卷而怀，谓不与时政，柔顺不忤于人。

《钱解》：卷，收义。怀，藏义。言可收而藏之也。

【记】据史载，史鱼曾以尸谏，并见效。这大概是孔子发此赞叹的原因之一。但孔子并非教条主义者，两种态度都赞赏。还可能更欣赏后者。这也再次说明“儒(进取)道(退隐)互补”在孔子那里就开了头。

15. 8 子曰：“可与言而不与之言，失人；不可与言而与之言，失言。知者不失人，亦不失言。”

【译】 孔子说：“可以与之交谈而不谈，错过了人才；不可交谈而与之谈，浪费了语言。聪明人不错过人才，也不浪费语言。”

【注】 《正义》荀卿曰：礼恭然后可与言道之方。有争气者，勿与辩也。

【记】 生活的普通智慧。但并不容易做到，失言失人，固常见者。

15. 9 子曰：“志士仁人，无求生以害仁，有杀身以成仁。”

【译】 孔子说：“志士仁人不苟全性命而损害仁，宁肯牺牲生命来完成仁。”

【注】 《康注》：仁者，近之为父母之难，远之为君国之急，大之为种族宗教文明之所系，小之为职守节义之所关。见危授命则仁成，隐忍偷生则仁丧。……哀莫大于心死，而身死次之。

【记】 这是流传至今的重要格言。可作道德的和超道德的解释。所谓“超道德”，就是指“仁”发自内心而可与宇宙交通；所谓“浩然之气”，“沛然而莫之能御”，均“集义所生”（孟子）的道德而超道德。照理学家的说法，就是此心的“一点灵明”的扩而充之；这也就是脱弃俗情之“情—气”。道德家所言“天地有正气”，锻炼家所言“气功”，都是这个

"气"。"杀身成仁"，正气犹在，也就不朽了。"志"古解作"知"，即有智慧的人，可见牺牲生命并非盲目情绪，而是自觉行为。这应与"仁者安仁，智者利仁"同读。

15. 10　子贡问为仁。子曰："工欲善其事，必先利其器。居是邦也，事其大夫之贤者，友其士之仁者。"

【译】　子贡问如何去实行仁？孔子说："工匠要干好他的制作，必先磨锐他的工具。住在一个国家里，就要事奉有贤德的官长，结交那些有仁德的知识分子。"

【注】　《集释》《集解》孔曰：言工以利器为用，人以贤友为助。

【记】　亦可与"如切如磋，如琢如磨"（1. 15 章），"朋友切切偲偲"（13. 28 章）同读。

15. 11　颜渊问为邦。子曰："行夏之时，乘殷之辂，服周之冕，乐则韶舞。放郑声，远佞人。郑声淫，佞人殆。"

【译】　颜回问如何建立国家制度？孔子说："用夏朝的历法，坐商朝的车子，戴周朝的礼帽，采用舜的音乐，舍弃郑国的曲调，疏远光讲好话的人。郑国的曲调过分，光讲好话的人危险。"

【注】　《集释》：子于四代之乐独于韶、武有尽美之论。《皇疏》：韶舞，舜乐也。《丹铅总录》：淫者，过也。陈启源《毛诗·稽古篇》：淫者，过也，非专指男女之欲也。言过其常度耳。沉溺而忘返，故曰淫也。《乐记》：世乱则礼慝而乐

淫，是故其声哀而不庄，乐而不安，慢易以犯节，流湎以忘本。

《钱解》：为者创制义，盖制作礼乐，革命兴新之义皆涵之，与普通问治国之方有辨。

【记】 “问为邦”本应译作“如何治理国家”，但这里讲的是一些制度，故作今译。孔子主张集合历代政制优点，虽继承，亦创造。这也是“虽百世可知”的意思，儒学有此广泛的宽容性。第二时期的儒学，董仲舒为代表，吸取了阴阳、道、法、墨各家而成一宇宙兼社会之巨大体系。其中，所谓“孝弟力田”已吸取墨家之力田，不再是学稼乃小人之原典儒学，吸收阴阳五行作为“仁，天心也”的外在构架，吸收道（动态、过程）、法（三纲、秩序），而又彼此融会。在这吸收中，儒之原则性（“经”）与灵活性（“权”）甚为突出。第三时期的儒学，即宋明理学，吸收佛学精华更世所周知。“佛祖西来意”之超越命题变而为“颜子所乐何事”的人生哲理；禅宗以慧代畏，理学矫之以敬（参考钱穆说），整日参禅变为半日静坐半日读书，结合原典儒学中来自巫术之“不诚不足以化万物”的神秘经验，成为某种以理入情的形上追求或领悟。**今日乃儒学第四期，**如何融会马克思、海德格尔等等，以积极态度面迎基督教文化和伊斯兰教文化之挑战，或将转入一创造之新阶段。

15. 12　子曰：“人无远虑，必有近忧。”

【译】 孔子说：“人没有长远的考虑，必然会有近在眼前的忧愁。”

【注】《正义》王曰：君子当思患而预防之。《系辞》云："安不忘危，存不忘亡，是以身安而国家可保也。"又《荀子·仲尼篇》："智者之举事也，满则虑嗛，平则虑险，安则虑危，曲重其豫，犹恐及其祸；是以百举而不陷也。"皆言人宜远虑也。

《集释》《皇疏》：人当思渐虑远，防于未然，则忧患之事不得近。

【记】这本是治国说，但也是很好的生活格言。这也是人之不同于动物所在。后者只顾目前，从不思前顾后，杀身之祸临头，犹不知不识也。"虑"又与"忧"常相连，而人总有忧有虑，度此一生，亦可伤矣。时人谓中国文化特征乃"忧患意识"，忧国忧民忧世界，"先天下之忧而忧"，赖有先知先觉之忧而免家国衰亡文化失落，中国传统数千年而不坠，其斯之谓乎？乐感文化固包含忧患意识于其中，否则何成其为"乐感"？前已说明。

15．13　子曰："已矣乎！吾未见好德如好色者也。"

【译】孔子说："完了啊，我没有看见喜欢道德像喜欢美貌的人啊。"

【注】《康注》：色之感目，有电相吸摄，故好之最甚。……故人情之好，未有好色之甚者，虽有好德者，终不如之也。

【记】食、色，性也；德行，非性（自然之性）也。诚如康注。

15. 14 子曰："臧文仲其窃位者与！知柳下惠之贤而不与立也。"

【译】 孔子说："臧文仲大概是偷个位置坐的人吧？他明知柳下惠的贤德，却不给他职位。"

【注】 《朱注》：窃位，言不称其位而有愧于心，如盗得而阴据之。《集释》《群经平议》：古者"立"、"位"同字，不与立即不与位，言知柳下惠之贤而不与之禄位也。

【记】 孔子多次提及臧文仲，并常有肯定，此处却严厉贬斥之，臧应为一重要人物，惜今日不知其详矣。

15. 15 子曰："躬自厚而薄责于人，则远怨矣。"

【译】 孔子说："对自己要求严格，而很少责怪别人，自然怨恨就少了。"

【注】 《正义》《春秋繁露·仁义法篇》：以仁治人，以义治我，躬自厚而薄责于外，此之谓也。……自责以备谓之明，责人以备谓之惑。

【记】 《论语》中多有这种平淡而真确的生活格言，黑格尔(Hegel)嘲笑为不够哲学，殊不知这正是中国实用理性的精神所在。它必须体现在许多"以实事程实功"的实践行为和日常生活中，而不求如何高妙抽象的思辨体系，因为那并不解决生活中的具体问题和现实疑难。理论毕竟是灰色的，而生活之树常青。

15. 16 子曰："不曰'如之何，如之何'者，吾末

如之何也已矣。”

【译】 孔子说：“不说‘怎么办，怎么办’的人，我真不知道该怎么办了。”

【注】 《朱注》：如之何如之何者，熟思而审处之辞也。不如是而妄行，虽圣人亦无如之何矣。

《康注》：所谓临事而惧，好谋而成也。盖人之生也，与忧俱来，处世之艰，动生祸变。故作为者多忧患，出入以度，外内知惧，生于忧患，而后死于安乐。

【记】 生动的语言，却并非游戏，亦见孔子说时风貌，并非总是道貌岸然。对什么都说“没问题，没问题”的人，经常是大有问题而大不可靠的人。今日犹然。对这种人，圣人也没办法了。

15. 17 子曰：“群居终日，言不及义，好行小慧，难矣哉！”

【译】 孔子说：“大家整天聚在一起，不谈正经事情，却喜欢玩弄小聪明，这就难办了。”

【注】 《集释》《集解》：小慧，谓小小才知。难矣哉，言终无成。

【记】 今日某些聚会却常如此，“难矣哉”！

15. 18 子曰：“君子义以为质，礼以行之，孙以出之，信以成之。君子哉！”

【译】 孔子说：“君子以正义为本质，通过礼制实行它，用谦逊的语言表达它，守住信任完成它。这才是君子啊！”

【注】《朱注》：义者制事之本，故以为质干。而行之必有节文，出之必以退逊，成之必在诚实。

【记】 此似可作社会性公德及制度方向解，固不同于一己修养之宗教性私德。今日之政制体系应本诸现代经济发展，诸如契约关系、个体自由、公平竞争、社会正义等等原则，莫不如是，均今日生活之公共社会法规，而不必一定求其源自传统。各文化传统大有差异，但同此走向、趋势，固因物质生活、衣食住行之无可避免之现代化也。因此尽管传统各有不同，而社会之公共法规却日趋一致，所谓可求共识（共同同意）的相互重叠（Overlape Consensus）之部分［参考罗尔斯（J. Rawls）的 *Political Liberalism*］。从而各传统文化只起某种范导原则（regulative principle）之作用，而使社会性公德和政制规则在共同中又略有差异。孔学儒家之教义同此。如尽量使现代生活中更具人情味，更重协调、和解、合作、互助精神等等；而决非“由内圣开外王”，由个体一己修养开出今日之民主自由。我始终认为，今日之民主自由建立在现代化生活基础上（以现代经济为基础），并非源自文化传统。这点似应明确。本读之所以强调区分社会性公德与宗教性私德，亦此之故，前者当有助于今日社会体制，后者则仅与个体修养有关。“信以成之”，本属宗教性私德，即来源于巫术礼仪的“诚”（言而成功），如今改为信守契约、诺言，则社会性公德矣。但原典儒学的宗教性私德又仍对今日社会性公德可起范导作用。另一方面，今日社会性道德又将逐渐影响、改变传统儒学的宗教性私德。两者处在一种相互作用的辩证关系中。

15.19 子曰："君子病无能焉，不病人之不己知也。"

【译】 孔子说："君子担心自己缺少能力，不担心别人不知道自己。"

【注】《正义》《宪问篇》子曰：不患人之不己知，患其不能也。义同。

【记】 同1.16，4.14，14.30章，都是说不要怕别人不知道、不重视自己，亦见此乃知识分子之古今通病，工农大众似无此问题。"知"亦可释为"举"，即不担心不被荐举做官。《论语》首章"人不知而不愠"，即不被荐举为官也不抱怨也。

15.20 子曰："君子疾没世而名不称焉。"

【译】 孔子说："君子憎恶这个黑暗世界，名称不符合实际。"

【注】《集释》王阳明《传习录》："称"字当去声读。《群经平议》：此章言谥法也……细行而受大名，名不称矣。

【记】 许多注疏翻译都解为："君子"恨在这个黑暗时代里，自己得不到名声。这似乎与上章直接矛盾，有点不像孔子所标榜的"君子"。于是异解纷纭。有的说，"君子"也好名，"荣名以为宝"。康有为特别强调好"身后之名"，否则便与"草木同朽"，"名在，则其人如在……居游为之慨慕，辑其年谱考其起居……"(《论语注》)，并进而攻击宋儒

“惑于道家之攻名，致使天下以名为不肖，人乃不好名而好利，于是风俗大坏”（同上），但宋明理学的天理人欲论比康的自然人性论，在理论上毕竟要高出一筹。

15. 21　子曰：“君子求诸己，小人求诸人。”

【译】 孔子说：“君子要求自己，小人要求别人。”

【注】 《正义》：君子责己，小人责人。……求训责，亦引申之义。

【记】 仍是“严以责己，宽以待人”。生活格言，亦德行修养。“求”亦可作“依靠”解，可译作“君子依靠自己努力，小人依靠他人扶助”。

15. 22　子曰：“君子矜而不争，群而不党。”

【译】 孔子说：“君子严正而不争夺，合群而不偏袒。”

【注】 《朱注》：庄以持己曰矜，然无乖戾之心，故不争。和以处众曰群，然无阿比之意，故不党。

《正义》：矜易于争，群易于党，故君子绝之。

【记】 一次毛泽东接待民主人士，问及一无党派者时笑说，“君子群而不党”。又说过，自己和共产党是“结党营私”。中国成语中“结党营私”、“党同伐异”等等，都是坏的意思。但现代社会便是靠多党各营其“私”而相制衡，以成社会之大公。

15. 23　子曰：“君子不以言举人，不以人废言。”

【译】 孔子说：“君子不根据会讲话而推举人，也不因为人不好而否定他讲的话。”

【注】 《集释》《反身录》：不以言举人，则徒言者不得幸进；不以人废言，庶言路不至壅塞，此致治之机也。

【记】 今日中国则常反其道而行之，损失不小。唯近世以还，操守缺而学问显，人品残而声名著者，盖亦多有，岂亦“不以人废言”之谓乎？固历史与伦理二律背反之又呈现也。然秦桧、严嵩字，阮大铖、汪精卫诗卒不流传。**伦理命令至高无上，可不惧哉**。学者盍三思焉。

15．24 子贡问曰：“有一言而可以终身行之者乎？”子曰：“其恕乎！己所不欲，勿施于人。”

【译】 子贡问道：“有一个字可以一生遵循的吗？”孔子说：“应该是‘恕’吧：自己所不想要的，便不要给予别人。”

【注】 《朱注》：推己及物，其施不穷，故可以终身行之。

【记】 《圣经新约》有“你们愿意人怎样待你们，你们也要怎样对待人”（《圣经新约·马太福音》），殊途同归，并见4．15章。本读以“宗教性私德”释“忠”（“忠”本与“敬”有关），以“社会性公德”释“恕”（“恕”多以否定形式如“己所不欲”出之，正可作现代社会性道德如所谓“消极自由”的方向解）。但因“忠”“恕”都建筑在心理感情之上，“恕”如仍作传统的“如心”解，则乃宗教性私德。今日“恕”作为“社会性公德”应从心理原则脱出，而以近代理性—社会契约为基地，才能“西体中用”。“忠”求诸己，“恕”以待人；如求“一以贯之”，则“忠”(宗教性道德)只可对“恕”起某种“范导原则”(regulative principle)的作用。否则理与情、公与私、政治与宗教便无法划开。但作为社会性公德的“恕”经长久积淀，又可转换成新的宗教性私德而使之发展。

15. 25 子曰：“语之于人也，谁毁谁誉？如有所誉者，其有所试矣。斯民也，三代之所以直道而行也。”

【译】 孔子说：“讲到别人，批评了谁？称赞了谁？如果我有所称赞，那是经过事实考证的。这样的老百姓，就是夏商周三代正直做事的规矩。”

【注】 《朱注》：三代，夏商周也。直道，无私曲也。言吾之所以无所毁誉者，盖以此民，即三代之时所以善其善、恶其恶而无所私曲之民。

《集释》《后汉书·韦彪传》注：引文无“民也”二字。《论语述何》：《春秋》不虚美，不隐恶。褒贬予夺，悉本三代之法，无虚加之辞也。董子曰：《春秋》辨是非，故长于治人。

【记】 似具体有所指而发，不甚了解。

15. 26 子曰：“吾犹及史之阙文也。有马者借人乘之，今亡矣夫！”

【译】 孔子说：“我还能看到古史的佚失文献。有马的人借给别人骑，今天没有了吧?!”

【注】 《朱注》胡氏曰：此章义疑，不可强解。

《杨注》:“史之阙文”和“有马者借人乘之”其间有什么关联,很难理解,包咸的《论语章句》和皇侃的《义疏》都把它们看成两件不相关的事。宋叶梦得《石林燕语》却根据《汉书·艺文志》的引文无“有马”等七个字,因疑这七个字是衍文。其他穿凿的解释很多。

【记】 原文疑有错漏,解说甚多,都不通顺。其实不必妄解,此处按字面译出而已,并无意义。

15.27 子曰:“巧言乱德,小不忍,则乱大谋。”

【译】 孔子说:“花言巧语,扰乱道德。小事情不忍耐,便破坏大计划。”

【注】 《朱注》:巧言变乱是非,听之使人丧其所守。小不忍,如妇人之仁、匹夫之勇皆是。

【记】 “小不忍,则乱大谋”,名言,是真理,也可作策略和权术。实用理性作为理性,如思辨理性同,又总有工具性——中性的一面。

15.28 子曰:“众恶之,必察焉;众好之,必察焉。”

【译】 孔子说:“大家都厌恶他,一定要考察;大家都喜欢他,一定要考察。”

【注】 《正义》王曰:或众阿党比周,或其人特立不群,故好恶不可不察也。

【记】 义近13.24章(“乡人皆好之”)而略异。

15. 29 子曰："人能弘道，非道弘人。"

【译】 孔子说："人弘扬真理，不是真理弘扬人。"

【注】 《朱注》：人外无道，道外无人。然人心有觉，而道体无为；故人能大其道，道不能大其人也。

《集释》《论语述要》：夫子之时，老氏之流曰人法天，天法道，道法自然。曰道无为而无不为，是道能弘人之说也。彼以礼义出于人为而不足贵，而欲不藉人力，一任道之自然，究必人事日就退化，是夫子非道弘人之说也。

【记】 这又是后世理学家（如王阳明）、今日新儒学（如牟宗三）的一个大题目。无非是讲中国的"道体"、"本体"均与人的"心"、"性"相联，而非另有一物。"本体"即在人的"心"、"性"中，所以"道"靠人（当然是"道心"）去光大，而人不可依赖任何外物即使是"道"来光大自己。这从形上角度说明了儒学"自力更生"、"自强不息"的非人格神的人文精神。如前所说，我以为中国包括"儒"、"道"，由于均源出于"巫"，"天道"都由"人道"提升建立而成，由"伦常日用之道"上升为"於穆天命"的"道"。这"提升"当然是一种"假设"和"约定"。但又不能说它是"假设"、"约定"，相反，为了它的神圣和尊严，必须说它是"先验"、"先天"，不需推理而由良知、顿悟去体验去认识，但它又毕竟不是人格神。因之，我以为最值得重视的是，这种"假设"和"约定"使这本体和人生具有十分浓重的悲剧性质。**人生一无所本，被偶然扔掷在此世间，无所凭依，无所依归（因为没有人格神），只能自己去建立依归、凭据和根本，比起有一个外在的上帝，这岂不更悲苦、更凄怆、更艰难、**

更困苦？充满人文精神的中国乐感文化，其实有这样一种深层的悲剧基础，而并不是“忧乐圆融”的“喜陶陶”。但这要点一直没有被充分阐释，这个悲剧性的方面经常被引向敬畏的“天命”的准人格神方向，或引向所谓“忧患意识”的政治社会方向。只有在《古诗十九首》之类所谓“一字千金”的人生咏叹中，才略约展示出这种深深的人生无所凭依的本体悲哀。

儒家对待这悲剧，是强打精神，强颜欢笑，“知其不可而为之”，故意赋予宇宙、人生以积极意义，并以情感方式出之。我已多次说过，**一切“乾，元亨利贞”、“天行健”、“天地之大德曰生”、“生生之谓易”等等都不是理知所能证实或论证的，它只是人有意赋予宇宙以暖调情感来作为“本体”的依凭而已，即所谓“有情宇宙观”是也**（见拙作《哲学探寻录》）。道家对待这悲剧，则是冷静观察，并予概括，指示出人应如何有效地处理自己的一生，和如何有效地应对万事万物。“道可道，非常道”、“上下相倾，有无相成”等等，便是这种讲变迁讲行动的无情辩证法（亦见《哲学探寻录》）。

儒道两家都从“人道”到“天道”，由功能建实体，以人事见天意，认审美为指归，一以情，一以智，都是实用理性和乐感文化的呈现。所以，审美在这里就不是“静观”（如希腊）或情欲（如近代的酒神精神）。审美因为由全身心所发动并作用于整个心灵，便可以转化为实现人的各种潜能、品质、性格的积淀物，从而使个体成为创造的主体。我所谓“以美启真”（见拙作《主体性论纲》），所谓“审美乃天地境界”（见拙著《华夏美学》）等等，均在发掘这种个体创造性。因为它的特征正在于不同于一般的理知认识和一般的道德律令，而成为充分实现个体主体性、独特性的真正途径。这也就是"人能弘道，非道弘人"的孔门儒学区别于许多其他哲学、宗教的关键处。由此可知，审美的意义就在此情感塑造陶冶中，**使人尽量实现其个体性、独特性、主体性，而成为历史("道")的主角**。鲁迅说，世上本无路，路是人走出来的(大意)，亦"人能弘道"的传承。这**"人"既是历史的群体，也是实在的个体。**

15.30 子曰："过而不改，是谓过矣。"

【译】 孔子说："有了错误不改正，这就真是错误了。"

【注】 《集释》《韩诗外传》引孔子曰：过而改之，是不过也。

【记】 前面说过，这也是实用理性的一条生活真理，犯了错误又不改正，便危险。改了，就没有错误了。它显示儒学的宽容精神。不然，吃一堑，不长一智；或算老账，结怨仇，冤冤相报；对人对己，有何好处？大到政治，小如生活，何莫不然？

15.31 子曰："吾尝终日不食，终夜不寝，以思，无益，不如学也。"

【译】 孔子说："我曾经整天不吃饭，整夜不睡觉，用来思考，结果并没好处，不如学习。"

【注】 《朱注》：此为思而不学者言之。

【记】 同"思而不学则殆"。既然"学"常指行为、实践，不脱离实践去空想，固然有好的方面，缺点则是使中国纯粹思辨太不发达，以致无真正哲学可言，亦一大损失。今天如何保持此传统优长而反省和匡正其缺失，需仔细探讨。

15.32 子曰："君子谋道不谋食。耕也，馁在其中矣；学也，禄在其中矣。君子忧道不忧贫。"

【译】 孔子说："君子考虑事业而不考虑吃饭。去耕田，也常挨饿；去学习，倒可以得到薪资。君子担忧事业，不担忧贫穷。"

【注】《正义》：春秋时，士之为学者，多不得禄，故趋于异业。而习耕者众，观于樊迟以学稼、学圃为请，而长沮、桀溺、荷蓧丈人之类，虽隐于耕，而皆不免谋食之意。则知当时学者以谋食为亟，而谋道之心或不专矣。夫子示人以君子当谋之道，学当得禄之理，而耕或不免馁，学则可以得禄，所以也诱掖人于学。

【记】 讲的是当时事实，而为当日农家和今天标榜"劳动人民"的人所痛斥。"道"也可译作"德行"、"道德"、"真理"等等，但宋明理学家大讲道德生命之宏论，却掩盖了吃饭谋生的重要，也的确是一问题。

15.33 子曰："知及之，仁不能守之；虽得之，必失之。知及之，仁能守之。不庄以莅之，则民不敬。知及之，仁能守之，庄以莅之，动之不以礼，未善也。"

【译】 孔子说："凭聪明料到了，没有仁心来保持，虽然得到了，也一定会失掉。聪明料到了，也有仁心去保持，但不用严肃态度来对待，那老百姓就不会尊敬。能聪明地料到，有仁心能保持，能严肃地对待，如果行动不符合礼制，也还是不够好的。”

【注】 《朱注》：夫子历言之，使之德愈全则责愈备，不可以为小节而忽之也。

【记】 这里的问题是：到底“仁”是否“全德”或“最高的德”？在《论语》中，“仁”比礼、义、智、信等要突出得多，地位也高得多。但在这里，却表明“仁”虽最重，却并不能代替其他各项。这似乎又一次表明“仁”的基本含义主要涉及的是内心情感，并不能也无须包括其他一切。“得到”、“守住”什么？一般解作“官位”、“职守”。本译随字面未予确定。

其次，此章使人联想及《周易·系辞》的有名句段：“天地之大德曰生，圣人之大宝曰位，何以守位曰仁，何以聚人曰财，理财正辞禁民为非曰义。”马王堆帛书作“天地之大思曰生，圣人之大费曰立(位)，何以守立(位)曰人，何以聚人曰材。理材正辞爱民安行曰义”。“仁”早有注疏作“人”者，于兹益证。宋明理学以来喜谈“天地之大德(或大思?)曰生”，而少及其他。从帛书看，“义”似先于“仁”。“仁”由孔子始突出为“全德”或“首德”。《论语》讲“仁”百次，但究竟什么是“仁”，如何才“仁”，仍无定解。之所以如此，**根源仍在此种人性情感乃从原巫术礼仪中高级心理模态理性化而来，它包容广宽而含混，非概念认识所可确定，因之而具超越一切的“全德”神秘感。但其核心乃温暖世情及人格操守**，似无可疑，而此亦来源于巫术心理。

15. 34　子曰：“君子不可小知而可大受也，小人不可大受而可小知也。”

【译】 孔子说：“君子没有小聪明，却可以承担大任务。小人不能承担大任务，却可以有小聪明。”

【注】《朱注》：盖君子于细事未必可观，而材德足以任重；小人虽器量浅狭，而未必无一长可取。

《集释》《淮南子·主术训》：是故有大略者不可责以捷巧，有小智者不可任以大功。

【记】 即人各有材，优劣同在，故不能求全责备。“小人”也有一技之长，“君子”也有各种弱点和缺失。

15. 35　子曰：“民之于仁也，甚于水火。水火，吾见蹈而死者矣，未见蹈仁而死者也。”

【译】 孔子说：“老百姓对于‘仁’，比水、火还重要。我看见走入水火而死的人，却没见过实践‘仁’而死的。”

【注】《朱注》李氏曰：此夫子勉人为仁之语。下章仿此。

【记】 此章疑有错漏，勉强译之而已。

15. 36　子曰：“当仁，不让于师。”

【译】 孔子说：“如果追求‘仁’，对老师也不必谦让。”

【注】《正义》：此章是夫子示门人语。

《康注》：当，田相值也。礼尚辞让，独至于为仁之事，则宜以为己任，勇往当之，无所辞让。即至于师，亦不必让；师不为，则己为之，不必避长者也。……虽过于师，可也。

【记】“当仁”亦可译作“面对仁”，如杀身成仁，便可青出于蓝，优先上路。可惜如今是“当名，不让于师”，总以为天下第一，举世无双，老师更不在眼里了。

15.37　子曰：“君子贞而不谅。”

【译】孔子说：“君子坚持正义而不固守小信。”

【注】《朱注》：贞，正而固也。谅，则不择是非而必于信。

【记】朱注甚妥。此所以不同“言必信，行必果”（13.20章）。孟子说，“大人者，言不必信，行不必果，惟义所在”，同此。但这也有问题，即灵活性太大，而失去遵守之客观标准。这就是少宗教信仰之实用理性的流弊所在，没有由上帝立法因而绝对不可违背的教义传统。正因为是此实用理性，也才发生“五四”以来彻底反传统的巨大思潮。

15.38　子曰：“事君，敬其事而后其食。”

【译】孔子说：“事奉国君，认真工作，再领薪资。”

【注】《集释》《群经平议》：敬其事者，急其事也。《集解》孔曰：先尽力而后食禄。

【记】可见，如前所说，君臣之间此时尚有条件，先把工作做好才拿薪水，从而不拿薪水也就可以不必做事，还我一个自由人?！虽然孔子并无此意，可能只是针对当时只拿薪水而不认真做事的人而发。

15. 39 子曰："有教无类。"

【译】 孔子说："教学生不要分类别。"

【注】 《正义》《皇疏》云：人乃有贵贱，同宜资教，不可以其种类庶鄙而不教之也。教之则善，本无类也。

【记】 已成为成语。此"类"何指？指部族、等级、身份抑或天资禀赋，均可。《尚书·尧典》孔注云：类，族也。古代即原始之亲族、部族（kin，clan，tribe），即"非我族类，其心必异"之族类。孔子打破此种族类界限乃重大进步。

15. 40 子曰："道不同，不相为谋。"

【译】 孔子说："所走的路不同，就不必相互商量谋划。"

【注】 《朱注》：不同，如善恶邪正之异。

【记】 "道"译作走路，正好。方向、路线、途径不同，的确不好彼此谋划商量。政治如是，生活如是，专业亦如是。

15. 41 子曰："辞达而已矣。"

【译】 孔子说："言语足以表达意思就行了。"

【注】 《正义》：辞皆言事，而事自有实，不烦文艳以过于实。……《仪礼·聘礼》：辞多则史，少则不达。

【记】 可惜的是，今日的标准恰好相反，"辞"不求达而求不达。君不见，一大本或一大篇学术论文，纡回弯曲，佶屈聱牙，似通非通，极为难读，经常使人头昏脑胀，如坠五里雾中，而“篇终接渺茫”，仍然不知所云。据说这才深刻、真实，才是杰作、佳文、“后现代”。我实在不懂，所以宁肯听从顽固守旧的孔夫子，而不敢苟同今日的时髦批评家。自“五四”白话文运动以来，大量的西方新思想、新观念、新学说，通过浅显、清新、流畅、明白如话的书写语言输入中国，影响至巨。其中又仍然保存了中国文字简洁明快(如较少复合句、复杂句等)，注意均衡、对称和音调优美(甚至仍可琅琅上口)的特点，是西体中用的成功范例，绝不像现今的时尚文体。我也许是逆时代潮流而动，但自信是坚持“五四”传统。此传统亦孔老夫子的“辞达而已矣”的传统，文辞表达思想观念即足矣，所以大可不必如今日之“学术”论著：连篇累牍，长文巨制，却无非那么点意思。照这种“学术标准”看来，历代注疏、宋明语录都不能算“学术”，我却宁肯采用简明扼要的传统注疏旧法来作此今读之“记”，而不写煌煌专著。虽被认为非学术，或“学术水平极低”，也心甘情愿，在所不辞。

而且，“辞达而已矣”还应与“修辞立其诚”联系起来，不仅达，而且诚。忠实可靠，真情呈现，均属于“诚”。“诚”如本读所说，乃巫术情感之延续及理性化(即解咒)，但“诚则灵”流传至今，它可以感天地动鬼神，当然可以交感人们。然则“辞达而已矣”，其作用不亦大矣哉。

15. 42　师冕见，及阶，子曰：“阶也。”及席，子曰：“席也。”皆坐，子告之曰：“某在斯，某在斯。”

师冕出。子张问曰：“与师言之道与？”子曰：“然，固相师之道也。”

【译】 音乐师冕来见面。走近了台阶，孔子说：“这是台阶。”走近了座席，孔子说：“这是座席。”都坐定了，孔子告诉他说：“某某人在这里，某某人在这里。”

乐师走出后，子张问道：“同音乐师讲的是礼制吗？”孔子说：“对，这本来就是帮助盲人的礼制。”

【注】《康注》：圣人矜无告而哀困穷，非作意而为之，自然尽其道而已。

《集释》《释文》引郑注：相，扶也。

【记】 “道”也可译作“规则”、“道德”等等，这“道”即“礼”，亦“仁”，合乎道理，切于人情，亦今日对待残疾人的人道主义，足见“礼”与“仁”同，非常形象，至今适用。“仁”由“礼”出是从历史来源说；“礼”由“仁”出，是从后世个体说；所以并不矛盾。由此可结合孟、荀，同归孔氏。

季氏第十六

共十四章

16.1　季氏将伐颛臾。冉有、季路见于孔子曰："季氏将有事于颛臾。"

孔子曰："求！无乃尔是过与？夫颛臾，昔者先王以为东蒙主，且在邦域之中矣，是社稷之臣也。何以伐为？"

冉有曰："夫子欲之，吾二臣者，皆不欲也。"

孔子曰："求！周任有言曰：'陈力就列，不能者止。'危而不持，颠而不扶，则将焉用彼相矣？且尔言过矣，虎兕出于柙，龟玉毁于椟中，是谁之过与？"

冉有曰："今夫颛臾，固而近于费。今不取，后世必为子孙忧。"

孔子曰："求！君子疾夫舍曰欲之而必为之辞。丘也闻有国有家者，不患寡而患不均，不患贫而患不安。盖均无贫，和无寡，安无倾。夫如是，故远人不服，则修文德以来之。既来之，则安之。今由与求也，相夫子，远人不服，而不能来也；邦分崩离析，而不能守也；而谋动干戈于邦内。吾恐季孙之忧，不在颛臾，而在萧墙之内也。"

【译】 季氏准备进攻颛臾，冉有、子路来见孔子说："季氏将对颛臾用兵。"

孔子说："冉有，这难道不是你的过错吗？这个颛臾，上代的国君让他做过东蒙地区的主人，而且就在鲁国境内，是国家的重要臣属。为什么要去攻打？"

冉有说："主人要这么干，我们两个人都不主张呀。"

孔子说："周任有句话说：'尽力而为，以求秩序；如不能够，就该辞职。'遇到危难而不坚持，将要倾倒而不扶持，那还要用你们助手干吗？而且你的话就是不对，老虎、野牛跑出了笼子，龟甲、玉石毁坏在匣中，是谁的过错？"

冉有说："今天颛臾力量已经不小而又接近费城。现在不去占取，以后一定会给子孙留下麻烦。"

孔子说："冉有，君子厌恶不说想要而找借口。我听说过，一个国，一个家，不怕稀少就怕不平均，不怕贫穷就怕不安定。因为平均就不会有贫穷，和谐就不怕稀少，安定就不会倾倒。这样的话，如果远方的人还不服，就搞好礼乐制度吸引他们。他们来了，就安顿他们。现在子路和冉有帮助季氏，远方的人不服从，不能吸引他们来；国家快要崩溃，不能够守住，却计划在国家内用兵。我恐怕季氏该发愁的，不在颛臾，而在自己家门之内哩。"

【注】 《朱注》：萧墙，屏也。言不均不和，内变将作。

《集释》《集解》：固，谓城郭完坚，兵甲利也。费，季氏邑。……萧墙，谓屏也。萧之言肃也。君臣相见之礼，至屏而加肃敬焉，是以谓之萧墙……后季氏家臣阳虎果囚季桓子。

【记】 这是《论语》中非常有名、字数最长的篇章之一。"不患寡而患不均，不患贫而患不安"，已成流行语，这在远古氏族社会以及农业社会或不无道理，但从后世儒生的“复井田”主张到新时代的“一大二公”的实践，各种从分配着眼的农业社会主义和平均主义均假此语以行，造成的却只是灾难。其实这里的“均”并非平均，而应作“分”解。康有为《论语注》：“均，各得其分。”即按不同等级、身份而有不同的分配。“不患”两句或应作“不患贫而患不均，不患寡而患不安”，但错简流传已久，不必再更正了。

16. 2　孔子曰：“天下有道，则礼乐征伐自天子出；天下无道，则礼乐征伐自诸侯出。自诸侯出，盖十世希不失矣；自大夫出，五世希不失矣；陪臣执国命，三世希不失矣。天下有道，则政不在大夫。天下有道，则庶人不议。”

【译】 孔子说：“天下太平，制定礼乐，决定战争，由天子做主。天下不太平，制定礼乐，决定战争，由各诸侯做主。由诸侯做主，十代就不行了。由家族做主，五代就不行了。由家族的臣下把持政治，则只能传三代。天下太平，政治权力就不会在家族首领手里。天下太平，老百姓也不会议论纷纷。”

【注】 《朱注》：上无失政则下无私议，非钳其口使不敢言也。

《康注》：洪范称“谋及庶人”，“庶人从，谓之大同”。……若今本“庶人不议”，则专制防民口之厉王为有道耶？

《杨注》：孔子这一段话可能是从考察历史，尤其是当日时事所得出的结论。“自天子出”，孔子认为尧、舜、禹、汤以及西周都如此的；“天下无道”则自齐桓公以后，周天子已无发号施令的力量了。齐自桓公称霸，历孝公、昭公、懿公、惠公、顷公、灵公、庄公、景公、悼公、简公十公，至简公而为陈恒所杀，孔子亲身见之；晋自文公称霸，历襄公、灵公、成公、景公、厉公、平公、昭公、顷公共九公，六卿专权，也是孔子所亲见的。所以说“十世希不失”。鲁自季友专政，历文子、武子、平子、桓子而为阳虎所执，更是孔子所亲见的。所以说“五世希不失”。至于鲁季氏家臣南蒯、公山弗扰、阳虎之流都当身而败，不曾到过三世。当时各国家臣有专政的，孔子言“三世希不失”，盖宽言之。这也是历史演变的必然，愈近变动时代，权力再分配的斗争一定愈加激烈。

【记】 当时的天子大约相当于部族联盟的首领，诸侯大约相当于部落或部族，大夫相当于氏族或家族。为什么是十代、五代等等？杨注或可参考。

康有为的注硬删去两“不”字，他说，“今本有不字，衍”，“衍文之误也，或后人妄增”。于是原文变为“天下有道，则政在大夫”，“天下有道，则庶人议”。他解说道：“政在大夫，盖君主立宪。有道，谓升平也。君主不负责任，故大夫任其政。”“大同，天下为公，则政由国民公议。盖太平制，有道之至也。此章明三世之义，与《春秋》合。惟时各有宜，不能误用，误则生害；当其宜，皆为有道也。”**这真可说是“企图从中国中世纪挣扎出来的康有为，却强迫传统圣人来宣传资产阶级改良主义”**了（拙作《中国近代思想史论·康有为思想研究》）。**董仲舒尊孔子，讲《春秋》，倡天人感应之说；朱熹讲孔子，编《四书》，立天理人欲之论；康有为讲孔子，主改制，证进化改良之理。**这就是中

国的解释学，它向来发达，“六经注我”即此传统，并多具政治意义，而又与天人(宇宙论)、古今(历史观)有关联。康解当然以现代西方民主为张本。故张之洞、陈宝箴祖孙三代均责康乃假孔子之名，倡“改制”谬说以“用夷变夏”。其实所谓“用夷变夏”者，即以西方之现代化来变中国也，此变非仅技器工艺，而更涉乎思想观念、政教体制，所谓“西体中用”是也。康有为确为此变祸首。但今人艳称陈寅恪的“独立之精神，自由之思想”，亦且来自近代西方，而并非本土旧说。有如严复所云“夫自由一言，真中国历古圣贤之所深畏，而从未尝立以为教者也”(《论世变之亟》)。可见自由云云与陈之“中体西用”家学并不相侔，反不及康之“西体中用”(康之《大同书》以个体自由为“大同世界”之根本基础)高瞻远瞩而眼光远大。至于批评康立一乌托邦又不求实现，徒为乱阶，大可不必，其实有一理想作为远景目标，不但可感发兴起，树立高尚的伦理精神，使人生有所展望和依据，亦可避免庸俗爬行主义之满足实际，迷失方向。乌托邦作为远景乌托似无可责，关键在于不可构造实行蓝图。作蓝图即非乌托。康似未有此病，不同于毛。

16.3 孔子曰：“禄之去公室五世矣，政逮于大夫四世矣，故夫三桓之子孙微矣。”

【译】 孔子说：“鲁国政治不由国君做主已经五代了，政权属于各家族已经四代了，所以鲁国国君的子孙已衰落了。”

【注】 《杨注》：五世四世——自鲁君丧失政治权力到孔子说这段话的时候，经历了宣公、成公、襄公、昭公、定公五

代；自季氏最初把持鲁国政治到孔子说这段话时，经历了文子、武子、平子、桓子四代，说本毛奇龄《论语稽求篇》……三桓——鲁国的三卿，仲孙(即孟孙)、叔孙、季孙都出于鲁桓公，故称“三桓”。

【记】 这两章都是孔子在讲历史以测未来，“禄之去公室”，就是说，爵禄(名位、薪水)都不能由国君决定，权力已不断下移，原来的部落氏族体制已瓦解，实权和实力已一层层地转移到了没有贵族背景的新起的人物和家族手里。真是时移世变。

前章曾议及陈寅恪之“独立精神，自由思想”实来自现代西方(陈负笈美欧，浸有岁月)，但儒学本身亦有较为宽容的精神，孟子辟杨墨、韩愈排佛教以及朱陆异同、朱陈(亮)争辩等等，议论激烈，却没有某些宗教教派之惨烈纷争、毁灭打击。尽管如此，就一般而言，中国传统之主要情况仍然是一家(儒)做主，统摄人们，名教纲常，不可非议，如谭嗣同之名句“不惟关其口，使不能昌言；并乃锢其心，使不敢涉想”。自由、独立云乎哉？故上章说陈所昌言者，实乃得自西方，用于中国，昌言“中体西用”，实乃“西体中用”。包括陈之史识和史学方法，亦如是。只因陈之人格学养，融会中西，已难言体用之分矣。

16. 4 孔子曰：“益者三友，损者三友。友直，友谅，友多闻，益矣。友便辟，友善柔，友便佞，损矣。”

【译】 孔子说：“有益的朋友有三种，有害的朋友有三种。朋友直爽，朋友信实，朋友见闻广博，这就有益了。朋友虚浮，朋友圆滑，朋友夸夸其谈，这就有害了。”

【注】《朱注》：便辟，谓习于威仪而不直；善柔，谓工于媚说而不谅；便佞，谓习于口语而无闻见之实。

【记】 交友之道是从对方来说的为人之道。《论语》和孔子多用这种具体而有益的经验概括来教导学生，此即儒学之宗教性道德的教育途径和内容，与今日“现代新儒家”仅以高头讲章来谈儒学之宗教性者，大有差异。拙之所以认为今日所谓“现代新儒学”（亦即“现代宋明理学”）只是宋明理学之回光返照而不足构成（或开出）新时期者，亦以此。以之徒具宋明理学之躯壳（其思辨力度、范围及水平也并未超出宋、明多少），而失去其宗教性之实践精神。于是只剩一堆哲学文章，似是玄思妙想，却与实践无关。与陈寅恪、钱穆、余嘉锡等人不宣讲此项哲学，而以身体力行以见传统精神者，谁更体现儒家、孔学，似亦颇值思考商量。

16.5 孔子曰：“益者三乐，损者三乐。乐节礼乐，乐道人之善，乐多贤友，益矣。乐骄乐，乐佚游，乐宴乐，损矣。”

【译】 孔子说：“有益的快乐三种，有害的快乐三种。喜欢用礼乐调节自己，喜欢讲别人好处，喜欢多交好朋友，这就有益了。喜欢骄纵放肆，喜欢游荡闲逛，喜欢饮食宴请，这就有害了。”

【注】《集释》《集解》：乐节礼乐者，凡有所动作，皆得于礼乐之节也。孙奇逢《四书近指》：礼乐全在日用间应事接物上讨求，心安理顺，此便是孔颜乐处。

【记】 如今宴请、佚游，却大有益处。特别是旅游之乐，已成为今日生活之需要。

16. 6 孔子曰：“侍于君子有三愆：言未及之而言谓之躁，言及之而不言谓之隐，未见颜色而言谓之瞽。”

【译】 孔子说：“侍奉君子容易犯三种过失：还没到说话的时候而说话，这叫急躁。该说话而不说，这叫隐瞒。不看脸色、情况而说话，这叫盲目。”

【注】 《集释》《荀子·劝学篇》：未可与言而言谓之傲，可与言而不言谓之隐，不观气色而言谓之瞽。君子不傲不隐不瞽。

【记】 虽谈话应择时择人，视情况而定，处世哲学乎？其意蕴实在于人须意识自己即活在此种具体状态中，并非一抽象而空洞之实存或 Dasein。整个孔学不离具体情境，其形上意义在此。

16. 7 孔子曰：“君子有三戒：少之时，血气未定，戒之在色；及其壮也，血气方刚，戒之在斗；及其老也，血气既衰，戒之在得。”

【译】 孔子说：“君子有三种警惕戒备：少年时代，精力不稳定，要警惕性生活放纵。中壮年时代，精力旺盛，要警惕争强好斗。老年时代，精力衰退，要警惕保守和贪婪。”

【注】 《朱注》：血气，形之所待以生者，血阴而气阳也。……范氏曰：圣人同于人者血气也，异于人者志气也。血气有时而衰，志气则无时而衰也。少未定、壮而刚、老而衰

者，血气也。戒于色、戒于斗、戒于得者，志气也。君子养其志气，故不为血气所动。

【记】 朱注甚好。“血气”、“精力”包括身体和心理，特别是老人贪恋已有之名位利禄，患得患失，迎合当朝，丑态毕露，虽白发岸然的名学者亦不或免，今屡见之矣。“得”亦可作满足解，即老年人不应满足已有之成果而能奋进不已也。

16. 8 孔子曰：“君子有三畏：畏天命，畏大人，畏圣人之言。小人不知天命而不畏也，狎大人，侮圣人之言。”

【译】 孔子说：“君子有三种惧怕：怕天命，怕王公大人，怕圣人讲的话。小人不懂天命，所以不怕，轻视大人，嘲笑圣人讲的话。”

【注】 《集释》程廷祚《论语说》：大人，谓当时之天子诸侯也。……君子之畏之者，岂为其崇高贵哉？位曰天位，事曰天职，则皆天命之所在也。

《钱解》：畏者，戒之至而亦慧之深也。禅宗去畏求慧，宋儒以敬字矫之，然谓敬在心，不重于具体外在之当敬者，亦其失也。

【记】 是今日争论问题之一。孔子如此畏“天命”是屈从于命运吗？孔子是勇士还是懦夫？孟子不就公开地说要藐视“大人”吗？孔子却“畏大人”。这不是尖锐的矛盾？看来，这只能作历史的解释：时代不同。在孔子的时代，“王公大人”虽已没有德行，但还有一种似乎是“天”授予的崇高地位，赋有神圣的职责任务，从而足可敬畏，这是巫君合一的传统。“天命”也一样，是传统的巫术礼仪的观念。殷周铜鼎上之饕餮雷纹，均显示此“畏”。此种原始情感，由文化的渗入而转形理性化，成为儒学的“敬”。“敬”乃人性情感心理，此处三“畏”似均宜作“敬畏”之“畏”解。它是“敬”的极度形态。**儒学伦理之所以总具有某种形上的深沉宗教意味，即来自此“畏”**。“敬畏”排除了原始巫术、奇迹、神谕等等具体仪式活动，而留下其严重深厚的“宗教”情怀，这是自孔子以来的儒学重要特征之一。因之，此“天命”一如“五十而知天命”章，并非特定外在超越对象，而可释作对自己存在及其有限性之深沉自觉（自意识），从而**敬而畏，即在此有限性中更感生存之价值、意义与使命**。

16. 9　孔子曰：“生而知之者，上也；学而知之者，次也；困而学之，又其次也；困而不学，民斯为下矣。”

【译】　孔子说：“生来就有知识是上等；学习而后有知识是次等；遇到困难再去学，再次一等；遇到困难仍然不学，这样的人就真是下等了。”

【注】《朱注》杨氏曰：生知、学知以致困学，虽其质不同，然及其知之一也。故君子惟学之为贵。

【记】　朱注强调学习。当然并没有什么“生而知之”。孔子就否认自己属于这一等：“我非生而知之者，好古，敏以求之者也。”（7. 20 章）否认全知全能、“天纵之圣”，**指出任何人任何事物都可有缺失，这是儒学基本精神。**

16.10 孔子曰："君子有九思：视思明，听思聪，色思温，貌思恭，言思忠，事思敬，疑思问，忿思难，见得思义。"

【译】 孔子说："君子有九种考虑：看，要考虑看清楚了没有。听，要考虑听明白没有。面色，要考虑是否温和。态度，要考虑是否恭敬。说话，要考虑是否忠诚。办事，要考虑是否认真。有问题，要考虑向人请教没有。生气，要考虑是否引起麻烦。看到能获得什么，要考虑是否合理。"

【注】 《康注》：视明则无所蔽，听聪则无所壅。色见于面者，忌冷而贵温。貌举身而言忌慢，而贵恭忠，则言精切。而竭尽敬，则事详审而不败。问则疑不蓄，思难则忿必惩，思义则得不苟。九者，盖皆人事之要，日用之常，以此日省，可谓近思。孔子示人检身思虑之法至为详明，为人格中不可少阙者。

【记】 非常具体的生活规范，这也就是"礼"。"礼"确乎管得太广，也太严，连言语、脸色都管束。难怪现代国人和西方人不喜欢孔子，而倾心于一任自然的道家。然而，连弗洛伊德(Freud)也指出，有规范、有抑制才有文明。中国的文明成熟极早，原因之一即在此巫术礼仪用所谓"经礼三百曲礼三千"对人的日常生活、饮食起居、言行举止，加以各种非常具体确定规范的缘故，在残存古记录的汉代《仪礼》中可见一斑。这种种具体的礼制、仪文、标准均早随时代变迁而更易，今人不必谨守传统仪文、规矩、观念(包括孔子教义在内)，但由孔子和儒学强调"礼"作为社会群体生存规范这一

基本观念，毕竟不可废弃，“虽百世可知也”。本读尝引康注，似有所垂青者。盖拙意以为康有为乃现代用夷变夏、西体中用之“罪魁祸首”，其“西体”在《大同书》，其“中用”则在《孔子改制考》、《春秋笔削微言大义考》、《春秋董氏学》以及各种经注，**康希望在中国传统中以转化性的创造，找出一条现代化出路**。尽管康本人造作武断(此朱熹亦不能免，如编造道统而以周敦颐为首等)，学术漏洞极多，但毕竟有所而为，与后人曲学阿世，性质迥异。

16. 11　孔子曰：“见善如不及，见不善如探汤。吾见其人矣，吾闻其语矣。隐居以求其志，行义以达其道。吾闻其语矣，未见其人也。”

【译】　孔子说：“看见善良，像赶不上似地去追求。看见邪恶，像手碰到沸水那样去避免。我看见这种人了，我听到他们讲话了。隐居起来以保持自己的志向，出来便实施正义而行得通，我是听见这样的话了，却还没看见这样的人啊。”

【注】　《集释》《皇疏》引颜特进云：好善如所慕，恶恶如所畏，合义之情，可传之理，既见其人，又闻其语也。

【记】　大概因某具体事件有感而发，“其人”为谁，不可知矣。周行列国，栖栖惶惶，或夫子自道欤？

16. 12　齐景公有马千驷，死之日，民无德而称焉。伯夷叔齐饿于首阳之下，民到于今称之。(“诚不以富，亦只以异”其斯之谓与？)

【译】 齐景公有四千匹马，死的时候，老百姓没人说他好话。伯夷、叔齐饿死在首阳山下，老百姓至今还称赞他。(“实在不是因为他富，只因为他品格卓异”就是这个意思吧？)

【注】《朱注》胡氏曰：程子以为第十二篇错简“诚不以富，亦只以异”，当在此章之首。今详文势，似当在此句之上。言人之所称，不在于富，而在于异也。愚谓此说近是，而章首当有“孔子曰”字，盖阙文耳。

【记】 不知为什么？这章开始没有“孔子说”。名以“德”传，非以“阔”或“位”传。难怪各国企业家以及大官员要纷纷捐钱办学了。除逃税外，扬名便是目的之一。

16. 13 陈亢问于伯鱼曰：“子亦有异闻乎？”

对曰：“未也，尝独立，鲤趋而过庭。曰：‘学诗乎？’对曰：‘未也。’‘不学诗，无以言。’鲤退而学诗。他日，又独立，鲤趋而过庭。曰：‘学礼乎？’对曰：‘未也。’‘不学礼，无以立。’鲤退而学礼。闻斯二者。”

陈亢退而喜曰：“问一得三，闻诗，闻礼，又闻君子之远其子也。”

【译】 陈亢问孔鲤说：“你听到什么特别的东西了吗？”

伯鱼回答：“没有。一次他一个人站在庭院中，我轻步走过庭院。他问我：‘学习《诗经》了吗？’我说：‘没有。’他说：‘不学《诗》，没法讲话。’我下来就学《诗》。有一天，他一个人又站在那里，我走过这庭院。他问：‘学习礼制了吗?’我说：‘没有。’他说：‘不学礼制，站立不起来。’我下来就学礼制，就这两件。”

陈亢回来后，非常高兴，说：“我问一件事，却知道了三件：知道《诗》，知道礼，还知道君子不特殊对待自己的儿子。”

【注】 《钱解》：孔子教伯鱼，无异于教他人，故陈亢以为远其子。远谓无私厚，非疏义。古者易子而教，亦非疏其子也。

【记】 孔学并无秘传，而孔子也不偏私。“远”，即有距离，当然不是指疏远儿子，而是指不特别亲热、亲密，其实父子之间经常如此。《礼记·曲礼上》“君子抱孙不抱子”，古代“父子不同席”、“父不教子”等，则均“昭穆”制(《礼记·祭礼》)祖孙近，父子远，婚姻——继承之远古氏族旧制之遗痕也。

16. 14 邦君之妻，君称之曰夫人，夫人自称曰小童；邦人称之曰君夫人，称诸异邦曰寡小君；异邦人称之亦曰君夫人。

【杨译】

国君的妻子，国君称她为夫人，她自称为小童；国内的人称她为君夫人，但对外国人便称她为寡小君；外国人称她也为君夫人。

【注】 《朱注》吴氏曰：凡语中所载如此类者，不知何谓。或古有之，或夫子尝言之，不可考也。

【记】 这段与他章颇不相同。梁启超认为是后人在竹简空白处记下的礼制称呼，有人不同意而反驳。我认为可以看作与孔子语录无关，不必深究。《论语》一书好些章节是相当“可疑”的。如16．10，17．8，17．16，20．2章等等内容、思想、文辞均与其他“子曰”大不相同，似可肯定非出自孔子。又如极为著名对后世影响极大的11．25，17．21章，篇幅、文辞亦与全书不类。这种情况尚有多处。前人亦有怀疑和议说。但本读谨守“前言”约定，将传世《论语》视作整体而尽力疏通。即使此“整体”乃虚构，但毕竟流传两千余年，已有其完整价值。它在中国文化传统中之作用和意义已有其历史性之积淀存在。

阳货第十七

共二十六章

17. 1 **阳货欲见孔子，孔子不见，归孔子豚。**

孔子时其亡也，而往拜之。

遇诸途。

谓孔子曰："来！予与尔言。"曰："怀其宝而迷其邦，可谓仁乎？"曰："不可。""好从事而亟失时，可谓知乎？"曰："不可。""日月逝矣，岁不我与。"

孔子曰："诺，吾将仕矣。"

【译】 阳货想会见孔子，孔子没见。他便送一只蒸小猪给孔子。

孔子趁他不在家的时候去回拜。

结果在路上碰上了。

阳货对孔子说："来，我和你说话。"接着说："有一身本领却让国家处于迷惑状态，叫作仁心吗？"孔子说："不可以。""想做事又屡次放过机会，这叫作聪明吗？"孔子说："不可以。""日子一天天地过去了，年岁不饶人呀。"

孔子说："对，我就要出来做官了。"

【注】 《朱注》：阳货之欲见孔子。……欲使助己为乱耳。故孔子不见，义也；其往拜者，礼也。

《集释》《集解》马曰：言孔子不仕，是怀宝也。知国不治而不为政，是迷邦也。日月逝，年老，岁月已往，当急仕也。

《杨注》：“归”同“馈”，赠送也。《孟子·滕文公下》对这事有一段说明。他说，当时，“大夫有赐于士，不得受于其家，则往拜其门”。阳货便利用这一礼俗，趁孔子不在家，送一只蒸熟了的小猪去。孔子也就趁阳货不在家才去登门拜谢。

【记】 阳货是把持季氏家族实权的人。“不见”是躲避。但按照礼制，必须回拜，大概此人很不好惹，于是趁他不在家的时候去回拜。不巧在路上又碰上了，只好忍受奚落，唯唯诺诺，勉强应对，相当狼狈。孔子这样低声下气，忍气吞声，是为了保身全生，免遭伤害吗？不可知也。也许这就是孔老夫子的“权”（灵活性）？也不可知。在子路，大概就不干。有人硬要为“圣人”辩护，说“愈雍容不迫，而愈刚直不诎，此其所以为时中之妙也”（胡炳文《四书通》），牵强得很。

17．2 子曰：“性相近也，习相远也。”

【译】 孔子说：“人性本相接近，习俗使之遥远。”

【注】 《康注》：后人言性甚多，世硕以为性有善有恶，人之善性养而致之，则善长；性恶养而致之，则恶长。宓子贱、漆雕开、公孙尼子之徒皆言性有善有恶，孟子则言性善，荀子则言性恶，告子则言性无善无不善，杨子则言善恶混，皆泥于善恶而言之。孔子则不言善恶，但言远近。

《集释》《皇疏》：性者，人所禀以生也。习者，谓生后有百仪常所行习之事也。人俱禀天地之气以生，虽复厚薄有殊，而同是禀气，故曰相近也。及至识，若值善友则相效为善，若逢恶友则相效为恶，恶善既殊，故云相远也。

【记】《论语》一书，只两次谈到“性”。其一是“性与天道”，一处是这里。这两个“性”到底是否同一含义？从古至今，注家大有论争。在我看来，至少“性”在这里还是中性的，无所谓善恶，不像孟子大讲“人性善”。孔子只讲“仁”，并以“礼”归“仁”。孟子则将“仁”归于“四端”，成为先验的性善。而后，《易传》、《中庸》再归于宇宙观（外）本体论（内），即“天行健”和“天命之谓性”，进一步体系化了“性”“命”，组成儒学框架骨干。汉之阴阳五行，宋明之理学心学，更进而发展之。孟子的学生告子认为“食、色，性也”。焦循也说，“性无他，食色而已。饮食男女，人与物同之”，这可以发展为近代自然人性论，如康有为。康当然是受西方影响，但自晚明王学以来，依其理论逻辑，也会生发出“欲即理”的自然人性论来（见拙著《中国近代思想史论》）。自然人性论必须与近代社会生活（繁荣发达的物质生活）有内在关联才能充分发展。中国千百年来直到现代，主流仍是各种“天理人欲论”，甚至可以用马克思主义装束重新出现，泛滥在“文革”之中。“人性善”与“六亿神州尽舜尧”，未尝没有联系。

“习”字颇值讨论，此“习”主要应指“习礼”。“礼”必须“时习之”。此“习”并非记诵、思考，乃行为、活动。伊若泊（Robert Eno）因之认为儒学乃技艺之系统（system of skills）、实践之规则，而儒家乃“舞蹈大师”（master of dance，见其 *The Confucian Creation of Heaven*，Suny，1990），虽颇夸张，却有道理。“巫”、“舞”本同字同源，均远古礼仪实践。**中国实用理性乃通过礼乐活动而建立，与西方思**

辨理性通由争辩、逻辑建立固不相同也。

17. 3　子曰："唯上知与下愚不移。"

【译】　孔子说："只有最聪明的和最愚蠢的，才不改变。"

【注】　《集释》王阳明《传习录》问：上智下愚如何不可移？先生曰：不是不可移，只是不肯移。

【记】　"上知"是"生而知之"，即超人或天才，孔子说自己不是，前章已有。"下愚"大概是白痴吧？其实"唯"字最重要，就是说，除了超人和白痴，其他人都可以也应该受教育，如此而已。不必穿凿解说，也不必以辞害意。阳明的解释则着重于自觉学习。

此与上章同一意思，亦可解释上章之"性"。

17. 4　子之武城，闻弦歌之声。夫子莞尔而笑，曰："割鸡焉用牛刀？"

子游对曰："昔者偃也闻诸夫子曰：'君子学道则爱人，小人学道则易使也。'"

子曰："二三子！偃之言是也。前言戏之耳。"

【译】　孔子去到武城，听到一片弹琴唱歌的声音。孔子微笑着说："杀鸡何必用宰牛的刀。"

子游回答说："以前我听老师说过，君子学礼乐就会爱人，老百姓学礼乐就容易听从指挥。"

孔子说："同学们，子游的话对呀。我刚才所讲不过是和他开玩笑罢了。"

【注】《康注》：孔子礼乐并制，而归本于乐。盖人道以乐为主，无论如何立法，皆归于使人乐而已。故小康之制尚礼，大同之世尚乐，令普天下人人皆教和无怨，合爱尚同，百物皆化，礼运以为大道之行也。子游尝闻大同，其治武城先以为治。

【记】其实孔子并非开玩笑，割鸡本不必用牛刀，小官又何须大做。但孔子又不好认真如此说，当时神态似可见。“道”此处译为“礼乐”，也可以译为“教化”、“道德”等等。

17. 5 公山弗扰以费畔，召，子欲往。

子路不说，曰：“末之也已，何必公山氏之之也？”

子曰：“夫召我者，而岂徒哉？如有用我者，吾其为东周乎？”

【译】公山弗扰盘踞费城造反，要孔子去，孔子打算去。

子路不高兴，说：“没有地方去就算了，何必到公山那里？”

孔子说：“之所以叫我去，难道我会白去吗？如果有人用我，我不就将在东方复兴周王朝吗？”

【注】《朱注》：为东周，言兴周道于东方。……程子曰：圣人以天下无不可有为之人，亦无不可改过之人，故欲往。

【记】本章及 17. 7 章又一次展开“经”(原则性)与“权”(灵活性)的矛盾。孔子教人以“经”，自己却行“权”不已。难怪子路不高兴。到底如何掌握“经”与“权”，大有文章。结合上下几章，孔子讲去的理由是：(一)可以入淤泥而不染，不怕脏乱；(二)一生不能白过，总希望找机会干大事。这几章描述具体，相当真实，足见孔子亦常人：说了真话，经不住问，只好说开玩笑。想做官干事，经不住问，只好勉强说些道理。

17.6 子张问仁于孔子。孔子曰："能行五者于天下为仁矣。"

"请问之。"曰："恭，宽，信，敏，惠。恭则不侮，宽则得众，信则人任焉，敏则有功，惠则足以使人。"

【译】 子张问孔子如何是仁？孔子说："能够在天下实行五种德行，就可以说是仁了。"

"请问哪五种？"孔子说："恭敬、宽厚、信实、勤敏、恩惠。恭敬就不会侮辱人，宽厚就得到大家的拥护，信实就会得到人们信任，勤敏就会使工作有效果，有恩惠就能够指挥动人们。"

【注】 《朱注》：行是五者，则心存而理得矣。

【记】 或曰，"此章书法与前后文不类，夫子答语一似答问政，与平时答问仁亦不类"(《集释》引《论语述要》)，疑有错简。我认为，从《论语》全书看，子张是最热衷于政治的门徒之一，于是孔子答复他以"仁"的外王方面，与回答颜回、曾参者颇不相同，因材施教也。又：《论语》全书各章之真伪、先后等等，历来大有争论，本读一概未录。而朱注则硬把"外王"移成"内圣"，是之谓理学。

17．7　佛肸召，子欲往。

子路曰："昔者由也闻诸夫子曰：'亲于其身为不善者，君子不入也。'佛肸以中牟畔，子之往也，如之何？"

子曰："然，有是言也。不曰坚乎，磨而不磷；不曰白乎，涅而不缁。吾岂匏瓜也哉？焉能系而不食？"

【译】 佛肸叫孔子去，孔子打算去。

子路说："过去我听老师说亲身干坏事的人，君子是不到那里去的。佛肸在中牟地方造反，你要去，这怎么说？"

孔子说："对，我是说过这话。不是说坚固的东西，磨也磨不薄吗？不是说洁白的东西，染也染不黑吗？我难道是那苦味的匏瓜？怎能老挂着不吃？"

【注】 《朱注》：磷，薄也。饶鲁《双峰讲义》：匏瓜之苦者人不食，但当蓄之为壶。

【记】 同17．5章。

17．8　子曰："由也！女闻六言六蔽矣乎？"对曰："未也。"

"居！吾语女。好仁不好学，其蔽也愚；好知不好学，其蔽也荡；好信不好学，其蔽也贼；好直不好学，其蔽也绞；好勇不好学，其蔽也乱；好刚不好学，其蔽也狂。"

【译】 孔子说："子路呀，你听说过有六种美德和六种毛病吗？"子路回答说："没有。"

孔子说："坐下，我告诉你。喜欢仁爱而不喜欢学习，那毛病是愚蠢。喜欢聪明而不喜欢学习，那毛病是放纵。

喜欢信实而不喜欢学习，那毛病是狭隘。喜欢直爽而不喜欢学习，那毛病是急躁。喜欢勇敢而不喜欢学习，那毛病是闯祸。喜欢刚强而不喜欢学习，那毛病是狂妄。”

【注】 《朱注》：六言皆美德，然徒好之而不学以明其理，则各有所蔽。愚，若可陷可罔之类。荡，谓穷高极广而无所止。贼，谓伤害于物。勇者，刚之发。刚者，勇之体。狂，躁率也。

《集释》《集解》：六言六蔽者，谓下六事仁、智、信、直、勇、刚也。……子路起对，故使还坐。管同《四书纪闻》：大人之所以言不必信者，惟其为学而知义所在也。苟好信不好学，则惟知重然诺，而不明事理之是非。谨厚者则硁硁为小人，苟又挟以刚勇之气，必如周汉刺客游侠，轻身殉人，扞文纲而犯公义。

【记】 六种都是好品德，但如果不加强学习，善于运用，仍然有重大弊病。只仁爱可以成为愚蠢，逞聪明可以随意放荡，讲信任反而坏事，等等，诚经验之谈，非常实用，是现实地处理人际关系和培育人性状态的实用教导。这才是儒学精神。此亦可释“学”的重要，**此“学”即在如何掌握合适的“度”**，即本读再三申说的 A≠A±也。**苟非其度，一切好品德也将是大毛病，亦见此“学”非思辨，乃实践。**

17.9 子曰：“小子何莫学夫诗？诗，可以兴，可以观，可以群，可以怨。迩之事父，远之事君；多识于鸟兽草木之名。”

【译】 孔子说：“年轻人为什么不学习《诗经》？《诗经》可以启发思想，可以观察事物，可以会合群体，可以表达哀怨。近用来事奉父亲，远用来事奉国君，还可以认识和记忆许多动物植物的名称。”

【注】《朱注》：学诗之法，此章尽之。

【记】“兴、观、群、怨”一直成为中国传统文艺批评的大原则。其中，“兴”是指艺术的联想感发。“怨”则为后世各种哀伤怨恨之情找到了表达发泄的理论依据。但“温柔敦厚”、“怨而不怒”的儒家理论又严重约束了“怨”的真正发展，仍然是“发乎情止乎礼义”的节制，而绝不可能朝酒神精神方向展开。中国文艺少狂欢、少浪漫、少激情，一以平和中正为指归，是优点，也是缺点。详见拙著《华夏美学》。

为什么要“多识于鸟兽草木之名”，是求自然知识还是另有用意？也许，此“鸟兽草木之名”乃或巫术或图腾之象征符号？其“名”均有历史之“实”在？故“述而不作”之孔子如是说？不可知也。

17．10　子谓伯鱼曰：“女为周南、召南矣乎？人而不为周南、召南，其犹正墙面而立也与？”

【译】孔子对孔鲤说：“你研读了《诗经》中的《周南》、《召南》了吗？人如果不研读《周南》、《召南》，就好像面对墙壁站着一样呀。”

【注】《正义》：二南之诗，用于乡人，用于邦国，当时乡学未废，故夫子令伯鱼习之。依其义说，以循行之，故称为也。窃又意二南皆言夫妇之道为王化之始，故君子反身必先修诸己。

《康注》：为，犹学也。《周南》、《召南》，诗首篇名，所言皆男女之事最多。盖人道相处，道至切近莫如男女也。修身齐家，起化夫妇，终化天下。

【记】 所谓“正墙面而立”是说不能前行一步。如前所说，《诗经》在古代的功能作用远远不只是表达抒发情感，而有着广泛的实用价值和用途。其中，特别是学习礼制和办外交时必须援引以作为依据。因为《诗经》乃当时经典，具有很高的权威性。不学则寸步难行，不能办公应事也。上古礼制，“夫妇”为首，其次才“父子”、“君臣”。“二南”乃《诗经》首篇。

17.11 子曰：“礼云礼云，玉帛云乎哉？乐云乐云，钟鼓云乎哉？”

【译】 孔子说：“礼呀，礼呀，就是供玉献帛吗？乐呀，乐呀，就是敲钟打鼓吗？”

【注】 《朱注》：遗其本而专事其末，则岂礼乐之谓哉？

【记】 这章当然特别重要，指出“礼乐”不在外表，非外在仪文、容色、声音，而在整套制度，特别是在内心情感。即归“礼”于“仁”。这是《论语》一书反复强调的。

17.12 子曰：“色厉而内荏，譬诸小人，其犹穿窬之盗也与？”

【译】 孔子说：“表面严厉，心中怯懦，用老百姓的譬喻，也许就像挖墙洞的小偷吧？”

【注】《集释》《皇疏》：言其譬如小人为偷盗之时也。小人为盗，或穿人屋壁，或逾人垣墙，当此之时，外形恒欲进为取物，而心恒畏人，常怀退走之路，是形进心退，内外相乖，如色外矜正而心内柔佞者也。

【记】很好的比喻。外表写皇皇大文，煞有介事地批判别人，内心却惊惶恐惧如小偷者，今日不大有人在吗？“小人”，今译未从上注。

17.13 子曰：“乡原，德之贼也。”

【译】孔子说：“好好先生，是道德的祸害。”

【注】《集释》《论语后案》：乡原能伸其是非之不忤于世者。……随众依违，模棱而持两端，乡之人以其合君子而贤之。

【记】“乡原”，即好好先生也。唯唯否否，含含糊糊；左右既逢源，摇摆又不倒；名誉归，人缘好；大家都喜欢，自己也“完满”。好些不仍然是今日“一流学者”吗？！“吾见其人矣，吾闻其声矣。”

17.14 子曰：“道听而途说，德之弃也。”

【译】孔子说：“路上听到便随即传说，是对道德的丢弃。”

【注】《正义》《皇疏》云：温故而知新，研精习久，然后乃可为人传说耳。若听之于道路，即为人传说，必多谬妄。

《康注》：若东涂西抹，但以哗众，则虽有所闻，亦非己有。在才为弃才，在德为弃德矣。

【记】 所谓“对道德的丢弃”，谓无责任感也。今日道听西学之皮毛而大倡途说于国内，以各种“后”或“主义”相标榜者，不亦多乎？

17. 15 子曰：“鄙夫可与事君也与哉？其未得之也，患得之。既得之，患失之。苟患失之，无所不至矣。”

【译】 孔子说：“粗鄙的人能够与之共同事奉国君吗？当没有得到的时候，生怕得不到；当得到的时候，又生怕失掉；如果生怕失掉，那什么事情就都做得出来了。”

【注】 《杨注》：宋人沈作喆《寓简》云：“东坡解云，‘患得之’当作‘患不得之’。”可见宋人所见的本子已脱此“不”字。

【记】 “患得患失”，非常形象、准确，已成成语。今日贪名恋利而“无所不至”者，不亦多乎？

17. 16 子曰：“古者民有三疾，今也，或是之亡也。古之狂也肆，今之狂也荡；古之矜也廉，今之矜也忿戾；古之愚也直，今之愚也诈而已矣。”

【译】 孔子说：“古人有三种毛病，今天呢，或许连这些都没有了。古时的‘狂’是率性，今天的‘狂’是放荡。古时的‘矜持’是有棱角，今天的‘矜持’是盛气骄横。古时的‘愚笨’是直爽，今天的‘愚笨’不过是装出来骗人罢了。”

【注】 《朱注》：狂者，志愿太高。肆，谓不拘小节。荡则逾大闲矣。矜者，持守太严。廉，谓棱角峭厉。忿戾则至于争矣。愚者，暗昧不明。直，谓径行自遂。诈则挟私妄作矣。

【记】 总之，A≠A±，具体细微，不许有毫发之差。行为不重规矩节度，大讲心性理气而独享美食或自认古今无两者，于儒学“真传”岂止貌合神离？

17. 17 子曰：“巧言令色，鲜矣仁。”

【注】 《康注》：重出。古本、足刊本无此章。

17. 18 子曰：“恶紫之夺朱也，恶郑声之乱雅乐也，恶利口之覆邦家者。”

【译】 孔子说：“憎恶紫色占夺红色的地位；憎恶郑国曲调破坏了正统的音乐；憎恶强嘴利舌颠覆国家的人。”

【注】 《朱注》：雅，正也。……范氏曰：……利口之人，以是为非，以非为是，以贤为不肖，以不肖为贤。人君苟悦而信之，则国家之覆也不难矣。

【记】 当时和后世，紫色都是国君用的高贵色彩，可能与远古传统不符，所以孔子说憎恶。但习俗已变，“不复天宝旧时妆”，复古终竟不行，虽服饰，亦然。雅、郑之乐，同然。

17. 19 子曰：“予欲无言。”子贡曰：“子如不言，则小子何述焉？”子曰：“天何言哉，四时行焉，百物生焉。天何言哉。”

【译】 孔子说：“我不想讲话了。”子贡说：“您不讲话，那我们年轻人怎么传达呢？”孔子说：“天说话吗？四季运行，万物生长，天说话吗？”

【注】《朱注》：四时行，百物生，莫非天理发见流行之实，不待言而可见。圣人一动一静，莫非妙道精义之发，亦天而已，岂待言而显哉？

【记】 这又是很重要的一章。哲学史家由此而推论孔子乃无神论云云，实不足据。重要的是，此章似可再次说明，中国之"太初有为"或"太初有道"(行走)，不同于上帝说要有光就有光的"太初有言"。正因为超越语言，万物及人并非被创造者，于是才可能天人同体，人事与天道才同一：它们同质("气")同德("生生不已")，不过异形而已。我强调"天行健"与"人性善"乃同一渊源而相承续，从而情感("诚")乃最高境地。"天"非道德命令，"天"只是运行不息、生生不已之生命本身，由此"为"此"道"而有此"情"此"境"。朱熹说"天地生物之心是仁，人之禀赋接得此天地之心方能有生，故恻隐之心在人亦为生也"(《全集》卷四十四)；熊十力说应于生活中体会宇宙，天在人，不遗人而重天(《原儒·绪言》)；钱穆批评佛家"有体而无用"，等等，均同一思路，均天人合体而不隔。而体用一源，显微无间者，即人为天之延续，人事与天道为一体也。唯朱子硬将"仁"提升为天理，于是人反被囚拘于"义理之性"中，失去其活泼泼与天地相联续之人间生命情趣，本读强调应以情代性、理，以审美代宗教来讲天人合一，均以此故。

由天行运转，中国并无人生寂灭感或原始罪恶感，而多人生无常感，因之而重感伤、感叹和感慨，不希冀来世或超绝，而追求永恒于七情之正(人世情感)、天人之乐(天人交际之神秘经验)以及子孙世代绵延之不朽中。总之，"天行健"，继之者善也，即人性。此种乐感意识来自假设，无超越的外力支持，所以更为悲苦，是以才有忧患意识、敬德修业、战战兢兢、内省不已，**此即“依自不依他”（章太炎），与神人二分之基督教原罪传统不相同。**

17.20 孺悲欲见孔子，孔子辞以疾。将命者出户，取瑟而歌，使之闻之。

【译】 孺悲想见孔子，孔子推说有病。传话的人出门后，孔子却弹琴唱歌，让孺悲听见。

【注】 《康注》：此孟子所谓不屑之教诲，所以深教之也。

【记】 好些注解如上康注都说，这是告诉孺悲并没生病，只是不愿意接见他，也是一种“教育方式”。真是这样吗？岂不是故意说谎？我想恐另有具体的情况和原因，不可知也矣。

17.21 宰我问：“三年之丧，期已久矣。君子三年不为礼，礼必坏；三年不为乐，乐必崩。旧谷既没，新谷既升，钻燧改火，期可已矣。”

子曰：“食夫稻，衣夫锦，于女安乎？”

曰：“安。”

“女安，则为之！夫君子之居丧，食旨不甘，闻乐不乐，居处不安，故不为也。今女安，则为之！”

宰我出。子曰：“予之不仁也！子生三年，然后免于父母之怀。夫三年之丧，天下之通丧也，予也有三年之爱于其父母乎！”

【译】 宰我问道："三年的居丧守孝，未免太久了吧。君子三年不参加礼仪活动，礼一定会生疏；三年不练音乐，音乐一定会忘记。陈粮吃尽，新谷登场，一季一换的打火木已轮了一圈，一年也就可以了。"

孔子说："吃好粮食，穿好衣服，你安心吗？"

宰我说："安心。"

"你安心，就这么做好了。君子守孝时，吃饭没味道，听音乐不快乐，起卧不安心，所以才不做。如今你安心，做就是。"

宰我走了出来，孔子说："宰我真没有仁爱呀。儿女生下三年后才脱离父母亲的怀抱。这个三年的丧制，是大家都遵行的一般规则。宰我难道就没有得到父母亲三年的护爱吗？"

【注】 《集释》《皇疏》：改火者，年有四时，四时所钻之木不同。若一年，则钻之一周，变改已遍也。宰我断之也。谷没又升，火钻已通，故有丧者一期，亦为可矣。

【记】 我以为这是全书最关键的一章，已多次说及，此处不再赘。总之，孔子将"礼"（"三年之丧"）建立在心理情感原则（"心安"）上。于是儒学第一原则乃人性情感。"三年"或"一年"并不重要。"三年"大概是沿袭远古氏族传统"礼制"，却无理性的依据、解释。正是孔子给了它一个解释，即以心理情感作为最终依据。其实"三年"当然是太久了，早就行不通了。

孔子的贡献在于将外在礼制（规范）变为内在心理（情感），此核心情感却非宗教性的"畏"、"敬"、"庄"等等，而是以亲子关系为核心的"孝—慈"。汉代将此思想制度化甚至法律化，便逐渐积淀而成深层文化心理结构。儒法互用和儒道互补却总以儒为主，即因以“孝—慈”为核心的情感心理始终为主之故。它得到了农业家庭小生产的社会根基的长久支持。在《今读》初稿已毕之际，始得读葛瑞汉（A. C. Graham）、郝大维（David Hall）、安乐哲（Roger Ames）、伊若泊（Robert Eno）以及陈汉生（Chad Hansen）诸人近著，发现大有与自己思路接近之处，即均注意中西传统之巨大差异。郝大维、安乐哲且提出超越（西）与内在（中），逻辑理性（西）与审美秩序（中）等作为区分，而“一个世界”（中）、“两个世界”（西）之分，则所用词语亦不约而同（前此我并不知道安乐哲的英译《孙子兵法》一书），故《今读》中尽量补提这些著作。其不同则大概在于：我更强调中国传统的社会来源及历史根基（氏族血缘的宗法纽带）和兴起来由［巫术理性化（shamanism rationalized）］，从而视“情感心理”为一中心环节，并以“实用理性”、“乐感文化”来概括之。同时，我特别重视伦理（与宗教性私德相关）与历史（与社会性公德相关）这一二律背反如何展现在传统与现代的思维中，这也似乎是在他们视野之外的。我感觉 R. Ames 等人强调中西之异过于极端，亦不符合中国求同存异之传统精神。《今读》无法详尽展开这些，先略赘数语于此，亦记势将进一步开展于二十一世纪的学术新思。

17. 22　子曰：“饱食终日，无所用心，难矣哉！不有博弈者乎？为之，犹贤乎已。”

【译】　孔子说：“整天吃饱了，什么心思也不用，这就难办了。不是有下棋的吗？干干这些，那还好一些吧。”

【注】《集释》《焦氏笔乘》：夫子言饱食终日，无所用心，难矣哉。又言群居终日，言不及义，好行小慧，难矣哉。一置心于无用，一用其心于不善，同归于难而矣。

【记】 人总得用智力，动脑筋，否则白活，此大不同于“绝圣弃智”的道家。

17. 23 子路曰：“君子尚勇乎？”子曰：“君子义以为上，君子有勇而无义为乱，小人有勇而无义为盗。”

【译】 子路问：“君子尊贵勇敢吗？”孔子说：“君子最尊贵礼义。君子勇敢而不讲礼义就会作乱，小人勇敢而不讲礼义就会做强盗。”

【注】《正义》：尚，上，义同，故二文并用。义以为上者，言以义勇为上也。《礼·聘义》云：……勇敢强有力，而不用之于礼义战胜，而用之于争战，则谓之乱人。

【记】 子路总是逞勇敢，所以孔子屡次告诫他。

17. 24 子贡曰：“君子亦有恶乎？”子曰：“有恶：恶称人之恶者，恶居下流而讪上者，恶勇而无礼者，恶果敢而窒者。”

曰：“赐也亦有恶乎？”“恶徼以为知者，恶不孙以为勇者，恶讦以为直者。”

【译】 子贡说：“君子也有憎恶吗？”孔子说：“有。憎恶讲别人坏话的人，憎恶自己下流却毁谤向上的人，憎恶勇敢却不懂礼制的人，憎恶果断却执拗的人。”

又说：“子贡，你也有憎恶吗？”“我憎恶抄袭别人而冒称聪明的人，憎恶不谦逊而冒称勇敢的人，憎恶揭人隐私而冒称直爽的人。”

【注】 《康注》：圣人博爱，故子贡疑而问有恶否。

【记】 孔子并非好好先生或博爱大家。**他有爱有恶，并非“爱一切人”**，这才像活人而不是假装出来的圣贤和乡愿。师生亲切问答，交换思想。二人所恶，大多为 A ≠ A±也。

17．25 子曰：“唯女子与小人为难养也，近之则不孙，远之则怨。”

【译】 孔子说：“只有妻妾和仆从难以对付：亲近了，不谦逊；疏远了，又埋怨。”

【注】 《朱注》：此小人，亦谓仆隶下人也。

【记】 这章最为现代妇女所诟病。好些人写文章来批评，好些人写文章来辩说，其实都不必要。相反，我以为这句话相当准确地描述了妇女性格的某些特征。对她们亲密，她们有时就过分随便，任意笑骂打闹。而稍一疏远，便埋怨不已。这种心理性格特征本身并无所谓好坏，只是由性别差异产生的不同而已；应说它是心理学的某种事实。至于把“小人”与妇女连在一起，这很难说有什么道理。但此“小人”作一般人解，或作修养较差的知识分子(见 13．20 章)解，亦可说通。对妇女不公具有世界普遍性，中国传统对妇女当然也很不公平很不合理，孔学尤然。近代康有为《大同书》、宋恕《六斋卑议》等均有深刻、具体的揭露。但比欧洲中世纪基督教认为妇女没灵魂，以及大烧“女巫”之严重迫害等等，仍略胜一筹。或曰此乃对人君而言，指人君身边的侍妾仆从。

17.26 子曰：“年四十而见恶焉，其终也已。”

【译】 孔子说：“到四十岁还被人厌恶，这也就完了。”

【注】 《朱注》：勉人及时迁善改过也。苏氏曰：此亦有为而言，不知其为谁也。

【记】 大概具体有所指，如苏氏所说。其普遍意义则在：时不待人，及时努力，而免老大悲伤。治学做人，均莫不然。当然也不必以四十为准，不过，“四十而不惑”，俗谓四十为“成德之年”，盖人生成熟并定型之阶段。

微子第十八

共十一章

18. 1　微子去之，箕子为之奴，比干谏而死。孔子曰："殷有三仁焉。"

【译】 微子走了，箕子做了奴隶，比干因劝告而被处死。孔子说："殷代有三个仁人。"

【注】《朱注》杨氏曰：此三人者，各得其本心，故同谓之仁。

【记】 均因殷纣王"无道"，或出走，或被杀，或被贬为奴隶。"仁"和"仁者"不一定得好运好报，古今同然。然而"福"、"德"如何统一？这个"至善"在哪里？既不能如康德道德的神学那样归之于上帝，那么只能求统一于子孙不断的人类总体了。详见拙作《哲学探寻录》。

18. 2　柳下惠为士师，三黜。人曰："子未可以去乎？"曰："直道而事人，焉往而不三黜？枉道而事人，何必去父母之邦？"

【译】 柳下惠做司法官，三次被免职。有人说："你为什么不走？"他说："以正当的行为来办事，到哪里去不都要多次被免职？如果以不正当的行为来办事，那又何必离开自己的国家？”

【注】《集释》《集解》孔曰：士师，典狱之官。

【记】“滔滔者天下皆是也”，鲁、卫之政，兄弟也。“到处都一样”，不如就在自己家乡干。

18. 3 齐景公待孔子曰：“若季氏，则吾不能；以季孟之间待之。”曰：“吾老矣，不能用也。”孔子行。

【译】齐景公关于对待孔子的规格说：“像对待季氏那样，我做不到，可以用介乎季氏、孟氏之间的待遇。”又说：“我老了，不能用他了。”孔子就离开了。

【注】《集释》《史记·世家》：……齐大夫欲害孔子，孔子闻之。景公曰：“吾老矣，弗能用也。”孔子遂行，反乎鲁。

【记】孔子也要讲价钱和身份的。“美玉”宜有善价。

18. 4 齐人归女乐，季桓子受之，三日不朝，孔子行。

【译】齐国人送来歌舞女妓，季桓子接受了，三天不上朝办事，孔子就离开了。

【注】《朱注》尹氏曰：受女乐而怠于政事如此，其简贤弃礼，不足与有为可知矣。夫子所以行也，所谓见机而作。

【记】这是知其不可而不为，就走。**并非事事处处均知其不可而为之**，那就反成乡愿了，毫厘之差，千里之失。“仁”、“知”不可偏废。

18. 5 楚狂接舆歌而过孔子曰：“凤兮凤兮！何德

之衰？往者不可谏，来者犹可追。已而，已而！今之从政者殆而！”

孔子下，欲与之言。趋而辟之，不得与之言。

【译】 楚国的狂人接舆唱着歌经过孔子说：“凤凰啊，凤凰。为什么德行会这么衰落！过去的不用说了，未来的还来得及。算啦，算啦。今天搞政治的实在是不行啊。”

孔了下车，想与他谈谈。他却很快避开，孔子没能与他谈。

【注】 《朱注》：凤有道则见，无道则隐，接舆以比孔子而讥其不能隐，为德衰也。来者可追，言及今尚可隐去。

【记】 “接舆”也有解说并非人名，而是接过孔子的车子。总之，歌词意思是说事不可为，政治危险，还是退隐，不必为此栖栖惶惶，四处奔走了。可见道家早于孔子，早有隐者了。

18. 6 长沮、桀溺耦而耕，孔子过之，使子路问津焉。

长沮曰：“夫执舆者为谁？”

子路曰：“为孔丘。”

曰：“是鲁孔丘与？”

曰：“是也。”

曰：“是知津矣。”

问于桀溺。

桀溺曰：“子为谁？”

曰：“为仲由。”

曰："是鲁孔丘之徒与？"

对曰："然。"

曰："滔滔者天下皆是也，而谁以易之？且而与其从辟人之士也，岂若从辟世之士哉？"耰而不辍。

子路行以告。

夫子怃然曰："鸟兽不可与同群，吾非斯人之徒与而谁与？天下有道，丘不与易也。"

【译】 长沮、桀溺并肩耕作，孔子走过他们，要子路去问过河的渡口。

长沮问："你为谁赶车？"

子路说："是孔丘。"

问："是鲁国那个孔丘吗？"

说："是。"

长沮说："那他知道渡口嘛。"

子路又问桀溺。

桀溺问："你是什么人？"

说："我叫子路。"

问："是鲁国孔丘的学生吗？"

回答说："是。"

问："滔滔浊水，到处泛滥，谁能使它改变呢？你与其跟随躲避坏人的人不如跟随躲避世事的人。"继续耕作，而不停歇。

子路回来报告。

孔子颇为惆怅，说："总不能和飞鸟走兽一起生活吧。我不与人在一起又与谁在一起呢？如果天下太平，我才不会去求改变哩。"

【注】《康注》：怃然，犹怅然，惜其不谕己救世之意也。既生人身，则与人为群，当安而怀之。坐视其饥溺，则心有不忍。……盖圣人之来斯世，明知乱世昏浊而来救之，非以其福乐而来之也。……特入地狱而救众生，斯所以为大圣大仁欤：恻隐之心，悲悯之怀，周流之苦，不厌不舍。

【记】此乃儒、道（隐者）之分，避政（避开坏的政治）与避世（干脆不问世事）之别。后世士大夫“身在江湖，心存魏阙”，总难忘情于国家大事，总与政治相关联，这是儒学传统，也是中国知识分子的文化心理特征之一，而政治（理论、观念、思想、态度）也常构成他们的哲学或文艺的重要方面或内容，能彻底挣脱者，盖少。从屈原到鲁迅，从先秦诸圣哲到现代新儒家，莫不如是。

此种态度常发之于情感感叹，如《论语》此章。可见，孔子之情不同隐者之情。此不同固基于对局势认识的不同和道德理想的不同，因之**采取不同的人生态度，而怀有不同之生活感情**。可见，情无本体，各自建本体。**孔子所建本体为“仁”，即此情（“吾非斯人之徒与而谁与”）之提升，所以“吾非斯人之徒与而谁与”，与其说是某种理论论证，不如说融理入情的深沉感喟。此亦人类学历史本体论之意，人类本体之存在、延续乃绝对律令之道德意志所由出，一切使命感（mission）、义务感（duty）均来自此，是也。**

救世之宗教、哲学甚多，有的强调救灵魂甚至以入黑暗、求苦难、舍肉身、得痛楚为得救；有的先救灵魂再救肉体，以救前者为必要条件；孔学似有不同，至少肉体、灵魂并重，故“解民倒悬”、“救民水火”，先自救灵魂，复救民肉体，再益之教育，此亦救灵魂之事。儒学并不仅是宗教教义而兼有政治性格，**此中国所谓“哲学史”总包含政治思想之由来。**

18.7 子路从而后，遇丈人，以杖荷蓧。

子路问曰：“子见夫子乎？”

丈人曰：“四体不勤，五谷不分。孰为夫子？”植其杖而芸。

子路拱而立。

止子路宿，杀鸡为黍而食之，见其二子焉。

明日，子路行以告。

子曰：“隐者也。”使子路反见之。至，则行矣。

子路曰：“不仕无义。长幼之节，不可废也；君臣之义，如之何其废之？欲洁其身，而乱大伦。君子之仕也，行其义也。道之不行，已知之矣。”

【译】 子路跟随孔子，落在后面。碰见一位老人，用拐杖挑着锄草工具。

子路问道：“你看见我的老师了吗？”

老人说：“四肢不劳动，五谷不认识。谁是你的老师？”放下拐杖，便去锄草。

子路拱手站着。

老人留子路回家过夜，杀鸡做饭给子路吃，并介绍会见了他的两个儿子。

第二天，子路继续赶路，告诉了孔子。

孔子说：“这是隐士。”要子路再回去找他。子路到了，老人却已走开了。

子路说：“不去做官，是没有道理的。长幼的秩序既然不能废弃，君臣的关系又怎能废弃呢？为了使自己一身干净，却破坏了重要的社会关系。君子出来做官，是履行义务；但道义行不通，我们早就知道了。”

【注】 《朱注》：人之大伦有五：父子有亲，君臣有义，夫妇有别，长幼有序，朋友有信是也。仕所以行君臣之义，故虽知道之不行而不可废。

《康注》：盖人分气于天，凡人类皆同胞，义当救之。君子之栖栖周流，皇皇从仕，以行其救民之义，发其不忍之心也。如亲戚有疾，虽知不愈，仍必奔走求药以救之。

【记】 这三章非常著名，都是不同意孔子“知其不可而为之”精神的隐者的评论和孔子的回应。孔子很尊敬这些人：避世隐居，洁身自好。同时也说明自己积极入世的理由：“吾非斯人之徒与而谁与。”应该说，这是情真意深的。**“知其不可”是认识，“而为之”则是偏偏不计较成败、因果而去做，正显示伦理“本体”高于现象界的认识，显示了人的尊严，不屈从于因果的自由。**

朱注五伦，中国历数千年而不坠者，与此种社会结构、社会观念有关。君臣即今上下级职务关系，其原则是“义”，即公平、正直，奉公守法，不偏袒营私，不欺上压下；夫妇有别者，家庭价值(family value)也：非止于爱，而且有恩，彼此长年帮助提携，宽容谅解，尊老抚幼，亦大难矣；父子有亲，动物界止于母子，此则要求父慈子孝。对比当今单亲家庭多为母子者，能无慨然。**凡此五伦，经新解后，当仍有益于当世。**

18．8　逸民：伯夷、叔齐、虞仲、夷逸、朱张、柳

下惠、少连。子曰：“不降其志，不辱其身，伯夷、叔齐与！”谓“柳下惠、少连，降志辱身矣，言中伦，行中虑，其斯而已矣。”谓“虞仲、夷逸，隐居放言，身中清，废中权。我则异于是，无可无不可。”

【译】 隐逸的人：伯夷、叔齐、虞仲、夷逸、朱张、柳下惠、少连。孔子说：“不放弃自己的志向，不侮辱自己的身心，是伯夷、叔齐吧。”认为“柳下惠、少连，放弃志向，侮辱身心，但说话合乎规矩，行为经过考虑，也就是这样了。”认为“虞仲、夷逸，虽然隐居却放言高论，一身干净却处世灵活。我和这些人都不同，没有什么可以，也没有什么不可以。”

【注】 《朱注》孟子曰：孔子可以仕则仕，可以止则止，可以久则久，可以速则速。所谓无可无不可也。

【记】 孔子将自己与这些高尚人士相比拟，显示自己灵活性更大，不拘泥于一种形态。如前所说，灵活性(“权”)展现出个体的主动性、独特性，是主体性的核心内容，甚为重要。

18. 9 大师挚适齐，亚饭干适楚，三饭缭适蔡，四饭缺适秦，鼓方叔入于河，播鼗武入于汉，少师阳、击磬襄入于海。

【译】 大乐师挚到了齐国，第二乐师干到了楚国，三乐师缭到了蔡国，四乐师缺到了秦国，打鼓乐的方叔到了黄河边，摇小鼓的武到了汉水边，伴奏的阳、敲磬的襄到了海滨。

【注】《朱注》：此记贤人之隐遁以附前章。

【记】这章纯记事，并无孔子言语，说的是这些乐师游走散失，流落四方，真是“礼崩乐坏”。言乐，不止言音乐，指的是传统制度、体系的崩溃。

18. 10　周公谓鲁公曰：“君子不施其亲，不使大臣怨乎不以。故旧无大故，则不弃也。无求备于一人！”

【译】周公对鲁公说：“君子不松弛、怠慢亲族关系，不让大臣抱怨不被重视。老朋友老关系没有大过错，就不能抛弃。不要对人求全责备。”

【注】《朱注》胡氏曰：……周公训诫之辞。鲁人传诵，久而不忘也。其或夫子尝与门弟子言之欤。

【记】“施”本是“弛”，阮元《论语校勘记》：“施、弛，古字通。”这话非常清楚地说明了氏族体制重血缘亲族等等“老关系”，正是儒学由来，而影响三千余年，至今遗风尚在。

18. 11　周有八士：伯达、伯适、仲突、仲忽、叔夜、叔夏、季随、季騧。

【译】周朝有八位人物：伯达、伯适、仲突、仲忽、叔夜、叔夏、季随、季騧。

【注】《朱注》：此篇孔子于三仁、逸民、师挚、八士，既皆称而品列之；于接舆、桀溺、丈人，又每有惓惓接引之意。皆衰世之志也，其所感者深矣。在陈之叹，盖亦如此。

【记】 此章已不可解。也没说是孔子讲的，这些人的事迹均不可考，伯、仲、叔、季排列，似是家族兄弟。本篇十一章大都讲不同于或不同意孔子的“隐者”。时衰世乱，好些贵族们纷纷离开城市，逃避政治，孔子却仍汲汲世务，与他们成了映对。其实，人之所以能“参天地赞化育”者，正因为秩序未定，偶然性极大而才知命、立命，奋力以求，固不同于服天安命以避世隐逸，此孔子之高出于诸隐者处。

子张第十九

共二十五章

19. 1　子张曰："士见危致命，见得思义，祭思敬，丧思哀，其可已矣。"

【译】 子张说："知识分子见到危难便献出生命，见到利益便想到礼义，祭祀认真严肃，守孝悲哀，这才可以了。"

【注】 《朱注》：四者立身之大节，有不至，则余无足观。故言士能如此，则庶乎其可矣。

【记】 《朱注》于此篇曰："此篇皆记弟子之言，而子夏为多，子贡次之。盖孔门自颜子以下，颖悟莫若子贡；自曾子以下，笃实无若子夏，故特记之详焉。"

在此《论语》临近结束之际，回顾儒门所宣讲之基本概念或范畴如仁、礼、学、孝、悌、忠、恕、智、德等，以及本章提及之义、敬、哀、命，与基督教之基本概念或范畴如主、爱、信、赎罪、得救、盼望、原罪、全知全能等相比较，与希腊哲学基本概念或范畴如理式(idea)、形式、质量、原子、存在(being)等等相比较，以及现代哲学如焦虑、孤独、畏、烦、无等等相比较，其实用理性和乐感文化之特征似甚明显。

19. 2　子张曰："执德不弘，信道不笃，焉能为有？焉能为亡？"

【译】　子张说："履行道德却不宽广，相信道义却不坚持，这怎么能算有，又怎么能算没有？"

【注】　《朱注》：有所得而守之太狭，则德孤；有所闻而信之不笃，则道废。

《康注》：后人误尊曾子，遂抑子张，是非白黑，颠倒高下，此孔道所以不明也。

【记】　杨注曾以"弘"应作"强"字解，并引章炳麟《广论语骈枝》说，"执德不弘"即执德不坚强意。本读仍以朱注为善，德非硁硁小德而应求广阔，才足以应世。此亦康注所以尊子张而低曾子也。子张喜问政，有志于政务，其"德"自然要求宽广，而决不止于个人修养之小成。因之，"焉能为有"可解作"救世济民"才算真有，即志趣远大。

19. 3　子夏之门人问交于子张。子张曰："子夏云何？"

对曰："子夏曰：'可者与之，其不可者拒之。'"

子张曰："异乎吾所闻：君子尊贤而容众，嘉善而矜不能。我之大贤与，于人何所不容？我之不贤与，人将拒我，如之何其拒人也？"

【译】　子夏的学生问子张如何交朋友？子张问："子夏怎么说？"

回答说："子夏说，可以交的就交，不可交的便拒绝交。"

子张说："这不同于我所听到的。君子尊敬贤德的人而包容群众；称赞好人而怜悯不行的人。我是很好的人吗？那么对人有什么不能容纳呢？我是坏人吗？别人会拒绝我，我又怎能拒绝别人呢？"

【注】 《集释》蔡邕《正交论》：子夏之门人问交于子张，而二子各有所闻乎夫子。然则其以交诲也，商也宽，故告之以拒人；师也褊，故告之以容众。

【记】 "听到"当然是指从孔子那里听到。也许如注所说孔子因子张、子夏个性、情况不同，而有不同回答；两人更因之而各自发挥，于是形成不同解说、不同思想以至不同学派。前章朱注言子夏更近曾子，更重个体修养，"见恶如探汤"，唯恐避之不及，所以拒交"不可交"者；子张搞政治，当然必须交结各种不同的人，包括"不可交"的坏人在内。但从子夏居西河等史实看，似并不接近曾参内圣学派。

19.4 子夏曰："虽小道，必有可观者焉；致远恐泥，是以君子不为也。"

【译】 子夏说："虽然是小的技艺，也一定有可取的地方；但想要做远大事业，便不能陷在其中，所以君子不干。"

【注】 《朱注》：小道，如农圃医卜之属。

【记】 同"君子不器"章（2.12章）。也许这就是"专家"与"思想家"、"哲学家"、"政治家"的不同？后者不是"专家"。但前者也不止是"小道"，也有大价值，并不亚于思想、哲学、政治。只因政治关系到千家万户、整个社会、国家，是以像是远大事业。此章亦证子夏颇重外王事业。

19.5 子夏曰：“日知其所亡，月无忘其所能，可谓好学也已矣。”

【译】 子夏说：“每天知道一些新知识，每月不忘记学过的旧知识，这可以叫作爱好学习了。”

【注】 《朱注》：亡，无也，谓己之所未有。

《正义》《皇疏》：日知其所亡，是知新也；月无忘所能，是温故也。刘氏宗周《学案》：君子之于道也，日进而无疆，其所亡者，既日有知之，则拳拳服膺而弗失之，至积月之久而终不忘，所谓学如不及，犹恐失之者矣。

【记】 学习总是需要依靠积累，日积月蓄，才或豁然贯通，或卓尔成家，决非一蹴可就。顾亭林以《日知录》名其数十年重大著作，以此。

19.6 子夏曰：“博学而笃志，切问而近思，仁在其中矣。”

【译】 子夏说：“广泛学习，坚定志向，诚恳提问，认真思考，‘仁’就在其中了。”

【注】 《朱注》：四者皆学问思辨之事耳，未及乎力行而为仁也。然从事于此，则心不外驰，而所存自熟，故曰仁在其中矣。……苏氏曰：博学而志不笃，则大而无成；泛问远思，则劳而无功。

【记】“切”，亦作“急切”解。如皇侃《义疏》等，今从刘开《论语补注》：切问者，乃“切切偲偲”的“切”，“谓恳到也”。朱注提出“仁”本有关实践、力行，此处似未着重，确不同于孔子之回答，却又为之辩解，有趣。

19. 7 子夏曰：“百工居肆以成其事，君子学以致其道。”

【译】子夏说：“各行各业的工匠在制作场地完成他们的工作，君子应该努力学习以完成他的事业。”

【注】《集释》《皇疏》：……居肆者，其居常所作物器之处也。言百工由日日居其常业之处，则其业乃成也。致，至也。君子由学以至于道，如工居肆以成事也。

【记】各有分工。“君子”而不学，徒然耗费粮食，岂不有愧于百工？其后，多有儒者痛自贬斥，常言愧对劳作之人(民)，此亦毛泽东搞下乡劳动以求思想改造，而知识分子大体接受之传统张本。但此章本义恰相反，指与“百工”不同，“君子”应努力完成治国平天下之大业。

19. 8 子夏曰：“小人之过也必文。”

【译】子夏说：“小人犯了过错，总要掩饰。”

【注】《正义》孔曰：文饰其过，不言情实。……不欲改过，故于人之责之也，则为文饰之言以自解说，若为无过者然。

【记】“文过饰非”，已成成语。

19. 9　子夏曰：“君子有三变：望之俨然，即之也温，听其言也厉。”

【译】　子夏说：“君子有各种变化：看来很严肃，接近他却温和，听他讲的话准确犀利。”

【注】　《朱注》：俨然者，貌之庄。温者，色之和。厉者，辞之确。

【记】　“即之也温”与“其言也厉”适足互补。否则，或将拒人千里，或将被狎昵侮辱。

19. 10　子夏曰：“君子信而后劳其民；未信，则以为厉己也。信而后谏；未信，则以为谤己也。”

【译】　子夏说：“君子得到老百姓信任后，才去使唤他们。没得到信任，老百姓会认为是伤害自己。得到国君信任后，才去进行劝告。没得到信任，国君会认为是毁谤自己。”

【注】　《集释》《集解》王曰：厉，犹病也。

【记】　上句对民，下句对君，强调信任的重要。

19. 11　子夏曰：“大德不逾闲，小德出入可也。”

【译】　子夏说：“大节不能超越界限，小节有点出入是可以的。”

【注】　《朱注》：大德小德，犹言大节小节。……吴氏曰：此章之言，不能无弊。

《集释》《反身录》：论人与自处不同，观人当观其大节，大节苟可取，小差在所略；自处则大德固不可逾闲，小德亦岂可出入？一有出入，便是心放，细行不谨，终累大德。

【记】 所谓“大节”当然是原则性、大问题，有关事业、方向、国家、社会等等重大事务。“小节”是指日常生活、起居交往等等。讲究修养的宋明理学家当然不赞成小节可出入，如上注。这里仍有一个两种道德的问题。其实，社会性公德才算大德，宗教性私德纯属私人事务，可以有不同选择。因之个人信仰、生活方式、兴趣爱好等等均应属“小节”。个人修养或不修养，均无不可，只要不违反公共法规即可。这种现代观念当然与传统体系包括孔孟之道均大不合。孔孟之道今日也只能作为一种宗教性私德来提倡劝导，而不能作为社会的普遍公共法规。因之，何谓大节或小节，固时移世变，大不同于以前了。

19. 12 子游曰：“子夏之门人小子，当洒扫应对进退，则可矣，抑末也。本之则无，如之何？”

子夏闻之，曰：“噫！言游过矣！君子之道，孰先传焉？孰后倦焉？譬诸草木，区以别矣。君子之道，焉可诬也？有始有卒者，其惟圣人乎！”

【译】 子游说：“子夏的学生们，打扫环境、接待客人、进退应付是可以了。但这是细微小事，根本的东西却没有，这怎么行？”

子夏听到，说：“咳，子游错了！君子的学问，哪一种先教，哪一种后教，好像树木花草，各有种类区别。君子的学问，又怎能这么曲解呢？能从头到尾合在一起的，只有圣人吧。”

【注】《集释》《论语述要》："倦"字当是"教"字意，言孰当先传，孰当后教，一视学者之质所宜受，如草木之有区别培植者，不可一概施。

【记】 较难解的是最后一句，"有始有卒者"。什么意思？解说甚多。有强调无所谓本末，末即是本，洒扫应对即见本体，阳明学派所谓端茶童子即是圣人，在日常生活、普通行为中即可识本体、见心性、致高明，即一胜解，但此实受佛学禅宗影响故。大多解作教学需循序渐进，先小节，后大事；先实践，后理论；先末务，后本体。或解作因材施教，区别培植(如上注)。子夏传经，影响汉代至巨，乃孔门嫡派传人也。

19. 13 子夏曰："仕而优则学，学而优则仕。"

【译】 子夏说："官做好了去求学，学问好了去做官。"

【注】《朱注》：然仕而学，则所以资其仕者益深；学而仕，则所以验其学者益广。

【记】 这已是名言，而且常把它当作孔子的话，只因为它出自《论语》。其实这篇都是孔门弟子的讲话，又特别是子夏学派的。"学优则仕"是中国传统社会知识分子的人生道路，所以"士"和"大夫"(有官职)总连在一起。它是世界文化史上的一个重要现象。一方面最早建立了系统的文官政治构架，使行政、教育相连接，社会获得知识者作为主要支柱的撑持。另方面使知识分子个体的人生价值、终极关怀被导入"济世救民"、"同胞物与"的方向，而求在尘世建立"天国"(不管是"复三代之盛"也好，"通三统张三世”也好)。这一方面造成中国式的政教合一和泛道德主义，同时也避免了诸多宗教信仰的冲突纠纷。这已是历史事实、心理形成，不必为求价值判断而大肆争论，重要的是去了解、解析这一现象而探求今后的可能。

19．14　子游曰：“丧致乎哀而止。”

【译】　子游说：“丧事致以悲哀之情，但不要过分。”

【注】　《朱注》杨氏曰：丧与其易也宁戚，不若礼不足而哀有余之意。

《集释》戚学标《四书偶谈》孔安国曰：丧恐灭性，故致哀而止，毋过情也。

【记】　两重意思：一要悲哀，否则便失去丧礼的内容。二不要过于悲哀，有损身心，也属不孝。但孔子有时也“哭之恸”(11．9章)，这里仍是“经”与“权”的掌握问题。

19．15　子游曰：“吾友张也，为难能也，然而未仁。”

【译】　子游说：“我的朋友子张是个难得的人了。但不是‘仁’。”

【注】　《朱注》：子张行过高，而少诚实恻怛之意。

【记】　此篇多处批评子张，是否如康有为所谓乃曾子学派传人所记诵？

19．16　曾子曰：“堂堂乎张也，难与并为仁矣。”

【译】　曾子说：“堂皇得很啊，子张。难得和他一道履行仁德了。”

【注】《朱注》：堂堂，容貌之盛。言其务外自高，不可辅而为仁，亦不能辅人之仁也。范氏曰：子张外有余而内不足，故门人皆不与为仁。子曰刚毅木讷近仁，宁外不足而内有余，庶可以为仁矣。

《康注》：郑氏玄曰：子张容仪盛。……《列子·仲尼篇》：师之庄，贤于丘也。又曰：师能庄而不能同，恐其矜己或绝物，则难并为仁也。曾子守约，与子张相反，故不满之。……孔子许子张，几比于颜子，可为定论，论人当折衷于孔子。记《论语》者当为曾子后学，而非子张之徒，故记本师之言，犹荀子之非思、孟耳，未可为据。朱子误尊曾子过甚，于是不考，而轻子张为行过高而少诚实恻怛之意，则大误矣。

【记】 同上。子张的形象在《论语》中也较鲜明，他因好政治，可能多言语，喜行动，常有变化或偏失，不那么“刚毅木讷”，于是遭到曾子等人的不满或批评。弟子之间的这种情况固常见者，不足为奇。朱注祖曾子，康注祖子张；亦传统与现代之分歧。王闿运《论语训》却以此章乃赞美子张，殊怪。

19. 17 曾子曰：“吾闻诸夫子：人未有自致者也，必也亲丧乎！”

【译】 曾子说：“我听老师讲，人没有能充分自主表达自己情感的，一定只有在父母亲死亡的时候才如此吧。”

【注】《朱注》：致，尽其极也，盖人之真情所不能自

已者。

【记】 说明华夏文化因讲礼义、重节制，情感常被压抑而难得自然表露，大概只有在父母亲死亡的时候，才能不顾一切，放声大哭等等了。

19. 18 曾子曰："吾闻诸夫子：孟庄子之孝也，其他可能也；其不改父之臣与父之政，是难能也。"

【译】 曾子说："我从老师那里听到：孟庄子的孝顺，其他都能做到；他不变动父亲的臣下和父亲的政策，是很难得的了。"

【注】 《康注》：若其非也，则禹之治水，尽易鲧道。……读者善择之可也。

【记】 "一朝天子一朝政"，后世亦然。包括许多"圣君"，也都如此。康熙政宽，雍正纠之以猛，乾隆又再纠偏，这无关乎孝或不孝。孔门因抱着氏族礼制不放，仍旧强调"三年无改于父之道"，这对当时及后世早无意义。法家早就批评儒家不知时移世变，死守旧制，自然行不通。曾参派包括后世宋明理学，在高扬宗教性道德树立人性、人格方面有伟大的建树，包括理论与实践方面均如此。但在建立社会性道德及维系中国传统社会如此久长的政教体系上，却远不及子贡、子夏—荀子—董仲舒以及后世许多讲经世致用的政治家、思想家了。**后面的这条线索，研究总结得很不够，以致让前者专美于前。**当然，这两根线索又常是相互交织错综甚至混同难分(黄宗羲、王夫之等人均如此)，但仍应可在理论逻辑上将它们分析清楚。康注即讲可以改变为父之政，即是此后一线索，但康乃现代人，当然如此。

19. 19　孟氏使阳肤为士师，问于曾子。曾子曰："上失其道，民散久矣。如得其情，则哀矜而勿喜！"

【译】　孟氏要阳肤做法官，阳肤问曾子的意见。曾子说："上面失去道义，人民早就离心和走散了。如果真了解了犯罪情况，你应该悲哀怜悯而不要高兴。"

【注】　《集释》《集解》马曰：民之离散，为轻漂犯法，乃上之所为，非民之过。当哀矜之，勿自喜能得其情。《尚书大传》马曰：听讼虽得其指，必哀矜之，死者不可复生，断者不可复续也。

【记】　即不要以为自己能破案能判决而高兴。这确是"仁人之言"，曾参优秀的一面。曾的形象似乎是仁慈、刚毅而迂腐。人各有所长所短，不应求全责备；过度赞美（如朱注）或贬低（如康注），都大可不必。

19. 20　子贡曰："纣之不善，不如是之甚也。是以君子恶居下流，天下之恶皆归焉。"

【译】　子贡说："纣王的不好，并不像说的那么过分。所以君子厌恶处于不利的位置，所有的罪恶都会被推到身上来。"

【注】　《集释》孔曰：纣为不善以丧天下，后世憎甚之，皆以天下之恶归之于纣。

【记】　殷纣王本是非常能干并大有历史功绩的伟人，这有确凿的记载。因为亡国身死，于是在历史上变成了大坏蛋，特别是儒家所集中打击的对象。难得子贡勇敢说出真理。子贡的聪明形象到处可见。

19. 21 子贡曰："君子之过也，如日月之食焉：过也，人皆见之；更也，人皆仰之。"

【译】 子贡说："君子犯了错误，就像日蚀月蚀一般：犯错误，人都看见；改正了，人都敬仰。"

【注】 《康注》：此与"小人之过必文"互对，学者亦可参矣。

【记】 聪明譬喻。可见，包括周公、孔子也犯错误，不像宋明儒者说的那样。

19. 22 卫公孙朝问于子贡曰："仲尼焉学？"子贡曰："文武之道，未坠于地，在人。贤者识其大者，不贤者识其小者。莫不有文武之道焉。夫子焉不学？而亦何常师之有？"

【译】 卫公孙朝问子贡说："孔子又从哪里学来的？"子贡说："周文王、武王的道德礼制，并没有失掉，而是流传在人间。贤德的人知道大的，没有贤德的人知道小的，没有不保存的文王、武王的道德礼制呀。孔子哪处不学？又哪里有一定的老师？"

【注】 《正义》：书传言夫子问礼老聃，访乐苌弘，问官郯子，学琴师襄，其人苟有善言善行足取，皆为我师。此所以为集大成也与！

【记】 与“述而不作”(7.1章)联系。孔子是周礼的维系者、保存者、解释者，并以此来教学生收门徒，子贡是其重要传人。在整部《论语》中，子贡形象始终聪明活泼，为人喜爱。此篇亦多记子贡言语。传言孔子死后，独子贡守墓六年。《史记》记录孔门弟子，独子贡事迹最大、最详、最为显赫，当非偶然。有云因子贡之显赫，才使孔子名著于天下。其然，岂其然乎?!

19.23 叔孙武叔语大夫于朝曰：“子贡贤于仲尼。”

子服景伯以告子贡。

子贡曰：“譬之宫墙，赐之墙也及肩，窥见室家之好。夫子之墙数仞，不得其门而入，不见宗庙之美，百官之富。得其门者或寡矣。夫子之云，不亦宜乎！”

【译】 叔孙武叔在朝廷中对官员们说：“子贡比孔子要高明。”

子服景伯告诉了子贡。

子贡说：“好比围墙，我的墙只有肩膀高，你可以看见里面的房屋有多好。我老师的围墙有几丈高，你如果找不到门走进去，便看不见那里面庙堂的堂皇伟壮，各种房屋的丰富多彩。进得这大门的，也许是太少了。武叔先生讲的话，不也很自然吗?”

【注】 《朱注》：七尺曰仞。

【记】 据说子贡晚年在鲁国做官，颇有功业，所以被认为比孔子强。但子贡仍然坚决驳斥之，认为孔子如果搞政治会比自己强得多，所以有这些讲话，充分表现了子贡对孔子的忠挚感情。我总以为子贡是《论语》中最可爱的人物，不像宰我那么贫嘴，不像樊迟那么迟钝，不像颜回、曾参那么谨小慎微，兢兢业业；不像子张那么热衷政治，虚有其表，也不像子路那么一味地逞强好胜。宋明理学则几乎绝口不谈子贡。

19. 24 叔孙武叔毁仲尼。子贡曰："无以为也！仲尼不可毁也。他人之贤者，丘陵也，犹可逾也；仲尼，日月也，无得而逾焉。人虽欲自绝，其何伤于日月乎？多见其不知量也。"

【译】 叔孙武叔毁谤孔子。子贡说："不要这样做，孔子是不可以毁谤的。别人的贤德，像小山坡，还可以跨越过去；孔子像太阳、月亮，是不可能超越的。一个人要自找绝路，那对于太阳、月亮，又有什么损害呢？只不过表现他太不自量罢了。"

【注】 《集释》《反身录》：圣如仲尼，不免叔孙武叔之毁。古不云乎，不容何病，不容然后见君子。故不见容于群小，方足以见圣贤学者。或不幸罹此，第当坚其志，强其骨，卓然有以自信。外侮之来，莫非动忍增益之助，则烈火猛炎，有补金色不浅矣。

【记】 不仅多次显示子贡会说话，在这些话语中还展示着灵活、聪明和智慧，这是曾参等人讲不出来的。而且也表达了子贡对孔子的忠诚爱戴。今之学生岂能无愧？不仅毁谤潮中默不出声，甚且趁机下石，附和热闹。注亦有意思，指出虽圣人亦不免遭毁谤，且正因为是圣人才遭毁谤，这更可以励志行、坚信念，不管犬吠驴鸣，继续走自己的路。

19.25 陈子禽谓子贡曰："子为恭也，仲尼岂贤于子乎？"

子贡曰："君子一言以为知，一言以为不知，言不可不慎也。夫子之不可及也，犹天之不可阶而升也。夫子之得邦家者，所谓立之斯立，道之斯行，绥之斯来，动之斯和。其生也荣，其死也哀，如之何其可及也？"

【译】 陈子禽对子贡说："你太谦虚了，孔子怎么会比你强？"

子贡说："君子说一句话便表现出聪明，一句话也表现出愚蠢，讲话不可以不慎重。我老师的不可能赶上，好像天不可能用梯子爬上去一样。我老师如果能在一个国家搞政治，那会通过礼乐，树立国家的根本；通过导引，正义能够实行；通过安抚，人民都来归服；通过活动，人世得到和谐。生为人尊敬，死为人哀悼。这怎么能够赶得上？"

【注】 《集释》《集解》孔曰：得邦家，谓为诸侯及卿大夫。绥，安也。言孔子为政，其立教则无不立，道之则莫不兴行，安之则远者来至，动之则莫不和睦，故能生则荣显，死则哀痛。

【记】 同19.23章。当然，这章多了一大段子贡讲述孔子"为政"的各个方面。在孔子弟子群中，除子贡外，本篇多次提到的子夏恐系孔门传承中之关键人物。不仅"子夏传经”，影响后世巨大，而且“子夏居西河”，培育了一代与法家相关的政治改革大家，如吴起、李克等，子夏盖可视为“儒法互用”的最初启动者之一。子贡、子夏，以至荀子，恐系孔门传承之主线。

尧曰第二十

共三章

20. 1　尧曰："咨！尔舜！天之历数在尔躬，允执厥中。四海困穷，天禄永终。"

舜亦以命禹。

曰："予小子履敢用玄牡，敢昭告于皇皇后帝：有罪不敢赦。帝臣不蔽，简在帝心。朕躬有罪，无以万方；万方有罪，罪在朕躬。"

周有大赉，善人是富。"虽有周亲，不如仁人。百姓有过，在予一人。"

谨权量，审法度，修废官，四方之政行焉。兴灭国，继绝世，举逸民，天下之民归心焉。

所重：民、食、丧、祭。

宽则得众，信则民任焉，敏则有功，公则说。

【译】　尧说："啊！你，舜！上天的使命已落到你身上了，要好好把握那中庸之道。如果天下老百姓贫穷困难，那你的地位也就完结了。"

舜也这样地交付于禹。

汤说："我小子履谨用黑牛公开禀告光明伟大的上苍：如果有罪恶，不敢求赦免；上苍的子臣有毛病，上苍心里明白。我有罪过，不要惩罚各方百姓。各方有罪，都由我来承担！”

周代大封官，好人都富贵。“虽有周代的亲族，还是不如有仁德的人。百姓有过错，责任在我一个人身上。”

谨慎制定度量衡，检查各种法规制度，恢复被废掉的官职，天下的政治就会搞好。复兴被灭亡的部落国家，继续被中断了的氏族、宗族，推举隐逸躲藏的人民，天下老百姓就会从心里归顺服从。

重要的是：人民，粮食，丧礼，祭祀。

宽厚，就会获得群众。守信任，就会得到人民的任用。勤快办事，就会有功绩。公平，就大家都喜悦。

【注】 《集释》《程子遗书》：曰字上少一“汤”字。《集解》孔氏曰：重民，国之本也。重食，民之命也。重丧，所以尽哀。重祭，所以致敬。《四书辨疑》：自“尧曰”至“公则说”，语皆零杂而无伦序，又无主名，不知果谁所言。古今解者终不见有皎然明白可通之说。东坡云此章杂取禹谟、汤诰、泰誓、武成之文，颠倒失次，不可复考。

《钱解》：《论语》编集孔子言行，至《微子篇》已讫。《子张篇》记门弟子之言，而以子贡之称道孔子四章殿其后，《论语》之书，可谓至此已竟。本篇历叙尧舜禹汤武王所以治天下之大端，而又以孔子之言继之，自谨权量审法度以治天下，汉儒即以为是孔子之言，陈后王之法，说因此篇乃《论语》之后序，犹孟子之书亦以历叙尧舜汤文孔子之相承作全书之后序也。然此章全不著“子曰”二字，是否孔子语，尚不可知。下论《尧曰篇》乃仿上论《乡党篇》之例而为者。

【记】 史华慈(Benjamin Schwartz)在《古代中国的思想

世界》中，将《论语》与柏拉图的《理想国》作了一系列的比较后，认为孔子有传统背景，而柏拉图无。这其实也就是孔子自道“述而不作”的意思。《论语》全书最后以上注所说的儒家奉为古代圣王的告诫作结篇，刚好作证。孔子“祖述尧舜，宪章文武”，“兴灭继绝”，全面复“礼”，本章也很好地说明了这一点。但这些讲话究竟是在何种具体历史情况下，针对什么具体事件而发，注家虽多，毕竟难考，也并不十分重要，不必深究。要注意的是，这些讲话都显示出氏族部落社会的原始民主的一面。所谓“执其中”，这个“中”或“中庸”，前面已多次谈到，其最根本的含义似应是“籍敛中则庶民附”(见拙著《中国古代思想史论》)，所以老百姓才不会贫困(“四海困穷”)。所谓“兴灭继绝”则是因为一大批原有的家族、氏族、部落、部族的政权，在春秋时被灭亡，孔子希望恢复它们。总之，希望恢复远古礼制，强调爱护人民(氏族成员)，要求责任和错误由首领来承担，这就是儒家孔学的“民主”：“为民做主”的“人治”。它与现代“人民做主”的“法治”并不相干。把两者混为一谈，以为从前者能转换出后者，完全错误。但前者经由儒家强调，在观念上持续了三千年，至今影响犹存，不能轻视。问题是在今日建立现代法治的过程中，如何吸取前者的某些方面，以尽量避免现代政治的金钱腐蚀、冷酷无情、“道德沦丧”、丑事恶行层出不穷等等毛病。这也就是“西体中用”的问题，即在建立现代经济政治制度中，如何吸取中国文化因素，而走出一条对世界有普遍意义的新路，这就是关键和“使命”所在。

有趣的是，鄙人主张“西体中用”，而与传统的和今日的“中体西用”者对立。但“体”既为科技工艺和生产力及方式，则“中体西用”论者因允许和推行“西用”，其**“中体”也必不能坚持而将逐渐改变，不论其是否自觉是否自愿**。前章(16. 3 章)引陈寅恪“独立精神，自由思想”即其一。而逐渐改变(改良而非革命)却又正是“西体中用”论所主张。于是，**“西体中用”竟可通过“中体西用”而实现自己，“中体西用”竟然为“西体中用”中之“中用”而弯曲扭行，如此吊诡，岂非黑格尔所谓“历史之狡计”和可悲可叹之时代迷藏吗？**

其实，变易不居，日新又新，和谐互补，实事实功，循序渐进，整体稳定……凡此种种传统特征即实用理性之重要精神，亦在“西体中用”中展现出来。由此，又何惧乎“西体中用”将丧失传统？其实相反，它适足以发展传统，使之光大并影响于世界也。

值此最后篇章，如何为孔门儒学传统作一定义、定性、定位？哲学乎？宗教乎(定义)？似均不适用。内圣之学乎？外王之学乎(定性)？《论语》一书偏于“内圣”，明矣。与其他文化、宗教、哲学的关系(定位)？“攻乎异端，斯害也已”(参见2. 16 章)，兼容并包，于兹为大。儒学第二期、第三期均如此，今日儒学第四期仍当如是(参看15. 11 章之记)。

20. 2 子张问于孔子曰：“何如斯可以从政矣？”子曰：“尊五美，屏四恶，斯可以从政矣。”

子张曰：“何谓五美？”

子曰：“君子惠而不费，劳而不怨，欲而不贪，泰而

不骄，威而不猛。”

子张曰：“何谓惠而不费？”

子曰：“因民之所利而利之，斯不亦惠而不费乎？择可劳而劳之，又谁怨？欲仁而得仁，又焉贪？君子无众寡，无小大，无敢慢，斯不亦泰而不骄乎？君子正其衣冠，尊其瞻视，俨然人望而畏之，斯不亦威而不猛乎？”

子张曰：“何谓四恶？”

子曰：“不教而杀谓之虐；不戒视成谓之暴；慢令致期谓之贼；犹之与人也，出纳之吝谓之有司。”

【译】 子张问孔子道：“如何就可以搞政治了？”

孔子说：“尊尚五种美德，去掉四个恶行，就可以搞政治了。”

子张问：“什么叫五种美德？”

孔子说：“君子施恩惠，但并不花费；役使人民，但并不被怨恨；有欲望，但不贪婪；庄重，但不骄傲；威严，但不凶猛。”

子张问：“什么叫施恩惠但不花费？”

孔子说：“根据民众利益而去做，这不就施恩惠而不花费吗？选择可以役使的来役使，又谁会怨恨？自己希望得仁便得到了仁，又贪什么？君子不管人多人少，不管小事大事，从不怠慢，这不就是庄重而不骄傲吗？君子衣帽整洁，正目而视，俨俨然人看见有所畏惧，这不就是威严而不凶猛吗？”

子张问：“什么叫四种恶行？”

孔子说：“不教育就杀，叫残酷；不事先告诉却突然要看成果，叫粗暴；开始慢吞吞，突然限期要求，叫害人；

在应有支付上吝啬，叫小会计。”

【注】《朱注》：虐，谓残酷不仁。暴，谓卒遽无渐。致期，刻期也。残者，切害之意。缓于前而急于后，以误其民，而必刑之，是残害之也。犹之，犹言均之也。均之以物与人，而于其出纳之际，乃或吝而不果，则是有司之事，而非为政之体。

《集释》《荀子·富国篇》：夏不宛暍，冬不冻寒，急不伤力，缓不后时。事成功立，上下俱富。而百姓皆爱其上，人归之如流水。

【记】“有司”向称难解，疑有错字。姑作此译。这章很多注家认为属于上篇，都是有关于子张的。子张所问的确均有关政治，与曾子等不同。所以应分出孔门这两种倾向。《论语》也似可分为“问仁”与“问政”两大项目，前者多讲个体修养；后者多讲政务体制。由于两者在当时交织一片(即本读强调的氏族遗迹)，修齐治平混然未分，影响后世也至深且巨。至今仍崇奉“由内圣开外王”，即其一。本读强调今日“内圣”、“外王”应予分开，个体修养(宗教性私德)与政治事务(社会性公德)应分途发展，前者起范导作用，即以“心理本体”影响“工具本体”的构建，亦即我所谓的“新内圣外王之道”。总之，旧的“内圣外王”适以助成伦理、宗教、政治三合一，亦君师合一；新内圣外王则强调伦理、宗教与政治分途。因世界日趋接近，地球村在缩小，各文化之间的“公约数”即作为“地球公民”所共同履行遵守的“社会性公德”，日益增大，它可以与各种文化传统、古典渊源相对脱钩，才好通行。

此章讲政务，下章讲修养，以此二章结束全部《论语》，可称妥帖。

20.3 孔子曰："不知命，无以为君子也；不知礼，无以立也；不知言，无以知人也。"

【译】 孔子说："不懂得命运，没法做君子。不懂得礼制，没法自建立。不懂得语言，没法判断人。"

【注】 《朱注》尹氏曰：知斯三者，则君子之事备矣。弟子记此以终篇，得无意乎？

【记】 最后一章又回到"命"。本读已多次讲过了，这里再简略重复一下，"命也者，不知所以然而然者也"，即人力所不能控制、难以预测的某种外在的力量、前景、遭遇或结果。所以，可以说，"命"是偶然性。"不知命，无以为君子也"，就是说不懂得、不认识外在力量的这种非可掌握的偶然性（及其重要），不足以为"君子"。**就人生总体来讲，总被偶然性影响着、支配着，现代社会生活更是如此。如何注意、懂得、认识、重视偶然性，与偶然性抗争（这抗争包括利用、掌握等等），从而从偶然性中建立起属于自己的"必然"，这就是"立命"、"造命"。**因此不是盲目顺从、无所作为、畏惧以至崇拜偶然性，而恰恰是要抓紧、了解和主动适应偶然性。孟子说"夭寿不二，修身以俟，所以立命也。莫非命也，顺受其正，是故知命者不立乎危墙之下。尽其道而死者，正命也。桎梏死者，非正命也"，便是这个意思。人可以自己"立命"、"正命"、"造命"，这才算是"知命"，这也才显示出人的主体性的崇高强大。因为在建立自己的命运时，总有基本原则，这原则不是动物性的自然性欲，而是人类性的宗教性道德。这就是孟子所说：“口之于味也，目之于色也，耳之于声也，鼻之于臭也，四体之于安佚也，性（指自然人性即“气质之性”）也。有命焉，君子不谓性也。仁之于父子也，义之于君臣也，礼之于宾主也，知之于贤者也，圣人之于天道也，命也。有性（指‘义理之性’即人的意志、道德）焉，君子不谓命也。”对于注定如此的自然人性能否得到满足或满足到何种程度，也就是贵贱寿夭，这有偶然性，这种偶然性并非生来注定如此（即必然）的自然人性。恰好相反，这偶然性可以去适应之和改造之。这适应、改造的原则就是“仁义礼智”等等人类的伦理范畴。这便是立命、造命、正命和知命。其实，理学家也说“圣者惟知义而已，命在其中。……得之以义，不必言命”（《河南程氏遗书》卷二），“程子言义不言命之说，有功于学者，亦前圣所未发之一端”（《朱子语类》卷三十六），“大人造命”（《王心斋语录》）。可见，恰恰不是俯首帖耳，屈从于命运，而是要自己去建造命运，这才是“知命”即认识偶然性的意义所在，这才是把握和体验自己的存在之所在。但是，自从将“命”讲解成“性”，将可建造的偶然性讲解为不可建造只可顺从的必然性，特别是后儒曲解“天命之谓性”后，“知命”、“立命”、“正命”变成了“安命”、“顺命”（听命）、“宿命”。让一个外在的（不管是外在的“天理”或冒充内在的“良知”）“规律”、“理则”统治、支配、命令着自己，它们经常以宇宙图式（如传统的阴阳五行、现代的“历史必然性”）或道德律令（传统的“天理良心”、现代的“斗私批修”）的系统的形态出现。主体性被否定和消失了。所以，只有解构这些体系或系统，揭示出它们的自相矛盾和多元解释，才能了悟和珍惜“偶然”，让个体掌握和创造只属于自己的命运的真情厚意。本读愿以此为《论语》二十篇五百章作结。

后　记

本书颇为粗陋，原不想如此问世。经友朋劝导，再不拿出，似有某种邪言谬语不敢示人之讥，其实只不过自己太不满意而不想丢丑而已。但看来一时仍无法改好，先公诸众再求改进，亦未为不可。是书起始于北京，完成于异域；多年生活舒适，心境寂寥，内子文君相依朝夕，照料起居，并中馈、抄录之功，不可不记也。是为《今读》后记。

1996 年秋于 Colorado Springs

近日读白牧之、白妙子新著(1998 年哥伦比亚大学出版社出版)《论语辨》(Bruce Brooks & Teako Brooks：*The Original Analects*)，深感此书乃继崔述以及亚瑟·韦利(Authur Waley)等人辨析工作后之空前力作，为数十年来所罕见，已有誉者称其“打破传统旧说”之“惊人成就”，将使中国古代哲学因之“重写”。

此书逐章翻译《论语》，引证近人著述，加以己意论评。另半则逐篇解析《论语》不断扩充增大之具体历程以及考证孔子家世、家族、弟子等等。此书认“里仁第四”前十七章(第十五章为后羼入者)为孔子死后最近原意的最初记录，其他则依篇次而下(置“学而第一”于“卫灵公十五”之后，“为政第二”于“子路第十三”之后，“八佾第三”于“先进第十一”之后)为弟子、弟子学派而特别是鲁国的孔氏家族不断扩充撰述，历时二百三十年(前479—前249)至鲁亡后始完成之结集。其中不但因时移世变，如经历封建制废除等等，使各种新旧观念纷然并陈，因而各篇章均大有歧异和冲突；而且还羼入墨家、道家、法家以及反对它们的各种观念，也包括儒家自身的不同学派的争论。如“子罕言利，与命与仁”(9. 1章)，素称难解，白书认为此乃后起之儒家崇礼学派反对先前之讲仁孔学而撰是语。又如“礼云礼云，玉帛云乎哉。乐云乐云，钟鼓云乎哉”(17. 11章)，素以为孔子语，白书认为此乃在鲁孔学为反对荀子而作。如此等等。其论颇繁，其文亦辩。

但这样一来，孔子以及其弟子们的言行既绝大部分为后人撰造，那所谓“孔子”也者，实际也就不复存在，虽考证出生卒家世，“孔子”亦只一空洞人名而已。从而，所谓《论语》乃“孔子对话录”之说，岂不纯属“本质主义”之虚构？因之，《今读》之作又岂不多余且可笑也哉？

唯唯否否。当然，如传统旧说所承认，《论语》一书并非当时记录，乃由弟子特别是再传弟子追忆而成，其中不乏后人羼入、扩展、修改成分，好些篇章也确有矛盾、出入、难懂、不可解之处。这些当然值得仔细推敲、比较和研讨，这对了解《论语》形成及原典儒学无疑大有裨益。

但是，“过犹不及”。如白氏此书竟能一气到底逐篇逐章敲定或推论出二百余年之准确年代、学派、编者、含义，貌似雄辩，实则证据薄弱，颇嫌武断。如以一章推定一篇之编成或年代，如以许多篇章属于针对墨、孟、荀、庄而发，等等，即如此。相反，如不带偏见而纵读《论语》全书，虽不难发现其中确有若干抵牾矛盾处，但总起来看，无论就思想、内容、文辞、风格、氛围、情境说，均仍同大于异，一致多于分歧。除少数章节，全书仍可融成一体，作为孔子言行之近真写照，较之其他著作特别是战国典籍(白书实际将《论语》一书视作战国著作)，大有区别。因之，似仍如《今读·前言》所云："今日求考证出哪些篇章、言行确乎属于孔子，哪些不是，已极为困难，甚至不大可能(也许将来地下发现可有帮助)，重要的是，自汉代《张侯论》以来，《论语》和孔子就以这样的面貌流传至今。"而这，正是《今读》的出发点。

《今读》与《论语辨》各有其译、注、记，二书亦有殊途同归之近似论点，如均揭示孔子颇重出仕参政，并非个体内圣之学；曾子学派则确有宗教倾向，等等。但分歧当然更大，如《今读》强调孔子以"仁"释"礼"、"礼""仁"并重，且与"孝"相连；《论语辨》强调孔子只提"仁"，"礼"、"孝"均后起，非孔子原意，等等。其主要不同在，**《论语辨》重语录的具体情境性，《今读》重语录的意义普遍性；**一为考据性分疏，一乃哲学性阐释；一吻合学术新潮，彻底解构《论语》，抹去作为中国文化符号之孔子形象①；一率仍旧贯而力图新解以重建。确乎旨趣不同，方法有别，方向迥异。二者或应并行不悖，但究竟若何，不可知也矣。"后现代"时髦正炽，或亦能摧解《论语》于碎片。然耶？否耶？愿提请读者思量，亦本"后记二"之所由作。

1998 年 4 月于 Swarthmore College

① 白书并无一语及此，亦未有"解构"、"本质主义"等字样词句，其所用方法仍为传统而非后现代的，料想作者自然反对这一推论。但我以为客观情况就是这样。此书与刻意解构孔子的后现代著作《制造儒学》一书(Lionel Jensen，*Manufacturing Confucianism*，Duke University Press，1997)，殊途同归而远为重要。

附录一：孔子再评价(1980)

关于孔子研究已有不少成果，但意见分歧也许更大。分歧的一个重要原因，是对当时社会变革不很清楚，从而对孔子思想的性质和意义也就众说纷纭。本文无法涉及社会性质问题的探讨，而只想就孔子思想本身作些分析，认为其中包含多元因素的多层次交错依存，终于在历史上形成了一个对中国民族影响很大的文化—心理结构。如何科学地把握和描述这一现象，可能是正确解释孔子的一条途径。本文认为春秋战国是保存着氏族社会传统的早期宗法制向发达的地域国家制的过渡时期，认为孔子思想是这一空前时代变革中某些氏族贵族社会性格的表现。但由孔子创始的这个文化—心理结构，却因具有相对独立的稳定性而长久延续和发展下来。

一 “礼”的特征

无论哪派研究者恐怕很难否认孔子竭力维护、保卫“周礼”这一事实。《论语》讲“礼”甚多，鲜明表示孔子对当时“礼”的破坏毁弃痛心疾首，要求人们从各方面恢复或遵循“周礼”。

那么，“周礼”是什么？

一般公认，它是在周初确定的一整套的典章、制度、规矩、仪节。本文认为，它的一个基本特征，是原始巫术礼仪基础上的晚期氏族统治体系的规范化和系统化。作为早期宗法制的殷周体制，仍然包裹在氏族血缘的层层衣装之中，它的上层建筑和意识形态直接从原始文化延续而来。“周礼”就具有这种特征。一方面，它有上下等级、尊卑长幼等明确而严格的秩序规定，原始氏族的全民性礼仪已变而为少数贵族所垄断；另方面，由于经济基础延续着氏族共同体的基本社会结构，从而这套“礼仪”一定程度上又仍然保存了原始的民主性和人民性。就在流传到汉代、被称为“礼经”、作为三礼之首的《仪礼》中，也还可以看到这一特征的某些遗迹。例如《仪礼》首篇的《士冠礼》，实际是原始氏族都有的“成丁礼”、“入社礼”的延续和变形。例如《乡饮酒礼》中对长者的格外敬重，如《礼记》所阐释“六十者坐，五十者立侍，以听政役，所以明尊长也。六十者三豆，七十者四豆，八十者五豆，九十者六豆，所以明养老也。民知尊长养老，而后乃能入孝弟”（《礼记·乡饮酒礼》）。可见，孝弟以尊长为前提，而这种尊长礼仪，我同意杨宽《古史新探》中的看法，它“不仅仅是一种酒会中敬老者的仪式，而且具有元老会议的性质，这在我国古代政权机构中有一定地位”。[①] 中外许多原始氏族都有这种会议，如鄂温克人“在六十多年前，凡属公社内部的一些重要事情都要由‘乌力楞’会议来商讨和决定。会议主要是由各户的

① 杨宽：《古史新探》，第297页，中华书局，1964年。

老年男女所组成，男子当中以其胡须越长越有权威”。[①]《仪礼》中的“聘礼”、“射礼”等等，也无不可追溯到氏族社会的各种礼仪巫术。[②]《仪礼》各篇中描述规定得那么琐碎的“礼仪”，既不是后世所能凭空杜撰，也不是毫无意义的繁文缛节，作为原始礼仪，它们的原型本有其极为重要的社会功能和政治作用。远古氏族正是通过这种原始礼仪活动，将其群体组织起来、团结起来，按着一定的社会秩序和规范来进行生产和生活，以维系整个社会的生存和活动。因之这套“礼仪”对每个氏族成员便具有极大的强制性和约束力，它相当于后世的法律，实际即是一种未成文的习惯法。到“三代”，特别是殷、周，这套作为习惯法的“礼仪”就逐渐变为替氏族贵族服务的专利品了。[③] 孔子对“周礼”的态度，反映了对氏族统治体系和这种体系所保留的原始礼仪的维护。例如孔孟一贯“尚齿”：所谓“孔子于乡党，恂恂如也，似不能言者”(《论语·乡党 10. 1》)，“乡人饮酒，杖者出，斯出矣”(《论语·乡党 10. 7》)。所谓“天下之达尊三，爵一齿一德一”(《孟子·公孙丑下》)等等，就是如此。

“礼”是颇为繁多的，其起源和其核心则是尊敬和祭祀祖先。王国维说：“盛玉以奉神人之器谓之豊若豐，推之而奉神人之酒醴亦谓之醴，又推之而奉神人之事，通谓之礼。”(《观堂集林·释礼》)郭沫若说：“礼是后来的字。在金文

---

① 秋浦等：《鄂温克人的原始社会形态》，第 62 页，中华书局，1962 年。

② 参阅杨宽《古史新探》，该书对此作了一些颇有价值的探讨。

③ 在《礼记》中(例如《礼记·明堂位》)经常看到从“有虞氏”到夏殷周三代的连续，其中，夏便是重要转捩点，是许多“礼”的起点。又如《礼记·郊特牲》说“诸侯之有冠礼，夏之末造也”等等，都反映出这一点。

里面，我们偶尔看见用丰字的。从字的结构上来说，是在一个器皿里面盛两串玉具以奉事于神。《盘庚》里面所说的‘具乃贝玉’，就是这个意思。大概礼之起于祀神，故其字后来从示，其后扩展而为对人，更其后扩展而为吉、凶、军、宾、嘉各种仪制。”①可见，所谓“周礼”，其特征确是将以祭神(祖先)为核心的原始礼仪②，加以改造制作，予以系统化、扩展化，成为一整套宗法制的习惯统治法规(“仪制”)。③ 以血缘父家长制为基础(亲亲)的等级制度是这套法规的骨脊，分封、世袭、井田、宗法等政治经济体制则是它的延伸扩展。而以孔子为代表的儒家，也正是由原始礼仪巫术活动的组织者领导者(所谓巫、尹、史)演化而来

---

① 《十批判书·孔墨的批判》，第82~83页，人民出版社，1954年。

② 《礼记·祭统》：“凡治人之道，莫急于礼。礼有五经，莫重于祭。……祭者，所以追养继孝也……夫祭有十伦焉；见事鬼神之道焉，见君臣之义焉，见父子之伦焉，见贵贱之等焉，见亲疏之杀焉，见爵赏之施焉，见夫妇之别焉，见政事之均焉，见长幼之序焉，见上下之际焉。”包括前述冠礼等等也与“祭”有关，“冠者，礼之始也……古者重冠，重冠故行之于庙，……所以自卑而尊先祖也”(《礼记·冠义》)。

③ 所谓原始礼仪，即是图腾和禁忌。它们构成原始社会强有力的上层建筑和意识形态，仪式在这里是不可违背的一套规范准则和秩序法规。恩格斯曾说，在基督教“以前的一切宗教中，仪式是一件主要的事情”(《布鲁诺·鲍威尔和早期基督教》)。原始巫术礼仪活动更是如此。种种繁细琐碎的仪节，正是这种法规的具体执行。所以在某些礼仪活动中，一举手一投足都有严格的规定，一个动作也不容许做错，一个细节也不容许省略、漏掉……，否则就是渎神，大不敬，而会给整个氏族、部落带来灾难。《仪礼》中的繁多规定，《左传》中那么多的“是礼也”“非礼也”的告诫，少数民族的材料，如“鄂温克人长时期……形成的一套行为规范，……大家都必须严格地来遵守它……涉及的范围是很广泛的……如狩猎时不能说‘我们打围去’，鹿、狩的头不能从驯鹿上掉下来。在捕鱼时不能跨过鱼网，不能切开鱼的胸骨。鄂温克人认为违反了这些禁忌，会触怒神明，从而会对渔猎生产带来不利……”(上引秋浦书第68页)，都反映这一点。

的“礼仪”的专职监督保存者。①

章学诚认为，贤智学于圣人，圣人学于百姓，② 集大成者，为周公而非孔子，又说：“孔子之大，学周礼一言可以蔽其全体。”(《文史通义·原道下》)的确是周公而非孔子，将从远古到殷商的原始礼仪加以大规模的整理、改造和规范化。这在当时是一个非常重要的变革。王国维《殷周制度论》中的论点是值得重视的。孔子一再强调自己是“述而不作”(《论语·述而7. 1》)、“吾从周”(《论语·八佾3. 14》)、“梦见周公”(《论语·述而7. 5》)……其意确乎是要维护周公的这一套。“觚不觚，觚哉，觚哉”(《论语·雍也6. 25》)；“八佾舞于庭，是可忍也，孰不可忍也”(《论语·八佾3. 1》)；“尔爱其羊，我爱其礼”(《论语·八佾3. 17》)……，是孔子对礼仪形式(“仪”)

---

① “生民之初，必方士为政”(《訄书·干蛊》)，章太炎认为儒家本“术士”(《国故论衡·原儒》)。术士之说当然不始于章，章的老师俞樾即有此说)，“明灵星午子吁嗟以求雨者谓之儒”，“助人君顺阴阳以教化者也”(同上)，本是一种宗教性、政治性的大人物。儒家的理想人物，从所谓皋陶、伊尹到周公，实际都正是这种巫师兼宰辅的“方士”(传说中所谓伊尹以“宰割要汤”，实际恐乃一有关宰割圣牛的祭神礼仪故事)。后世儒家的理想也总以这种帮助皇帝去治理天下的“宰相”为最高目标，其来有自。各派史家都注意到“礼”出自祭祀活动，“礼”与“巫”、“史”不可分等事实。如“礼由史掌，而史出于礼”(柳诒徵：《国史要义》，第5页，中华书局，1948年)，“宗祝卜史，皆司天之官，而所谓太宰者，实亦主治庖膳，为部落酋长之下之总务长。祭祀必有牲宰，故宰亦属天官”(同上)，“最古之礼，专重祭礼。历世演进则兼括凡百事为，宗史合一之时已然。至周则益崇人事，此宗与史，古乃司天之官，而后来为治人之官之程序也”(同上书，第6页)。“……春秋所记，即位、出境、朝、聘、会、盟、田猎、城筑、嫁娶，乃至出奔、生卒等等事项，几乎没有和祭祀无关的。而祭祀既以神为对象，故和祭祀有关的礼，其中还包括有媚神的诗歌(舞蹈和音乐)，测神意的占卜，及神的命令——类似诗歌的刑律(一种初民的禁忌，多采取这种形式)等等”(《杜国庠文集》，第274页，人民出版社，1962年)。“儒”、“儒家”之“名”虽晚出，但其作为与祭祀活动(从而与“礼”)有关的巫、尹、史、术士……之“实”却早存在。

② 这其实已有“上古之时礼源于俗”(刘师培)的意思，即“圣人”的“礼”，来源于百姓的“俗”。

的维护。“道之以政，齐之以刑，民免而无耻；道之以德[①]，齐之以礼，有耻且格”(《论语·为政2. 3》)，“自古皆有死，民无信不立”(《论语·颜渊12. 7》)等等，则是孔子对建立在习惯法(“信”)基础上的“礼治”内容的维护。[②]

但是，孔子的时代已开始“礼坏乐崩”，氏族统治体系和公社共同体的社会结构在瓦解崩毁，“民散久矣”[③]，“民恶其上”(《国语·周语》)。春秋时代众多的氏族国家不断被吞并消灭，许许多多氏族贵族保不住传统的世袭地位，或不断贫困，或“降在皂隶”。部分氏族贵族则抛弃陈规，他们以土地私有和经营商业为基础，成为新兴阶级并迅速富裕壮大。韩非说：“晋之分也，齐之夺也，皆以群臣之太富也。”(《韩非子·爱臣》)经济上的强大实力使他们在政治上要求夺权(田恒的大斗出小斗进实际是显示实力而不是“收买民心”)，在军事上要求兼并侵吞，终于造成原来沿袭氏族部

---

① “德”究竟是什么？尚待研究。它的原义显然并非道德，而可能是各氏族的习惯法规，所以说“异姓则异德，异德则异类”(《国语·晋语》)，故与“礼”连在一起。

② 孔子反对铸刑鼎，把“政”、“刑”与“礼”、“德”对立起来。《春秋》三传都认为“初税亩”是“非礼也”，说明“礼”是与成文法对立的氏族贵族的古老的政治、经济体制。但到战国时代，儒家说“礼乐刑政，四达而不悖，则王道备矣”(《乐记·乐本》)，将“礼乐”与“刑政”视为同类，情况有了很大变化，这已是荀子而非孔子。实际在战国，“礼”已全等于“仪”而失其重要性了。“春秋二百四十二年的期间，君臣士大夫言及政治人生，无不以礼为准绳。至战国则除了儒家以外，绝少言礼。……战国时之漠视礼，可以取证于记载战国史的《战国策》。……礼字差不多都是指的人情礼节之礼，与春秋时为一切伦理政治准绳之礼，截然不同”(罗根泽：《诸子考索》，第235页)。并参阅《日知录》卷13“周末风俗”条：“春秋时犹尊礼重信，而七国则绝不言礼与信矣。春秋时犹宗周王，而七国则绝不言王矣。春秋时犹严祭祀、重聘享，而七国则无其事矣。春秋时犹论宗姓氏族，而七国则无一言及之矣。”所谓废封建立郡县，实即地域性国家替代了自然血缘纽带。

③ 《论语·子张19. 19》。“民”即公社自由民，“民散久矣”，即自由民离开了世代相沿的公社共同体。

落联盟体系建立起来的天子—诸侯—大夫的周礼统治秩序彻底崩溃。赤裸裸压迫剥削（“铸刑鼎”“作竹刑”“初税亩”“作丘甲”）和战争主张，取下了那层温情脉脉的“礼”“德”面纱，公开维护压迫剥削的意识形态和政治理论——从管仲到韩非的法家思想体系日益取得优势。

孔子在这个动荡的变革时代，明确地站在保守、落后的一方。除了上述在政治上他主张维护“礼”的统治秩序、反对“政”“刑”外，在经济上，他主张维持原有的社会经济结构，以免破坏原有的氏族制度和统治体系（“不患寡而患不均，不患贫而患不安”①）。反对追求财富（聚敛）而损害君臣父子的既定秩序和氏族贵族的人格尊严，成为孔子的一个重要思想：

> 富与贵，是人之所欲也，不以其道得之，不处也；贫与贱，是人之所恶也，不以其道得之，不去也。（《论语·里仁4. 5》）
>
> 士志于道，而耻恶衣恶食者，未足与议也。（《论语·里仁4. 9》）
>
> 季氏富于周公，而求也为之聚敛而附益之，子曰：非吾徒也，小子鸣鼓而攻之，可也。（《论语·先进11. 17》）
>
> 吾犹及史之阙文也，有马者借人乘之，今亡已夫。（《论语·卫灵公15. 26》）
>
> 衣敝缊袍，与衣狐貉者立而不耻者，其由也欤！（《论语·子罕9. 27》）
>
> ……

---

① 《论语·季氏16. 1》。虽然孔子也主张“富之”，但居次要地位，更重要的是“安”和“均”。这里的“均”非平均，而是指“各得其分”。见康有为《论语注》。

这些都反映了被财富打败、处于没落命运的氏族贵族的特征。孔子尽管东奔西走，周游列国，想要恢复周礼，却依然四处碰壁。历史必然地要从早期宗法制走向更发达的地域国家制。

这是社会的一大前进，在这基础上出现了灿烂的战国文明和强盛的秦汉帝国。但同时，早期宗法制所保留的大量原始礼仪体制中包含的氏族内部的各种民主、仁爱、人道的残留，包括像春秋时期许多中小氏族国家的城邦民主制政治，也全被这一进步所舍弃和吞没。历史向来就是在这种悲剧性的二律背反中行进。恩格斯说："由于文明时代的基础是一个阶级对另一个阶级的剥削，所以它的全部发展都是在经常的矛盾中进行的。生产的每一进步，同时也就是被压迫阶级即大多数人的生活状况的一个退步……"①恩格斯指的是资本主义对机器的采用。而从原始社会进到阶级社会，更是如此。社会的前进，生产的提高，财富的增加，是以大多数人付出沉重牺牲为代价的。例如，在原始社会和阶级社会中，战争经常是推动历史进步的重要因素，但哀伤、感叹和反对战争带来的痛苦、牺牲，也从来便是人民的正义呼声。② 双方都有理由，所以说是不可解决的悲剧性的历史二律背反。③ 当以财富为实力的新兴阶级推倒氏族贵族的"礼治"，要求"以耕战为本"，建立无情的"治

① 《马克思恩格斯选集》第4卷，第173~174页，人民出版社，1972年。

② 《诗经·采薇》等篇很早就表示了这种矛盾。宣王北伐远征，"载饥载渴"，曰归不得，"我心伤悲，莫知我哀"；但"靡室靡家，猃狁之故"，为保卫国家抵抗外侮而战争是正义的。后世如杜甫《新婚别》等也突出地表现了这一矛盾。

③ 可参阅黑格尔《美学》论悲剧。

法”，赤裸裸地肯定压迫①剥削，以君主集权专制替代氏族贵族民主，来摧毁家长制的氏族统治的落后体制时，它具有历史的合理性和进步性。但另一面，哀叹氏族体制的最终崩毁，反对日益扩大的兼并战争，幻想恢复远古剥削压迫较轻的“黄金时代”，企图维护相对说来对本氏族内部成员确乎比较宽厚的统治体系，不满、斥责、抨击赤裸裸的剥削压迫……这也有其合理性和人民性。历史、现实和人物本来经常就是矛盾和复杂的，想用一个好坏是非的简单方式来评定一切，往往削足适履，不符事实。孔子维护周礼，是保守、落后以至反动的(逆历史潮流而动)，但他反对残酷的剥削压榨，要求保持、恢复并突出地强调相对温和的远古氏族统治体制，又具有民主性和人民性。孔子的仁学思想体系，就建立在这样一种矛盾复杂的基础之上。

二 “仁”的结构

也几乎为大多数孔子研究者所承认②，孔子思想的主要范畴是“仁”而非“礼”。后者是因循，前者是创造。尽管“仁”字早有，但把它作为思想系统的中心，孔子确为第

① 如果比较一下战国以来的“杀人盈城”“杀人盈野”的战争，和秦汉帝国的大规模劳役压榨，西周时代的贫困而“安宁”就很显然。周礼虽已包含恐吓威胁的一面，如“哀公问社于宰我。宰我对曰，夏后氏以松，殷人以柏，周人以栗，曰使民战栗”(《论语·八佾 3. 21》)，但孔子不同意突出这一面，“子闻之曰，成事不说，遂事不谏，既往不咎”(同上)。

② 当然也不尽然。国内外均有论者持相反意见。其中，Herbert Fingarette 强调外在礼仪是中心，不是内在的个体心理(仁)，与本文强调“礼”的特征有相近处；但他忽视了孔子将“礼”(外在)化为“仁”(内在)的重要性。见所著 *Conficuous——The Secular as Sacred*，New York，1972。

一人。

那么，“仁”又是什么？

“仁”字在《论语》中出现百次以上，其含义宽泛而多变，每次讲解并不完全一致。这不仅使两千年来从无达诂，也使后人见仁见智，提供了各种不同解说的可能。强调“仁者爱人”与强调“克己复礼为仁”，便可以实际也作出了两种对立的解释。看来，要在这百次讲“仁”中，确定哪次为最根本或最准确，以此来推论其他，很难做到；在方法上也未必妥当。因为部分甚至部分之和并不能等于整体，有机整体一经构成，便获得自己的特性和生命。孔子的仁学思想似乎恰恰是这样一种整体模式。它由四个方面或因素组成，诸因素相互依存、渗透或制约，从而具有自我调节、相互转换和相对稳定的适应功能。正因如此，它就经常能够或消化掉或排斥掉外来的侵犯、干扰，而长期自我保持、延续下来，构成一个颇具特色的思想模式和文化心理结构①，在塑造汉民族性格上留下了重要痕迹。构成这个思想模式和仁学结构的四因素分别是(一)血缘基础，(二)心理原则，(三)人道主义，(四)个体人格。其整体特征则是(五)实践理性。这里面有许多复杂问题需要详细研究，本文只是试图初步提出这个问题和提供一个假说。下面粗线条地简略说明一下。

(一)孔子讲“仁”是为了释“礼”，与维护“礼”直接相关。“礼”如前述，是以血缘为基础、以等级为特征的氏族统治体系。要求维护或恢复这种体系是“仁”的根本目标。

① 这个结构的最终完成是在汉代，参阅拙著《中国古代思想史论 · 秦汉思想简议》。

所以：

其为人也孝弟，而好犯上者，鲜矣。不好犯上而好作乱者，未之有也。君子务本，本立而道生，孝弟也者，其为人之本欤？(《论语·学而1. 2》)(“有子之言似夫子”，一般均引作孔子材料)

“子奚不为政？”子曰：“《书》云：‘孝乎惟孝，友于兄弟，施于有政。’是亦为政，奚其为为政？”(《论语·为政2. 21》)

弟子，入则孝，出则弟，谨而信，泛爱众，而亲仁……(《论语·学而1. 6》)

君子笃于亲，则民兴于仁。(《论语·泰伯8. 2》)

……

参以孟子“亲亲，仁也”(《孟子·尽心上》)，“仁之实，事亲是也”(《孟子·离娄上》)，可以确证强调血缘纽带是“仁”的一个基础含义。“孝”①、“悌”通过血缘从**纵横**两个方面把氏族关系和等级制度构造起来。这是从远古到殷周的宗法统治体制(亦即“周礼”)的核心，**这也就是当时的政治**(“是亦为政”)，亦即儒家所谓“修身齐家治国平天下”。春秋时代和当时儒家所讲的“家”，不是后代的个体家庭或家族，正是与“国”同一的氏族、部落。② 所谓“平天下”，指的也是氏族(大

① 《尚书·尧典》：“放勋乃殂落，百姓如丧考妣。”《尚书·康诰》：“王曰，封元恶大憝，惟不孝不友，弗只服厥父事，大伤厥弟心，……大不友于弟，惟吊滋，不于我政人得罪，天惟与我民彝大泯乱……”《尚书·酒诰》、《诗·大雅·文王有声》均强调“孝”。《左传·文公》：“孝，礼之始也”，甲骨文中，孝与老、考本通，金文同此。可知“孝”与尊老敬齿本是同一件事，是氏族遗风。“忠”则原意是对平等的“人”并非对“君”，它出现也很晚。

② 《章太炎国学讲演录》，第65页：“大学有治其国者必先齐家之语，……此殆封建时代，家国无甚分别。所谓家者乃‘千乘之家百乘之家’之类，故不齐家者即不能治国。……郡县时代，家与国大异，故而唐太宗家政虽乱而偏能治国。”

夫)—部落(诸侯)—部落联盟(天子)[①]的整个系统。只有这样，才能了解孔子所谓“迩之事父，远之事君”，孟子所谓“天下之本在国，国之本在家，家之本在身”；也才能理解孔子的“兴灭国，继绝世，举逸民”(《论语·尧曰 20. 1》)，孟子的“反其旄倪，止其重器，谋于燕众，置君而后去之”(《孟子·梁惠王下》)等等意思，它们都是要恢复原有氏族部落国家的生存权利。孔子把“孝”“悌”作为“仁”的基础，把“亲亲尊尊”[②]作为“仁”的标准，维护氏族家长传统的等级制度，反对“政”“刑”从“礼”“德”中分化出来，都是在思想上缩影式地反映了这一古老的历史事实。恩格斯说：“亲属关系在一切蒙昧民族和野蛮民族的社会制度中起着决定作用。”[③]孔子在当时氏族体制、亲属关系崩毁的时代条件下，把这种血缘关系和历史传统提取、转化为意识形态上的自觉主张，对这种超出生物种属性质、起着社会结构作用的血缘亲属关系和等级制度作明朗的政治学的解释，使之摆脱特定氏族社会的历史限制，强调它具有普遍和长久的社会性的含义和作用，这具有重要意义。特别是把它与作为第二因素的心理原则直接沟通、联结起来并扩展为第三因素

① 殷周的“天子”可能比一般观念中的“部落联盟”首领要发展得更为充分、高级一层。但在实质上，我以为是相近或相当的。正如王国维所说：“当夏后之世而殷之王亥王恒累称王，汤未放桀之时亦已称王，……盖诸侯之于天子，犹后世诸侯之于盟主，未有君臣之分也。”(《观堂集林·殷周制度论》)

② “亲亲尊尊”并不与“举贤才”相矛盾。“举贤”也是原始社会氏族体制中一个早就存在的历史传统，它与“亲亲尊尊”互补而行。所以才有“舜有天下，选于众，举皋陶，不仁者远矣。汤有天下，选于众，举伊尹，不仁者远矣”(《论语·颜渊 12. 22》)的称赞和说法。孔孟并未突破氏族贵族的世袭制(如某些论著所认为)，而恰好是要求保存氏族体制的各种遗迹。

③ 《马克思恩格斯选集》第 4 卷，第 24 页。

之后。

(二)“礼自外作”。“礼”本是对个体成员具有外在约束力的一套习惯法规、仪式、礼节、巫术。包括“入则孝，出则弟”等等，本也是这种并无多少道理可讲的礼仪。例如，为孔孟所强调的“天下之通丧”(“三年之丧”)可能便是一种由来久远、要求人们遵守执行的传统礼仪。① 从而，在“礼坏乐崩”的时代浪潮中，很自然地发生了对这套传统礼仪(亦即氏族统治体制)的怀疑和反对。当时，对“礼”作新解释的浪潮已风起云涌，出现了各种对“礼”的说明。其中就有认为“礼”不应只是一套盲目遵循的外在仪节形式，而应有其自身本质的观点。例如：

> 子大叔见赵简子，简子问揖让周旋之礼焉。对曰：是仪也，非礼也。简子曰：敢问何谓礼。对曰：……夫礼，天之经也，地之义也，民之行也。……民失其性，是故为礼以奉之。为六畜、五牲、三牺，以奉五味，为九文、六采、五章以奉五色，为九歌、八风、七音、六律以奉五声，为君臣上下以则地义，为夫妇外内以经二物，为父子、兄弟、姑姊、甥舅、婚媾、姻亚以象天明，为政事、庸力、行务以从四时……哀有哭泣，乐有歌舞，喜有施舍，怒有战斗；喜生于好，怒生于恶，是故审行信令，祸福赏罚，以制死生。(《左传·昭公二十五年》)

---

① 三年之丧，非周制而为殷制(见毛西河《四书改错》卷9)，《尚书·无逸》中有殷王守丧三年等记述。关于三年之丧，各家说法不一，今文经学以及钱玄同、郭沫若均认为是孔子改制创作，古文经学以及胡适、傅斯年等人认为是殷礼。本文暂从后说。

这段话说明了，第一，“礼”不是“仪”。[①] 这从反面证明，在原来，“礼”与“仪”本是不分的，它们是宗教性的原始巫术礼仪的延续；如今需要区分开来，以寻求和确定“礼”的内在本质。因为这时“礼”已是自觉的明确的社会规范，其中包含重要的统治秩序，不能再是那种包罗万象而混沌一体的原始礼仪了。第二，这段话还说明了，作为统治秩序和社会规范的“礼”，是以食色声味和喜怒哀乐等“人性”为基础的，统治规范不能脱离人的食色好恶。那么，进一步的问题便是，这种作为基础的“人性”是什么呢？孔子对宰我问“三年之丧”的回答，表达了自己的看法：

> 宰我问：三年之丧，期已久矣。君子三年不为礼，礼必坏；三年不为乐，乐必崩。旧谷既没，新谷既升，钻燧改火，期可已矣。子曰：食夫稻，衣夫锦，于女安乎？曰：安。女安则为之。夫君子之居丧，食旨不甘，闻乐不乐，居处不安，故不为也。今女安，则为之。宰我出。子曰：予之不仁也！子生三年，然后免于父母之怀。夫三年之丧，天下之通丧也。予也有三年之爱于其父母乎！（《论语·阳货 17. 21》）

与上述对“礼”作新解释新规定整个思潮相符合，孔子把“三年之丧”的传统礼制，直接归结为亲子之爱的生活情理，把“礼”的基础直接诉之于心理依靠。这样，既把整套“礼”的血缘实质规定为“孝悌”，又把“孝悌”建筑在日常亲

---

① 从春秋到战国，从《左传》到《荀子》，有对“礼”的各种解释，其中区分“礼”与“仪”便是重要的共同处。所以有所谓“礼之文”、“礼之貌”、“礼之容”与“礼之质”、“礼之本”、“礼之实”等等区分说法。

子之爱上，这就把“礼”以及“仪”从外在的规范约束解说成人心的内在要求，把原来的僵硬的强制规定，提升为生活的自觉理念，把一种宗教性神秘性的东西变而为人情日用之常，从而使伦理规范与心理欲求融为一体。“礼”由于取得这种心理学的内在依据而人性化，因为上述心理原则正是具体化了的人性意识。由“神”的准绳命令变而为人的内在欲求和自觉意识，由服从于神变而为服从于人、服从于自己，这一转变在中国古代思想史上具有划时代的意义。

并没有高深的玄理，也没有神秘的教义，孔子却比上述《左传》中对“礼”的规定解释，更平实地符合日常生活，具有更普遍的可接受性和付诸实践的有效性。在这里重要的是，孔子没有把人的情感心理引导向外在的崇拜对象或神秘境界，而是把它消融满足在以亲子关系为核心的人与人的世间关系之中，使构成宗教三要素的观念、情感和仪式①统统环绕和沉浸在这一世俗伦理和日常心理的综合统一体中，而不必去建立另外的神学信仰大厦。这一点与其他几个要素的有机结合，使儒学既不是宗教，又能替代宗教的功能，扮演准宗教的角色，这在世界文化史上是较为罕见的。② 不是去建立某种外在的玄想信仰体系，而是去建立这样一种现实的伦理—心理模式，正是仁学思想和儒学文化的关键所在。

---

① 参阅普列汉诺夫《论俄国的所谓宗教探寻》：“可以给宗教下一个这样的定义：宗教是观念、情绪和活动的相当严整的体系。观念是宗教的神话因素，情绪属于宗教感情领域，而活动则属于宗教礼拜方面，换句话说，属于宗教仪式方面。”(《普列汉诺夫哲学选集》第 3 卷，第 363 页，三联书店，1962 年)

② 墨家为恢复远古传统的外在约束力企图建立宗教(《天志》、《明鬼》)，结果被儒家打败了。

正由于把观念、情感和仪式(活动)引导和满足在日常生活的伦理—心理系统之中，其心理原则又是具有自然基础的正常人的一般情感，这使仁学一开始避免了摈斥情欲的宗教禁欲主义。孔子没有原罪观念和禁欲意识，相反，他肯定正常情欲的合理性，强调对它的合理引导。正因为肯定日常世俗生活的合理性和身心需求的正当性，它也就避免了、抵制了舍弃或轻视现实人生的悲观主义和宗教出世观念。孔学和儒家积极的入世人生态度与它的这个心理原则是不可分割的。

也由于强调这种内在的心理依据，“仁”不仅仅得到了比“仪”远为优越的地位，而且也使“礼”实际从属于“仁”。孔子用“仁”解“礼”，本来是为了“复礼”，然而其结果却使手段高于目的，被孔子所发掘所强调的“仁”——人性心理原则，反而成了更本质的东西，外的血缘(“礼”)服从于内的心理(“仁”)：“人而不仁，如礼何？人而不仁，如乐何？”(《论语·八佾 3. 3》)“礼云礼云，玉帛云乎哉？乐云乐云，钟鼓云乎哉？”(《论语·阳货 17. 11》)“礼与其奢也宁俭，丧与其易也宁戚”(《论语·八佾 3. 4》)；“今之孝者，是谓能养，至于犬马，皆能有养，不敬，何以别乎？”(《论语·为政2. 7》)……不仅外在的形式(“仪”：玉帛、钟鼓)，而且外在的实体(“礼”)都是从属而次要的，根本和主要的是人的内在的伦理—心理状态，也就是人性。后来孟子把这个潜在命题极大地发展了。

因之，“仁”的第二因素比第一因素(血缘、孝悌)与传统“礼仪”的关系是更疏远一层了，是更概括更抽象化(对具体的氏族体制说)，同时又更具体化更具实践性(对未经塑造的人们心理说)了。

(三)因为建立在这种情感性的心理原则上，“仁学”思想在外在方面突出了原始氏族体制中所具有的民主性和人道主义，“仁从人从二，于义训亲”(许慎)，证以孟子所谓“仁也者，人也”，“老吾老以及人之老，幼吾幼以及人之幼”，汉儒此解，颇为可信。即由“亲”及人，由“爱有差等”而“泛爱众”，由亲亲(对血缘密切的氏族贵族)而仁民(对全氏族、部落、部落联盟的自由民。但所谓“夷狄”——部落联盟之外的“异类”在外)，即以血缘宗法为基础，要求在整个氏族—部落成员之间保存、建立一种既有严格等级秩序又具某种“博爱”的人道关系。这样，就必然强调人的社会性和交往性，强调氏族内部的上下左右、尊卑长幼之间的秩序、团结、互助、协调。这种我称之为原始的人道主义，是孔子仁学的外在方面。孔子绝少摆出一副狰狞面目。相反，“爱人”(《论语·颜渊 12. 22》)，“老者安之，朋友信之，少者怀之”(《论语·公冶长 5. 26》)，“子为政，焉用杀”(《论语·颜渊 12. 19》)，“宽则得众，惠则足以使民”(《论语·阳货 17. 6》)，“其养民也惠”(《论语·公冶长 5. 16》)，“百姓足，君孰与不足？百姓不足，君孰与足”(《论语·颜渊 12. 9》)，“不教而杀谓之虐，不戒视成谓之暴”(《论语·尧曰 20. 2》)，“伤人乎？不问马”(《论语·乡党 10. 9》)，“近者悦，远者来”(《论语·子路 13. 16》)，“修文德以来之”(《论语·季氏 16. 1》)，“四方之民则襁负其子而至矣”(《论语·子路 13. 4》)……《论语》中的大量这种记述，清楚地表明孔子的政治经济主张是既竭力维护氏族统治体系的上下尊卑的等级秩序，又强调这个体制所仍然留存的原始民主和原始人道，坚决反对过分的、残暴的、赤裸裸的压迫与剥削。而这，也就是所谓“中庸”。关于“中庸”，历代和今人都有许多解说，我以为新近出土战国中山王墓葬中青铜器铭文所载“籍敛中则庶民坿”①这句话，倒可以作为孔子所讲“中庸”之道的真实内涵，实质上是要求在保存原始民主和人道的温情脉脉的氏族体制下进行统治。

这一因素具有重要意义。它表明“仁”是与整个社会(氏族—部落—部落联盟，亦即大夫〔“家”〕—诸侯〔“国”〕—天子〔“天下”〕)的利害相关联制约着，而成为衡量“仁”的重要准则。所以，尽管孔子对管仲在礼仪上的“僭越”、破坏极为不满，几度斥责他不知“礼”；然而，却仍然许其“仁”。

> ……管仲知礼乎？曰：邦君树塞门，管氏亦树塞门；邦君为两君之好，有反坫；管氏亦有反坫。管氏而知礼，孰不知礼？
>
> 子路曰：桓公杀公子纠，召忽死之，管仲不死。曰未仁乎。子曰：桓公九合诸侯，不以兵车，管仲之力也！如其仁，如其仁！②
>
> 子贡曰：管仲非仁者与？桓公杀公子纠，不能死，又相之。子曰：管仲相桓公，霸诸侯，一匡天下，民到于今受其赐。微管仲，吾其被发左衽矣。岂若匹夫匹妇之为谅也，自经于沟渎而莫之知也。③

这就是说，“仁”的这一要素对个体提出了社会性的义

---

① “夫古之圣王，务在得贤，其次得民，故辞礼敬则贤人至，宠爱深则贤人亲，籍敛中则庶民坿。”(《文物》1979年第1期，第7页)

② 《论语·八佾3. 22》，《论语·宪问14. 16》。有人释“如其仁”为“不仁”，但从全文及下章观之，此解难信。

③ 《论语·宪问14. 17》。所谓“被发左衽”，也就是“用夷变夏”。夷夏大防为孔门大义，实亦由原始遗风而来，即极端重视以部落联盟为内外界限的敌我区分。

务和要求，它把人(其当时的具体内容是氏族贵族，下同)与人的社会关系和社会交往作为人性的本质和“仁”的重要标准。孟子所谓“无父无君是禽兽也”，也是强调区别于动物性的人性本质，存在于、体现于这种社会关系中，离开了父母兄弟、君臣上下的社会关系和社会义务，人将等于禽兽。这也就是后代(从六朝到韩愈)反佛、明清之际反宋儒(空谈心性，不去“经世致用”)的儒学理论依据。可见，“仁”不只是血缘关系和心理原则，它们是基础；“仁”的主体内容是这种社会性的交往要求和相互责任。

思想总有其生活的现实根基，孔子这种原始人道主义根基在先秦很难解释为别的什么东西，而只能是古代宗法氏族内部民主制的遗风残迹。一直到西汉时代，儒家及其典籍仍然是这种原始民主遗风残迹的重要保存者(如汉今文学家对所谓“禅让”、“明堂”[①]的讲求等等)。

因之，把孔子这套一概斥之为“欺骗”“伪善”，便似乎太简单了，很难解释这些所谓“伪善”的言词为何竟占据了《论语》的主要篇幅和表述为“仁”的主要规定。恩格斯说：“文明时代愈是向前进展，它就愈是不能不给它所产生的坏事披上爱的外衣，不得不粉饰它们，或者否认它们——一句话，是实行习惯性的伪善，这种伪善，无论在较早的那些社会形态下，还是在文明时代的第一阶段都是没有的。”[②]虽然孔子已不是文明时代的第一阶段，虽然这些思想在后代确乎经常成为“伪善”工具；但在孔子那里，仍然具有很

---

① 所谓“明堂”一直纠缠不清，我认为，大概即新石器时代的“大房子”的传统延续。它既是神庙，又是议政厅，二者在远古本是同一的。

② 《马克思恩格斯选集》第4卷，第174页。

大的忠诚性。伪善的东西不可能在当时和后世产生那么大的影响。孔子毕竟处在文明社会的早期。

(四)与外在的人道主义相对应并与之紧相联系制约，“仁”在内在方面突出了个体人格的主动性和独立性。

这一点也至为重要。在上述礼坏乐崩、周天子也无能为力、原有外在权威已丧失其力量和作用的时代，孔子用心理原则的“仁”来解说“礼”，实际就是把复兴“周礼”的任务和要求直接交给了氏族贵族的个体成员(“君子”)，要求他们自觉地、主动地、积极地去承担这一“历史重任”，把它作为个体存在的至高无上的目标和义务。孔子再三强调“为仁由己，而由人乎哉?”(《论语·颜渊 12. 1》)“仁远乎哉?我欲仁，斯仁至矣。”(《论语·述而 7. 30》)“当仁不让于师”(《论语·卫灵公 15. 36》)；“夫仁者，己欲立而立人，己欲达而达人。能近取譬，可谓仁之方也已”(《论语·雍也 6. 30》)等等，表明“仁”既非常高远又切近可行，既是历史责任感又属主体能动性，既是理想人格又为个体行为。而一切外在的人道主义、内在的心理原则以及血缘关系的基础，都必须落实在这个个体人格的塑造之上：

“其身正，不令而行；其身不正，虽令不从”(《论语·子路 13. 6》)；“苟子之不欲，虽赏之不窃”(《论语·颜渊 12. 18》)……儒家强调“修身”作为“齐家治国平天下”的根本，固然仍是要求保持氏族首领遗风①，同时却又是把原来只属于这种对首领的要求推而广之及于每个氏族贵族。从而，也就使所谓

① 在远古，氏族首领必须以身作则，智勇谦让超出一般，才能被选，并且他还必须对氏族命运负责，遇有灾难，他必须首先“检讨”，或者下台。文献中种种关于汤祷于桑林的传说甚至后世皇帝下罪己诏之类，均可说乃此风之遗。

“制礼作乐”不再具有神秘权威性质，“礼”不再是原始巫师和“大宰”(《周官》)等氏族寡头、帝王宰史的专利，而成为个体成员均可承担也应承担的历史责任或至上义务。这当然极大地高扬了个体人格，提高了它的主动性、独立性和历史责任性。“天生德于予，桓魋其如予何?”(《论语·述而7.23》)“文王既殁，文不在兹乎?”(《论语·子罕9.5》)“天将以夫子为木铎”(《论语·八佾3.24》)……孔子以身作则式地实践了对这种具有历史责任感的伟大人格的自觉追求。

正是由于对个体人格完善的追求，在认识论上便强调学习和教育，以获得各种现实的和历史的知识。这使孔子提出了一系列有科学价值、至今仍有意义的教育心理学的普遍规律。如“性相近也，习相远也”(《论语·阳货17.2》)，“学而不思则罔，思而不学则殆”(《论语·为政2.15》)，“毋意毋必毋固毋我”(《论语·子罕9.4》)等等，从而某些涉及认识论的范畴(如知、思、学等)第一次被充分突出。一方面是学习知识，另一面则是强调意志的克制和锻炼，主动地严格约束自己、要求自己，如“约之以礼”(《论语·雍也6.27》)，“克己复礼”(《论语·颜渊12.1》)，“刚毅木讷近仁”(《论语·子路13.27》)，“仁者其言也讱”(《论语·颜渊12.3》)等等。追求知识、勤奋学习和讲求控制、锻炼意志成为人格修养相互补充的两个方面。这种刻苦的自我修养和伟大的历史使命感，最终应使个体人格的“仁”达到一种最高点：即“志士仁人，无求生以害仁，有杀身以成仁”(《论语·卫灵公15.9》)；“君子无终食之间违仁，造次必于是，颠沛必于是”(《论语·里仁4.5》)；“求仁而得仁，又何怨”(《论语·述而7.15》)；“仁者必有勇，勇者不必有仁”(《论语·宪问14.4》)；“仁者不忧”

(《论语·子罕 9. 29》)……

以及："三军可夺帅也，匹夫不可夺志也"(《论语·子罕 9. 26》)；"岁寒，然后知松柏之后凋也"(《论语·子罕 9. 28》)……

以及："可以托六尺之孤，可以寄百里之命，临大节而不可夺也，君子人欤？君子人也"(《论语·泰伯 8. 6》)；"士不可以不弘毅，任重而道远。仁以为己任，不亦重乎，死而后已，不亦远乎"(《论语·泰伯 8. 7》)。

……

所有这些，都是为树立和表彰作为个体伟大人格的"仁"。所以，"仁"不同于"圣"。"圣"是具有效果的客观业绩("如有博施于民而能济众")(《论语·雍也 6. 30》)；"仁"则仍停留在主观的理想人格规范之内。实际上，"仁"在这里最终归宿为主体的世界观、人生观。孔子把本是宗教徒的素质和要求归结为这种不须服从于神的"仁"的个体自觉。因之，不必需要超凡入圣的佛菩萨或基督徒，却同样可以具有自我牺牲的献身精神和拯救世界的道德理想，可以同样孜孜不倦、临事不惧、不计成败利钝、不问安危荣辱，"知其不可而为之"(《论语·宪问 14. 38》)、"不怨天，不尤人"(《论语·宪问 14. 35》)、"内省不疚，夫何忧何惧"(《论语·颜渊 12. 4》)……由孔子树立的这种"仁"的个体人格(君子)①，替代了宗教圣徒的形象而又具有相同的力量和作用。

康德《纯粹理性批判》说："由于道德哲学具有比理性所

① 君子、小人本为阶级(或阶层)的对称。君子本武士，即氏族贵族，亦即士阶层。到孔子这里，则成为道德人格范畴了，"君子去仁，恶乎成名"(《论语·里仁 4. 5》)，即不成其为君子也。

有其他职能的优越性，古人应用‘哲学家’一词经常是特指道德家。就是在今天，我们由某种比喻称能有理性指导下自我克制的人为哲学家，而不问其知识如何。”[①]对树立这种人生观并产生了长久历史影响的孔子，他在中国哲学史上的重要地位，与名、墨、老、庄以及法家不同，似应从这个角度去估量。黑格尔哲学史把孔子哲学看成只是一堆处世格言式的道德教条，未免失之表面了。

(五)如前所说，作为结构，部分之和不等于整体。四因素机械之和不等于“仁”的有机整体。这个整体具有由四因素相互作用而产生、反过来支配它们的共同特性。这特性是一种我称之为“实践理论”或“实用理性”的倾向或态度。它构成儒学甚至中国整个文化心理的一个重要的民族特征。

所谓“实践(用)理性”，首先指的是一种理性精神或理性态度。与当时无神论、怀疑论思想兴起[②]相一致，孔子对“礼”作出“仁”的解释，在基本倾向上符合了这一思潮。不是用某种神秘的热狂而是用冷静的、现实的、合理的态度来解说和对待事物和传统；不是禁欲或纵欲式地扼杀或放任情感欲望，而是用理智来引导、满足、节制情欲；不是对人对己的虚无主义或利己主义，而是在人道和人格的追求中取得某种均衡。对待传统的宗教鬼神也如此，不需要外在的上帝的命令，不盲目服从非理性的权威，却仍然可以拯救世界(人道主义)和自我完成(个体人格和使命感)；不厌弃人世，也不自我屈辱、“以德报怨”，一切都放在实

---

① 《纯粹理性批判》A840 = B868，参阅蓝公武译本，第 570 页，三联书店版，1957 年。

② 见《左传》中许多记载，如“天道远，人道迩，非所及也”，“民，神之主也，是以圣王先成民而后致力于神”，“国将兴，听于民；将亡，听于神”等等。

用的理性天平上加以衡量和处理。所以，“子不语怪力乱神”(《论语·述而7. 21》)，“祭如在，祭神如神在。……吾不与祭，如不祭”(《论语·八佾3. 12》)，“未能事人，焉能事鬼”(《论语·先进11. 11》)，“未知生，焉知死”(同上)……本来，在当时甚至后世的条件下，肯定或否定鬼神都很难在理论上予以确证，肯定或否定实际上都只是一种信仰或信念，孔子处理这个问题于“存而不论”之列，是相当高明的回避政策。墨子斥之为“以天为不明，以鬼为不神”(《墨子·公孟》)，实际正是作为仁学特征的清醒理性精神。

这种理性具有极端重视现实实用的特点。即它不在理论上去探求讨论、争辩难以解决的哲学课题，并认为不必要去进行这种纯思辨的抽象(这就是汉人所谓“食肉不食马肝，不为不知味”①)。重要的是在现实生活中如何妥善地处理它。孔子说“敬鬼神而远之，可谓知矣”，这个“知”不是思辨理性的“知”，而正是实践理性的“知”。与此相当，不是去追求来世拯救、三生业报或灵魂不朽，而是把“不朽”、“拯救”都放在此生的世间功业文章中。“用之则行，舍之则藏”(《论语·述而7. 11》)，进则建功立业，退则立说著书……而这一切都并不需要宗教的狂热或神秘的教义，只要用理性作为实践的引导，来规范塑制情感、愿欲和意志就行了。在这里，重要的不是言论，不是思辨，而是行动本身；“君

---

① 直到严复介绍斯宾塞、穆勒等人的不可知论，也仍是这种精神。“仆往常谓理至见极，必将不可思议。……食肉不食马肝，不为不知味，……不必亟求其通也”(《穆勒名学·部甲按语》)。“迷信者，言其必如是，固差；不迷信者，言其必不如是，亦无证据。故哲学大师如赫胥黎、斯宾塞诸公皆于此事谓之Unknowable(不可知)，而自称为Agnostic(不可知论者)，盖人生智识至此而穷，不得不置其事于不议不论之列，而各行心之所安而已”(《严复家书》，见《严几道先生遗著》，新加坡，1959年)。

子欲讷于言，而敏于行”(《论语·里仁4. 24》)，“听其言而观其行”(《论语·公冶长5. 10》)，“君子耻其言而过其行”(《论语·宪问14. 27》)，“古者言之不出，耻躬之不逮也”(《论语·里仁4. 22》)……这里也没有古希腊那种日神精神和酒神精神的分裂对立[①]和充分发展(即更为发展的思辨理性和更为发展的神秘观念)，而是两者统一融合在实践理性之中。

血缘、心理、人道、人格终于形成了这样一个以实践(用)理性为特征的思想模式的有机整体。它之所以是有机整体，是由于它在这些因素的彼此牵制、作用中得到相互均衡、自我调节和自我发展，并具有某种封闭性，经常排斥外在的干扰或破坏。例如，在第二因素(心理原则：爱有差等)的抑制下，片面发展第三因素的倾向被制约住，使强调“兼爱”“非攻”的墨家学说的进攻终于失败。例如，在第三因素制约下，片面发展第四因素的倾向，追求个人的功业、享乐或自我拯救也行不通，无论是先秦的杨朱学派或后世盛极一时的佛家各派同样被吸收消失。……此外，如忠(对人)与恕(对己)、狂(“兼济”)与狷(“独善”)的对立而又互补，都有稳定这整个有机结构的作用和功能。总之，每个因素都作用于其他因素，而影响整个系统，彼此脱离即无意义。

孔子仁学本产生在早期宗法制崩溃、氏族统治体系彻底瓦解时期，它无疑带着那个时代的(氏族贵族)深重烙印。然而，意识形态和思想传统从来不是消极的力量。它一经制造或形成，就具有相对独立的性格，成为巨大的传统力量。自原始巫史文化(礼仪)崩毁之后，孔子是提出这种新

① 参阅罗素《西方哲学史》对希腊哲学的评述。

的模式的第一人。尽管不一定自觉意识到，但建立在血缘基础上，以“人情味”(社会性)的亲子之爱为辐射核心，扩展为对外的人道主义和对内的理想人格，它确乎构成了一个具有实践性格而不待外求的心理模式。孔子通过教诲学生，“删定”诗书，使这个模式产生了社会影响，并日益渗透在广大人们的生活、关系、习惯、风俗、行为方式和思维方式中，通过传播、熏陶和教育，在时空中蔓延开来。对待人生、生活的积极进取精神，服从理性的清醒态度，重实用轻思辨，重人事轻鬼神，善于协调群体，在人事日用中保持情欲的满足与平衡，避开反理性的炽热迷狂和愚盲服从……它终于成为汉民族的一种无意识的集体原型①现象，构成了一种民族性的文化—心理结构②。孔学所以几乎成为中国文化(以汉民族为主体，下同)的代名词，决非偶然。恩格斯曾认为，“在一切实际事务中……中国人远胜过一切东方民族……”③，便也是这种实践(用)理性的表现。

只有把握住这一文化—心理结构，也才能比较准确地理解中国哲学思想的某些特征。例如，伦理学的探讨压倒了本体论或认识论的研究；例如中国古代哲学范畴(阴阳、五行、气、道、神、理、心)，无论是唯物论或唯心论，其特点大都是**功能性**的概念，而非实体性的概念，中国哲学重视的是事物的性质、功能、作用和关系，而不是事物构成的元素和实体。对物质世界的实体的兴趣远逊于事物对

① 此词亦非用荣格(C. G. Jung)原意，它不是超社会非历史的神秘东西，而是一种积淀产物。

② 究竟什么是所谓“文化—心理结构”，当专文论述。暂可参考 Ruth Benedict: *Patterns of Culture*(《文化模式》)，该书只谈到文化有机体，与本文所讲仍大有区别。

③ 《马克思恩格斯全集》第 12 卷，第 190 页，人民出版社，1960 年。

人间生活关系的兴趣。中国的“金、木、水、火、土”五行不同于希腊、印度的“地、水、火、风”四元素，前者更着眼于其生活功能，所以有“金”。与此一致，中国古代辩证法，更重视的是矛盾对立之间的渗透、互补(阴阳)和自行调节以保持整个机体、结构的动态的平衡稳定，它强调的是孤阴不生、独阳不长；阴中有阳、阳中有阴；中医理论便突出表现了这一特征，而不是如波斯哲学强调的光暗排斥、希腊哲学强调的斗争成毁……这些特征当然源远流长，甚至可以追溯到史前文化，孔子正是把握了这一历史特征，把它们概括在实践理性这一仁学模式中，讲求各个因素之间动态性的协调、均衡，强调“权”、“时”、“中”、“和而不同”、“过犹不及”等等，而为后世所不断继承发展。尽管在当时政治事业中是失败了，但在建立或塑造这样一种民族的文化—心理结构上，孔子却成功了。他的思想对中国民族起了其他任何思想学说所难以比拟匹敌的巨大作用。

孔子在中国历史上的地位及其重要性，似乎就在这里。

三　弱点和长处

孔子而后，儒分而八，以后有更多的发展和变迁。由于对上述结构的某因素的偏重，便可以形成一些新的观念体系或派生结构。但最终又被这个母结构所吸收，或作为母结构的补充而存在发展。例如曾子也许更着重血缘关系和等级制度，使他在《论语》中的形象保守而愚鲁。颜渊则似乎更重视追求个体人格的完善，“一箪食，一瓢饮，人不堪其忧，回也不改其乐”，终于发展出道家庄周学派[1]。然而道家在整个中国古代社会中，始终是作为儒家的对立的补充物才有其强大的生命力的。荀子突出发挥“治国平天下”的外在方面，使“仁”从属于“礼”(理)，直到法家韩非把它片面发展到极致，从而走到反面，而又在汉代为这个仁学母结构所吸收消化掉。子思、孟子一派明显地夸张心理原则，把“仁”“义”“礼”“智”作为先天的人的“本性”和施政理论，既重视血缘关系，又强调人道主义和个体人格，成为孔门仁学的正统。但所有这些派别，无论是孟、荀、庄、韩，又都共同对人生保持着一种清醒、冷静的理智态度，就是说，它们都保存了孔学的实践理性的基本精神。超脱人事的思辨兴趣(如名家)，或非理性的狂热信仰(如墨家)，由于在根本上不符合仁学模式，终于被排斥在中国文化主流之外。如前已指出，由孔子创立的这一套文化思想，在长久的中国社会中，已无孔不入地渗透在广大人们的观念、行为、习俗、信仰、思维方式、情感状态……之中，自觉或不自觉地成为人们处理各种事务、关系和生活的指导原则和基本方针，亦即构成了这个民族的某种共同的心理状态和性格特征。值得重视的是，它由思想理论已积淀和转化为一种文化—心理结构。不管你喜欢或不喜欢，这已经是一种历史的和现实的存在。它经历了阶级、时代的种种变异，却保有某种**形式结构的稳定性**。构成了某种民族文化和民族心理的特征，它有其不完全不直接服从、依赖于经济、政治变革的相对独立性和自身发展的规律。一方面，它不是某种一成不变的非历史的先验结构，而是历史地建筑在和制约于农业社会小生产的经济

① 从郭沫若说，参阅《十批判书·庄子的批判》。

基础之上，这一基础虽历经中国历史的各个阶段而并未遭重大破毁，宗法血缘关系及其相应的观念体系也长久保持下来……这正是使孔学这一文化—心理结构长久延续的主要原因。但另一方面，它既已成为一种比较稳定的心理形式和民族性格，就具有适应于各种不同阶级内容的相对独立的功能和作用，否认这一点，便很难解释一个民族的文化、心理、思想、艺术所具有的继承性、共同性种种问题。阶级性并不能囊括历史现象的全部。有些东西——特别是文化现象(包括物质文明和精神文明，也包括语言等等)，尽管可以具有某种非阶级的性质，却没有非历史、超社会的性质，它们仍是一定社会历史的产物，虽然并非某个阶级或某种阶级斗争的产物。在文化继承问题上，阶级性经常不是唯一的甚至有时也不是主要的决定因素。

只有充分注意到这种种复杂情况，才可能具体地分析研究五光十色异常繁杂的文化传统和民族性格。无论从内容或形式说，每个民族在这方面都有其优点和问题、精华和糟粕。孔子仁学结构亦然。概括前面所说，孔学诞生在氏族统治体系彻底崩毁时期，它所提出的具体的经济、政治方案，是不合时宜的保守主张，但其中所包含的氏族民主遗风、原始人道主义和氏族制崩毁期才可能有的个体人格的追求，又是具有合理因素的精神遗产。后代人们，由其现实的利益和要求出发，各取所需，或夸扬其保守的方面，或强调其合理的因素，来重新解说、建造和评价它们，以服务于当时阶级的、时代的需要。于是，有董仲舒的孔子，有朱熹的孔子，也有康有为的孔子。有“绌周王鲁”“素王改制”的汉儒公羊学的孔子，也有“人心唯危，道心唯微”

的宋明理学的孔子。孔子的面貌随时代、阶级不同而变异，离原型确乎大有差距或偏离。孔子明明“述而不作”，却居然被说成“托古改制”；孔子并无禁欲思想，在宋儒手里却编成“存天理灭人欲”。但所有这些偏离变异，又仍然没有完全脱离那个仁学母体结构。以实践(用)理性为主要标志的中国民族文化—心理状态始终延续和保持下来，并且使这个结构形式在长期封建社会中与封建主义的各种内容混为一体紧密不分了。直到今天，孔子基本上仍然是宋儒塑造的形象。这一点，颜元早就指出过。五四新文化运动所打倒的孔子，就是这个孔子。有如李大钊所说：

> 掊击孔子，非掊击孔子本身，乃掊击孔子为历代君主所雕塑之偶像权威也。非掊击孔子，乃掊击专制政治之灵魂也。①

正是这个君主专制主义、禁欲主义、等级主义的孔子，是封建上层建筑和意识形态的人格化的总符号，它当然是资产阶级民主革命的对象。直到今天，也仍然有不断地、彻底地肃清这个封建主义的孔子余毒的重要而艰巨的任务。并且，这个封建主义的孔子与孔学原型中对血缘基础宗法等级的维护、对各种传统礼仪的尊重，以及因循、保守，反对变革、更新……又确乎是连在一起的；与这个原型产生在生产水平非常低下的古代条件下、又不着重注意生产的发展生活的提高，而满足于在某种平均的贫困中，来保持、获得或唤起精神上的胜利或人格上的完成……也是连在一起的。所谓“安贫乐道”、“何必曰利”，以道德而不以

① 《李大钊选集·自然的伦理观与孔子》，第 80 页，人民出版社，1959 年。

物质来作为价值尺度，要求某种平均化的经济平等，满足和维护农业小生产的劳动生活和封闭体系，和建立在这基础上的历史悠久的宗法制度……如此等等，就不仅是封建和农业小生产社会的产物，而且也确与孔子仁学原型有关，它始终是中国走向工业化、现代化的严重障碍。不清醒地看到这个结构所具有的社会历史性的严重缺陷和弱点，不注意它给广大人民(不止是某个阶级)在心理上、观念上、习惯上所带来的深重印痕，将是一个巨大的错误。① 鲁迅的伟大功绩之一，就是他尖锐提出了和长期坚持了对所谓中国“国民性”问题的批判和探究。他批判“阿Q精神”，揭露和斥责那种种麻木不仁、封闭自守、息事宁人、奴隶主义及满足于贫困、因循、“道德”、“精神文明”之中……这些都不只是某个统治阶级的阶级性，而是在特定社会条件和阶级统治下，具有极大普遍性的民族性格和心理状态的问题、缺点和弱点。其实也就正是这个孔子仁学的文化—心理结构问题。虽然这些并不能完全和直接归罪于孔子，但确乎与孔学结构有关。所以鲁迅总是经常把矛头指向孔老二。

就是仁学结构原型的实践理性本身，也有其弱点和缺陷。它在一定程度和意义上有阻碍科学和艺术发展的作用。由于强调人世现实，过分偏重与实用结合，便相对地忽视、轻视甚至反对科学的抽象思辨，使中国古代科学长久停留并满足在经验论的水平(这是仅从认识论来说的，当然还有社会经济和阶级、时代的原因，下同)，缺乏理论的深入发展和纯思辨的兴趣爱好。而没有抽象思辨理论的发展，是不可能有现代科学的充分开拓的。这一点今天特别值得注意：必须用

---

① 关于孔学的这个方面，参阅拙著《中国近代思想史论》，人民出版社，1979年。

力量去克服这一民族性格在思维方式上的弱点和习惯。这一弱点与孔学有关。

同时，由于实践理性对情感展露经常采取克制、引导、自我调节的方针，所谓以理节情，“发乎情止乎礼义”，这也就使生活中和艺术中的情感经常处在自我压抑的状态中，不能充分地痛快地倾泄表达出来。中国大街上固然较少酗酒的醉汉，似乎是民族性格的长处；但逆来顺受、“张公百忍”等等，却又正是一种奴隶性格。在艺术中，“意在言外”、高度含蓄固然是成功的美学风格，但“文以载道”、“怨而不怒”，要求艺术服从和服务于狭窄的现实统治和政治，却又是有害于文艺发展的重大短处。只是由于老庄道家和楚骚传统作为对立的补充，才使中国古代文艺保存了灿烂光辉。当然，仁学中的人道精神、理想人格对文艺内容又有良好的影响。

然而，所有这些又都只是一个方面，即这一文化—心理结构的弱点。另一方面，这个文化—心理结构又有其优点和强处。毋宁说，中国民族及其文化之所以具有如此顽强的生命力量，历经数千年各种内忧外患而终于能保存、延续和发扬光大，在全世界独此一份(古埃及、巴比伦、印度文明都早已中断)，与这个孔子仁学结构的长处也大有关系。那种来源于氏族民主制的人道精神和人格理想，那种重视现实、经世致用的理性态度，那种乐观进取、舍我其谁的实践精神……都曾在漫长的中国历史上感染、教育、熏陶了不少仁人志士。它是在中国悠久历史上经常起着进步作用的传统。即使在孔学已与封建统治体系融为一体的后期封建社会，像范仲淹的“先天下之忧而忧，后天下之乐而乐”，张载的“民吾同胞，物吾与也”，文天祥的“孔曰成仁，孟曰取义”，顾炎武的“天下兴亡，匹夫有责”，王夫之的“六经责我开生面，七尺从天乞活埋”……都闪烁着灿烂光华，是我们这个民族的基本观念、情感、思想和态度，而它们又都可以溯源于仁学结构。鲁迅说：“我们从古以来，就有埋头苦干的人，有拼命硬干的人，有为民请命的人，有舍身求法的人，……虽是等于为帝王将相作家谱的所谓‘正史’，也往往掩不住他们的光耀，这就是中国的脊梁。”(《且介亭杂文·中国人失掉自信力了吗》)而这根脊梁与孔子为代表的文化—心理结构不能说毫无关系。

《礼记》上说：“是故圣人作礼以教人，使人以有礼，知自别于禽兽。”(《礼记·曲礼》)具有外在强制性和约束力的“礼”，曾经是使人区别于动物(动物也有群体生活)的社会性标志之所在。孔子释“礼”为“仁”，把这种外在的礼仪改造为文化—心理结构，使之成为人的族类自觉即自我意识，使人意识到他的个体的位置、价值和意义，就存在于与他人的一般交往之中即现实世间生活之中；在这种日常现实世间生活的人群关系之中，便可以达到社会理想的实现、个体人格的完成、心灵的满足或慰安。这也就是“道”或“天道”，“道在伦常日用之中”。这样，也就不需要舍弃现实世间、否定日常生活，而去另外追求灵魂的超度、精神的慰安和理想的世界。正是这个方面，使中国在过去终于摆脱了宗教神学的统治，或许在将来也能使中国避免出现像美国“人民圣殿教”那种种反理性的神秘迷狂？因为这种迷狂与中国民族(特别是这个民族的知识阶层)的心理结构和仁学思想是大相径庭的。同时，由于在文化—心理结构上已经把人的存在意义放置在“伦常日用之中”，人生理想满足在社会性的人群关系和日常交往中，也许可能在将来不致发生所谓“真实的存在”(个体)像被抛置在均一化整体机器的异化世界中，而倍感孤独和凄凉？或沉沦于同样是均一化的动物性的抽象情欲中，而失去人的本质？这些都是目前物质文明高度发展、科技力量分外加强后资本主义社会的异化产物，而为存在主义所渲染为所谓“无名”性的恐惧。由于以血肉之躯为基础的感性心理中积淀理性的因素，心理学与伦理学的交融统一，仁学结构也许能够在使人们愉快而和谐地生活在一个既有高度物质文明又有现实精神安息场所这方面，作出自己的贡献？以亲子血缘为核心纽带和心理基础的温暖的人情风味，也许能使华人社会保存和享有自己传统的心理快乐？

然而，所有这一切都只有当中国在物质上彻底摆脱贫困和落后，在制度上、心理上彻底肃清包括仁学结构所保存的小生产印痕和封建毒素(这是目前主要任务)之后，才也许有此可能。只有那时，以人类五分之一人口为巨大载体，仁学结构的优良传统，才也许能成为对整个人类文明的一种重要贡献。这大概最早也要到二十一世纪了。然而，今天可以高瞻远瞩，也应该站在广阔辽远的历史视野上，站在中国民族真正跨入世界民族之林、中国文明与全世界文明的交融会合的前景上，来对中国文化传统和仁学结构进行新的研究和探讨。这样，对孔子的再评价，才有其真正巨大的意义。

一九七八年十二月

(原载《中国社会科学》1980年第2期)

附录二：李泽厚学术年谱简编(马群林　撰)

1930 年　诞生

○6 月 13 日(农历五月十七日)，生于湖北汉口。祖籍湖南长沙。

1937 年　7 岁

○在湖南长沙孔道小学读一年级。抗日战争爆发后，为避战祸，随母亲回到宁乡道林便河里外婆家，因此辍学，由母亲教《幼学琼林》等。母亲重感情、轻名利，其人格风范对先生影响甚深。

1942 年　12 岁

○父亲于江西吉安任上病逝，年仅 38 岁。随母亲等家人回到湖南宁乡道林。因父亲从不攒钱，家境一落千丈，更深感触到人情冷暖中的虚伪。母亲以教小学谋生。先生入靳江中学读初中，学校离家三十里，每周往返一次。

1943 年　13 岁

○继续就读于靳江中学。读书勤奋，成绩很好，颇受老师喜爱。结交了张先让、杨章钧、谢振湘等好朋友。还办过壁报，每期四版，刊名《乳燕》，小说创作占了大半篇幅。酷爱鲁迅与冰心的作品，大概与家境和母爱有关。

1944 年　14 岁

○日军发动第四次长沙会战，长沙陷落，跟随学校迁湘乡大湖。

○十四五岁时，看新小说、新诗，读聂绀弩的杂文，模仿艾青的诗、艾芜的小说，更不要说冰心、巴金、茅盾、鲁迅了。热衷于读词填词。

1945 年　15 岁

○春，作《虞美人》词。

○夏，从靳江中学毕业。考上了当时湖南最著名的省立一中，因无钱入学，只好进了学费、杂费、膳食费都不收的湖南省立第一师范。在徒步四百余里到位于安化桥头河的第一师范的路上，听到了日本投降的消息。

1946 年　16 岁

○继续就读于湖南第一师范。此时，学校已搬到长沙岳麓山左家垅山坡上。先生常饿着肚子坐船到城里书店翻阅各种杂志、报纸和哲学社会科学方面的新书，逐渐培养和增强了判断是非和独立思考的能力。作文一直很好，颇受老师嘉许，常被误以为出自大学生的手笔。

○在大量阅读中，自觉选择了马克思主义。倾心共产党，参加过一些具体的革命活动，因此被学校列入黑名单，遭到恐吓、审查等。

1947 年　17 岁

○在湖南第一师范最后一学期，对哲学发生兴趣，思考人生的意义，人从什么地方来，要到什么地方去，有没有上帝等等。

○决心考大学，学校没有英语课，就自学。

1948 年　18 岁

○读周建人编译的《新哲学手册》，啃下其中的“费尔巴哈章”，完全信服了唯物史观的硬核(hard core)，即：制造—使用工具的群体实践活动是人类起源和发展的决定性因素，从而，这也就是认同马克思、恩格斯所提出的制造工具、科技、生产力和经济是自古至今人类社会生活的根本基础。

○夏，从湖南第一师范毕业后，因思想较左，工作难找，失业。后来，在宁乡麒麟山下麟峰完小觅得一份小学教师的工作。

1949 年　19 岁

○春，母亲在教书之地衡阳去世，刚过 40 岁。先生赶到时，人已下葬，未能见上最后一面，成了一生的哀痛。

○8 月，湖南长沙和平解放。先生一边在小学教书(自编历史教材)，一边准备报考大学。

1950 年　20 岁

○夏，同时考入北京大学、武汉大学哲学系，选择北大。因家贫无路费，开学近两个月才到校注册。被同学称为“状元”。结交了赵宋光、王承祒、陈华中等好友。

○开始研究谭嗣同。

1951 年　21 岁

○1 月，祖母徐氏病逝。返回湖南奔丧。

○《关于党性与阶级性》刊于《新建设》第 6 期。

○草成谭嗣同研究初稿，以后不断修改补充。

○大学四年，生活贫困，并患有肺结核病，读书和写文章成了最大的快乐。除上了两年联共(布)党史课等少数课之外，基本没有上课，主要是自学，利用北大图书馆丰富的藏书，广泛涉猎中外文史哲原典，不断摸索、比较、思考、探索、研究，并形成了自己的一些看法、观点、思想。对那些教授、名家，暗自也“掂量过”“打过分”。当时虽“苏(联)化”严重，但并未受到什么影响。

1952 年　22 岁

○研究康有为，并逐渐扩展到研究整个中国近代思想史。

1953 年　23 岁

○草成康有为研究稿。拟写一本从 1840 年到 1949 年的思想史，收集了不少资料，也写了提纲。

1954 年　24 岁

○6 月，大学毕业，先被告知将留在北大，后却被分配至复旦大学。秋，赴上海报到，因肺结核病大口吐血，复旦不接受，被退回，住在北大第一食堂的宿舍里。

○冬，作七律一首。

○修改《论康有为的"大同书"》，撰《评古典文学研究中的一些错误观点》《关于中国古代抒情诗中的人民性问题——读书札记》等。

1955 年　25 岁

○被调配到中国科学院《哲学研究》当编辑。哲学研究所成立后，调到辩证唯物主义和历史唯物主义研究室，任实习研究员。

○《论康有为的"大同书"》刊于《文史哲》第 2 期。

○4 月 10 日，《评古典文学研究中的一些错误观点》刊于《光明日报》。

○6 月 19 日、26 日，《关于中国古代抒情诗中的人民性问题——读书札记》刊于《光明日报》副刊《文学遗产》，并加了编者按。是先生当时影响最大的文章。邓广铭教授读后询问："这个人是哪里的？"

○《论谭嗣同的哲学思想和社会政治观点》刊于《新建设》第 7 期。

○"反胡风"运动受牵连，被审查一年，后定为受胡风严重影响，需要批判。

1956 年　26 岁

○1 月，撰《谈李煜词讨论中的几个问题》。

○《论十九世纪中国改良派变法维新思想的发展》刊于《新建

设》第 4、5 期。

○《论康有为的托古改制思想》刊于《文史哲》第 5 期。

○夏，于北戴河休养期间撰《论美感、美和艺术(研究提纲)》。

○11 月 12 日，《孙中山——伟大的爱国主义的革命领袖(上)》刊于《中国青年报》。

○11 月 12 日，《反对一切剥削制度(孙中山先生的政治思想)》刊于《光明日报》。

○11 月 13 日，《孙中山——伟大的爱国主义的革命领袖(下)》刊于《中国青年报》。

○《论孙中山的“民生主义”思想——纪念中山先生九十生辰》刊于《历史研究》第 11 期。

○12 月，《论美感、美和艺术(研究提纲)——兼论朱光潜的唯心主义美学思想》刊于《哲学研究》第 5 期。最早用马克思《1844 年经济学—哲学手稿》研究美学。提出“美感两重性”“积累”等重要观点，在文尾提及计划写一本《美学引论》。

○《论孙中山的哲学思想》(与张磊合写)刊于《科学通报》第 12 期。

○是年至 1957 年，再次(大学也曾学过)学习德文，参加德语学习班，能够看点恩格斯原著，但后来全丢了。

○是年至 1964 年，第一次美学大讨论。主要集中在三个问题上：(1)美的本质，(2)自然美，(3)美学的对象，并最终形成了美学三大派别：主客观统一论(朱光潜)、客观论(蔡仪)和客观社会论(李泽厚)。

1957 年　27 岁

○1 月 9 日，《美的客观性和社会性——评朱光潜、蔡仪的美学观》刊于《人民日报》。文中指出：“在人类以前，宇宙太空无所谓美丑，就正如当时无所谓善恶一样。”先生云：“这一看法，也可说是日后‘事实与价值同源’的历史本体论的起点。”

○《论康有为的哲学思想》刊于《哲学研究》第 1 期。

○《关于谭嗣同哲学思想的研究——对孙长江先生两篇文章的一些意见》刊于《哲学研究》第 3 期。

○春，拜访宗白华、蔡仪。

○5 月 17 日，应邀到北京师范大学作美学讲座。（朱光潜、蔡仪、黄药眠等，在此前后也做了讲座）

○5 月至 8 月，前往甘肃敦煌进行学术考察。路上作七律一首《赠同行陈绍丰兄》。

○6 月 9 日、16 日，《"意境"杂谈》刊于《光明日报》。讲到"积累"观念。

○《〈大同书〉的评价问题与写作年代——简答汤志均先生》刊于《文史哲》第 9 期。

○《关于当前美学问题的争论——试再论美的客观性和社会性》刊于《学术月刊》第 10 期。（北师大美学讲座整理稿）

○秋，撰《门外集》《康有为谭嗣同思想研究》两书序。

○12 月至 1958 年冬，到河北省赞皇县下放劳动。突出的感觉是"累"。

○12 月，《门外集》由长江文艺出版社出版。系先生 20 世纪 50 年代部分美学文章结集。

1958 年　28 岁

○《论美是生活及其他——兼答蔡仪先生》刊于《新建设》第 5 期。

○8 月，《康有为谭嗣同思想研究》由上海人民出版社出版。此书是对康、谭"作出的启发性研究"（费正清）；"书中偶尔闪现作者的创见，文笔亦极清新流利，马列教条的陈腐之辞并不多见"（傅伟勋）；"对谭嗣同思想的分析甚多精辟之见"（张灏）。

1959 年　29 岁

○《试论形象思维》刊于《文学评论》第 2 期。

○5 月 12 日，《以"形"写"神"——艺术形象的有限与无限、偶然与必然》刊于《人民日报》。

○7 月 11 日，参加《新建设》在北京召开的美学讨论座谈会，作《美学的研究和讨论应该更多地体现时代精神和民族特色》书面发言，指出应更重视“探讨那凝结在中国美学中的民族的心理、性格、风貌的本质特征”。

○7 月 14 日，《山水花鸟的美——关于自然美问题的商讨》刊于《人民日报》。

○7 月，撰《〈新美学〉的根本问题在哪里？》，好友赵宋光先生参加讨论和写作。

○《炼钢与游公园》刊于《美术》第 8 期。

○撰《关于崇高与滑稽》《略论艺术种类》《审美意识与创作方法——创作方法札记之一》诸文初稿。

○与李希凡、胡经之、严加炎、王世德等人被《文艺报》特聘为特约评论员。

○冬，作七律一首。

1960 年　30 岁

○3 月至 11 月，赴山东曲阜大雨村下放劳动，这是第二次下放劳动。突出的感觉是“饿”。

○冬，下放劳动回来，被贬到研究所资料室工作。利用便利条件，大读哲学书，了解、汲取了当时所能接触到的现代西方学术成果。接受维特根斯坦和杜威许多影响，思考了金岳霖所说的“中国的哲学”与“中国底哲学”的不同，那时已有中国是与西方先验理性不同的“中国理性主义”(即后来“实用理性”的来源)。

○是年至 1964 年，与赵宋光持续探讨人类起源等哲学问题。共同讨论、确立了“人类学本体论”等观念。先生创造了“积淀”(积累沉淀)概念(赵则使用“淀积”)。“积淀”是从哲学点明实践、历史、文化在人的心理上的累积、沉淀，并非经验的或实证的研究。

1961 年　31 岁

○自云：一些核心思想，如“情理结构”“实用理性”等，于是年开始形成。此后，核心思想再无实质性变化，只是不断展开、补充而已。先生云：“当时我已较明确意识到，马克思是从工具、科技、生产力，向外走；我是向内走。他走向生产关系、社会结构、批判资本主义、无产阶级革命等等；我走向文化心理形成、理性来源、情理结构等等。他更重视历史的社会变迁；我更看重历史的心理积累，后来就与康德联系上了。再往后，我提出‘新感性’等，并日益突出‘情本体’等概念和词语，等等。”

○是年至 1964 年，参加王朝闻主编的《美学原理》编写工作。

1962 年　32 岁

○《美学三题议——与朱光潜先生继续论辩》刊于《哲学研究》第 2 期。修正和补充了 1956 年的第一篇文章，是先生最重要的美学论文。提出“美是自由的形式”、“客观的自然的人化”与“主体的自然人化”等等重要观念，并曾想扩展写本《美的哲学》。

○7 月 22 日，《虚实隐显之间——艺术形象的直接性与间接性》刊于《人民日报》。

○11 月 15 日、16 日、17 日，《略论艺术种类》刊于《文汇报》。讲到“沉淀”观念。

○晋升为助理研究员。

○按先生的划分，从哲学上讲，从五十年代到 1962 年发表《美学三题议》止，是其思想发展的第一个阶段。

1963 年　33 岁

○《审美意识与创作方法——创作方法札记之一》刊于《学术月刊》第 6 期。讲到“沉淀”观念。文章对中外艺术史的宏观点评，可视为《美的历程》一书的最早思考。

○《典型初探》刊于《新建设》第 10 期。讲到“沉淀”观念。

○修改《关于崇高与滑稽》稿。

○草拟批评姚文元《美学笔记》的文章提纲，与洪毅然、叶秀山、甘霖、周来祥、刘纲纪等人商议合作撰文批姚，后因“四清运动”没有完成。

○结婚。夫人马文君，小先生八岁，时为中国煤炭文工团舞蹈演员。先生婚前住在哲学所办公楼，后来在蒋宅口有了住处，婚后搬到北京和平里九区一号十三号门一层(煤炭文工团宿舍)，一直居住到 1985 年。

1964 年　34 岁

○8 月 20 日，《两种宇宙观的分歧——驳周谷城及其支持者的“统一整体”论》刊于《人民日报》。(《人民日报》约稿)

○9 月 4 日，《“北国江南”和周谷城的美学理论》(署名：策后)刊于《人民日报》。(《人民日报》约稿)

○10 月，到湖北襄樊参加“四清”运动。

○撰《人类起源提纲》《积淀论论纲》等，初步确立了自己思想的基本观点和基本路径。《积淀论论纲》乃“康德书”(《批判哲学的批判》)之前奏，“康德书”的一些基本命题，如“认识如何可能”“人类如何可能”，论纲均有。

○《美学概论》编写组完成了四十多万字的讨论稿。先生撰写了其中的“审美意识”章。还以当时所能见到的材料为限，撰写了《美英现代美学述略》稿(先生在编写组负责西方近现代美学资料的整理工作)。

1965 年　35 岁

○《帕克美学思想批判》([美]帕克《美学原理》中译本序)刊于《学术研究》第 3 期。

○8 月，结束襄樊“四清”工作返京。不久，又到河北保定徐水参加“四清”至 1966 年结束。

1966 年　36 岁

○郑季翘《文艺领域内必须坚持马克思主义的认识论——对形象思维论的批判》刊于《红旗》第 5 期。先生的《试论形象思维》(1959)是主要的批判对象。

1967 年　37 岁

○"文革"中，从不主动介入，属于"逍遥派"，常请病假在家读书。

○工宣队进驻学部。有人说李泽厚有这么大的社会影响，应该算一个"反动学术权威"，工宣队不同意，因先生工资太低。先生云：学部里都是大人物，自己地位太低，绝对的小人物。在北大看大字报，名字已经被打上"×"了，但在学部还是"群众"。为防止意外，将《积淀论论纲》手稿放在盒子里面，爬进厨房下水道藏起来。

○"文革"中，拟了九个研究提纲(两万余字)。对诸多问题，例如辩证唯物论、《资本论》、革命与改良等等，形成了自己的独立观点、看法。

1970 年　40 岁

○第三次下放劳动，到河南明港干校。空闲时，偷偷地(来人了，就以"学习资料"掩盖)研读英文版康德《纯粹理性批判》，觉得可以提出一些自己的看法，在一个小本子上做了很多笔记，实际是在写《批判哲学的批判》的初稿。

1972 年　42 岁

○5 月，由干校返京。参与任继愈主编的《中国哲学史简编》、《中国哲学史》第四册编写工作。撰写了谭嗣同、太平天国等章节，没占多少时间，有一章连夜写，一个晚上赶了出来。

○是年至 1976 年，集中精力正式撰写《批判哲学的批判》，由原来干校那个笔记本上几万字，慢慢发展到十几万字、二十几万字、三十万字。

○作《蝶恋花》词。

1973 年　43 岁

○3 月，儿子李艾出生。在未出生之前就决定孩子不搞文科。

○秋，作《菩萨蛮》词两首。

○撰《康德的美学思想》。

1974 年　44 岁

○修改《试论人类起源(提纲)》，并与赵宋光多次讨论后，由赵执笔扩展写成《论从猿到人的过渡期》一文，刊于《古脊椎动物与古人类》1976 年第 2 期，署名“方耀”。

1975 年　45 岁

○《从历史文物试探体脑分工的起源》刊于《文物》第 9 期。

○作《鹧鸪天》词，作《题稿费单打油黄鹤楼体》。

1976 年　46 岁

○7 月，唐山大地震。于“地震棚”里写完《批判哲学的批判》。

○10 月，将《批判哲学的批判》书稿交商务印书馆。后因商务印书馆迟迟未出，索回后交人民出版社。

○11 月 26 日，《实用美学的破烂货——斥姚文元的所谓“革命”美学》刊于《人民日报》。

○开始撰写《孔子再评价》。

○作《丙辰杂诗》(七绝七首)。

1977 年　47 岁

○《论严复》刊于《历史研究》第 2 期。其中，包含有对革命与改良、“救亡压倒启蒙”的思考。

○春，与刘长林到北京中医学院听了十多节《伤寒论》等中医课程。

○7 月 15 日，苗力田来函，谈审读《批判哲学的批判》部分书稿的感受，云：“盛夏中展读大作，一付清凉剂也”。

1978 年　48 岁

○1 月 24 日，《形象思维的解放》刊于《人民日报》。

○《形象思维续谈》刊于《学术研究》第 1 期。

○《康德认识论问题的提出》刊于《文史哲》第1期。

○2月11日，《关于形象思维》刊于《光明日报》。

○《章太炎剖析》刊于《历史研究》第3期。

○4月，中国社会科学院正式成立，哲学所是其下的一个研究所，先生继续在哲学所工作。

○《美学的丑剧——评姚文元的〈美学笔记〉》刊于《文艺论丛》第4辑。

○4月，与刘泽华作为两个特约代表，参加在天津召开的全国史学规划会议筹备会。

○《论康德的宗教、政治、历史观点》刊于《社会科学战线》创刊号（5月）。

○《关于康德的"物自体"学说》刊于《哲学研究》第6期。

○《洪秀全和太平天国思想散论》刊于《历史研究》第7期。

○9月，撰《美学论集》后记。

○秋，撰《中国近代思想史论》后记。

○10月，参加在安徽举办的"西方哲学研讨会"，中途又参加在黄山召开的全国鲁迅学术研究会。

○《神的世间风貌》刊于《文物》第12期。

○12月，《孔子再评价》完稿。

○参加《人民戏剧》编辑部召开的关于《海瑞罢官》的座谈会，发言稿《从〈海瑞罢官〉谈起》刊于《戏剧报》1979年第2期。

○是年至1979年，伊朗爆发霍梅尼革命。此事对先生一些观点的形成有影响。

○哲学所美学室成立，先生任副主任，有意识地筹办了三件事：(1)主编《美学》(俗称"大美学")杂志；(2)主编《美学译文丛书》；(3)主编多卷本《中国美学史》。

○中国社会科学院各研究所在"文革"后第一次向全国招收硕士研究生。先生招收五人：徐恒醇、滕守尧、王至元、孙非、刘蕴涵。

○约是年至20世纪80年代后期，出现了第二次美学大讨论。

先生及其美学思想(实践美学)成为此次“美学热”的核心。

1979 年　49 岁

○《略论鲁迅思想的发展》刊于《鲁迅研究集刊》第 1 辑。其中已明确提出中国六代知识分子的分期。

○旧文《康德的美学思想》《美英现代美学述评》刊于《美学》杂志第 1 期。

○3 月,《批判哲学的批判——康德述评》由人民出版社出版。该书问世,“是一个非常重要的哲学事件、理论事件或思想事件”(宋伟);“在用康德解释把握时代命脉甚至推动时代精神的意义上,李泽厚无人可比”(丁耘);“已经能看出一个新的哲学体系”(王浩);“使我第一次真正体会到哲学的魅力”(崔之元)。

○4 月 18 日至 25 日,参加在济南召开的全国哲学学科“六五”规划会议。

○《二十世纪初资产阶级革命派思想论纲》刊于《历史研究》第 6 期。其中,已提出了“救亡压倒启蒙”的观点。

○夏,参加西北大学中文系座谈会。讲演稿《读书与写文章》刊于《书林》1981 年第 5 期。

○《梁启超王国维简论》刊于《历史研究》第 7 期。

○7 月,《中国近代思想史论》由人民出版社出版。此书“是中国近代思想史研究的一个重要收获”(李侃)。出版后反响极大,甚至影响到了作家的小说创作。

○9 月 18 日,参加在北京师范大学举行的关于形象思维讨论会,作《谈谈形象思维问题》讲演,刊于《社会科学通讯》第 20 期。

○秋,《美的历程》完稿。根据许多年断断续续的思考,许多年陆陆续续写下的笔记,在短时间里汇集完成。

○10 月 10 日至 17 日,参加在太原召开的改革开放后第一次全国性的中国哲学史大会。

○12 月,校定《美学论集》清样,并写“校后记”。

○作《形象思维再续谈》讲演。

〇从助理研究员破格晋升为研究员，此事胡乔木起了主要作用。胡乔木、邓力群、胡绳、于光远在社科院任职期间，很器重先生，后来还有意提拔先生为哲学所所长和社科院副院长。

〇邀请刘纲纪共同担任《中国美学史》主编。《中国美学史》由先生与刘纲纪商定内容、观点、章目、形式，由刘执笔写成，先生通读定稿。

1980 年　50 岁

〇1 月 10 日，在北大学习的美国学人舒衡哲(Vera Schwarcz)来信云，读了《中国近代思想史论》，想与先生见面。

〇《盛唐之音——关于中国古典文艺的札记之一》刊于《文艺理论研究》第 1 期。

〇2 月 6 日，为刘再复《鲁迅美学思想论稿》作序。

〇《韵外之致——关于中国古典文艺的札记之二》刊于《文艺理论研究》第 2 期。

〇《宋元山水画的三种意境——关于中国古典文艺的札记之三》刊于《学术月刊》第 2 期。

〇《关于中国古代艺术的札记(三则)》刊于《美学》第 2 期。

〇3 月 12 日，在家接待来访的美国学者舒衡哲，这是他们首次见面，讨论了中国近代史上的一些问题。当年在家接待外宾，曾引起院内所内的调查、询问和警告，但很快也就放开了。

〇《形象思维再续谈》刊于《文学评论》第 3 期。

〇4 月 3 日至 17 日，参加以中国社科院副院长宦乡为团长的访日代表团，访问了东京、京都、奈良等地，参加了举办的多次会议。会见了太平首相，与日本学士院有泽广巳、桑原武夫、贝塚茂树等著名学者进行学术交流。先生讲《孔子再评价》(尚未发表)，引起日本学者关注。

〇6 月 4 日至 11 日，全国美学会议在云南昆明召开。成立中华全国美学学会，朱光潜为会长，王朝闻、蔡仪与先生为副会长。

○《孔子再评价》刊于《中国社会科学》第 2 期。将“仁”做了一种世俗多因素的结构解释。“此作对于现在中国哲学史的研究有突破之功。”(冯友兰)“他是最早给孔子平反的学者，标志着哲学思想史界拨乱反正的开始。”(郭齐勇)此文还包含了“情本体”“巫史传统”等观点和思想。

○7 月，《美学论集》由上海文艺出版社出版。所收文章涉及“美的哲学”、“审美心理学”和“艺术社会学”三个方面。刘再复读后对先生说：“你是有体系的。”

○10 月，在全国高等院校美学教师进修班上，作《美学的对象问题》讲座，讲稿刊于《美学》第 3 期。

○12 月，为《美学译文丛书》《美学丛书》作序。

○冬，为宗白华《美学散步》作序。认为“‘天行健，君子以自强不息’的儒家精神、以对待人生的审美态度为特色的庄子哲学，以及并不否弃生命的中国佛学—禅宗，加上屈骚传统”，是中国美学的精英和灵魂。

○《什么是美学》刊于《美育》创刊号。

○撰《康德哲学与建立主体性论纲》，后刊于《论康德黑格尔哲学》(1981 年)。是第一篇明确提出构建自己哲学系统的纲领性文章，在思想文化界引起了巨大反响。

○上海文艺出版社编辑郝铭鉴提出四卷本《泽厚文存》的出版计划，后因种种原因未出版。

1981 年　51 岁

○1 月 5 日，周锦尉《“我的三条规矩”——访美学家李泽厚》刊于《解放日报》。

○1 月 31 日，出席中国舞蹈家协会“舞蹈美学研究组”成立大会。

○忍言《翻新自有后来人——谈李泽厚》刊于《读书》第 1 期。

○《画廊谈美——给 L · J 的信》刊于《文艺报》第 2 期。

○3 月，《美的历程》由文物出版社出版。是先生流传最广、影响最大的论著。“《美的历程》是一部大书(应该说是几部大书)，是一部中国美学和美术史，一部中国文学史，一部中国哲学史，一部中国文化史。”(冯友兰)“《美的历程》猛然改变了我对国人哲学的成见。”(刘小枫)

○《蔡仪、李泽厚谈美学》刊于《西北大学学报(哲社版)》第3期。

○李丕显《为建立实践观点美学体系而努力——初读李泽厚的〈美学论集〉》刊于《美学》第3期。首次使用“实践美学”一词。

○对宇《李泽厚同志谈美学》刊于《美育》第4期。

○6月，国务院学位委员会通过了学科评议组成员名单，先生与王玖兴、冯契 、任继愈、朱光潜、孙叔平、肖前、周礼全、金岳霖 、赵风歧 、高清海 、黄枬森为哲学评议组成员。

○《审美和形式感》刊于《文艺报》第6期。

○7月15日，国庆《美学的辛勤开拓者——访全国美学学会副理事长李泽厚》刊于《湖南日报》。

○8月，在全国高等院校美学教师第二期进修班上，作《美感的二重性与形象思维》《关于中国美学史的几个问题》讲座，讲稿后刊于《美学与艺术演讲录》(上海人民出版社，1983)。

○9月5日，撰《〈秦王李世民〉观后感》。

○10月，国务院学位委员会公布首批哲学博士学位授予单位及专业和指导教师名单，美学学科仅朱光潜和先生被评为博导。

○11月18日，应北京大学学生美术社邀请，作“谈谈美学问题”讲座。

○《社会科学要现代化》刊于《读书》第11期。

○《佛陀世容》刊于《美学通讯》(试刊号)。

○应邀参加湖南美学学会成立大会。在长沙凭吊父亲的墓地，并顺访了宁乡道林、靳江中学等。

1982年　52岁

○1月4日，《快》刊于《人民日报》。

○《宋明理学片论》刊于《中国社会科学》第1期，

○《李泽厚谈治学经验》刊于《文艺理论研究》第1期。

○刘长林《〈内经〉的哲学》序刊于《读书》第1期。

○2月24日至1983年6月，赴美国威斯理格学院、威斯康星大学、哥伦比亚大学讲学(访问学人)。系先生首次出国。

○3月15日，在哈佛大学演讲，史华兹(Benjamin I. Schwartz)、张光直、杜维明、王浩等与会。又到哥伦比亚大学演讲。

○4月2日，亚洲协会在美国芝加哥举行年会，并邀请海峡两岸学者参加专门讨论关于辛亥革命的分组会。大陆方面派出了由胡绳任团长的代表团。此时，先生已在纽约，参会并提交了《章太炎剖析》文。台湾方面派出了曾任国民党中央副秘书长的秦孝仪为团长的代表团。这是两岸中国学者第一次正式会晤，《人民日报》有报道。

○4月9日，《科学应该是真正的理论思维》刊于《文汇报》。

○《胜过高头讲章》刊于《读书》第4期。

○《孔子的美学思想》《孟子的美学思想》(《中国美学史》部分章节，刘纲纪执笔)刊于《美学》第4期。

○《走我自己的路》刊于《书林》第6期。

○7月6日至15日，参加在夏威夷大学举行的“朱熹国际学术会议”。到会专家60余人分别来自美国、中国(包括香港、台湾地区)、日本、韩国等。陈荣捷、冯友兰、余英时、任继愈、杜维明、傅伟勋等人参会。先生作“朱子与近代中国”(近代，指明清时期)的发言。

○8月10日，自威斯康星麦迪逊大学致函冯友兰，就冯接受哥伦比亚大学授予名誉博士学位答谢辞提出修改意见。

○胡欣新《在学术论争中崛起——记美学家李泽厚》刊于《人才》第9期。

○11月至1990年2月，中国社会科学出版社、光明日报出版社、辽宁人民出版社、中国文联出版公司等，陆续出版先生主编的“美学译文丛书”50种，影响很大。学生滕守尧具体负责丛书的编辑工作。

○《什么是美学》刊于《美学向导》。

○在美期间，与卫斯廉大学舒衡哲合写了英文文章《现代中国的六代知识分子》，刊于 *Chinese Studies on History*（1983 年第 2 期总第 17 卷）。因此文观点几乎完全是《中国近代思想史论》的翻版，并无新意，所以没用中文发表。

1983 年　53 岁

○《中国美学及其他——美国通信》刊于《美学述林》第 1 辑。指出中国哲学所追求的人生最高境界，是审美的而非宗教的。

○秋，参加《丑小鸭》杂志社组织的长江游，同行者有何海霞、娄师白、邵宇、何新等。

○10 月 4 日，李丕显《美学初鸣集》序刊于《人民日报》。

○10 月，《中国近代思想史论》获哲学所 1976—1980 年优秀科研成果一等奖。

○12 月 20 日，《纪念齐白石》刊于《人民日报》。

○12 月，撰《中国美学史》（第一卷）后记。

○撰《关于主体性的补充说明》，刊于《中国社会科学院研究生院学报》1985 年第 1 期。

○担任《中国大百科全书》哲学编辑委员会委员及美学学科主编。

1984 年　54 岁

○1 月 27 日，胡乔木《关于人道主义和异化问题》刊于《人民日报》。发表前，胡曾征询过先生的意见。

○1 月，孙中山研究学会成立，先生与胡绳、刘大年、李侃、金冲及等当选为理事。

○《推荐〈科学研究的艺术〉》刊于《书林》第 2 期。

○《秦汉思想简议》刊于《中国社会科学》第 2 期。

○3 月 7 日，《夜读随录》刊于《瞭望》第 11 期。

○3 月，应邀到河北大学作《美感谈》讲座，讲稿刊于《丑小鸭》第 11 期。

○3 月，撰《李泽厚哲学美学文选》序。

○韵海《万里归来谈美学——李泽厚同志访美情况谈片》刊于《美育》第 3 期。

○《孙老韩合说》刊于《哲学研究》第 4 期。关于《老子》受《孙子》影响，《易传》受《老子》影响等观点，"是最高屋建瓴、洞察隐微，启发我们做深入思考的卓见"(李零)。

○《批判哲学的批评：康德书评》(修订本)后记刊于《读书》第 4 期。

○5 月 16 日，钱学森读了先生谈形象思维文章后，来到和平里九区一号院先生家中交谈，并合影留念。

○《墨子论稿》刊于《学习与思考》第 5 期。

○6 月，为金春峰《汉代思想史》作序。

○6 月，《批判哲学的批判——康德述评》(修订本)由人民出版社出版。

○7 月，与刘纲纪主编的《中国美学史》(第一卷)由中国社会科学出版社出版。

○7 月至 1989 年 11 月，主编的"美学丛书"由中国社会科学出版社陆续出版。

○《推荐书目》刊于《主人翁》第 7 期。

○8 月，参加钱学森主持召开的全国首届思维科学学术讨论会。

○8 月，在河北承德一次学术讨论会上作《谈美》讲座，讲稿后刊于《美·艺术·时代》第 1 辑(1986)。

○10 月，《偏爱》刊于《湖南日报》"文化生活"创刊号。

○11 月 20 日，参加北京大学举行的庆祝宗白华教授从事教学 60 周年座谈会。

○中国文化书院在北京成立。先生被聘为导师。

○在中国作家协会第四次全国会员代表大会上，当选为理事。

〇撰《青年论坛》创刊号寄语。

〇撰《附论孟子》。

〇金观涛主编的《走向未来》丛书出版，先生是编委，但未深入参与。

〇《经世观念随笔》完稿。

〇首次招考博士生，录取赵士林1人。

1985年　55岁

〇《漫述庄禅》刊于《中国社会科学》第1期。

〇《荀易庸记要》刊于《文史哲》第1期。

〇1月3日，《祝〈美学新潮〉创刊》刊于《人民日报》。

〇1月25日，钱学森来函，谈《漫述庄禅》文，云："您立了功！"

〇1月，《李泽厚哲学美学文选》由湖南人民出版社出版。

〇《美学》（为《中国大百科全书·哲学卷·美学》撰写的条目）刊于商务印书馆《外国美学》第1期。

〇《新春话知识——致青年朋友》刊于《文史知识》第1期。

〇春，撰《中国古代思想史论》后记。

〇3月4日至24日，中国文化书院举办第一次全国性的讲习班。作《试谈中国的智慧》讲座，第一次提出"实用理性"和"乐感文化"概念。

〇3月22日，《读〈西方著名哲学家评传〉》刊于《人民日报》。

〇3月，《中国古代思想史论》由人民出版社出版。通过对中国古代思想的粗线条的宏观鸟瞰，探讨中国民族的文化心理结构问题，以获得清醒的自我意识。"李泽厚先生对中国文化积淀往往有新颖深切的体会，而且能把深邃的道理做出精当易晓的解释。"（何炳棣）先生云，在"三论"中，比较喜欢这本，因为提出了一些相当重要的观念和看法，如"实用理性""乐感文化""文化心理结构""兵家辩证法""审美的天地境界"等等。但因对传统文化多有肯定，被视为"保守"，是对《中国近代思想史论》的背叛。

○4 月 7 日，《美学入门书四种》刊于《解放军报》。

○4 月 16 日至 21 日，参加桂林山水美学讨论会。

○4 月，撰《关于技术美学的答问》。

○5 月 16 至 19 日，于复旦大学作《中国思想史杂谈》讲座，刊于《复旦学报》(社科版)第 5 期；作《艺术杂谈》讲座，刊于《文艺理论研究》1986 年第 3 期。

○5 月 21 日，《如此编选》刊于《人民日报》。

○为朱亚光《人类思想的巨人——爱因斯坦》作序，刊于《书林》第 5 期。

○《我的选择》刊于《文史哲》第 5 期。

○《〈中国古代思想史论〉琐谈》刊于《读书》第 6 期。

○7 月 17 日，《美学 101 题——〈美学百题〉序》刊于《人民日报》。

○7 月 27 日，《两点祝愿》刊于《文艺报》。

○7 月 27 日至 8 月 6 日，参加“敦煌全国美学座谈会讲习班”。游览了敦煌、刘家峡水库、炳灵寺等。

○金马《美学家的教子艺术——李泽厚同志一席谈》刊于《父母必读》第 7 期。

○8 月 19 日至 24 日，参加在庐山召开的中国哲学史学术讨论会。发言稿《突破“对子”与“圆圈”》刊于《华东师大学报》1986 年第 1 期。

○撰《启蒙与救亡的双重变奏——五四回想之一》，刊于 1986 年 8 月《走向未来》创刊号。提出了解释中国近现代史思想史上许多错综复杂现象的基本线索和框架，在思想文化界引起巨大反响，争论持续至今。

○9 月，参加上海城市文化发展战略研究论坛，发言稿《开放型、多层次的文化研究》刊于《上海城市文化发展战略研究》第 25 期。

○秋，参加海南大学师范部《中国当代文学作品选评》(全国高校文科教材)修订会。游览海南东海岸一带，参观了海南五公祠、猴岛和石山等。

○10月24日，参加“全国提高电视剧质量研讨会”，发言稿刊于《电视剧艺术论集》(1986)。

○10月26日，《谈工艺美术》刊于《人民日报》。

○10月31日，钱钟书来函。

○《方法论答问：找最适合自己的方法》刊于《文史知识》第10期。

○11月4日，为何新《诸神的起源》作序，刊于《文汇报》。

○11月16日，《电视剧艺术的多样化》刊于《文艺报》。

○11月22日，《破“天下达尊”——贺〈青年论坛〉创刊周年》刊于《人民日报》。

○冬，参加舞蹈美学研究会成立大会并祝辞。

○撰《关于主体性的第三个提纲》，刊于《走向未来》1987年第3期。

○撰《技术美学译丛》序。

○为马正平编《意境论集》作序。

○为杨旭生编《传统文化的反思》作序。

○为刘笑敢《庄子哲学体系及庄学演变》作序。

○招收博士生1人：刘东。招收硕士生5名：赵汀阳、彭富春、杨煦生、周晓燕、黄梅。

1986年　56岁

○春节前，迁入位于海淀区学院南路皂君庙中国社会科学院宿舍三号楼一门九号新居。是在胡乔木指示下分得的。

○1月6日至10日，参加由复旦大学主办的首届国际中国文化学术讨论会。作《关于儒家与“现代新儒家”》发言(刊于1月28日《文汇报》)；又作《“西体中用”简释》发言(刊于7月9日《中国文化报》)。

○1月27日，《海南两记》刊于《人民日报》。

○1月，为王世仁《中国建筑的民族形式》作序。

○《略论书法》刊于《中国书法》第 1 期。

○李黎《诗与美》序刊于《读书》第 1 期。

○《庄子美学札记》刊于《中国文化与中国哲学》第 1 期。

○2 月 9 日，《故园小忆》刊于《湖南日报》。

○2 月 10 日，《地坛》刊于《北京晚报》。

○2 月 16 日，冯友兰主动书写大字对联：“泽厚同学迁入新居戏献以为补壁。西学为体中学为用；刚日读史柔日读经。一九八六年二月　冯友兰时年九十有一”。

○《记中国现代三次学术论战——五四回想之二》刊于《走向未来》第 2 期。

○3 月 14 日，《中国思维是实用理性思维》刊于《人民日报》。

○3 月 20 日，《悼朱光潜先生》刊于《人民日报》。

○3 月，撰《走我自己的路》序。

○《略论现代新儒家》刊于《文化：中国与世界》第 3 期。算是大陆学人第一次概括性评述现代新儒家。

○4 月，为桂林《社会科学家》杂志题辞。

○《古典文学札记一则》刊于《文学评论》第 4 期。

○登卞杰《希望在新一代——李泽厚谈青年》刊于《上海当代青年研究》第 4 期。

○《禅意盎然》刊于《求索》第 4 期。

○5 月 23 日，在杭州举办的“东西方文化比较学术讨论会”上作答问，《文化讲习班答问》刊于台北《中国论坛》1987 年第 296 期。

○《谈技术美学》刊于《文艺研究》第 6 期。

○苏晓康报告文学《沉思在文明暮色中的哲人——李泽厚剪影》刊于《报告文学》第 6 期。

○7 月 31 日，《坚持与发展》刊于《北京晚报》。

○8 月 1 日至 15 日，参加在青岛联合举办的中西文化讲习研讨会。发言稿《西体中用》刊于 9 月 27 日《团结报》。

○8 月 30 日，参加《群言》杂志社“传统文化与现代化的关系”座谈会。

作“西体中用”的发言(刊于《群言》第 11 期)。

○9 月 7 日至 12 日，参加中国社会科学院文学研究所在北京召开的“中国新时期文学十年学术讨论会”。

○10 月 25 日，为赵士林《当代中国美学研究概述》作序。

○10 月，撰《中国现代思想史论》后记。

○11 月 28 日，《美育的广义与狭义》刊于《光明日报》。

○12 月 5 日，为余丽嫦《培根及其哲学》、李述和李小兵《文化的抉择》作序。

○12 月 10 日，《今天中国需要理性》(发言稿)刊于《中国文化报》。

○12 月 10 日，《光明日报》刊登了三联书店《文化：中国与世界》编辑委员会的第一次广告。刊名是先生与编委讨论后最后确定的，但没参加他们的活动。

○12 月 14 日，《人民日报》刊登记者报道《请听北京街头书摊小贩吆喝声“李泽厚、弗洛伊德、托夫勒……”》。

○12 月 18 日，中国社会科学院研究生院学报记者来访，访谈稿未发表。

○12 月 21 日，撰《悼宗白华先生》，未能发表。

○12 月 30 日，《时代和它的孙中山》刊于《文汇报》。

○12 月，《走我自己的路》由北京三联书店出版。先生云，此书可称为“乱七八糟”集，因为什么都有，但也存录了自己多年的一些感触、经历、故事，在非常微小的范围和程度上，反映了某些历史痕迹和艰难步伐。

○撰《跨学科》创刊祝辞。

○《与崔之元的对话》刊于《中国社会科学院研究生院通讯》(1986 年油印本)。

○为郑华光编《企业伦理学文集》作序。

○根据刊于《美育》《北京日报》《解放日报》《文汇读书周报》《中国青年报》《湖南日报》《智慧泉》等报刊的访问记，删改成《答记者问》稿。

〇《试谈马克思主义在中国》完稿。云：“它显然是一个具有头等意义的现代思想史课题。”

1987 年　57 岁

〇1 月至 1988 年 5 月，赴新加坡东亚哲学研究所讲学，任客席研究员。

〇1 月 3 日，《中国现在更需要理性——答于建问》刊于《文艺报》。

〇1 月 5 日，《写文章的人要学点平面几何》刊于《理论信息报》。

〇《青年毛泽东》刊于《河北大学学报》第 1 期。

〇《漫说“西体中用”》刊于《孔子研究》第 1 期。

〇《关于“文化”问题的问答》刊于《电影艺术》第 1 期。

〇《文学研究视角及其他——答〈福建论坛〉记者问》刊于在《福建论坛》第 1 期。

〇《胡适 陈独秀 鲁迅——五四回想之三》刊于《福建论坛》第 2 期。

〇《我对电影、电视的一点看法》刊于《中外电影》第 2 期。

〇3 月，王生平《李泽厚美学思想研究》由辽宁人民出版社出版。

〇《二十世纪中国(大陆)文艺一瞥》刊于《黄河》第 4 期。此文从“中国六代知识分子”角度谈二十世纪的中国文艺，可视为《略论鲁迅思想的发展》一文的扩展。

〇为李述、李小兵《文化的抉择》作序，刊于《读书》第 4 期。

〇6 月 10 日至 13 日，参加“天津城市环境美的创造”学术研讨会。演讲稿《美育与技术美学》刊于《天津社会科学》第 4 期。

〇6 月，《中国现代思想史论》由东方出版社出版。此书原拟最早在 1990 年写成，但先生提前至 1986 年匆匆交稿。此书所述“是个太艰难的课题”，其中提出的“救亡压倒启蒙”“马克思主义的中国化”“西体中用”等等观点，广受争议，至今依然。

○7月，与刘纲纪主编的《中国美学史》(第二卷)由中国社会科学出版社出版。

○8月18日，从新加坡到香港，参加香港商务印书馆主办的“中国传统文化再检讨”的公开学术讲座，作《我所理解的儒学》讲演。

○8月20日，小诗《孤独》刊于《人民日报》。

○8月28日，《与香港学者黄继持、记者林斌的对谈录》刊于香港《信报》。

○8月，以新加坡代表身份参加在山东曲阜举办的儒学会议，讲现代新儒家。

○《李泽厚怎样走上独立思考之路》(与杜耀明对话)刊于香港《明报月刊》9月号。

○10月17日，在新加坡东亚学院区域语言研究中心礼堂作《我所理解的儒学》讲座。

○10月19日，《单靠道德建设不了社会：李泽厚教授谈儒学》(采访：赵慕媛)刊于新加坡《联合早报》。

○10月20日，《先有法律，才有民主》(采访：黄丽萍)刊于新加坡《联合早报》。

○11月25日，《“美的历程”在台湾》(台湾版《美的历程》序)刊于台北《自立晚报》。(又刊于《人民日报》1988年4月22日)

○《李泽厚谈鲁迅与其他五四时期的风云人物》刊于《鲁迅研究动态》第11期。

○12月1日，台湾《文星》杂志本期封面人物：“大陆学界的思想导师——李泽厚”。

○12月，西方著名毛泽东思想研究专家斯图尔特·R. 施拉姆访问中国社会科学院，胡乔木接见并请先生陪同。胡认同先生的毛泽东研究，说“经纬度很准”。

○《答香港记者章浪问》刊于香港《百姓》杂志。

○《美学》杂志第七期出版，随即停刊。

○台湾地区版《美的历程》由台北时报文化出版公司出版。

1988 年　58 岁

○1 月 12 日，在新加坡国立大学中文系作《中国的美学热》演讲。

○1 月 15 日，撰《也谈"之所以"》。

○1 月，撰大陆版《华夏美学》跋。

○为金学智《园林美学》作序，刊于《华中建筑》第 1 期。

○2 月 9 日，于新加坡东亚哲学研究所接受台湾地区记者徐宗懋采访。

○3 月 13 日，《中国当代著名思想家李泽厚真知灼见》（采访：黎德源、林任君、赵慕媛）刊于新加坡《联合早报》。

○3 月 25 日，《与台湾学者蒋勋关于〈美的历程〉的对谈录》刊于台北《中国时报》。其中云："我很想写一本书叫《情感本体论》。我总觉得，情感本身高于一切。"

○4 月，当选为第七届全国人民代表大会教育科学文化卫生委员会委员。

○3 月，在中国文化书院的"中国文化讲习班"作"中国近代思潮"讲座。

○3 月，撰《华夏美学》前记。

○4 月 2 日，参加七届人大小组讨论会。发言稿《过早抛弃新民主主义理论是一大损失》刊于 4 月 7 日的《人民日报》。

○4 月 9 日，《把文学比拟于地球，我很难理解——再答于建问》刊于《文艺报》。

○4 月 12 日，《文学与艺术的情思》（与刘再复对谈）刊于《人民日报》。

○4 月 21 日，《答台湾〈联合报〉记者张丽伽问》刊于台北《联合报》。

○4 月 23 日，在新加坡东亚学院区域语言研究中心礼堂作告别演讲《礼乐传统与儒家美学》（刊于 4 月 24 日《新明日报》，采访者李子毅）。

○4 月，撰《美学四讲》序。

○《造型象棋图片观赏记》刊于新加坡 4 月《联合早报》。

○《答〈世界经济导报〉记者张伟国问》刊于 4 月《世界经济导报》。

○《李泽厚说：文学离不开社会和人的问题》刊于《文艺争鸣》第 4 期。

○李黎《青年一代的美学领袖与哲学灵魂——李泽厚印象》刊于《文学自由谈》第 4 期。

○5 月 4 日，《我们要有前瞻性的文化眼光》（记者孟樊）刊于台北《中国时报》。

○5 月 16 日，何新《李泽厚与当代中国思潮》刊于《光明日报》。

○《李泽厚谈男欢女爱》（记者：黄丽萍）刊于香港 5 月《明报月刊》。

○6 月 15 日，《中国民间文化丛书》总序刊于《中国文化报》。（又刊于香港 6 月 25 日《大公报》）

○6 月至 12 月，任美国科罗拉多学院哲学系客席讲座教授。

○7 月 3 日，为张帆《技术美学》作序。

○8 月 2 日，为陈望衡《心灵的冲突与和谐》作序，刊于《湖南日报》。

○8 月 8 日，《人生、艺术之真义》（致王浩信）刊于《人民日报》。

○8 月，新加坡版《华夏美学》由新加坡东亚哲学研究所出版。

○8 月，当选法国巴黎国际哲学院院士。入选者都是当代国际杰出的哲学家，如伽达默尔、哈贝马斯、奎因等。（二十世纪上半叶，冯友兰当选）

○9 月，《李泽厚集——思想 · 哲学 · 美学 · 人》由黑龙江教育出版社出版，收文 16 篇。

○11 月，《关于改良与革命答记者问》刊于《广州日报》。

〇11 月，香港版《华夏美学》由香港三联书店出版。

〇12 月 20 日，《答台湾〈联合报〉记者王震邦问》刊于台北《联合报》。

〇12 月，为刘文注《张先及其安陆词研究》作序。

〇12 月，台湾版《华夏美学》由台北台北时报文化出版公司出版。

〇12 月，《马克思主义在中国》由三联书店出版。

〇年底，自美国返国途经香港，接受香港记者林道群的采访，对谈稿《“五四”与中国文化讨论的迷思——访问李泽厚先生》刊于《文汇报》1989 年 6 月 15 日。

〇傅伟勋多次邀请为其主编的《世界哲学家丛书》撰写一本关于谭嗣同或康有为或康德的书，先生拒绝。

〇《美的历程》英译本由朝华出版社出版。

〇撰《海外中国研究丛书》序。（刘东提供初稿）

1989 年　59 岁

〇1 月 13 日，访冯友兰，谈冯著《中国哲学史新编》之毛泽东章。

〇1 月，大陆版《华夏美学》由中外文化出版公司出版。

〇元宵节，撰《黄昏散记》。

〇2 月，撰《〈答问录〉的准备提纲》（《主体性哲学第四个提纲》），刊于《学术月刊》1994 年第 10 期。其中一节的标题为：“于是提出了建构心理本体特别是情感本体。”

〇2 月，参加《群言》杂志举办的座谈会，发言稿后刊于《群言》第 3 期。

〇海文、苗凡卒《李泽厚的心灵世界》刊于《随笔》第 2 期。

〇《思想启蒙与反传统——李泽厚谈五四运动》（与刘斯翰、凌峰对谈）刊于《学术研究》第 2 期。

〇《李泽厚教授谈我国社会科学研究何以不深刻》（崔之元采访）刊于《中国社会科学院研究生院学报》第 2 期。

○3 月 4 日，《关于“后现代”》(徐书城《艺术美学新义》序)刊于《人民日报》。

○3 月 9 日，《人民日报》刊登报道《李泽厚当选巴黎国际哲学院院士》。

○3 月 11 日至 25 日，应日本国际交流基金会邀请，访问东京、京都等地，与日本著名学者丸山真男、近藤邦康等晤谈、讨论。

○3 月 21 日，《别是一番滋味》(《古代诗歌精粹鉴赏辞典》序)刊于《人民日报》。

○3 月 28 日，《“五四”的是是非非——答孙尚杨问》刊于《文汇报》。

○3 月，《美学四讲》由香港三联书店出版。“回应了现时流行的中外各美学流派”。此后先生就告别了美学。

○3 月，撰《哲学答问录》(陈冬兰记录整理)。

○《答〈东方纪事〉记者舒可文问》刊于《东方纪事》第 3 期。

○4 月 1 日，参加《中国商报》召开的第一次商业文化研讨会并发言。

○4 月 8 日，祝华新《中华民族需要建设性的理性——两代人中间的李泽厚》刊于《人民日报》。

○4 月 17 日，《“新权威主义”与现代化——答记者孙麾问》刊于《世界经济导报》。

○4 月，撰《我的哲学提纲》前记。

○4 月，答《人民日报》记者杨鸥问。

○5 月 1 日，参加纪念五四运动七十周年座谈会，作《启蒙的走向》的发言(要点刊于《瞭望周刊》第 19 期)。认为当务之急是注意发扬理性，构建理性的形式，树立法律的权威，“多元、渐进、理性、法制”是期待中的启蒙在今日的走向。

○5 月 4 日，撰《走我自己的路》(增定本)序。

○5 月 5 日至 7 日，参加“‘五四’七十周年国际学术讨论会”，发言稿《多元、宽容、理性、法制》刊于《人民日报》5 月

6 日。

○5 月，编定《走我自己的路》(增定本)，撰《〈走我自己的路〉增订本序》。

○5 月，接受《文艺研究》张潇华访谈，访谈稿《美学答问》未发表。

○5 月，根据《漫谈西体中用》删削改写成《关于中国传统与现代化的讨论》文。

○6 月 3 日，《语言的迷宫及其他——三答于建问》刊于《文艺报》。

○6 月，大陆版《美学四讲》由三联书店出版。

○8 月，为高龙《形拓印章作品》作序。

○秋冬，开始撰写《论语今读》。继续作《孔子再评价》一文的工作，即更具体地来阐释孔子。

○11 月，《美的历程》由中国社会科学出版社再版，收入“美学丛书”。

○为《启蒙名著选读》作序。

○撰《无题》，贺《女性人》创刊。

○撰《哲学探寻录》。

○要求退休，未批，被告知与贺麟不占单位名额。

○在整个 20 世纪 80 年代(1979—1989)，先生拥有巨大影响，可以从一些亲历者的话语中窥见一二：“几乎是独领风骚，风靡了神州大陆”(何兆武)；“李泽厚是中国大陆当代人文科学的第一小提琴手，是从艰难和充满荆棘的环境中硬是站立起来的中国最清醒、最有才华的学者和思想家”(刘再复)；“在相当长的时间内，他实际上成为中国人文科学领域中的一个思想纲领的制订者”(陈燕谷、靳大成)；“全局性影响的就这一个”(钱理群)；“对‘文革’后最初几届大学生有笼罩性影响”(甘阳)；“李泽厚是照耀我们精神暗区的一个引领者。在思想和理论层面，他奠定了八十年代文化启蒙的基础”(孙郁)；“李泽厚无疑是一个巨人”(何新)；“一个时代的精神教父”(夏中义)；“寥落中的一颗晨星”(章启群)；如此等等。

1990 年　60 岁

○5 月 5 日至 8 日，全国性大型会议“若干哲学、思想史问题系列讨论会”第一次会议在湖南长沙召开。先生拒绝参会邀请。《若干哲学、思想史问题讨论会纪要》刊于《高校社会科学》第 3 期。

○5 月 7 日，为 Osvaldo I. Martinez 的哲学论文《人类学示意图》作序。

○11 月 1 日，撰《简答敏泽先生》文，回应当日《人民日报》敏泽《学术研究只能从最顽强的事实出发》文，未能发表。

○11 月 3 日，下午到友谊医院探望冯友兰，冯云：“中国哲学将来一定会大放光彩。要注意《周易》哲学。”

○11 月，被聘为《二十一世纪》杂志编委。

○冬，撰《晚风》，刊于 1992 年 2 月《中国时报周刊》美洲版。

○12 月 3 日，参加在广州举办的“纪念黄遵宪先生当代书画艺术国际展览”研讨会。

○12 月 6 日，参加冯友兰先生纪念会。发言稿《迟发的悼念稿——悼冯友兰》刊于香港《明报月刊》1992 年 6 月号。

○12 月，与汝信共同任名誉主编的《美学百科全书》由社会科学文献出版社出版。收“李泽厚”“积淀说”“《美的历程》”“《中国美学史》”“李泽厚技术美学思想”“宋明理学美学”等条目。

○《中国古代思想史论(修订本)》《中国近代思想史论(修订本)》《中国现代思想史论(修订本)》《美的历程(修订本)》《我的哲学提纲》《走我自己的路(增定本)》《批判哲学的批判(修订本)》等，由台北风云时代出版公司出版。

1991 年　61 岁

○1 月，为赵士林博士论文《心学与美学》作序。

○春，完成《哲学探寻录》初稿。

○4 月 22 日至 29 日，参加在厦门召开的“当代中国美学研究前景展望”学术讨论会，与会者自发起立热烈鼓掌。

○5 月 7 日，撰《中国现代思想史论》韩文版序。

○5 月，参加“扬州园林美学会议”。为《扬州园林美学会议论文集》作序。

○6 月 21 日至 23 日，全国性大型会议“若干哲学、思想史问题系列讨论会”第二次会议在北京召开。先生再次拒绝参会邀请。《若干哲学、思想史问题系列讨论会第二次会议纪要》刊于《文艺报》1991 年 9 月 14 日。

○8 月，参加海南大学文学院和台湾谈江大学联合举办的儒家学术文化研讨会。

○8 月，撰《李泽厚十年集》序。

○9 月，回湖南，为岳麓书院题辞：“朱张遗教，湘楚人文”。为母校校友奖励基金捐款 1000 元。

○10 月 28 日至 31 日，参加在衢州召开的“儒学与浙江文化研讨会”。发言稿《儒家作为中国文化主流的意义》(何隽整理)刊于《孔子研究》1992 年第 1 期。

○《美的历程》韩译本出版。

○傅伟勋多次邀请先生为他主编的丛书撰写自传，并给予特高稿酬，未应承。

○依先生的划分，“文革”以后到出国前，是其思想发展的第二个阶段。

1992 年　62 岁

○1 月，旅居美国。自云有三大冒险：一是 62 岁要学开车，二是必须讲课，三是必须用英文讲课。

○1 月至 2 月，邓小平到中国南方视察，发表了著名的“南方谈话”。先生云，这是“一个扭转乾坤的讲话”。

○2 月 27 日，接受美国丹佛《美中时报》总编辑薛海翔采访。

○2 月至 4 月，任美国科罗拉多学院哲学系客席讲座教授。

○春，为《华夏美学》日译本作序。

○4 月至 8 月，任德国图宾根大学东亚系客席讲座教授。讲授“中国古代传统与文化”并主持“中国近现代意识形态”专题研讨班。

○4 月，齐墨《思想家李泽厚评传》刊于台北《中国论坛》第 18 期。

○6 月，撰《美的历程》德译本序。

○《大同新梦》刊于香港《二十一世纪》(6 月号)。

○7 月 19 日，于德国波恩参加会议并发言，汉学家顾彬(Wolfgang Kubin)、罗梅君(Mechthild Leutner)等参会。

○8 月至 1993 年 1 月，任美国威斯康星大学麦迪逊分校历史系客席讲座教授。

○9 月 12 日，在美国华盛顿作《中国文化特征及现状》演讲，史华兹、林毓生等参会。

○11 月 13 日，应日本东京大学教授沟口雄三邀请，参加在横滨召开的“汉字文化圈”第三次国际讨论会，作《大同新梦》讲演。史华兹、余英时、渡边浩等人参会。

○12 月，参加香港中文大学中国文化研究所主办的“民族主义与现代中国国际学术研讨会”。发言稿《关于民族主义》刊于《明报月刊》1993 年 2 月号。

○12 月 21、22 日，香港《信报》记者张一帆采访稿刊于《信报》。

○《怀伟勋》刊于香港《明报月刊》第 12 期。

○为宁乡第四中学(靳江中学)捐资 5 万元人民币。

○《美的历程》德译本出版。

○《中国现代思想史论》韩译本出版。

○依先生的划分，1992 年到海外以后，是其学术思想的第三阶段。

1993 年　63 岁

○1 月至 7 月，任美国密西根大学亚洲语言文化系客席讲座教授。

○《“统购统销”关闭了市场经济之路》刊于《二十一世纪》第2期。

○3月25日至28日，参加洛杉矶美国亚洲学会举办的“与李泽厚对话”圆桌讨论会，作《关于“实用理性”》演讲。林毓生（主持人）、史华慈、狄百瑞（Wm. Theodne de Bary）、张灏等参会。

○3月，当选为第八届全国政协委员。

○5月8日至6月8日，应台北中央研究院文哲所邀请访台湾。系首次来台。

○5月17日，在台北中央研究院中国文哲研究所作《儒学是宗教还是哲学?》讲座。

○5月18日，应台北“中华文化复兴运动总会”邀请，作《知识分子与价值变迁》演讲。

○6月4日，在台北中央研究院中国文哲研究所作《从大陆的美学热谈起》讲座。

○6月11日至17日，参加瑞典斯德哥尔摩“国家·社会·个人”国际会议，作《如何走出既“现代”又“中国”的道路》发言（刊于《明报月刊》8月号）。

○在斯德哥尔摩与高建平哲学对话。对谈稿刊于香港《明报月刊》1994年3月号。其中云：“我对康德的批判，归结起来还是‘一个世界（中国）或两个世界（基督教和希腊哲学的西方）’的问题。”

○8月至1997年，任美国科罗拉多学院哲学系客席讲座教授。

1994年　64岁

○1月，《李泽厚十年集》由安徽文艺出版社出版。系先生论著在大陆首次结集出版，分为四卷六册，第一卷：《美的历程·华夏美学·美学四讲》；第二卷：《批判哲学的批判》《我的哲学提纲》；第三卷：（上）《中国古代思想史论》、（中）《中国近代思想史论》、(下)《中国现代思想史论》；第四卷：《走我自己的路》。

○《治学之路：微观与宏观之间》刊于《原学》第1辑。

○《李泽厚答问》(同人整理)、《再谈“实用理性”》刊于《原道》第1期。

○2月，撰《论语今读》前言。

○与梁燕城哲学对谈稿刊于《文化中国》(温哥华)第2期。其中云：“我从工具本体讲起，到情感本体告终。”

○3月，撰台北三民书局版《李泽厚论著集》总序，以及“哲学编”“思想史编”“美学编”“杂著编”四序。

○4月，顾昕《黑格尔主义的幽灵与中国知识分子——李泽厚研究》由台北风云时代出版股份有限公司出品。

○《关于顾城事件》刊于香港《二十一世纪》4月号。云：“顾杀人凶犯，死有余辜，应予严厉谴责。”

○《关于文化现状道德重建的对话》(与王德胜)刊于《东方》第5、6期。

○《关于哲学、美学和审美文化研究的对话》(与王德胜)刊于《文艺研究》第6期。

○《思想家淡出，学问家凸显》刊于香港《二十一世纪》6月号。“淡出”与“凸显”的观点引发争议。

○《哲学探寻录》刊于《明报月刊》第7—10号。简陋地勾勒了历史本体论哲学，文章最后将过去提到的“情感本体”稍微展开了一下，在伦理学上首次提出“两德论”。

○《美学译文丛书》书目50种刊于《读书》第9期。

○11月9日至12日，受杰姆逊(Jameson)邀请，参加杜克大学的学术会议，并与杰姆逊举行了一场“关于马克思主义”的对话。参加对话的还有哥伦比亚大学的史蒂文森(A·Stephanson)教授、杜克大学的张旭东博士等。

○12月28日至30日，参加在香港举行的“第二次国际现代新儒学会议”，作《关于“内圣外王之道”》发言。

○12月，谷方《主体性哲学与文化问题》由中国社会科学出版社、中国和平出版社出版。

○撰《难道这一切都必然吗?》。

1995 年　65 岁

○1 月 16 日，参加由孔子研究基金会主办的“如何对待中国传统文化”座谈会。

○3 月 22 日，在清华大学校外某饭店，与何兆武及近 10 名学生聚餐交流。对话稿《如何活：度与情》刊于《中国文化》2013 年第 1 期。云：“中国是一个世界，西方是两个世界。”

○3 月 26 日，参加由中国文化研究所和《中国文化》杂志社联合召集的演讲会。参加会议的有李慎之、汤一介、庞朴、梁从诫、沈昌文、董秀玉等。

○4 月 18 日，在香港中文大学新亚书院主持“中国哲学的特征”座谈会，作《再说“西体中用”》《一个世界》讲演。金耀基、刘述先等参会。

○4 月，与中山大学教师座谈；又作《再说“西体中用”》的讲演（刊于《原道》第 3 期，1996）。

○5 月 24 日，《12 亿人口，有一点进步就不得了！——李泽厚谈中国经济》（采访人：陈晓梅）刊于《中华读书报》。

○《关于“美学译文丛书”》刊于《读书》第 8 期。

○12 月 15 日至 18 日，参加马来西亚吉隆坡“传统思想与社会变迁”会议，作西体中用讲演，余英时、杜维明、陈鼓应等人参加并演讲。

○12 月 20 日，在马来西亚《南洋商报》总社礼堂作《为儒家的未来把脉》的演讲，刊于《南洋商报》1996 年 1 月 28 日–30 日。

○《回望二十世纪中国》（与刘再复合著）由香港天地图书出版公司出版。提出“四顺序”等观点，反响很大，争议不断。

○《李泽厚：宽容随和淡泊自甘》刊于香港《明报》。

○为何家栋《牟宗三与当代新儒家》作序《何谓“现代新儒家”》。

○《华夏美学》日译本出版。

1996 年　66 岁

○1 月，为《批判李泽厚》作序《是马非马》。书未出版。

○2 月，撰《世纪新梦》后记。

○4 月，《初拟儒学深层结构说》完稿，刊于《儒家思想的现代诠释》(1997 年)、《原道》第五辑(1998 年)。

○《希望年轻人去创造“思想”》刊于《现代传播》第 4 期。

○5 月 2 日至 3 日，参加韩国首尔“哲学与文化变迁”会议并作演讲，哈贝马斯(Jürgen Habermas)、宋荣培(韩)、陈来、黄俊杰等参会。

○5 月，芝加哥大学邹谠教授来函，云：《回望二十世纪中国》是两年来“对我最有启发的三本书之一”，“极度欣赏”。

○6 月 1 日至 3 日，参加台北“百年中国文学学术研讨会”，担任评论员。吴祖光、贾植芳、北岛、沙叶新、严歌岑等参会。

○6 月 23 日，报道《李泽厚孤独中寻真理》刊于香港《明报》。

○《历史与情感——何兆武〈历史理性批判散论〉序》刊于《明报月刊》6 月号。

○7 月 9 日至 11 日，参加台北中央研究院中国文哲研究所“儒学与现代世界国际研讨会”，提交《初拟儒学深层结构说》。

○7 月，与刘再复对话《关于马克思主义》《阶级协调和阶级斗争》《经济前提与政治民主》刊于香港《明报》。

○9 月，《李泽厚论著集》由台北三民书局出版。分为四卷十册，哲学编：《我的哲学提纲》《批判哲学的批判》；思想史编：《中国古代思想史论》《中国近代思想史论》《中国现代思想史论》；美学编：《美的历程》《华夏美学》《美学四讲》《美学论集(新订版)》；杂著编：《走我自己的路(新订版)》。

○秋，撰《论语今读》后记一。

○10 月 1 日，参加美国科罗拉多学院“李泽厚思想研讨会”，作“*Subjectivity and ‘Subjectality’: A Response*”(《主观性与“主体

性”：一个答复》)演讲。“subjectalit”(主体性)是先生新创造的一个英文词。

〇11月，撰《李泽厚学术文化随笔》跋。

〇《〈论语今读〉前言》《〈论语〉“学而”“为政”二章今读示例》刊于《中国文化》第11期。

1997年　67岁

〇1月13日,《法治的理想和现实——简答林毓生教授》刊于香港《明报》。

〇1月，重修位于宁乡市道林镇河东新村便河组花园托山的祖母徐氏墓碑。

〇《新儒学的隔世回响》刊于《天涯》第1期。

〇2月6日至10日，应未来集团邀请到日本京都，会晤冈田武彦等人，作“西体中用”“中国美学”演讲。

〇2月16日，与戴逸、李慎之、汤一介、庞朴、余敦康等人至刘梦溪家，就刘的《中国现代学术要略》一文座谈。

〇2月19日，邓小平逝世。先生认为：“他是最清醒的”，“大概是近百年对中国最有贡献的人物”，“他上台后的二十年使中国产生了空前巨大的变化”。

〇3月至8月，应邀到台北中央研究院中国文哲研究所进行学术研究(客席研究讲座)。

〇7月8日，在台北中国文哲研究所作讲座《近二十年来中国大陆的文化发展》。

〇7月21日,《关于民族主义》(与刘再复对话)刊于台北《中国时报》。

〇8月25日，参加台北中国文哲研究所“儒学在日本的状况及发展”研讨会，提交研究报告《中日文化心理比较试说略稿》。

〇8月，撰《世纪新梦》又记。

〇8月至1998年6月，任美国科罗拉多学院哲学系客席讲座教授。

○9 月，在美国斯瓦斯摩学院讲授《论语》。

○11 月，《回望二十世纪中国》(第四版)由香港天地图书出版公司出版。

○11 月 14 日，在德国特里尔大学作演讲“*Human Nature and Human Future：A Combination of Marx and Confucius*”(《人的本性与人的未来：马克思与孔子的结合》)。独自游荷兰、埃及等地。

○是年至 1999 年，任美国斯瓦斯摩学院客席讲座教授。

1998 年　68 岁

○2 月，撰《论语今读》后记二。

○4 月 20 日，在美国斯瓦斯摩学院作“教育与未来”演讲。

○4 月，撰《论语今读》后记三，评白牧之、白妙子《论语辨》。

○4 月，《李泽厚学术文化随笔》由中国青年出版社出版。

○4 月，整理对话《关于马克思主义的基本理论与策略理论》。

○5 月 17 日至 19 日，参加在美国科罗拉多大学举办的“金庸小说与二十世纪中国文学”国际研讨会。

○5 月 18 日，美国科罗拉多学院授予先生人文学荣誉博士学位。

○5 月 20 日至 23 日，参加科罗拉多学院“二十一世纪中美对话”会议并作演讲。

○5 月，为德国汉学家卜松山《与中国作跨文化对话》)作序《不讳不扬，非左非右》。云：十几年来，在自己的思考和文章中，“占据核心地位的，大概是所谓‘转换性创造’的问题。这也就是有关中国如何能走出一条自己的现代化道路的问题，在经济上、政治上，也在文化上”。

○6 月，香港版《论语今读》(初稿)由天地图书有限公司出版。本书三要点为：培育人性情感，了解和区分宗教性私德与社会性公德，重视和把握个体命运的偶然。

○7 月，撰《初读“郭店楚墓竹简”印象纪要》，刊于《道家文化研究》第 17 辑(1999 年)。

○8 月 14 日,《李泽厚访谈录(与陈年、柯凯军)》刊于《中国图书商报》。

○9 月 8 日至 16 日应友人邀请，在赵士林等陪同下在川西游览。

○9 月 23 日，应邀到岳麓书院讲学。作《从谭嗣同说起》发言(刊于《原道》第 7 期，2000 年)；回答在座学者的提问，答问稿《李泽厚：答湖南学者问》(刊于《中国书院》第 3 辑 2000 年)。

○9 月至 2001 年 5 月，任美国科罗拉多大学(中国文化研究所)客席研究员。

○10 月,《论语今读》《世纪新梦》由安徽文艺出版社出版。

○11 月，整理对话《关于群体情绪与个体情感》《关于物质一元与精神多元》《关于马克思主义的基本理论与策略理论》。

○《说巫史传统》定稿。认为“巫史传统”是中国上古思想史的最大秘密，是了解中国思想和文化的钥匙所在，“实用理性”“乐感文化”“情感本体”“儒道互补”“儒法互用”“一个世界”等阐述中国文化思想的概念，可用“巫史传统”一词统摄之。

1999 年　69 岁

○1 月,《美学三书》、《李泽厚哲学文存》(上编、下编)、《中国思想史论》(上、中、下)由安徽文艺出版社出版。

○2 月 4 日至 6 日，在美国科罗拉多学院参加由亨廷顿(Samuel P. Huntington)作主题讲演，瑞恰·罗蒂(Richard Rorty)、安乐哲、杜维明等参加的“二十一世纪文化：冲突与会合”学术会议，并宣读论文，后收入科罗拉多学院编的文集中。

○2 月，台北版《回望二十世纪中国》由麦田出版社出版。

○《历史眼界与理论的“度”》刊于《天涯》第 2 期。

○3 月，撰《波斋新说》序、后记。

○5 月，为《屠新时书法——〈易经〉》作序，刊于《中国书法》2004 年 9 期。

○5月，《中国美学史》(第一卷)、《中国美学史》(第二卷，上、下册)由安徽文艺出版社再版。

○《四个“热潮”之后》刊于香港《二十一世纪》第5期。

○《苍白无力的理想主义》刊于《明报月刊》6月号。

○7月6日至8日，参加台北中央研究院中国文哲研究所举办的“儒学思想在现代东亚国际研讨会”。作《说儒法互用》发言。

○7月17日至20日，参加在维也纳举行的“展望二十一世纪的中国”国际学术研讨会。会后，到英国、西班牙游览。

○《读黑格尔与康德》刊于《明报月刊》7月号。

○7月，香港版《波斋新说》由天地图书有限公司出版。先生云，此书是在新世纪来临之际的一个学术发言，原拟作为封笔之作，主题是人类学历史本体论。《巫史传统》《自然人化》拟究天人，《儒法互用》《历史悲剧》思通古今，《儒学四期》则统四说成一家言也。

○9月2日至3日，参加由中国艺术研究院举办的“99世纪之交比较艺术研讨会”。对谈稿《世纪之交的中西文化和艺术》刊于《文艺研究》2000年第2期。

○9月，《美学四讲》由三联书店再版，收入“三联精选丛书”。

○10月9日，参加在北京召开的“纪念孔子诞辰2550周年大会暨国际儒学联合会第二届会员大会”。

○12月，《己卯五说》(《波斋新说》简体字版)由中国电影出版社出版。

○《说儒学四期》刊于《原道》第六辑。

○卸去美国斯瓦斯摩学院教职，正式退休，搬到美国科罗拉多州波德小镇(Boulder)。与友人刘再复家只有几分钟的路，两人常可见面。

2000年　70岁

○1月，《探寻语碎》(杨春时编)由上海文艺出版社出版。

○《四期儒学、后现代主义及新左派——关于李泽厚思想近况及新著〈己卯五说〉的访谈》（与呼延华对话）刊于《芙蓉》第2期。

○3月24日，天则经济研究所召开第五次读书会，研讨《己卯五说》，贺卫方、陈明、王炎、盛洪、萧瀚、雷颐、许明等参会。

○3月24日至26日，应休斯敦美南作协邀请访问美南。

○3月，插图珍藏本《美的历程》由广西师范大学出版社出版，收彩色图版214幅。

○3月，整理对话《关于人文教育》。

○7月，台湾版《论语今读》《波斋新说》由允晨文化实业股份有限公司出版。

○12月，向岳麓书院赠个人藏书数千册并以母亲名字命名“陶懋枏书室”。

○美国学术期刊《当代中国思想》（*Contemporary Chinese Thought*, 32. 2, 2000）出版了冠名为《李泽厚》的论文选集特刊。

○于传勤《李泽厚学术论著提要》由中国文联出版社出版。

2001年　71岁

○1月，“美学三书”插图珍藏本由广西师范大学出版社出版，《美的历程》收图214幅，《华夏美学》收图274幅，《美学四讲》收图272幅。

○《现代性与后现代性——与周宪、吴炫、尔健的笔谈对话》刊于《南方文坛》第1期。

○3月，修订插图本《美的历程》由天津社会科学院出版社出版，收黑白图版257幅。

○6月至2002年6月，在香港城市大学中国文化中心任客席讲座教授。6月至10月，作《由巫到礼》《阴阳五行：中国人的宇宙观》《中国现代民粹主义思想》《中国传统文化与马克思主义》《文化传统与毛泽东》《道德重整与人性问题》等讲座。

〇6 月，撰《历史本体论》序。

〇《应是"绝对权力绝对导致腐败"》刊于《读书》第 6 期

〇《浮生论学》序刊于《明报月刊》7 月号。

〇9 月，《浮生论学——李泽厚、陈明 2001 年对谈录》由华夏出版社出版。

〇11 月 5 日，《鲁迅与胡适比较》(与刘再复对话)刊于《亚洲周刊》。

〇11 月，修订插图本《华夏美学》(收图 250 幅)、《美学四讲》(收图 238 幅)由天津社会科学院出版社出版。

〇《谁之罪》刊于《明报月刊》11 月号。

〇12 月 15 日至 16 日，参加吉隆坡"21 世纪文明对话：诠释与沟通国际学术研讨会"。作《分疏两种道德，对应现代化挑战》演讲。

〇《关于胡适与鲁迅》刊于《明报月刊》12 月。

2002 年　72 岁

〇1 月至 2 月，在香港城市大学中国文化中心作《中国文化的源头符号》《孔子、〈论语〉和儒学》《老子、道家和法家》《庄子和禅宗》《中国传统美学》讲座。原拟将在香港的这些系列讲座出本《香港十讲》，后放弃。

〇《往事如烟》刊于《明报月刊》1 月号。

〇2 月，《历史本体论》由三联书店出版。采用简白通俗的"大众哲学"叙述，为人类学历史本体论画了一个非常简略和相当片断的大体轮廓。

〇3 月 19 日至 21 日，参加香港城市大学中国文化中心举办的"中国文化与全球化研讨会"，作《文明的调停者》讲演，刊于香港《明报月刊》5 月号。

〇4 月 11 日，参加香港科技大学文化研究中心举办的"梦萦中国：民族主义的反思挑战"论坛，作《关于民族主义》发言，刊于香港《明报月刊》9 月 12 日。

○4 月 12 日，报道《李泽厚坦诚致歉》、文摘《李泽厚臧否学界名人》刊于《文学报》。

○5 月 25 日，在香港文化会馆池田纪念讲堂作《漫谈美学》讲演。

○5 月，《美学旧作集》由天津社会科学院出版社出版。

○《读周作人散文的杂感》刊于《明报月刊》6 月号。

○9 月，香港版《历史本体论》由香港商务印书馆有限公司出版。

○9 月，修订彩图版《美的历程》(收图 242 幅)、《华夏美学》(收图 212 幅)、《美学四讲》(收图 244 幅)由天津社会科学院出版社出版。

○11 月，《走我自己的路 · 对谈集》《走我自己的路 · 杂著集》由中国盲文出版社出版。

○香港版《浮生论学——李泽厚、陈明 2001 年对谈录》由天地图书有限公司出版。

○《回望二十世纪中国》韩译本出版。

○于美国为母校宁乡四中(靳江中学)八十周年校庆题贺信并捐资 3 万元人民币。

2003 年　73 岁

○《美的历程——李泽厚访谈录》(与戴阿宝对话)刊于《文艺争鸣》第 1 期。

○5 月至 10 月，《中国古代思想史论》《中国近代思想史论》《中国现代思想史论》《美学三书》《批判哲学的批判》由天津社会科学院出版社再版。

○5 月，《历史本体论 · 己卯五说》由三联书店出版。

○《课虚无以责有》刊于《读书》第 7 期。原为应英国《今日哲学》约撰写的《哲学自传》，中文本有删节。

○澳大利亚汉学家梅 · 约翰教授主编的《新儒家》由 Palgrave Macmillan 出版。与熊十力、梁漱溟、冯友兰、牟宗三同被列入新儒家。

2004 年　74 岁

○2 月，《回望二十世纪中国》(第五版)由香港天地图书有限公司出版。

○3 月，《论语今读》由三联书店再版。

○3 月，《美学四讲》由三联书店再版，收入“中国文库”。

○5 月，撰《实践美学短记一》，刊于《美学》复刊第 1 期(2006)。

○《思想史的意义》刊于《读书》第 5 期。

○6 月，撰《实用理性与乐感文化》序。

○8 月 11 日至 17 日，由赵汀阳、赵士林等陪同，访问东北师范大学。与历史学院韩东育作《儒学的两种线索》对谈，认为“巫史传统”、“情本体”和“兵家辩证法”，是自己中国思想史研究的“三个重要创获”。

○8 月，《自然说话》由湖南美术出版社出版。乃 1998 年 9 月游历四川时与青年学人的对谈录。

○9 月 18 日至 20 日，参加由北京第二外国语学院和中国社会科学院哲学所美学研究室承办的“实践美学的反思与展望”学术研讨会。来自国内外十几所大学和科研机构的 30 名专家学者参会。先生作了简明发言并对他人的发言作了评点(后整理为《实践美学发言摘要》)。第一次公开承认自己的美学是“实践美学”。本次会议内容，收入王柯平主编《跨世纪的论辩——实践美学的反思与展望》(安徽教育出版社，2006 年 10 月)。

○《成绩欠佳，精神可嘉》(与陈明对谈)刊于《博览群书》第 10 期。

○11 月，《中华文化的源头符号》完稿，刊于《明报月刊》2005 年第 7、8、9 期。

○12 月，撰《四星高照，何处灵山》，刊于香港《明报月刊》2013 年第 3 期。

○《中西十哲名次》(与赵汀阳对话)刊于《年度学术2004》。

○刘春整理访问先生手记《关于“成名”等等》。

○《论实用理性与乐感文化》(上、下篇)完稿。此文乃《哲学探寻录》和《历史本体论》的推进与深化。下篇，对“情本体”作了较之前其他论著更系统、更具体的展开和论证。

2005年　75岁

○1月，《“说巫史传统”补》完稿，后刊于《原道》第11辑。

○1月，《实用理性与乐感文化》由三联书店出版。

○《忆香港》刊于香港《明报月刊》1月号。

○《李泽厚访谈：艺术与科学》刊于《艺术与科学》第1卷。

○2月23日，《甲申年末与李泽厚先生谈天说地》刊于《第一财经日报》。

○3月，撰《回答陈传席的批评》。回应陈传席1984年对《美的历程》的批评。

○4月28日，《李泽厚谈张悦然》刊于《中国青年报》。

○6月，于美国科罗拉多博尔德手术前完成长篇对话稿《再谈马克思主义在中国》。文章承续了《试谈马克思主义在中国》(1987年)的基本观点，但更直接、更深入。

○9月27日，《李泽厚：穿越美与不美》(采访：陈远)刊于《新京报》。

○9月，应华东师范大学和上海社科院之邀访问上海。与华东师范大学杨国荣对谈，对谈稿《哲学对话：问题与思考》刊于《学术月刊》2006年第2期。

○10月7日，《“哲学家只提供视角”》(采访：贺莉丹)刊于《新民周刊》。

○10月31日，《谈“超女”(超级女声)》、《李泽厚：我一直是孤独的》(采访：刘彦、丁尘馨，刘黎黎)刊于《中国新闻周刊》。

○《记忆》刊于香港《明报月刊》10月。

〇12 月 3 日，出席由《经济观察报》主办的观察家年会，作《儒学四期与转换性创造》发言，刊于 12 月 12 日《经济观察报》。

〇12 月 5 日，《浮生论事》(记者：黄锫坚)刊于《经济观察报》。

〇12 月 8 日，为金维诺主编《中国美术全集》作序。

〇《要启蒙，不要蒙启——李泽厚谈 2004 年传统文化复兴思潮》刊于《外滩画报》第 114 期。

〇《李泽厚：我做了应当做的事而已》(采访：董微)刊于《新周刊》(总第 400 期)。

〇《〈原道〉、儒学与中国——李泽厚先生 2005 北京访谈录》(采访：王心竹)刊于《原道》第 12 期。

〇撰《"中国有无哲学"端赖如何界定"哲学"》《哲学史、思想史、学术史的区划》。

2006 年　76 岁

〇1 月 20 日，《理想、激情和希望的年代》(采访人：楚波)刊于《南都周刊》。

〇3 月，撰《情本体、两种道德和"立命"》。

〇4 月 18 日，《"道德价值有绝对性"》(采访：予沉)刊于原道网。

〇4 月 30 日，《李泽厚批陈明：施琅绝对不是民族英雄》(采访：彭晓芸)刊于《南都周刊》。

〇 4 月，《再谈马克思主义在中国》第二、三部分以《关于马克思的理论及其他》为题刊于"儒学联合论坛"。

〇5 月 17 日，参加纽约大学东亚系举行的"李泽厚 2006 春季纽约大学讲座"。与会教授有张旭东、Moss Roberts、Zvi Ben-Dor；与会学生有纽约大学比较文学系、东亚系、历史系博士生。对谈稿《历史本体论的起点》刊于《学问：中华文艺复兴论(一)》(2016 年)。

〇5 月 27 日，《回应李幼蒸》刊于"儒学联合论坛"。

○5 月，《历史本体论·己卯五说（增定本）》由三联书店出版。

○5 月，《美学》复刊。先生任名誉主编。复刊第 1 期（总第 8 期）收先生《度与个体创造》《实践美学短记（2005）》《实践美学会议发言摘要》。同时出版《美学·回顾版》一册，收先生《美学的对象与范围》《康德的美学思想》。

○《漫谈康有为》刊于香港《明报月刊》5 月号。

○《与李泽厚谈"巴别尔马背日记"》（采访：王天兵）刊于《社会科学论坛》5 月号。

○《李泽厚提出：中国语文不可能拼音化》刊于《汉字文化》第 5 期。

○7 月，撰《马克思主义在中国》序、《批判哲学的批判》第六版后记。

○8 月，与美国学者简·科威尔合译的《美学四讲》由美国 Lexington Books 出版社出版。

○9 月，《马克思主义在中国》由香港明报出版社出版，收入"廿一世纪文库"。是先生相关文章的汇总，云："'马克思主义在中国'始终是历史和现实的重大课题"，"关系着中国今日和未来在经济、政治、文化上的走向"。

○《再谈马克思主义在中国》第一部分（节选）刊于《明报月刊》第 9 期。

○秋，整理对谈《走出语言学世纪》《关于存在的"最后家园"》《对沟口雄三亚洲表述的质疑》《老庄哲学与海德格尔的根本区别》。

○10 月 14 日，与首都师范大学政法学院师生在京城昆玉河一艘游船上座谈。先生在行程中欣然题词："行舟水上，论及天人。"

○10 月 20 日，回湖南宁乡，与老同学聚会，为宁乡四中、湘潭市一中题词。向宁乡四中捐赠 8 万元人民币，以母亲的名义设立"陶懋枏奖学金"。

○10 月，整理对谈《反“反二分法”与“后现代主义”》。

○11 月，《论语今读》由三联书店再版。

○12 月 7 日，《实践美学短记之二》完稿。

○12 月，与潘公凯对话。对话稿《“四大主义”与中国现代美术》刊于《潘公凯：弥撒与生成》(第四卷)(2013 年)。

○12 月，《李泽厚近年答问录》由天津社会科学出版社出版。

○《李泽厚论家国天下》(记者舒泰峰) 刊于《瞭望东方周刊》第 159 期。

2007 年　77 岁

○1 月 24 日，香港凤凰卫视《开卷八分钟》节目介绍先生《论语今读》。

○《循康德、马克思前行》(提问者：舒炜) 刊于《读书》第 1 期。

○《蒲公英》刊于香港《明报月刊》第 1 期。

○《忆长沙》(《长沙百咏》序) 刊于香港《明报月刊》第 2 期。

○3 月 22 日，《他们是精英和平民之间的桥梁》(记者：张健) 刊于《南方周末》。

○3 月，《论语今读》由天津社会科学院出版社再版。

○4 月，《谈“恻隐之心”》刊于“孔子 2000”网站。

○4 月，汪济生《实践美学观解构——评李泽厚的〈美学四讲〉》由上海人民出版社出版。

○7 月 6 日，《〈论语〉的生存智慧具有普遍性》(记者：陈远) 刊于《新京报》。

○8 月 1 日至 2 日，在北京卧佛寺参加清华大学人文与社会高等研究中心、汕头大学主办的第三届“孔子与当代中国”讨论会并发言。

○8 月 6 日至 7 日，参加东北师范大学主办的“东亚思想史国际学术研讨会”。晚上，与历史学院师生座谈。

○10 月 29 日，参加在北京大学临湖轩举办的由哈佛大学哈佛燕京学社主办的“儒学第三期的三十年”学术座谈会。

○10 月，“李泽厚集”之《批判哲学的批判：康德述评》(三十周年修订第六版)由三联书店出版。

○《每一个女人都需要生一个孩子》(采访：朱慧憬)刊于《新周刊》第 14 期。

○《李泽厚：希望〈读书〉保持批判锋芒》刊于《南风窗》第 15 期。

○《高喊孔子救天下，那是没有用的》刊于《南都周刊》总第 78 期。

○《情本体在今日》刊于《中国美学研究》(2007)。

○《论语今读》韩译本出版。

○入选由美国著名哲学家 Constantin V. Boundas 主编的《哥伦比亚二十世纪哲学指南》(*Columbia Companion to Twentieth-Century Philosophy*)。这是第一部全面覆盖二十世纪哲学的指南，被称为“为一个极其重要的世纪的哲学史提供了珍贵无比的评述和全景视角”。所收中国哲学家分为两类，第一类是“新儒家”七人，有梁漱溟、熊十力、牟宗三、唐君毅、冯友兰、钱穆、徐复观等。第二类是“马克思主义的改革者”两人：毛泽东和李泽厚。

2008 年　78 岁

○1 月 10 日，《了解中国传统的切入口》(王柯平《中国思维方式》序)刊于《环球财经》。

○3 月，彩图本《美的历程》由天津社会科学院出版社出版，收彩图 310 幅。

○3 月，为顾明栋《原创的焦虑：语言、文学、文化研究的多元途径》作序。

○4 月，撰《关于“美育代宗教”的杂谈答问》，刊于《美学》第 3 卷(2010 年)。

○5 月，《新版中国古代思想史论》《人类学历史本体论》由天津社会科学院出版社出版。

○6 月至 7 月，“李泽厚集”之《中国古代思想史论》《中国近代思想史论》《中国现代思想史论》《华夏美学 · 美学四讲(增订本)》《论语今读》《实用理性与乐感文化》《历史本体论 · 己卯五说(增订本)》《杂著集》由三联书店出版。

○9 月 29 日，与李泽民、李泽利、李泽美、李泽珊等兄弟姐妹，到位于湖南长沙望城区白沙洲街道马家河社区响塘组的李朝斌墓祭祖。

○10 月 23 日，参加在贵州大学中国文化书院举行的为纪念改革开放 30 周年召开的“中华传统文化与中国特色社会主义理论”研讨会。朱厚泽、顾久、陈叔平、封孝伦、张新民、陈明等参会。座谈会纪实《道统 · 学统 · 政统——李泽厚、朱厚泽访问贵州大学中国文化书院座谈纪实》刊于《阳明学刊》2016 年第 6 期。

○11 月 3 日，参加中国文化研究所举办的“戊子岁尾雅集”，庆祝中国文化研究所暨《中国文化》杂志创建 20 周年。

○12 月 11 日，《李泽厚：我和八十年代》(采访：马国川)刊于《经济观察报》。

○12 月，《美的历程》入选《南方周末》“改革开放 30 周年：思想十大作品”。

○撰《认识论答问》。

2009 年　79 岁

○5 月 20 日，香港凤凰卫视《开卷八分钟》栏目介绍《中国现代思想史论》。

○7 月，“李泽厚集”之《美的历程》由三联书店出版。同时，三联书店推出盒装《李泽厚集》(精装 10 卷)。

○9 月 20 日，出席在武汉美术馆和湖北美院美术馆举办的“德中当代艺术展”开幕式。与好友刘纲纪叙旧。

○9 月 26 日，《李泽厚：关心现实的学者》(采访：陈晓)刊于《三联生活周刊》。

○9 月，《中国古代思想史论》《中国近代思想史论》《中国现代思想史论》由三联书店再版，收入“中国文库”。

○9 月，《新一轮“儒法互用”》完稿。

○10 月 21 日，《李泽厚：寂寞中独行的学者》(记者：朱柳笛)刊于《新京报》。

○10 月，撰《伦理学纲要》序。

○11 月，撰《关于我和台北三民书局的故事》。

○12 月 17 日，接受了凤凰网和正义网的联合访谈，采访稿《对中国是“审慎地乐观”尤重“审慎”》刊于凤凰网。

○12 月，与《金融时报》中文网总编辑张力奋对谈，对谈稿刊于 FT 中文网 12 月 31 日。

○12 月，刘再复《李泽厚美学概论》由三联书店出版。

○《关于“有关伦理学的答问”的补充说明》刊于《哲学动态》第 11 期。

○旧作《提倡一个并不清楚的东西是危险的——关于“民族主义”的对谈》(与刘再复对谈)刊于《同舟共济》第 12 期。

2010 年　80 岁

○1 月，《人类学历史本体论》(增补版)由天津社会科学院出版社出版。

○1 月，《伦理学纲要》由人民日报出版社出版。先生晚年转入伦理学研究，认为伦理学的重要远在美学之上，因为现实性强，《纲要》就是其伦理学研究的一次总结。在人类学历史本体论哲学视角下，将道德、伦理作内外二分并强调由外而内，道德作宗教性与社会性二分，人性作能力、情感、观念三分，提出“共同人性”“新一轮儒法互用”等来讨论伦理学的一些根本问题。

○旧作《理念与情爱的冲突》刊于《社会科学家茶座》第 1 期。

○2 月，入选当今西方世界最全面、最权威、最有参考价值的文艺理论选集《诺顿理论与批评选集》(*Norton Anthology of Theory and Criticism*)第二版。“李泽厚”被列入(一)“美学”、(二)“马克思主义”、(三)“身体理论”三个条目。其中,“美学”类最引人注目。《美学四讲》在与古人刘勰《文心雕龙》、陆机《文赋》和叶燮《原诗》等比较中被选中。“美学”类仅收入 13 位学者,皆是西方哲学史上具有赫赫声名的大哲学家,如休谟、康德、莱辛、席勒、黑格尔等,先生是唯一的非西方哲学家。《选集》云:“李泽厚是当代中国学术界的一个奇观!”

○《与刘再复的美学对谈录》刊于《渤海大学学报》第 2 期。

○旧作《孙中山评说——革命人格与近代精神》刊于《同舟共济》第 2 期。

○旧作《关于教育的两次对话》刊于《东吴学术》第 3 期。

○旧作《个人主义在中国的沉浮》刊于《华文文学》第 4 期。

○5 月 14 日,施雨《中国第一人:李泽厚入选世界文艺理论选》刊于《文艺报》。

○5 月,撰《哲学纲要》总序及《认识论纲要》《存在论纲要》序。

○旧作《启蒙的走向》《初拟儒学深层结构说》《中日文化心理比较试说略稿》刊于《华文文学》第 5 期。

○6 月,《南方人物周刊》第 20 期以《八十李泽厚:寂寞的先知》为题,将先生作为封面人物,并配发三篇文章:《时代和它的李泽厚》(《南方人物周刊》编辑部)、《寂寞思想者》(记者:卫毅)、对话《我现在是静悄悄地活着,也准备静悄悄地死掉》(记者:卫毅、施雨华)。

○6 月,凤凰网推出“乘桴浮于海:八十李泽厚”专版。

○6 月,《论语今读》、《美的历程》、《学生三书》(《傅雷家书》《中国哲学简史》《美的历程》),由凤凰出版传媒集团、江苏文艺出版社再版。

○7 月 6 日,《90 后看似嬉戏逍遥,却可随时挺身而出》(记者:卢雁)刊于《东方早报》。

○7 月 7 日,顾明栋《原创性是学术最高成就的体现——从〈美学四讲〉入选〈诺顿理论与批评选〉》刊于《文汇报》。云:“李先生的原创性，足以使他当之无愧地跻身于世界最伟大的文艺理论家之列。”

〇7月21日，《文化重量与海外前景——王岳川与李泽厚在美国的学术对话》刊于《中华读书报》。(未经先生审订)

〇8月4日，《大国文化与正大气象——王岳川与李泽厚在美国的学术对话》刊于《中华读书报》。(未经先生审订)

〇8月，撰《哲学纲要》总序之“再记”。

〇9月11日，由中国社会科学院哲学所美学室、《世界哲学》杂志社、《读书》杂志编辑部和北京第二外国语学院跨文化研究院联合主办的“李泽厚思想学术研讨会”召开。30多名特邀专家学者及40多名博士、硕士研究生出席。会议分美学思想、思想史研究、学术思想的方法论意义等三个专题展开了深入的讨论。《畅论中国美学与文化精神——“李泽厚思想学术研讨会”报道》(邓娜、刘晗、徐飞)刊于《世界文学》2011年第5期。

〇9月18日，《警惕民族主义与民粹主义合流》(与易中天对话)刊于《新京报》。

〇9月，在上海《东方早报》安排下，参观上海世博会。

〇10月18日—19日，在北京与刘绪源对话，整理成书稿《该中国哲学登场了?》。

〇刘再复、贾晋华《李泽厚：首个走进世界哲学殿堂的华人》刊于香港《明报月刊》第10期。

〇10月24日，《再谈思想与学问》(记者：张明扬)刊于《东方早报》。

〇10月，《美的历程》由人民文学出版社出版，收入“语文新课标必读丛书”。

〇11月4日，撰《该中国哲学登场了?》序。

〇11月4日，《李泽厚：改良不是投降，启蒙远未完成》(记者：萧三匝)刊于《南方周末》。

〇11月22日，《“性情”李泽厚：思想之河汩汩向前》(记者：李杨)刊于《文汇报》。

〇11 月 22 日，《李泽厚：当下中国需建立公共理性》(记者：武云溥)刊于《新京报》。

〇11 月，撰《说巫史传统》《说文化心理》《说西体中用》《说儒学四期》序。

〇贾晋华《走进世界的李泽厚》刊于《读书》第 11 期。

〇12 月 3 日，撰《李泽厚论教育 · 人生 · 美——献给中小学教师》序。

〇修改《认识论答问》稿，刊于《中国文化》2012 年春季号。

〇《秦晓、李泽厚：需要什么样的现代性》刊于《财经》第 24 期。

〇《现实让美变得困难》(记者：袁凌)刊于《凤凰周刊》第 28 期。

〇凤凰网 2010 年终策划专题"中国向何处去?"专题，与周有光、科斯、吴敬琏、资中筠、萧功勤、秦晓、周其仁、徐小年、张维迎等学者参与。先生认为：中国特别需要培育宽容、怀疑、理性的批判精神，并逐渐褪去和避免各种民族主义、道德主义、民粹主义煽动的情绪狂热和政治盲动。

〇《华夏美学》英译本出版。

〇作题照句："四星高照，生活无聊；七情渐消，天涯终老。"

2011 年　81 岁

〇1 月 9 日，《李泽厚：没有新意不要写文章》(与刘绪源对话)刊于《新民晚报》。

〇1 月 9 日，《"红楼梦"与"乐感文化"》(与刘绪源对话)刊于 2 月 22 日《文汇报》。

〇1 月，《哲学纲要》由北京大学出版社出版。系先生原创性思想系统"人类学历史本体论"的集大成之作，"告别人生、谢幕学术、留作纪念"。分为《伦理学纲要》《认识论纲要》《存在论纲要》三部分，采取积淀论的哲学心理学的独特方向，融中国传统、康德、马克思于一炉，以"人活着""度的本体性"等等的重构建设，反对流行的后现代主义，凸显出当今人类与个体的命运问题。

○《教育是个大问题——专访著名哲学家李泽厚》刊于《教师月刊》第1期。

○《李泽厚谈学术思想三阶段》(与刘绪源对话)刊于《上海文学》第1期。

○《“情本体”是一种世界性视角》(与刘绪源对话)刊于《读书》第1期。

○《彷徨无地后又站立于大地——鲁迅为什么无与伦比》(与刘再复对谈)刊于《鲁迅研究月刊》第2期。

○《哲学—美学—哲学》(与刘绪源对话)刊于《上海文学》第2期。

○《所有研究，环绕一个“同心圆”》(与刘绪源对话)刊于《上海文学》第3期。

○4月，为《文史哲》创刊60周年题词。

○4月，《该中国哲学登场了？——2010年李泽厚谈话录》(李泽厚、刘绪源)由上海译文出版社出版。

○《从“两德论”谈普世价值与中国模式》刊于《东吴学术》第4期。

○5月，《回望二十世纪中国》(第六版增补本)由香港天地图书有限公司出版。

○6月23日，中央电视台读书栏目播出“体味中国美，重读《美的历程》”节目。

○7月10—13日，在北京与刘绪源对话，整理为书稿《中国哲学如何登场?》。

○7月，钱善刚《本体之思与人的存在——李泽厚哲学思想研究》由安徽大学出版社出版。

○《为什么要整理历史？——李泽厚2010年谈话录(一)》(与刘绪源对话)刊于《瞭望东方周刊》第8期。

○9月3日至4日，“八十年代中国思想的创造性：以李泽厚哲学为例”国际研讨会在北京大学高等人文研究院召开，杜维明、钱理群等30余位学者参加。先生未参加会议，提交了《让哲学走出语言牢笼》的书面发言，并在第一天会议结束后的晚宴上和与会学者见了面。研讨会记录稿《李泽厚与80年代中国思想界》刊于《开放时代》第11期。

○9月，《李泽厚论教育·人生·美——献给中小学教师》(杨斌编)由华东师范大学出版社出版。

○《“我不接什么轨，仍然是我行我素”——李泽厚2010年谈话录(二)》(与刘绪源对话)刊于《瞭望东方周刊》第8期。

○《不要“理想社会”，但是要“社会理想”——李泽厚2010年谈话录(三)》(与刘绪源对话)刊于《瞭望东方周刊》第9期。

○11月6日，《李泽厚：中国精神，在于包容》(记者：王锋)刊于《华商报》。

○12月5日，《能不能让哲学“走出语言”》(与刘绪源对话)刊于《文汇报》。

○《六十年代残稿》(原题《积淀论论纲》)刊于《中国文化》秋季号。

○《告别辛亥革命》(与马国川对话)刊于《信睿》第6期。

2012年　82岁

○《关于“体用”“超越”和“重叠共识”的对话》(与童世骏)刊于《哲学分析》第1期。

○《“情本体”的外推与内推》(与刘绪源对话)刊于《学术月刊》第1期。

○《信仰照亮未来——访李泽厚先生》刊于《湘水》第1期。

○2月8日，《我非狂者，狷者而已》(与刘绪源对话)刊于《中华读书报》。

○2月29日，《哲学家不能去做“哲学王”和“帝王师”》(与刘绪源对话)刊于《中华读书报》。

○《中学习作三则》刊于《教师月刊》第2期，收先生少年时期习作三篇：《反东坡晁错论》《夏池听蛙》《张家四杰传》。

○3 月 2 日，《从“度”到“美”：与李泽厚对话》(与刘绪源对话)刊于《深圳特区报》。

○4 月 19 日，《给美国学生讲中国哲学》(与刘绪源对话)刊于《文汇报》。

○5 月，张伟栋《李泽厚与现代文学史的“重写”》由江西人民出版社出版。

○6 月，《历程 · 简史(拥抱传统文化)》(《美的历程》《中国哲学简史》)，由凤凰出版传媒集团、江苏文艺出版社出版。

○6 月，《中国哲学如何登场？——2011 年李泽厚谈话录》(李泽厚、刘绪源)由上海译文出版社出版。“他晚年的哲学访谈，摆脱了世俗哲学写作的繁琐无谓的论证和舞文弄墨的铺陈，以简白直接的方式，陈述了其哲学的要义，对中国哲学的当代建构提出了重要的意见和主张。”(陈来)

○6 月，“李泽厚旧说四种”：《说文化心理》《说巫史传统》《说西体中用》《说儒学四期》，由上海译文出版社出版。

○6 月，赵士林《李泽厚美学》由北京大学出版社出版。

○7 月 27 日，《我的一生平凡简单》(与刘绪源对话)刊于《文汇读书周报》。

○9 月 23 日，拜访 107 岁的周有光。对谈稿《与周有光关于健康的对话》(卢雁整理)刊于《东方早报》新媒体创刊号。

○11 月，赵士林主编《李泽厚思想评析》由上海译文出版社出版。

○《“伦理学答问”补》刊于《读书》第 11 期。

○《寻找大师花絮——李泽厚》(采访：卞毓方)刊于《海燕》第 12 期。

○《悼念》刊于《明报月刊》第 12 期。

○《李泽厚：小步走，慢慢来》(记者：萧三匝)刊于《中国企业家》第 20 期。

○香港凤凰卫视《腾飞中国》播放：“文化纪事(251)八零年

代人物——李泽厚”。

2013 年　83 岁

○1 月 8 日，《有点不谋而合》刊于《今晚报》。

○旧作《中国现代诸作家评论》《哲学智慧和艺术感觉》《文学政治一元论批判》《政治压顶的浮躁文化》刊于《华文文学》第 3 期。

○5 月，为四卷本《王世德文学审美学文集》作序。

○旧作《形式层与原始积淀》(中、英文)刊于《东吴学刊》第 6 期。

○贾晋华《〈哥伦比亚二十世纪哲学指南〉中的李泽厚》刊于《东吴学术》第 6 期。

○10 月，《哲学纲要》获华东师范大学第二届思勉原创奖。

○12 月 17 日，《经改比政改难，难在阻力更大》(记者：卢雁)刊于“共识网”。

○12 月 30 日，《构建正义基础上的和谐——从桑德尔的〈正义〉说起》刊于上海《社会科学报》。

○《和李泽厚先生越洋电话》刊于黄梅著《结婚话语权》(光明日报出版社)，作为“代序”。

2014 年　84 岁

○1 月 1 日，《回应桑德尔及其他》(文摘)刊于《中华读书报》。

○在美国家中与刘悦笛对谈，由刘整理出四稿：《“情本体”是世界的》刊于《探索与争鸣》2014 年第 4 期；《关于“情本体”的中国哲学》刊于《文史哲》2014 年第 3 期；《从“情本体”反思政治哲学》刊于《开放时代》2014 年第 4 期；以及《“情本体”对谈拾遗》。

○《未来中国政治之走向——关于“中国式自由主义”发展路径的对话》(与干春松)刊于《南国学术》(澳门)第 1 期。

○3 月，撰《李泽厚对话集》序。

○陈望衡《访李泽厚教授》刊于《美与时代》第 3 期。

○4 月，《回应桑德尔及其他》由北京三联书店、香港牛津大学出版社出版。借题发挥，主要讲自己的伦理学，将“两德论”等作了进一步阐明。

○《何谓哲学》(李泽厚、陈嘉映、杨国荣、童世骏、郁振华)刊于《分析哲学》第 4 期。

○5 月 9 日至 21 日，在华东师范大学开设伦理学讨论班，共开课四次。报名参加者云集，除了学生，还有专程从北京、湖南、杭州、广州等地以及上海本市自发赶来的其他高校教师、记者和律师。为让更多的关注者参与其中，举办方在主会场之外，又全程开通 3 个视频直播会场。《文汇报》《解放日报》《社会科学报》《瞭望东方周刊》《上海观察》《长江日报》《羊城晚报》《第一财经报》以及搜狐网、凤凰网等各种媒体也争相报道研讨班的情况。成为 2014 年中国思想界、文化界的标志性事件之一。

○5 月，《李泽厚话语》(邓德隆、杨斌编)由华东师范大学出版社出版。

○5 月，赵士林、高明主编《李泽厚研究》(第一辑)由中国财富出版社出版。

○6 月 11 日，《伦理、道德与哲学——李泽厚、杨国荣关于伦理学问题的对话》刊于《中华读书报》。

○6 月，撰《释礼归仁》。

○7 月 11 日，出席凤凰网、岳麓书院联合主办的“致敬国学——首届全球华人国学大典”启动仪式。“乡情难却，偶一为之”。

○8 月，《李泽厚对话集》由中华书局出版，分为七卷：《八十年代》《九十年代》《廿一世纪(一)》《廿一世纪(二)》《浮生论学》《与刘再复对谈》《中国哲学登场》。

○8 月，《为什么说孔夫子加 Kant》完稿。指出：“有关形而上学，我提出和回答的是三个问题。一、人类如何可能？答曰：使用—制造工具的历史经验产生了理性。二、什么是人性？答曰：情理结构、自然情欲与理性的各种矛盾融汇。三、人为何在中国传统中位置较高？答曰：巫史传统、一个世界之故。所以，人类学历史本体论以孔夫子为主，吸收和消化康德与马克思。”

○8 月，撰《由巫到礼 释礼归仁》前记。

○10 月 12 日，《泽丽妹妹》刊于《东方早报》。

○10 月，世界儒学研究联合会在美国夏威夷大学举办“儒学价值观与变革中的世界文化秩序”会议，设“李泽厚小组”。

○修订《由巫到礼》并刊于《中国文化》春季号。

○冬，撰中华书局版《论语今读》序。

2015 年　85 岁

○1 月，《由巫到礼 释礼归仁》由三联书店出版。汇总了先生有关“巫史传统”的研究文章。“由巫入礼归仁为中华文化关键所在”。

○3 月，《论语今读》(最新增订版)由中华书局出版。

○4 月，撰中华书局版《哲学纲要》前记。

○5 月，十卷本《李泽厚论著集》第二版由台北三民书局出版。

○6 月，《什么是道德？——李泽厚伦理学讨论班实录》由华东师范大学出版社出版。相对集中地论述了伦理学新说“三要点”。

○7 月，《哲学纲要》(最新修订版)由中华书局出版。

○10 月，参加由世界儒学研究联合会主办，在夏威夷大学东西中心召开的“李泽厚与儒学哲学”国际学术研讨会，中、美、德、加、日、韩、波兰、斯洛文尼亚等国学者参加。这是第一次以健在的中国大陆人文学人为题的国际学术研讨会。先生提交了《几则说明》(刊于《学问：中华文艺复兴论 1》2016 年 1 月)，并作了 5 次非正式发言(整理稿《答高更三问》，刊于《中华读书报》11 月 4 日)。

○11 月，撰青岛版《人类学历史本体论》前记。

○11 月，宋妍《李泽厚美学思想与中国三次美学论争》由厦门大学出版社出版。

○12 月，修订《伦理学纲要》《认识论纲要》序。

○《阴阳五行：中国人的宇宙观(2001)》刊于《中国文化》春季号。

○《关于“理性内构”》完稿。

2016 年　86 岁

○2 月，撰《关于“美育代宗教”答问》补四则：《四大皆空还得活》《歌功而不颂德》《工夫即本体》《我思故我不在》。

○3 月，撰《伦理学答问补》补一则：《情本体与女性主义伦理学》。

○4 月，杨斌编著《李泽厚学术年谱》由复旦大学出版社出版。

○5 月 22 日，撰《给孩子的美的历程》序。

○6 月，《人类学历史本体论》(原名《哲学纲要》)由青岛出版社出版。

○8 月，时胜勋《李泽厚评传》由黄山书社出版。

○《伦理学补注》刊于《探索与争鸣》第 9 期，

○10 月，《给孩子的美的历程》(霍籽编)由中信出版社出版。

○《回应桑德尔及其他》英译本在夏威夷大学出版社 *Philosophy East and West* 季刊 *Special Feature*: *Li Zehou On Michael Sandle* (“李泽厚论桑德尔特刊”)10 月出版。

○12 月 19 日，《儒学、康德、马克思三合一：〈康德新解〉英译本序》刊于上海《社会科学报》。

○由湖南大学岳麓书院、凤凰网、凤凰卫视联合主办的“致敬国学：第二届全球华人国学大典”各项网络投票结束。其中，“年度海外影响力大奖(人物类)”投票结果如下：(1)李泽厚，17520 票；(2)星云大师，10682 票；(3)金庸，8015 票；(4)余英时，1444 票；(5)周有光，1402 票。最终评选结果：星云大师获“年度海外影响力大奖(人物类)”。《由巫到礼 释礼归仁》获国学成果奖。

2017 年　87 岁

○年初，审订马群林摘编的《“同心圆”》《“理性的神秘”》

《“情爱多元”》《“历史在悲剧中前行”》《要启蒙，不要“蒙启”》《反思民族主义》《思想与学问》《关于哲学论证》《关于海德格尔》《关于〈红楼梦〉》《关于中国现代诸作家》《八十年代的几本书》诸文。

〇《举孟旗行荀学》刊于《探索与争鸣》第4期。

〇5月，《美的历程》《中国古代思想史论》由三联书店再版，收入“当代学术”丛书。

〇《李泽厚、刘悦笛2017年哲学对话录》刊于上海《社会科学家》第7期。

〇夏，撰《李泽厚散文集》序。

〇8月，《伦理学纲要续篇》由三联书店出版。收《回应桑德尔及其他》《什么是道德？》两书，以较具体事例申论《伦理学纲要》所提问题，继续贯彻了儒家情本体（情理结构）和历史—教育是塑建人性关键的总论点。

〇8月，安乐哲、贾晋华编《李泽厚与儒学哲学》由上海人民出版社出版。收录2015年夏威夷大学“李泽厚与儒学哲学”国际学术研讨会上的15篇论文。编者导论云：“李泽厚是一位具有广阔的全球兴趣的、自成一格的哲学家”，“当今时代伟大哲学家之一”，“是一位在哲学最宽广范围内汲取自己哲学思辨资源的世界哲学家”，“当代中国最知名的社会批评家之一”。

〇10月28日至29日，中国人民大学国学院、荀子研究中心举办“统合孟荀与道统重估”学术探讨会，围绕先生《举孟旗行荀学》一文展开讨论。先生在美国，提交了书面发言。

2018年　88岁

〇1月22日，何新《关于致李泽厚的一封信》刊于其新浪博客。反思其2001年《致李泽厚的一封公开信》：“当时我发布那封信而逞言语一时之快，却令我此后悔之多年”，“心有愧怍，则至今拂之难去也”。

〇3月，《李泽厚散文集》（马群林选编）由世界图书出版公司出版。

〇顾明栋《新版〈诺顿理论与批评选〉中的李泽厚》刊于《文艺争鸣》第4期。

〇5月，繁体字版《李泽厚散文集》(马群林选编)由香港中华书局出版。

〇《伦理学杂谈——李泽厚、刘悦笛2018年对谈录》刊于《湖南师范大学社会科学学报》第5期。

〇8月，撰《我的认识论的几个要点》。

〇8月，撰三卷本《人类学历史本体论》前记。

〇9月，《中国近代思想史论》入选《新京报》“大民大国：四十年四十本书”。

〇11月，《伦理学新说述要》完稿。

〇《书院记往》刊于《书屋》第12期。

〇《重视武侠小说的文学地位——悼金庸先生》刊于《明报月刊》12月号。所记“赠款”之事，在网络上引起热议。

〇撰《三谈马克思主义在中国》(为《马克思主义在中国》英译本作序)。

〇《关于“伦理学总览表”的说明》刊于《中国文化》春季号。

〇《诺顿理论与批评选》第三版出版。本版增删更替十余名学者，先生仍被保留。

〇《由巫到礼 释礼归仁》英译本出版。

2019年　89岁

〇1月，《论语今读》(最新修订版)由世界图书出版公司出版。

〇1月，斯洛文尼亚卢布尔雅那大学汉学系主任、欧洲中国哲学研究会会长罗亚娜(Jana S. Rosker)著《走他自己的路：李泽厚与当代中国哲学》，由美国Suny出版社出版。

〇3月，《李泽厚卷》(马群林编选)由东方出版社出版，收入“中国文化书院八秩导师文集”。

〇3 月，撰《关于补充的杂谈》。谈“美学是第一哲学”。

〇4 月，撰《从美感两重性到情本体——李泽厚美学文录》序。

〇5 月，《寻求中国现代性之路》(马群林编选)由东方出版社出版。

〇5 月，三卷本《人类学历史本体论》(《伦理学纲要》《认识论纲要》《存在论纲要》)由人民文学出版社出版。

〇5 月，《伦理学新说述要》由世界图书出版公司出版。

〇6 月 13 日，于美国家中独自过 89 岁生日。婉谢了一些人预贺九十寿辰的好意。

〇6 月，《从美感两重性到情本体——李泽厚美学文录》(马群林编)由山东文艺出版社出版。

〇7 月，《华夏美学》《美学四讲》由长江文艺出版社再版，收入“长江人文馆”丛书。

〇王普明《国外实践美学研究述评》刊于《上海文化》第 8 期，全面介绍了先生哲学、美学在海外介绍、研究状况。

〇11 月 3 日，撰《“小平您好”还是“小平你好”》。

〇12 月 1 日，刘纲纪逝世。撰挽联。

〇12 月，《中国近代思想史论》由人民文学出版社重印。

〇12 月，牟方磊《李泽厚情本体论研究》由知识产权出版社出版。

〇撰《关于神经美学》。

〇《康德新探：一个儒家马克思主义者的观点》(《批判哲学的批判》英译本)出版。

〇是年至 2021 年上半年，陆续审订马群林编撰《人生小纪：与李泽厚的虚拟对话》书稿。

2020 年　90 岁

〇1 月，《从美感两重性到情本体——李泽厚美学文录》(增补本)(马群林编)，由山东文艺出版社出版，收入“中国现代美学大家文库”。

○《伦理、历史和形而上学——与刘悦笛对话》刊于《探索与争鸣》第1期。

○2月3日，在家意外跌倒，伤及腰椎，后又引发其他疾病（本有 heart failure），因美国正处疫情暴发期，虽非新冠病毒感染，但不能去医院，只好卧床康复。

○2月，为《中国哲学如何登场?》（新编版）作“序”与“后记”。

○1月，为岳麓书社版《李泽厚集》作序。云：“春风三月，凭窗远眺，但见白雪罩顶的洛基山脉，再也见不到那满山红艳的杜鹃花和金黄色的遍野油菜花了。怅何如之。”

○5月29日，就贵州人民出版社擅自将《美学论集》改名为《美的哲学》等侵犯版权一事，发表《李泽厚特别声明》《李泽厚补充声明》。

○5月31日，撰《故事续记》再谈与台北三民书局版权纠纷问题。

○5月，香港《独家人物》（第3期）以先生为封面人物：“九十李泽厚：当代文化圣贤”，配发刘再复、贾晋华、李辉、陈志明等人的文章。

○7月，《南方人物周刊》第20期以先生为封面人物：“九十李泽厚：情与理”，配发两文：卫毅《李泽厚的情理世界》、对话《叩寂寞而求音——对话李泽厚》（与卫毅）。对话中再次谈及自己死后，要将大脑冷冻起来，希望未来脑科学的发展能证明自己的“积淀说”。

○9月，为马群林《人生小纪：与李泽厚的虚拟对话》作序。云：“可以作为我的学术传记来阅看的”，“往事依稀，徒增怅惘，如今只欠呜呼，可伤也矣”。

○12月，王耕《李泽厚历史本体论研究》由河北大学出版社出版。

○修订《三谈马克思主义在中国》。

○修订《历史、伦理与形而上学——与刘悦笛对话》。

○撰“中国历史主义与西方自由主义之差异”图表。

2021 年　91 岁

○1 月，《李泽厚集》(《伦理学新说述要》增补本)由岳麓书社出版，收入“当代湖湘伦理学文库”。此书是先生心理主义的伦理学小结，其中包含告别任何政治宗教等论点。此书与《人类学历史本体论》《由巫到礼 释礼归仁》，被先生视为自己最重要的三本书。

○1 月，《中国古代思想史论》《美的历程》由人民文学出版社再版。

○2 月，杨斌编著《思路：李泽厚学术年谱》由孔学堂书局、广西师范大学出版社出版。

○3 月，全彩插图珍藏版《华夏美学》《美学四讲》由长江文艺出版社再版。

○4 月，张硕《走向李泽厚本体论实践美学》由上海交通大学出版社出版。

○4 月，为《伦理学新说》作序。

○5 月 28 日，何兆武逝世。撰挽联。

○6 月 15 日，夜，撰《伦理学新说》序“又记”。

○7 月，《中国哲学如何登场？——与刘绪源对谈》(新编版)由南京大学出版社出版。新编版以《中国哲学如何登场？》为底本，插入《该中国哲学登场了？》若干章节而成，旨意在“走出语言”，指向历史建构之心理，即情本体(情理结构)。

○8 月 1 日，余英时逝世。撰挽联。

○8 月，《李泽厚刘纲纪美学通信》(杨斌编)由浙江古籍出版社出版。记录和反映了 20 世纪 80 年代主编《中国美学史》的真实过程。

○10 月，《伦理学新说》由人民文学出版社出版。收《伦理学新说述要》《伦理学纲要》《回应桑德尔及其他》《什么是道德？》四书。

○11 月 2 日 22 时美国卡罗拉多时间 11 月 2 日晨 7 时许，在博尔德家中逝世，享年 91 岁。先生的逝世，引发了国内知识界的震动，至 11 月 5 日即逝世后三日，已有 157 家国内媒体发布了消息，仅凤凰网阅读量就达 4.7 亿(以上统计数字见凤凰网微博 11 月 5 日显示)；至逝世一周，海内外悼念文字就有上万件。

“云山苍苍，江水泱泱。先生之风，山高水长!”

2022 年 2 月于南粤江门